上海电气阀门有限公司

（原上海耐莱斯·詹姆斯伯雷阀门有限公司）

为了确保国家的能源战略安全，进一步贯彻“以国代进”战略，在国家相关部门的积极倡议下，上海电气集团于2013年9月成功地收购了上海耐莱斯·詹姆斯伯雷阀门有限公司(SNJ)原外方投资方的全额股份，使SNJ成为上海电气集团下属的全资公司。

经过一年的平稳过渡，上海耐莱斯·詹姆斯伯雷阀门有限公司于2014年9月正式更名为上海电气阀门有限公司。更名后的公司将继续保持SNJ品牌，继续使用原上海耐莱斯·詹姆斯伯雷阀门有限公司自主研发的技术（如管线球阀）和原外方投资方的球阀和蝶阀技术进行生产和销售；将继续保持和发展管道工业领域的阀门供应商的龙头地位，为国家的能源安全战略做贡献；同时依托上海电气集团的强大后盾，上海电气阀门有限公司（SNJ）将在电站配套、化工、煤化工、节能、核电等领域开拓新的天地。

目前，“天然气长输管道关键设备国产化高压大口径全焊接阀体管线球阀形成批量生产能力”项目正式启动，上海电气阀门有限公司的制造场地将进一步扩展，新一批具有行业先进水平的加工设备和试验设备将陆续到位，公司的持续发展能力得到强有力的保障。

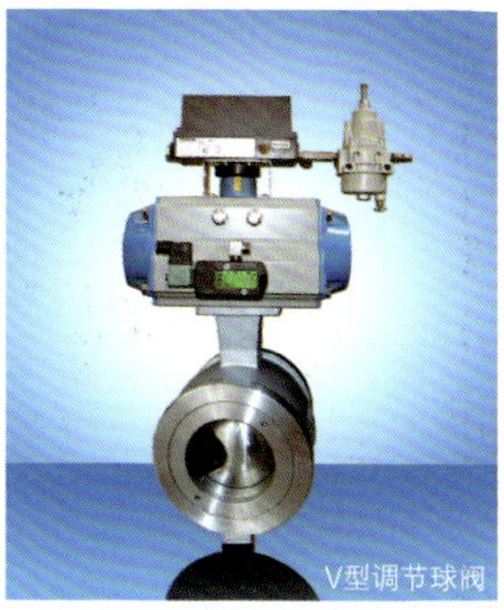

V型调节球阀

低温、深冷球阀和蝶阀

公司沿革

1991.1	2013.9	2014.9
成立合资公司 上海耐莱斯·詹姆斯伯雷阀门有限公司 上海电气集团与外方投资方各占50%	上海电气集团全额控股 SNJ成为上海电气全资公司	更名为 上海电气阀门有限公司

高温高压金属密封蝶阀

制造完成的31台 48", Class 900高压大口径全焊接球阀，出厂发运到西气东输三线(西段)现场。

上海电气
SHANGHAI ELECTRIC

上海电气阀门有限公司
SNJ VALVE CO., LTD.

中国·上海浦东金桥出口加工区秦桥路333号　邮编：201206　电话：021-61006611　E-mail:snj@snjvalve.com　http://www.snjvalve.com

SH·APOLLO

创建卓

大事记

2014年7月2日，国内领先的辅助给水汽动泵组在我公司成功验收

2014年7月19日，百万千瓦级主给水前置泵汽蚀试验

2014年11月1日，百万千瓦级核电站主给水泵样机联调试验及试验回路系统鉴定会、百万千瓦级核电站贝类捕集器样机鉴定会

越精英团队，打造百年盛世品牌；
升华自我，共享未来。

混凝土蜗壳海水循环泵

核安全等级：重要非核级，功能：向汽轮机的凝汽器和辅助冷却水系统提供冷却水，具有授权发明专利2项、实用新型专利1项，目前全球仅3家国外企业拥有核心自主知识产权,主要技术指标达到了国外同类产品的先进水平。循环水系统（CRF）的功能是在机组运行期间向汽轮机的凝汽器（CEX）和常规岛辅助冷却水系统（SEN）的热交换器提供必需的冷却水量。CRF系统海水循环泵是CRF系统主要能动设备，其功能是将冷却介质海水增压后输送到凝汽器中，国内已有核电站中，一般每台机组通常配备两台同时工作的循环水泵。

上海阿波罗机械股份有限公司

SHANGHAI APOLLO MACHINERY CO.,LTD.

BB1型泵

BB2型泵

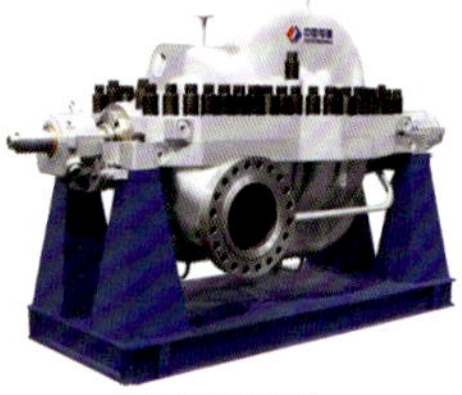
BB3型泵

BB4型泵

BB5电动锅炉给水泵

海水淡化高压泵

海水淡化升压泵

燃气-蒸汽联合循环锅炉给水泵

立式循环泵

卧式循环泵

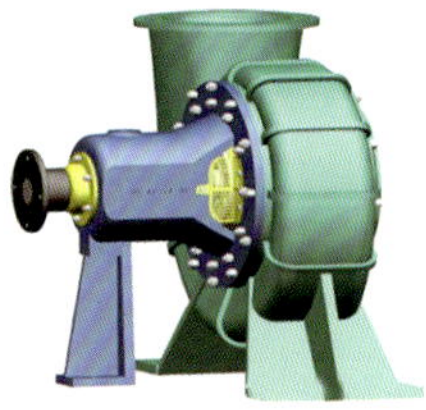
脱硫泵

中国机械工业年鉴系列

中国通用机械工业年鉴

2015

中国机械工业年鉴编辑委员会
中国通用机械工业协会 编

机械工业出版社
China Machine Press

《中国通用机械工业年鉴》2015年刊设置综述、专文、行业概况、企业概况、统计资料、产品与项目、大事记和附录等栏目，集中反映2014年通用机械行业的发展情况，详细记载了泵、风机、阀门、压缩机、真空设备、干燥设备、气体分离设备、能量回收装备及冷却设备等分行业的发展情况，提供了通用机械行业的经济指标。

《中国通用机械工业年鉴》主要发行对象为政府决策机构、机械工业相关企业决策者和从事市场分析、企业规划的中高层管理人员以及国内外投资机构、贸易公司、银行、证券、咨询服务部门和科研单位的机电项目管理人员等。

图书在版编目（CIP）数据

中国通用机械工业年鉴. 2015/中国机械工业年鉴编辑委员会，中国通用机械工业协会编. —北京：机械工业出版社，2015.11

（中国机械工业年鉴系列）

ISBN 978-7-111-52037-5

Ⅰ. ①中… Ⅱ. ①中… ②中… Ⅲ. ①机械工业—中国—2015—年鉴 Ⅳ. ①F426.4-54

中国版本图书馆CIP数据核字（2015）第256630号

机械工业出版社（北京市西城区百万庄大街22号　邮政编码 100037）

责任编辑：魏素芳

北京宝昌彩色印刷有限公司印制

2015年11月第1版第1次印刷

210mm×285mm·17印张·37插页·430千字

定价：300.00元

凡购买此书，如有缺页、倒页、脱页，由本社发行部调换

购书热线电话（010）68326643、68997962

封面无机械工业出版社专用防伪标均为盗版

中国机械工业年鉴系列

作为『工业发展报告』

记录企业成长的每一阶段

中国机械工业年鉴

编辑委员会

中国通用机械工业年鉴

优化产品结构
发展自主品牌

中国通用机械工业年鉴
执行编辑委员会

中国通用机械工业年鉴

优化产品结构

发展自主品牌

中国通用机械工业年鉴 编辑出版工作人员

总　编　辑　郭　锐

主　　　编　李卫玲

副　主　编　刘世博　曹　军

执行主编　任智惠

编　　　辑　魏素芳　陈美萍　韩　硕

发行服务　王海臣　秦日升　路泽贤

地　　　址　北京市西城区百万庄大街22号（邮编100037）

编　辑　部　电话（010）68997962　传真（010）68997966

发　行　部　电话（010）68326643　传真（010）88379825

E-mail:cmiy@vip.163.com

http://www.cmiy.com　www.mepfair.com

中国通用机械工业年鉴

优化产品结构

发展自主品牌

中国通用机械工业年鉴
特约顾问单位特约顾问

特约顾问单位	特约顾问
沈阳鼓风机集团股份有限公司	苏永强
陕西鼓风机集团有限公司	印建安
上海鼓风机厂有限公司	蔡精毅
江苏金通灵流体机械科技股份有限公司	季　伟
四川空分设备（集团）有限责任公司	单金铭
莱芜天元气体有限公司	齐登业
杭州福斯达实业集团有限公司	葛浩俊
液化空气（杭州）有限公司	敖明轩
世亚德机械工程（杭州）有限公司	黄建人
大连大高阀门股份有限公司	于传奇
中核苏阀科技实业股份有限公司	张宗列
上海电气阀门有限公司	周玉虹
上海开维喜阀门集团有限公司	卓育成
沈阳盛世高中压阀门有限公司	李　勇
宣达实业集团有限公司	叶际宣
大连海密梯克泵业有限公司	殷　平
上海凯士比泵有限公司	钱　俊
日立泵制造（无锡）有限公司	刘　鑫
上海阿波罗机械股份有限公司	陆金琪
长沙佳能通用泵业有限公司	罗瑞祥
湖南耐普泵业有限公司	耿纪中
湖南凯利特泵业有限公司	康秀峰
君禾泵业股份有限公司	张君波
郑州电力机械厂	杨德柱
上海金日冷却设备有限公司	李麟添
上海茌本制泵有限公司	赵正义
上虞市东杰冷却塔有限公司	陈祥燕

前　言

2014年，我国经济发展进入新常态，通用机械行业面对国内外复杂多变而严峻的市场形势，以加快技术进步和转型升级为宗旨，产业结构优化调整与开拓创新并举，稳中求进，行业整体发展取得较好的业绩，主要经济指标创历史新高。

2014年，通用机械行业规模以上企业5 309家，拥有资产总额7 560亿元。实现主营业务收入9 384亿元，同比增长5.62%；完成出口交货值1 020亿元，同比增长6.97%；实现利润总额631亿元，同比增长1.31%；全行业完成固定资产投资额2 194亿元，同比增长25.75%。

2014年，通用机械行业依托核电、大型煤炭深加工、超（超）临界火电、天然气长输管线等重大工程，开展关键设备的研制，重大装备国产化取得一系列突破。其中：天然气长输管线20MW电驱压缩机已批量化生产，彻底改变了长期依赖进口的局面；10万m^3/h空分装置压缩机组全速全压试车成功，实现首台国产化；百万千瓦超（超）临界火电机组关键阀门在示范电厂成功替代进口产品，国产化率达75%以上。

中国通用机械工业协会与中国机械工业年鉴编辑委员会希望通过《中国通用机械工业年鉴》编辑出版，系统、全面地宣传通用机械行业在转型升级、高端制造、“两化融合”以及推进重大技术装备国产化等方面取得的成就，展望行业由大到强的发展前景，进一步促进行业的技术进步和经济可持续发展。

在《中国通用机械工业年鉴》2015年刊的编撰过程中，得到了通用机械行业各有关企事业单位和相关用户的大力支持，中国通用机械工业协会与中国机械工业年鉴编辑委员会在此表示衷心的感谢，并将一如既往地为各界朋友提供真诚的服务。

中国通用机械工业协会名誉会长：隋永滨

2015年10月

索引

优化产品结构

发展自主品牌

中国工业年鉴出版基地

广告索引

专题索引

特别关注

高端访谈

目录

优化产品结构
发展自主品牌

综　述

专　文

行业概况

企业概况

目录

优化产品结构
发展自主品牌

统计资料

产品与项目

大事记

附录

目录

优化产品结构

发展自主品牌

A Survey of Enterprises

Statistical Data

中国工业年鉴出版基地

目录

优化产品结构
发展自主品牌

中国工业年鉴出版基地

Products & Items

Chronicle of Events

Appendix

沈阳盛世高中压阀门有限公司

Shenyang Shengshi High & Medium Pressure Valve Co.,Ltd.

沈阳盛世高中压阀门有限公司（原沈阳高中压阀门厂）1955 年开始专业生产高中压阀门，是国内实力雄厚的阀门科研和生产基地，是行业重点骨干企业。

公司占地面积 6.5 万 m^2，建筑面积 4.5 万 m^2。现有员工 400 余人，其中，工程技术人员 130 人，质量管理及计量、无损检测等人员 33 人。

公司拥有完备的阀门科研、制造和试验检测体系。沈阳阀门研究所设在本公司，是国内阀门行业二类研究所，拥有研发中心、试验中心、检测中心，阀门科研开发水平国内一流。各类阀门加工制造设备齐全，主要有大型立式／卧式数控车床、加工中心、大型球体加工机床及法国进口的结构焊机等。试验检测设备设施主要有大型阀门试验台架、理化检验设备、无损检测设备及三坐标测量仪等。

公司的产品以高温高压、大口径阀门为主。主要品种为闸阀、截止阀、止回阀、球阀、蝶阀、减压阀、真空阀及各种特殊阀门。主要技术参数：公称通径 5 ～ 2 600mm，公称压力 0.06 ～ 200MPa，温度 −269 ～ 860℃。产品满足包括国家标准和行业标准在内的常用技术标准的要求，主要服务于核工业、石油化工、电力及军工等领域。

公司已取得国家民用核承压设备设计、制造资格许可证，特种设备（压力管道）制造许可证，GB/T19001、GJB9001B、API 及 CE 等质量体系认证。

公司将以崭新的精神风貌，丰富的阀门研制经验，科学严谨的工作态度，为广大新老用户提供精良的阀门产品和优质的服务。

核一级电动闸阀

燃油速关装置

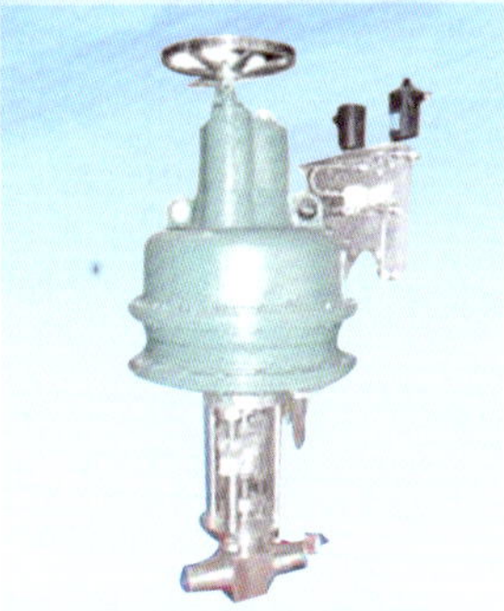
核一级气动截止阀

核二级电动蝶阀

地 址：辽宁省沈阳市经济技术开发区开发大路 15 号　　邮 编：110142
电 话：024-89303378　89303336（市场部）
传 真：024-89303387　25131969（市场部）
http：//www.syssfm.cn　　E-mail：sysscb@163.com

FORTUNE
中国杭州市余杭经济技术开发区兴起路398号 邮编：311100
NO398#, xingqi Road,linping,Yuhang,Hangzhou,China
电话：0086-571-86130163 89283985 传真：0086-571-89181171
http: //www.fortune-gas.com E-mail: info@fortune-gas.com
服务通全球
北京燃气集团30万m^3LNG项目
乌兰集团6.3万m^3/h空分设备发货
杭州余杭生产基地车间厂房
集团办公大楼

福"气"达天下
山西国新能源50万m³LNG项目
山东墨龙机械4万m³/h空分项目
中国新疆国泰9套绕管换热器设备
工人工作掠影

日立泵制造（无锡）有限公司

HITACHI PUMP MANUFACTURE（WUXI）CO.，LTD.

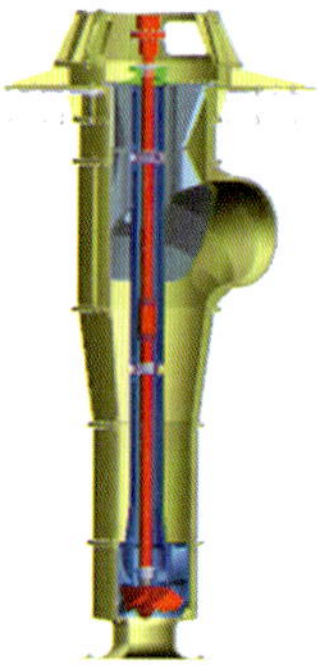

地址：江苏省无锡市新区鸿山镇机光电工业园区鸿达路 116 号　　　邮编：214115
电话：0510-80257000（总机）　传真：0510-80257111　http:// www.hitachi-pump.com.cn

XUANDA 宣达

宣品质之本
达双赢之举

扫一扫，关注宣达

企业信息 Basic Information

公司名称： **Company Name:**	宣达实业集团有限公司 Xuanda Industrial Group Co., Ltd.
成立时间： **Year Established:**	1990年 1990
注册资本： **Registered Captial:**	人民币100,090,000元 RMB 100,090,000
总部位于： **Headquarters is located in:**	浙江温州 Wenzhou, Zhejiang
生产与研发基地： **Production and R & D base**	浙江温州 上海 江苏滨海 Wenzhou, Zhejiang, Shanghai and Jiangsu Binhai
员工人数： **Number of Employees:**	600人 600 People

主要产品：
Main Products:

工业泵阀、化工设备，特种金属材料以及环保工业的总承包等四大产业板块。主要产品有：通用阀门，包括闸阀、截止阀、球阀、蝶阀、旋塞阀、隔膜阀、节流阀、调节阀；石油、石化、硫酸、冶炼、电站、钢厂、煤化工等系统专用阀。金属衬塑阀门及特种金属材料阀门；金属和非金属耐腐蚀泵、流程泵；特种不锈钢管道和钢塑复合管及配件；金属容器、工程塑料和特种不锈钢衬里塔、釜、罐、槽等各类容器。硫酸化工成套设备，环保工程。

EPC for four industries: industrial pump and valves, chemical equipments,special alloy material and environmental industry etc. Main products includinggeneral valves: gate /globe/ check valve, ball valve, butterfly valve, plug valve,diaphragm valve, throttle valve, control valve. Special valves for petroleum,petrochemical, sulphuric acid, refining, power station, steel plant, coal chemical etc. Metallic teflon lined valves and special material valves. Metallic and non-metallic anti-corrosive pumps, Process pumps. Special stainless steel pipe andsteel and plastic composite pipe and spare parts. Metallic container, engineeringplastic and lined special SS tower, reactor, tank, groove and so on. Sulphuric acid chemical equipment, environmental industry.

联系我们 Contact Us

地址(Address)：
浙江省温州市永嘉县东瓯工业区宣达工业园
Xuanda Industrial Park, Dong'ou Industrial Zone, Oubei Town, Yongjia County, Wenzhou City, Zhejiang Province, China.
电话(Tel): 0086-577-67987017 67987018
传真(Fax): 0086-577-67987016
网址（web）: www.xuanda.com

浙江省宣达耐腐蚀特种金属材料研究院

The Institute of Xuanda Corrosion Resistant Special Metals of Zhejiang Province

浙江省宣达耐腐蚀特种金属材料研究院的前身为宣达特种金属材料研发中心，2012年8月由浙江省科技部门正式批准为省级企业研究院，并于2013年度再次升格为省级重点企业研究院。二期建设完成后拥有从材料成分、结构到性能整体研究的11个先进实验室，设有SEM-EDS、XRD、ICP-AES、VersaSTAT4电化学工作站及ARL3460直读光谱仪等先进的仪器和设备，具有较高水平的研究平台。

研究院现有高级研究员4人，并特聘了国内外知名专家十余名、硕士研究生及科研辅助人员数十名，涵盖了材料科学与工程的各个方面，研发实力雄厚。

研究院的宗旨是研究和开发各种耐腐蚀特种金属材料，为硫酸工业、磷肥工业、石油化工、精细化工、海洋开发、烟气脱硫、核电等系统解决腐蚀问题，并致力于化工系统的金属化以降低设备生命周期成本和提高系统的稳定性、可靠性和效率。

研发大楼效果图

实验室剪影 Laboratory View

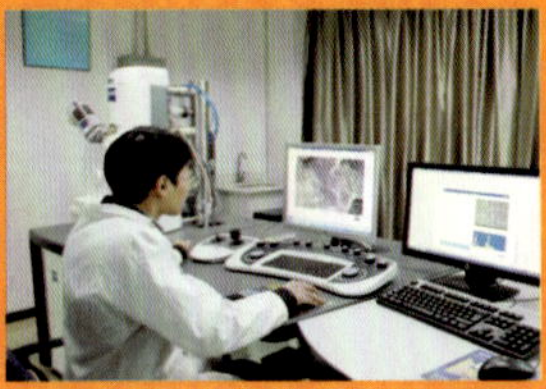

材料分析扫描电子显微镜
EVO 18 Special Edition

DX2700A X射线衍射仪
DX2700A X-Ray Diffractometer

ARL3460型频谱分析仪
ARL3460 Spectrum Analyzer

JY2000-2 电感耦合等离子体发射光谱仪
ICP Optical Emission Spectrometer

山东金正大生态工程股份有限公司
23万t/a硫磺制酸装置低温回收装置
于2012年7月建成

马来西亚南太平洋公司
500t/d硫磺制酸装置
于2012年10月投产

山东东巨化工股份有限公司
700t/d硫磺制酸装置（含15t发烟装置）
于2012年10月建成

浙江忠盛化工有限公司
30万t硫磺制酸项目含低温位余热
回收装置，DWHS装置
于2007年9月投产

安徽省司尔特肥业股份有限公司
33万t/a硫酸配套低温余热回收系统装置
于2013年3月投产

XUANDA INDUSTRIAL GROUP
您可靠的工程解决方案合作伙伴

气动执行器
Pneumatic Actuators

上装式球阀
Top Entry Ball Valves

衬塑球阀
Teflon Lined Ball Valves

不锈钢旋塞阀
Sleeve Type Plug Valves

全焊接球阀
Fully Welded Ball Valves

铸钢闸阀/截止阀/止回阀
Cast Steel GGC Valves

大口径三偏心蝶阀
Triple Offset Butterfly Valves

锻造闸阀/截止阀/止回阀
Forged Steel GGC Valves

PTFE蝶阀
Teflon Lined Butterfly Valves

油田专用平板闸阀
API 6D Slab Gate Valves

锻造球阀
Forged Ball Valves

电动蝶阀
Motorized Butterfly Valves

君禾泵业
JUNHE PUMPS
Junhe Pumps

成长为具有社会价值的
中国家用水泵民族品牌
君禾泵业股份有限公司
JUNHE PUMPS HOLDING CO.,LTD.
地址：浙江省宁波市鄞州区鄞县大道西段青垫
电话：4008600184 0574-88036042
传真：0574-88422722
http://www.junhepumps.com

自平衡多级离心泵
并联自平衡离心泵
耐磨多级离心泵
TANPUMP
佳能泵业
地址：湖南省浏阳市制造产业基地永阳路7号
电话：0731-83209918

东 杰

上虞市东杰冷却塔有限公司

上虞市东杰冷却塔有限公司位于上虞市梁湖工业园区，是一家专业生产各类冷却塔、水处理设备及大型冷却塔塔芯材料的民营高科技企业，与上海交通大学、大连理工大学、上海理工大学和国家玻璃钢研究所组成产学研联合体。公司以“用户至上，精益求精”为企业宗旨，以诚信的经营作风来赢得市场。公司营销、服务网络遍布全国，管理机制完善，技术装备先进。

公司凭借雄厚的科研实力，积极跟踪国际环保节水、水处理产业的发展动态，实现了传统产业的升级换代——机电一体化和数字化控制。产品具有结构新颖、操作简单、低耗节能、使用寿命长及无二次污染等优点，是当前公认的环保节能产品。所设计的冷却塔具有能耗省、耐腐蚀、运转平稳、噪声低、价格实惠、经久耐用等优点。目前已成功开发研制并生产“东杰”牌五大类 58 个系列、620 个品种的冷却塔产品。

公司现有厂区面积 1.5 万 m^2，建有装备精良的总装车间，可进行 5 000t 冷却塔的室内拼装，建有现代化的玻璃钢壳体加工车间，内设标准红外线加热烘房，可进行全天候作业。拥有自动化玻璃钢面板生产流水线，玻璃钢缠绕管流水线及玻璃钢托架、挤拉成型、填料自动成型一体化设备，并有按 CTI 标准建设的可测试冷却塔热力性能的全智能测试平台。企业现有职工 120 余人，其中具有高、中级职称人员 20 余名，且拥有由博士、硕士、研究生为主的研发团队。

公司于 2004 年 11 月经北京中水卓越认证中心复审通过 ISO9001:2000 和 ISO14000 体系认证；获得“中国知名冷却塔十佳品牌”“消费者满意示范单位”“全国产品过硬•信誉保证放心品牌”“企业信用 AAA 级”“绍兴市名牌”“综合实力二十强”“国家高新技术企业”及“中国通用机械工业协会会员单位”等荣誉，并参与了闭式冷却塔国家标准的制定。

公司自成立以来，参与了多个国家重点项目的冷却塔供货，如合肥科学岛核聚变基地、中国航天成都发动机冷却塔等，并受到了用户的好评。“用户至上，精益求精”是企业的经营宗旨；“诚信经营，以人为本”是东杰人的经营理念；“为客户创造最大价值”是东杰人的目标。

公司地处杭州湾南岸，具有很好的地理优势，真诚欢迎广大新老客户指导合作，共创美好事业！为我国节能节水的环保事业做出更大的贡献！

地址：浙江省上虞市梁湖工业园区
电话：0575-82433555（总机）
传真：0575-82434444
http://www.djcoolingtower.com
E-mail:dj@djcoolingtower.com

综合索引

中国机械工业年鉴系列

《中国机械工业年鉴》
《中国电器工业年鉴》
《中国工程机械工业年鉴》
《中国机床工具工业年鉴》
《中国通用机械工业年鉴》
《中国机械通用零部件工业年鉴》
《中国模具工业年鉴》
《中国液压气动密封工业年鉴》
《中国重型机械工业年鉴》
《中国农业机械工业年鉴》
《中国石油石化设备工业年鉴》
《中国塑料机械工业年鉴》
《中国齿轮工业年鉴》
《中国磨料磨具工业年鉴》
《中国机电产品市场年鉴》
《中国热处理行业年鉴》

中国工业年鉴出版基地

编辑说明

一、《中国机械工业年鉴》是由中国机械工业联合会主管、机械工业信息研究院主办、机械工业出版社出版的大型资料性、工具性年刊，创刊于 1984 年。

二、根据行业需要，中国机械工业年鉴编辑委员会于 1998 年开始出版分行业年鉴，逐步形成了中国机械工业年鉴系列。该系列现已出版了《中国电器工业年鉴》《中国工程机械工业年鉴》《中国机床工具工业年鉴》《中国通用机械工业年鉴》《中国机械通用零部件工业年鉴》《中国模具工业年鉴》《中国液压气动密封工业年鉴》《中国重型机械工业年鉴》《中国农业机械工业年鉴》《中国石油石化设备工业年鉴》《中国塑料机械工业年鉴》《中国齿轮工业年鉴》《中国磨料磨具工业年鉴》《中国机电产品市场年鉴》和《中国热处理行业年鉴》。

三、《中国通用机械工业年鉴》由中国通用机械工业协会和中国机械工业年鉴编辑委员会共同编撰，2002 年开始出版，自 2007 年起由两年出版一次改为每年出版。2015 年刊设置综述、专文、行业概况、企业概况、统计资料、产品与项目、大事记和附录等栏目，集中反映 2014 年通用机械行业的发展情况，详细记载了泵、风机、阀门、压缩机、真空设备、干燥设备、气体分离设备及冷却设备等分行业的发展情况，提供了通用机械行业的主要经济指标。

四、《中国通用机械工业年鉴》主要发行对象为政府决策机构、机械工业相关企业决策者和从事市场分析、企业规划的中高层管理人员以及国内外投资机构、贸易公司、银行、证券、咨询服务部门和科研单位的机电项目管理人员等。

五、在年鉴编撰过程中得到了中国通用机械工业协会及各分会、行业专家和企业的大力支持和帮助，在此深表感谢。

六、未经中国机械工业年鉴编辑部的书面许可，本书内容不允许以任何形式转载。

七、由于水平有限，难免出现错误及疏漏，敬请批评指正。

中国机械工业年鉴编辑部

2015 年 10 月

特别关注

“自主设计、自主制造、自主建设、自主运营”，核电装备国产化进入决胜时期，令世人惊叹……伴随核电大幕重启，内陆核电站建设或将于2016年迎来解禁，国家强力推进中国核电出口，这无疑是核电装备制造业发展的春天。行业企业如何抓住机遇、顺势而为？为此，《中国通用机械工业年鉴》编辑部专访了为核电装备国产化而忙碌、奔走、呼号的领军人物隋永滨。他洞悉世事，为核电寄语、行业建言、企业谋略……无不充满激情与智慧。现将专访特稿锐意呈现于此，以飨读者。

“中国核电”引领中国制造走向世界

——中国通用机械工业协会名誉会长、主席团主席隋永滨谈核电装备国产化

十年前的“两次会议”拉开核电国产化序幕，国产化率达 80% 甚至更高

《通机年鉴》： *2020 年碳排放比 2005 年下降 40% ~ 45%，是中国在世界气候峰会上的庄严承诺。调整能源结构、改善环境，作为清洁能源的核电发展空间广阔，核电泵阀等关键核电设备又迎来了新的发展机遇。请您介绍一下我国核电国产化的发展历程。*

隋永滨： 核电是高效、清洁、安全能源，安全有序发展核电对我国“调整能源结构、保障能源供给”具有重要战略意义。党中央、国务院提出了“自主发展核电”方针，即自主设计、自主制造、自主建设和自主运营，其中自主制造是基础。

从 1984 年开始自主建设秦山一期核电站，到引进消化吸收法国技术的大亚湾机组，我国已有 30 多年核电发展史，但从国家层面推行核电装备国产化，还是在 2006 年“广州会议”之后。

2006 年 4 月，国家能源局在广州召开“大连红沿河核电项目设备国产化工作会议”。会议首次提出全面实现核电装备国产化，并决定以红沿河一期项目作为依托工程，使核电机组装备国产化率达 75% 以上。会议还提出两个国产化重点：一是大型铸锻件，一是核级泵阀。“广州会议”是我国在国家层面全面、系统地推进核电装备国产化的重要标志，撑起了向核电装备国产化进军的大旗。

紧接着，国家能源局于 4 月 30 日在沈阳召开“百万千瓦压水堆核电站核级泵阀国产化工作会议”，国家发改委张国宝副主任亲临会议。会议对核电泵阀的国产化目标、内容、计划、工作等做了详尽部署。可以说，“沈阳会议”是核电装备国产化里程碑式的会议，拉开了核电企业与制造企业相结合、产学研相结合，开展核级泵阀国产化工作的大幕。

在日本福岛核电站事故后，国务院发布《核电安全规划（2011—2020）》《核电中长期发展规划（2011—2020）》，核电项目开始陆续重启。

十年来，核电装备国产化取得重大突破。其中，二代改进的核电设备国产化率达 80%，其中，所有的核级泵阀都可以由国内生产企业提供；自主研发的三代核电“华龙 1 号”设备国产化率可达 85%，消化吸收美国 AP1000 和自主研发的 CAP1400 三代核电设备国产化率为 80%。

可以说，装备国产化为我国核电发展和“核电走出去”创造了条件，没有核电装备国产化，就没有中国今天的核电大发展。

核电泵阀国产化取得重大进展，关键技术取得进一步突破

《通机年鉴》： *经过国内泵阀企业艰辛的努力，实现了核电泵阀的国产化。请您介绍一下核电泵的国产化情况。*

隋永滨： “政、产、学、研、用相结合”，加快了核电装备国产化进程。当前，百万千瓦压水堆核电站的核级泵和关键非核级泵可以全部立足国内制造，其中，核一级泵（核主泵）通过消化吸收国外技术实现国产化。哈尔滨电气动力装备有限公司消化吸收奥地利安德列兹公司的技术，承接了 40 多台核主泵任务，已成功交货 20 多台。四川东方阿海珐核泵有限责任公司消化吸收法国热蒙公司的核主泵技术，已形成批量生产。上海电气集团和德国 KSB 公司合资的上海凯士比泵有限公司，通过消化吸收的方式掌握了核主泵的技术，目前正在进行试验考核。

核二、三级泵全部实现了国产化，其中沈鼓集团核电泵业股份有限公司、大连深蓝泵业有限公司、上海阿波罗机械股份有限公司、上海凯泉泵业（集团）有限公司、重庆水泵厂有限责任公司和湖南湘电长沙水泵有限公司等企业都为核级泵的研发和国产化做出了重要贡献。

2014 年以来，核电常规岛的主给水泵、循环水泵、凝结水泵也相继完成了样机研制和鉴定工作，这三大泵的主要生产企业是上海阿波罗机械股份有限公司、上海凯泉泵业（集团）有限公司、中国电建集团上海能源装备有限公司、湖南湘电长沙水泵有限公司和沈鼓集团核电泵业股份有限公司。在目前招标的华龙 1 号 CAP1400 核电项目中都采用了国产设备。

《通机年鉴》： *请您介绍一下核电阀门的国产化情况。*

隋永滨： 当前，我国核电站中部分核一级阀门和大部分核二、三级阀门都已实现国产化，国产化率可以达到 75% 以上。其中，中核苏阀科技实业股份有限公司、大连大高阀门股份有限公司承担了技术难度很高的主蒸汽隔离阀的研制工作，目前已在华龙 1 号和出口项目中获得订单。

当然，阀门的国产化工作也有不尽人意的地方。目前，核一级阀门中的稳压器安全阀、主蒸汽安全阀、主给水安全阀还没有实现国产化，需要加快研制步伐；已经实现国产化的阀门还要在稳定产品质量方面下功夫。

掌握自主知识产权，以核电国产化为契机，推动机械行业装备制造业整体提升，机遇与挑战同在

《通机年鉴》： *近年我国核电装备国产化取得重大突破：二代改进的核电设备国产化率达 80%，自主研发的三代核电“华龙 1 号” 设备国产化率可以达到 85%。您认为核电设备国产化给企业和行业发展带来了哪些变化？*

隋永滨： 我国核电装备国产化取得了可喜成绩，我们不一定拘泥于国产化率的数字，关键是要看核心设备是否拥有自主知识产权。随着核电装备国产化的推进，培养造就了一大批核电设备设计制造专家队伍和技术骨干，企业的研发能力和工艺装备水平得到极大提升，有力地促进了企业的技术转型升级；同时，鉴于核电设备的特殊性，通过承担核电任务，制造企业的核文化和质保体系的建设也不断完善，管理水平不断得到提升。

《通机年鉴》： *与国际先进核电设备相比，我国的核电设备差距几许？还存在哪些问题？*

隋永滨： 我国核电设备与国际先进核电设备相比，从总体上没有太大差距，而且在性价比上更有优势。差距主要是在管理水平方面，某些产品稳定性不够，个别关键设备和配套件国内还不能生产，还依赖进口。

当前，我国核电装备制造业也面临着一些困难：

一是产能过剩。近 10 年来的核电大发展，得到国家、各级地方政府和社会各方面的高度关注，对核电装备制造业投入了极大的热情，虽然国家有关部门有规划、有导向，但依然制止不了重复建设、重复科研，形成了较为严重的产能过剩。例如，生产核二、三级泵的内资、外资企业达 12 家，生产核级阀门的企业至少在 15 家以上。产能过剩导致恶性竞争，产品价格不断走低，如海水循环泵，20 世纪 90 年代大亚湾核电站进口 1 台需要 3 000 多万元，现该泵价格仅为 1 000 万元左右。最低价中标导致生产企业在微利或亏损状态下运行。这种恶性竞争对装备制造业的破坏力是不可估量的，对核电安全发展也是不利的。国家有关部门要采取更加有力的办法和措施，行业应严格自律，避免或减少恶性竞争，促进制造企业联合重组，优势互补，形成合力，使核电泵阀产品在合理的、科学的市场价位上运行，才能使核电装备制造企业永续发展，实

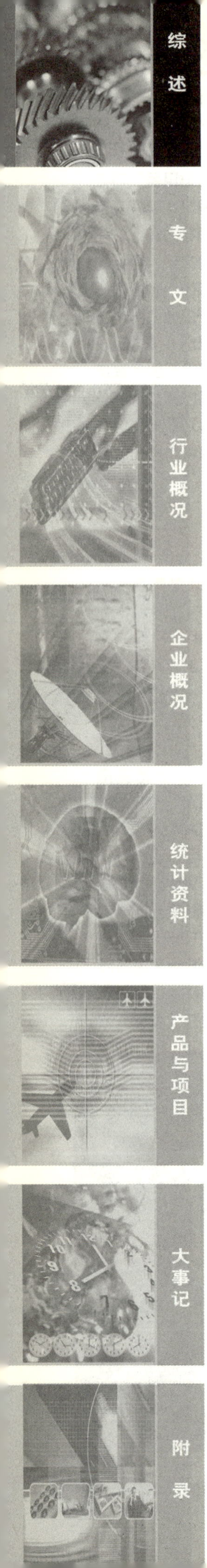

综述

中国通用机械行业“十三五”发展规划(讨论稿)

一、我国通用机械行业的现状

通用机械行业是装备制造业的重要组成部分,在国民经济建设中起着十分重要的作用,担负着为石油、化学和石油化工、冶金、电力等领域提供系统成套装备和配套辅机的重任。

通用机械包括泵、风机、压缩机、阀门、气体分离设备、分离机械、真空设备、能量回收设备、干燥设备、减变速机、冷却设备、气体净化设备。我国通用机械行业在冶金、电力、石化、煤炭、城镇化建设的拉动下,保持了10多年的两位数增长。

在重大技术装备国产化工作的推动下,我国通用机械行业已形成了一批开发能力强、加工手段齐全、制造技术水平较高的大型通用机械装备制造企业,如沈阳鼓风机集团股份有限公司(简称沈鼓)、陕西鼓风机(集团)有限公司(简称陕鼓)、上海鼓风机厂有限公司、杭州制氧机集团有限公司(简称杭氧)、四川空分设备(集团)有限责任公司(简称四川空分)、开封空分集团有限公司、上海电气集团上海大隆机器厂有限公司、无锡压缩机股份有限公司、沈阳远大压缩机股份有限公司、四川金星压缩机制造有限公司、湖南湘电长沙水泵有限公司、大耐泵业有限公司、中核苏阀科技实业股份有限公司、自贡高中压阀门有限公司、重庆通用工业(集团)有限责任公司等。我国通用机械行业骨干企业的生产规模、加工设备、设计能力等处于国际先进水平。

截至2014年年底,通用机械行业拥有规模以上企业5 309家,全行业拥有资产总额7 560亿元,从业人员93万人,全年实现主营业务收入9 384亿元,完成出口交货值1 020亿元,实现利润总额631亿元。

进入“十二五”以来,我国经济经过前10年的高速增长后,重化工业建设基本完成。通用机械行业面向的冶金、电力、石化、煤炭等领域已形成产能过剩的局面,新上项目越来越少,自“十二五”以来,通用机械行业的增速逐年下降,到2014年年底已下降至6.3%。

2010—2014年,通用机械行业的工业总产值、主营业务收入、利润等主要经济指标的增速逐年回落。从统计数据看,自2013年起行业发展增速大幅回落。2010—2014年我国通用机械行业主要经济指标完成情况见表1。

表1　2010—2014年我国通用机械行业主要经济指标完成情况

年份	企业数(家)	工业总产值		出口交货值		主营业务收入		利润总额	
		金额(亿元)	同比增长(%)	金额(亿元)	同比增长(%)	金额(亿元)	同比增长(%)	金额(亿元)	同比增长(%)
2010	7 153	6 213.21	31.02	768	30.42	6 010	31.60	410	32.50
2011	4 548	7 195.59	37.17	844	17.00	7 014	27.66	531	29.53
2012	4 801	7 843.96	15.46	869	7.06	7 655	13.95	548	11.86
2013	5 173	9 250.00	13.60	948	3.28	9 074	12.84	635	10.65
2014	5 309	9 560.00	6.30	1 020	6.97	9 384	5.62	631	1.31

2010—2014年,通用机械行业进口平均增速2.14%,出口平均增速13.19%,进出口顺差逐步微升。2010—2014年我国通用机械行业进出口情况见表2。

表2　2010—2014年我国通用机械行业进出口情况

年份	进口		出口		贸易差额（亿美元）（出口－进口）
	金额（亿美元）	同比增长（%）	金额（亿美元）	同比增长（%）	
2010	136.31		140.45		4.14
2011	156.30	14.67	171.05	21.79	14.75
2012	137.58	－11.98	188.07	9.95	50.49
2013	146.81	6.71	205.21	9.11	58.40
2014	148.35	1.05	230.52	12.33	82.17

二、“十二五”通用机械行业取得的成就

（一）重大技术装备国产化取得新成果

“十二五”期间，通用机械行业紧紧依托重大能源工程建设项目，集中力量研制核电、超（超）临界火电、油气长输管线、大型LNG等重点领域的关键设备，取得一系列重大突破。

1. 长输管线压缩机组国产化

长输管线压缩机组是天然气长输管道的“心脏”，是用于天然气沿途输送过程中增压，保障天然气使用的压力设备。长期以来，该压缩机市场被国外少数公司垄断。

“十二五”以来，依托西气东输工程，国家能源局组织推进长输管线关键设备国产化。沈鼓承接了首台（套）2万kW电驱“天然气长输管线压缩机组”（包括压缩机、电动机和大容量变频器三个关键设备）的研制任务。经过几年的艰苦努力，研制成功并顺利在西安高陵站投入运行。该机组创造了电动机转速、变频器容量等多项国内第一，整机性能达到国际先进水平，树立了我国重大装备制造业一座新的里程碑，实现了我国油气管道输送行业多年的梦想。该项目的完成，打破了多年来外国公司在长输管线压缩机领域垄断的局面，推动了我国压缩机行业和西气东输事业的发展。电驱压缩机组已在西四线、西五线上得到推广应用。

2. 大型空分设备国产化

2013年4月26日，杭氧与中国神华宁夏煤业集团公司签署了400万t/a煤制油项目中的6套10万m^3/h空分设备的设计、供货和服务合同，合同金额约17亿元。此份订单无论在合同金额、空分设备等级上，还是在制氧总容量上，均居国内气体分离设备行业第一、世界前列。

沈鼓承担了为10万m^3/h空分设备配套的空气压缩机组的研制任务，这是目前国内研制的最大的轴流＋离心式的压缩机组，其气量为60万m^3/h，增压机出口压力为6.0MPa，为国内首创，开创了特大型空分设备压缩机国产化的先河。为了验证压缩机的各项性能指标，沈鼓在营口新厂区建设了国内最大的7.5万kW试车台位，以满足10万m^3/h空分设备压缩机的全负荷性能试验的需要，2015年8月，沈鼓10万m^3/h空分装置压缩机成功出厂验收，各项性能指标满足了设计要求，优于国际标准，达到了国际先进水平。

“十二五”以来，国内大型空分设备不仅实现了国产化，而且已有30多套1万～12万m^3/h的大型空分设备远销国际市场，在亚洲、欧洲、北美及德国、西班牙、伊朗、墨西哥等国家和地区投入运行，特别是杭氧已有6万m^3/h、12万m^3/h空分设备销往国外，这是我国气体分离设备制造业一大进步。另外，由梅塞尔、AP、普莱克斯、林德、法液空等外资企业在中国境内投资工业气体项目时，也部分选用了杭氧、四川空分、杭州福斯达实业集团有限公司、杭州中泰深冷技术股份有限公司、苏州制氧机有限责任公司、苏州市兴鲁空分设备有限公司等企业生产的国产空分设备，充分证明了国产空分设备的技术性能指标接近甚至达到了国际先进水平。

3. 超（超）临界火电机组阀门国产化

每套百万千瓦超（超）临界火电机组需要500多台高端阀门，其中90%依赖进口。自2012年以

来，通用机械行业在国家能源局和中国机械工业联合会（简称中机联）的支持下，依托10个超（超）临界火电项目推进电站阀门国产化，组织50多家企业，进行联合攻关研发。经过近3年的努力，超（超）临界火电机组阀门国产化率提高到85%以上。随着关键阀门的国产化推进，又面临着为之配套的阀门执行机构的国产化问题。超（超）临界火电机组需要配套电动执行机构600多台、气动执行机构200多台、气液联动执行机构20多台。在国家能源局和中机联的推动下，通用机械行业于2014年11月又组织编制了"推进超（超）临界火电机组阀门执行机构国产化方案"。该方案目标是将调节阀执行机构的国产化率从目前的不足10%提高到80%以上。

4. 核电泵、阀国产化

依托国内核电工程建设，核电技术装备自主化水平稳步提高，二代改进型核电大部分核级泵、阀等实现了国产化。

三代核电关键泵、阀国产化也在顺利推进，为自主发展三代核电奠定了良好基础，国产化率将达到70%以上。

沈鼓集团泵事业部、大连深蓝泵业有限公司、重庆水泵厂有限公司、上海阿波罗泵业有限公司、长沙水泵厂有限公司、上海凯泉泵业（集团）有限公司（简称凯泉泵业）等一批泵生产企业，先后开发出了余热排出泵、安全壳喷淋泵、低压安注泵、安全壳喷淋泵、硼酸再循环泵、重要厂用水泵、设备冷却水泵、水压试验泵等核二、三级泵，并在秦山核电站、大亚湾核电站、田湾核电站、岭澳核电站、宁德核电站等安装或投入使用。到目前为止，二代核电站的核二、三级泵全部实现了国产化。

国内泵生产企业又根据CAP1400三代核电研制了核级泵。如大连深蓝泵业有限公司为广东台山EPR三代核电提供了首台（套）冷却水泵，技术指标达到国际先进水平，部分指标超过国际水平，并成功通过了美国ASME联检组的审核，取得了核安全1、2、3级泵、阀、管道和铸件的ASME N、NPT认证。

以红沿河项目为依托工程，江苏神通阀门股份有限公司和中广核工程有限公司联合研制开发的百万千瓦压水堆核电站核二级安全壳隔离蝶阀各项技术指标均达到国际先进水平。以秦山二期扩建项目为依托工程，中核苏阀科技实业股份有限公司和中核集团秦山核电联营有限公司联合研制开发的大型压水堆核电站3种核一级阀门和4种核二级阀门均达到了设计要求，特别是其中的核一级高Cv值旋启式止回阀和核二级电动弹簧式平行双闸板闸阀的研制填补了国内空白，达到国外同类产品水平。大连大高阀门股份有限公司以红沿河、方家山、AP1000三门、海阳等为依托项目，研发主蒸汽隔离阀、爆破阀、核一级气动截止阀等，填补了国内空白，达到国外同类产品水平。

近年来，核电阀门制造企业分别与中国广东核电集团有限公司和中国核工业集团有限公司等业主单位联合，在一些关键核级阀门的研发上取得了可喜的进展。根据目前秦山、红沿河项目核级阀门招标情况，结合阀门行业已有的能力及业绩，红沿河3、4号机组国产化率有望实现70%以上。

5. 长输管线阀门国产化

为了改变长输管线阀门过去长期依赖进口的状况，"十二五"期间，通用机械行业组织了阀门企业进行攻关，实现了国产化。以自贡高压阀门股份有限公司、成都乘风阀门有限公司、上海耐莱斯·詹姆斯伯雷阀门有限公司和五洲阀门有限公司等为代表的一批企业采用先进的CAD/CAE/CFD软件进行设计、分析和优化，掌握了具有自主知识产权的核心和关键技术及关键工艺、阀门结构设计、强度计算、有限元分析、焊接和质量控制等，开发成功40in和48in Class600及Class900全焊接球阀，所有技术性能指标均满足西气东输主干线的要求。这些新产品的开发填补了国内空白，一些产品已达到或接近世界先进水平，并批量应用。56in大口径阀门也研制成功，即将投入使用。

6. 天然气液化（LNG）装备国产化

随着天然气产业的迅速崛起，天然气液化装置所占气体分离设备行业的比重不断加大。以四川空分公司为代表的气体分离设备制造企业近年来在液化天然气产业中取得了丰硕的成果，产品包括LNG液化装置、LNG贮槽、LNG槽车、加汽站、钢瓶等，LNG液化装置的日处理气量也从原来的5万～15万m^3提升到500万m^3，LNG贮槽容积提升到了3万m^3，技术从单一的压缩膨胀流程发展到了混合冷剂制冷液化流程、带预冷的N_2-CH_4混合工质膨胀制冷液化流程、丙烷预冷混合冷剂制冷液化流程等多种形式。

四川空分经过多年努力，完成了混合冷剂天然气液化工艺技术、天然气液化装备集成技术、天然气液化冷箱集成技术、高压大单元钎焊工艺技术的研究，开发出C3/MRC丙烷预冷混合冷剂液化工艺流程，取得多项专利技术，并相继开发了内蒙古兴圣200万m^3/d天然气液化成套装置、张家口100万m^3/d LNG混合冷剂工艺成套装置、博爱三峡60万m^3/d LNG设备，且均处于国内领先水平。四川空分承接的内蒙古兴圣200万m^3/d的液化天然气装置已于2014年投入运行，承接的中石油山东泰安260万m^3/d(60万t/a)天然气液化装置已投入运行。这两套天然气液化装置成功运行，加快推进了大型LNG技术装备自主化，冷剂压缩机、冷箱、挥发气(BOG)压缩机、低温泵阀等关键设备陆续研发成功。虽然这两套装置在天然气液化领域属中等规模，但它们是我国中大型LNG液化装置从无到有的首创，是自主创新、掌握流程技术、实现全部机组国产化的典范，为我国天然气液化产业的技术进步做出了贡献。目前，国内企业已经具备了规模更大、国际主流的LNG技术装备自主化的能力。

"十二五"以来，一批重大成套技术装备实现自主化，使我国能源安全保障能力显著提高。核电机组、超(超)临界火电机组等成套技术装备的国产化，保障了百万千瓦核电站、百万千瓦超(超)临界火电站等国家重大能源工程的建设和运行，进而保障了国家能源安全。天然气长输管道关键设备和天然气液化、大型空分成套装备的国产化，特别是全部采用国产压缩机组的西二线高陵增压站的顺利投运，解决了困扰我国天然气行业多年的"心脏病"问题，标志着我国的油气管网大动脉从此不再受制于人。

(二)产业升级加快

经过多年的发展，我国通用机制造业已经具有相当大的规模，企业在做大的同时，创新能力也不断增强。一批新型、高效、高精度的制造工艺技术在通用机械制造业中得到广泛应用，为改善产品质量、研制高新产品创造了条件。通用机械制造企业加大投入，提高加工手段，产业升级的步伐不断加快。

凯泉泵业相对于国内其他泵制造企业，起步相对较晚，但凯泉泵业及时进行产品结构调整和产品升级，产品已从普通清水泵全面转向工业用泵领域(包括石化泵、电站用泵、核泵等)，已引起行业的瞩目。

为了加快产品结构调整，凯泉泵业在提高企业的开发能力和制造、试验水平等方面加大投入，每年拿出年销售额5%的经费用于技术研发投入，先后引进了世界先进的水力设计软件，建立了内流场粒子成像测试系统，引进了激光快速成型仪，大型三坐标测量机等先进的研发设施。建造了用于百万千瓦核电核二、三级泵工况功能验证的热冲击试验台和杂质试验台，高精度、多功能四象限、原位标定的水力机械研究试验台等。凯泉泵业为企业的转型升级共投资了近6亿元，已完成设计手段、加工装备、检测条件的提升，为企业的产品结构调整和升级，转变企业发展方式提供了基础保障。

上海电力修造总厂有限公司在"十二五"期间加大产业升级力度，特别是产品升级方面取得明显成效。自主成功研发配套巴基斯坦恰希玛核电二期工程的340MW机组常规岛主给水泵组已交付投运；研制的首台国产AP1000核电站常规岛给水泵组前置泵胜利交付；完成了1 000MW级(50%容量)超超临界火电机组FK6A40型锅炉给水泵的国产化，填补了国内空白，已用于江苏华电句容发电有限公司，各项指标均达到国际同类产品先进水平；完成了1 000MW级超超临界机组HZB303－720前置泵系列化的设计和生产；完成了660MW

超临界火电机组(50%容量)HPT350－370型给水泵研发生产。该公司在2012年共获专利31项。

在激烈的市场竞争中,加快产业升级已成为企业的普遍共识。在产业升级中,山东华成泵业集团由以真空泵为主的单一产品向精密减变速机产品发展。该公司从高端入手,生产的产品可与德国产品相媲美,为企业的发展开辟了新途径。该公司自主开发出具有国际先进水平的精密减速机、H系列立式精密减速器、KPL系列重载圆锥圆柱行星齿轮减速器、ML系列模块化大型减速器及M系列圆锥圆柱齿轮减速器。这5类产品均采用了热处理变形控制、轮齿齿面磨削裂纹与烧伤控制、齿面强化等技术,使齿向载荷分布均匀,具有强度高、噪声低、振动小等特点。

江苏金通灵流体机械科技股份有限公司从生产为空调配套的小风扇发展到生产通风机产品,之后又发展到生产鼓风机产品,紧接着又开发了离心压缩机和燃气轮机,近期又研制了磁悬浮高速鼓风机,企业实现了大步跨越,已进入到风机高端制造企业的行列。“十二五”以来,公司以加快产品结构调整,以“服务＋制造＋服务”的业务模式向用户提供供风系统需求分析、供风系统研发设计、离心风机产品制造、供风系统节能改造等全生命周期的供风系统解决方案。

杭州钱江干燥设备有限公司是一家生产干燥设备的民营企业。该公司已从专门生产干燥设备向生产生物质燃烧、生物质能源的高效利用、生物质炭化及生物质有机肥的成套装置发展,其产品已应用到节能、环保、生态等领域。这些新能源设备可用于农林废弃物的炭化处理,制成生物炭有机肥;可以对死亡禽畜进行无害化处理,即对死亡的禽畜依次进行粉碎、干燥脱水,收集脱水后的油和生物质返回干燥工艺作为干燥能源,最后将燃烧后的渣(生物炭)制成碳基有机肥。该企业已由纯机械制造向环保和资源利用领域发展。

上海东方压缩机有限公司从制造工艺气体压缩机配件起家,通过与中石化、中石油等用户共同开发工艺气体压缩机,现已成为国内工艺气体压缩机整机的主要供应商之一,并实现了大型工艺气体压缩机出口的目标。

上海东方压缩机制造有限公司成立10年来,坚持把原上海压缩机制造有限公司从美国德莱塞兰引进的国际先进技术,通过东方压缩机这一小小的平台保存了下来,使我国工艺气体压缩机技术的发展至少向前推进了几十年。该公司生产的大型氢气压缩机在多晶硅行业代替了进口,是获得美国CDI设计院推荐的压缩机技术与国外水平相当的压缩机制造商;在乙丙橡胶行业,该公司生产的聚丙烯压缩机在中石油吉化装置中一举全部代替进口产品,为用户节约成本近2 400万元,并一次开车成功,填补了国内聚丙烯压缩机生产的空白;“十二五”期间,该公司与美国GE、日本日立等燃机配套开发的6G系列焦炉煤气压缩机,在徐州天裕集团、铜陵新亚星焦化集团等均一次开车成功,并成为焦炉煤气发电及尾气回收行业首推的压缩机制造企业。

上海启元空分技术发展股份有限公司通过技术创新先后开发了在大型空分设备中提取高纯度稀有气体的氪、氙装置,打破了几十年来稀有气体提取设备为国外垄断,氪、氙气体大部分依赖进口的局面,该项目以独立外挂氪、氙气提取装置,一步多级精馏获得可直接充瓶的高纯度气体技术获得国内首创、国际一流的成果。

合肥通用机械研究院在坚持科研工作不放松的情况下,也不断根据市场需求进行产品升级。该院为军工研制的新一代高压空气干燥过滤装置,具有体积小、重量轻、工作可靠、压缩空气质量要求高等优点。在该干燥过滤装置的开发过程中,着重对进气阀门结构进行试验攻关,研制出了可以代替四阀结构的组合换向阀,在结构、工艺、密封方面进行了创新和突破,使得该组合阀具有体积小、重量轻、成本低、使用寿命长等优点,并已申请专利。

杭州日盛净化设备有限公司在产业升级的过程中,先后开发出了SSD(纯不锈钢)系列和PD(铝制板翅式)系列模块化冷冻式干燥机,新型节能的压缩空气零气耗再生ZERO PURGE系列产品,并为军工、海上钻井平台提供了净化设备。该公司生产的过滤器滤芯通过了欧洲 AEA 实验室的检测认证，产品进入欧美的高端市场。该公司在销售模式上已经开始尝试从原有的单纯销售产品逐步向 EMC 能源合同管理、配套建站供气（销售产品变成销售气体）以及设备租赁服务等多种销售服务模式转变。

景津环保股份有限公司原先只是生产压滤机的一种元器件——橡胶压滤板的小企业，为了解决压滤机的核心部件——隔膜滤板的生产问题，企业投入大量的人力、物力不遗余力地进行研发，终于研制出与德国产品相篦美的隔膜滤板，并从生产部件发展到生产压滤机整机产品。该公司近年来推出新产品 182 项，研发的节能高效快速压滤机、污泥处理专用压滤机、聚丙烯高压隔膜快开式压滤机等产品技术水平达到国际领先水平。特别是污泥处理大型压滤机的研发成功推动了城市污水污泥处理行业的发展，为环保事业的发展做出了贡献。目前，山东景津集团已跻身世界一流水平的压滤机制造企业行列。

“十二五”以来，通用机械行业的一批民营企业在产业升级方面取得明显成效。

（三）知识产权保护得到进一步重视

“十二五”期间，通用机械制造企业处于转型升级的关键时期，发挥知识产权保护激励创新从而引领企业发展与经济转型的制度功能，是通用机械行业由大到强发展的必然要求，也是未来赢得竞争优势的重要基础。知识产权保护有力地促进了通用机械行业自主创新能力的提升，企业申报专利的积极性不断提高。正是在知识产权保护激励下，通用机械行业涌现出越来越多的创新型企业，并正在汇聚成为推动我国通用机械行业迈向制造强国的中坚力量。

据中国通用机械工业协会分离机械分会对 8 家企业的统计，4 年来 8 家企业获得各类专利 425 项，其中发明专利 83 项。

据中国通用机械工业协会泵业分会的不完全统计，截止到2014 年，重点会员企业获国家专利局批准的发明专利、实用新型专利共 550 项。

沈鼓等一批承担重大技术装备项目的骨干企业，其 80% 以上的产品都是新产品，每年申报的专利数量以 20% 的速度增长。

为争夺国际市场，保护自有的知识产权，很多企业不仅申请国内的专利，而且还申请了国外的专利。例如，分离机械行业的景津环保股份有限公司是一家民营企业，是全球规格最全、产量最大的压滤机专业制造商、销售商和服务商，同时专业生产料浆搅拌、滤饼输送、滤饼粉碎等压滤机配件及附属设备，为用户提供最佳整体过滤方案。其产品销往世界各地，连续九年全球产销量第一，已为欧盟、美国、俄罗斯、日本、巴西、南非、澳大利亚等 123 个国家和地区的客户服务，成为世界品牌。为了保护自有的知识产权，该公司已获得各类专利 123 项，其中发明专利 24 项，国际发明专利 5 项，仅 2013 年就申报专利 26 项。“景津”商标取得了马德里国际商标注册保护。

山东天力干燥股份有限公司是集干燥系统设计、产品开发、试验、制造为一体，为用户提供解决方案的专业公司。该公司在干燥工艺、干燥设备方面已取得专利 126 项，其中发明专利 46 项。

江苏大丰丰泰流体机械科技有限公司自主研发的同步回转压缩机，先后获得 5 项专利，其中，2 项是发明专利，3 项是实用新型专利。同时，该项目也获得了俄罗斯、日本和美国的专利授权，欧共体专利正在审批中。

四川金星清洁能源装备股份有限公司坚持技术创新，取得 90 多项专利技术，产品远销土耳其、秘鲁 、巴基斯坦、孟加拉国、乌克兰、乌兹别克斯坦、哈萨克斯坦、朝鲜、苏丹、缅甸、土库曼斯坦及白俄罗斯等国家。

（四）产业技术联盟悄然兴起

科研院所改制后，我国通用机械制造企业始终不能掌握制约产业发展的关键共性技术，而单靠行业内的一两家企业又难以突破国外的技术封锁。这就需要探索建立在市场经济条件下共性技术的有效供给体系。产业技术联盟有利于集中产业内研发资源，增加行业技术储备，提高产业共性技术研发能力。因此，在构建共性技术研发基地之外，通过促进形成产业技术联盟，有利于丰富并形成有效的共性技术供给体系。

在我国通用机械制造业相对集中的地区，浙江、江苏、山东、广东、四川等地的通用机械制造企业都在积极筹建产业技术联盟。山东省淄博市博山区是我国泵产业相对集中地区之一，该地区在当地政府的支持下已于2013年组建了“博山区泵产业技术联盟”。目前，博山区泵产业技术联盟正在形成研发平台，人才培育、职业培训平台，产品试验、检测平台和上、下游产品配套平台，区域市场竞争优势正逐步形成。

产业技术联盟在通用机械行业正悄然兴起。以合肥通用机械研究院为首组建了“极端环境下重大承压设备设计制造与维护技术创新战略联盟”；以沈鼓为首组建了“石油化工、天然气集输及液化关键设备技术创新战略联盟”；以陕鼓为首组建了“能量回收产业技术创新联盟”。产业技术联盟目前已然成为一种重要的产业组织形式，对产业发展、企业成长，特别是高新技术企业的快速成长具有重要意义。

（五）压缩机技术国家重点实验室顺利通过国家验收

2010年，经科技部批准、依托合肥通用机械研究院建设压缩机技术国家重点实验室。2010年10月，实验室建设方案通过专家可行性论证，2013年完成建设计划任务预期建设目标，2014年12月，科技部组织专家对重点实验室进行了验收并批准通过。

该实验室围绕压缩机基础技术、压缩机节能减排技术、压缩机寿命与可靠性技术、产品新技术4个研究方向，开展了压缩机工作过程热力学与动力学特性、主机节能和系统节能关键技术、整机性能预测、状态监测及故障诊断技术、关键部件失效分析及寿命预测等相关应用基础与关键共性技术研究。与行业骨干企业、研究院所、学校共同承担了国家973计划项目“高端压缩机组高效可靠及智能化基础研究”，973计划课题“压缩机工作过程数值仿真与节能关键技术研究”，国家973计划前期研究专项课题“压缩空气储能系统设计理论及其控制方法研究”，国家科技支撑计划项目“大型流体机械节能技术研究与应用”等国家科研攻关项目。

压缩机技术国家重点实验室是国家技术创新体系的重要组成部分，是开展行业应用基础研究、聚集和培养优秀科技人才、开展科技交流的重要基地，是发展共性关键技术、增强技术辐射能力、推动产学研合作发展的重要平台。为进一步开展应用基础研究、关键技术和共性技术研究，提高行业技术水平和企业自主创新能力打下了基础。

（六）产品节能取得成效

“节能环保”成为全球经济发展的重要趋势，我国已经进入“低碳经济”时代，面对着世界能源越来越严峻的形势，我国通用机械生产企业大力开发泵、风机、压缩机节能产品，为用户节能减排提供服务。“十二五”期间，通用机械行业在提高泵、风机、压缩机产品节能方面取得了成效。

陕鼓集团研制的TRT、BPRT以及两炉共用型TRT，在实现一级静叶可调基础上，能够实现一级静叶全关闭，零转速起动。陕鼓动力制造的3HTRT具有稳定提升高炉顶压、降低焦比、强化冶炼强度、降噪等优点，深受用户欢迎并远销国外。目前，陕鼓动力已为5 000m^3以上高炉配置了TRT装置，并成功开发烧结余热回收用SHRT机组。高炉煤气余压回收透平装置已成为高炉炼铁流程的重要设备。

四川空分、杭氧着力于LNG冷能利用的相关技术研究，先后在江苏如东、宁波、唐山开发出了低压氮循环、中压氮循环利用天然气冷能的600t/d液体的空分设备，开创了国产空分设备冷能回收利用的先河。

低品位余热回收利用技术方面，江西华电电力有限公司的常规蒸汽螺杆膨胀机市场开拓成绩显著，订单过百套。有机工质螺杆膨胀机发电设备在“十二五”期间也取得突破。2013年，浙江开山集团总包的天津天丰钢铁的螺杆膨胀发电站项目一期工程顺利并网发电,得到市场认同。这是开山集团制造的国产化首台(套)ORC 发电机组,之后又取得了十几套市场订单。

山东长志泵业有限公司于 2012 年完成了 HPRT80－960 型液力回收透平装置的研制,产品结构设计合理,达到了节能设计水平,具有安全性高、可靠性好、价格低、高效节能、维修方便等特点,主要性能指标达到了国内同类产品领先水平,完全可以替代进口产品。每台液力透平平均可回收功率 300kW,以年运转 300 天计算,则每台透平装置每年可节电 216 万 kW·h,节约电费 151 万元,经济效益非常可观。

真空设备行业的生产企业采用余热回收技术将生产装置中的余热回收产生蒸汽,再用余热蒸汽驱动蒸汽喷射真空泵,大大降低了蒸汽喷射泵的运行成本,取得很好的经济效益。开发了大型罗茨真空泵＋水环真空泵真空系统、大型罗茨真空泵＋旋片真空泵真空系统、大型罗茨真空泵＋螺杆真空泵真空系统,并代替蒸汽喷射泵真空系统在减压蒸馏装置和钢液真空精炼炉中进行使用和推广,大大降低了装置的运行费用,减少装置的污水排放。

截至 2014 年,全国泵、风机、压缩机生产企业先后共有五批、共 230 个产品进入工业和信息化部印发的《节能机电设备(产品)推荐目录》。其中:泵产品 61 个,风机产品 20 个,压缩机产品 139 个。

经企业申报和专家评审,国家发展改革委、财政部、工业和信息化部审定后,三部委于 2013 年 1 月 11 日发布了《节能产品惠民推广目录(第一批)》,其中:泵产品 641 个、风机产品 34 个、压缩机产品 280 个;于 2013 年 5 月 21 日发布了《节能产品惠民推广目录(第二批)》,其中:泵产品 1 537 个、压缩机产品 355 个。

2013 年,浙江开山集团生产的 JN160－33/8－Ⅱ、JN37－8 螺杆压缩机,上海优耐特斯压缩机有限公司生产的 UD37A－8C 螺杆压缩机,凯泉泵业生产的 KQSN300－M13 清水泵,湖南湘电长沙水泵厂有限公司生产的 SGC900×800 清水泵,上海水泵制造有限公司生产的 OTS300－435A、OTS250－600A 清水泵,以及安徽三联泵业股份有限公司生产的 HS(Ⅴ)125－80－350型清水泵获得工业和信息化部“能效之星”称号。

通过“节能产品惠民工程”“节能机电设备(产品)推荐目录”和“能效之星”工作的实施,目前,泵、风机、压缩机三类产品的节能产品占产品总量的比例有了较大提高,泵已由原 10% 提高到 25%,压缩机由原 18% 提高到 40%,风机由原 30% 提高到 45%。

(七)质量管理及标准化工作得到强化

在“十二五”期间,承担国家重大技术装备的重点骨干企业的质量意识进一步增强,标准化工作也得到强化。

沈鼓集团核电泵业有限公司目前执行的国际标准主要为 ASME 标准,GB/T 19001—2008(ISO 9001:2008)标准,民用核安全设备设计、制造标准(HAF 标准)。沈鼓核电泵业有限公司通过美国机械工程师学会 ASME 认证,取得 N、NS、NA、NPT 钢印和 MO 资质,可从事核 1 级、2 级、3 级泵的设计和制造。经国家核安全局认证获得国家核安全局颁发的百万千瓦级压水堆核电厂核一级、核二级、核三级用泵设计、制造许可证。

承担核电装备国产化的阀门制造企业根据“全国民用核安全设备经验反馈现场会”核安全大检查的相关要求,对核电设备设计、制造整个流程全面开展了核安全自查活动。对在自查中发现的问题做到边查边改,立行立改。通过自查活动,梳理了企业在质量管理过程中的薄弱环节,进一步完善了企业的质量管理制度,对检查活动中发现的问题,通过制定整改措施并落实到位,使全体员工的“核电无小事”的质量意识得到了进一步提高,提升了企业的核安全文化。做到“凡事有章可循、凡事有人负责、凡事有人验证、凡事有据可查”的核安全理念,提升了企业整体质量管理水平和员工的质量意识,使产品的质量得到保证。

石家庄强大泵业集团有限责任公司的质量管理体系经过不断地调整与强化已逐步成熟和规范。2012 年,该公司结合重点项目的立项和实施,不断完善其质量检验计划和质量控制文件，编制细化了各种规范，填补了质量控制中存在的空白点。同时，严格执行相关规定，实施全过程、全工序质量要素控制。该公司质管部门在严格执行新采购管理办法的同时，重点加强了对供应商的审查。在合同评审方面，加强了对客户质量要求及验收标准的识别。2012 年组织工艺纪律检查 1 800 余项次，总体工艺纪律贯彻率 98.3%，与往年相比有较大提升；全年周期内计量器具周检率 100%，周检合格率 99.63%。

石家庄工业泵厂有限公司以综合管理体系运行控制为手段，不断加强月度体系检查和例会制度，强化过程管理，使管理体系运行更加扎实，确保了公司产品质量的稳步提高。通过认真组织内审检查，查漏项目计划，调动全员参与积极性，该公司全年评奖 QC 项目 19 项，取得经济效益 400 余万元。开展了“5S”推行前的宣贯，专门制作了宣传牌匾。积极开展“质量月”活动，形式多样、强化宣传，巩固培训效果，使质量意识更深入人心。质量管理更加完善，工作方式进一步创新。公司坚持周质量例会制度，协调解决了产品生产过程中各种质量问题。

企业在提高产品质量的同时，也更加注重标准化工作。全国阀门标准化委员会牵头建立了以国际先进标准为指导的标准体系，例如美国 ASME、ANSI、ASTM、MSS、API 标准，英国 BS 标准，法国 RCC 标准，德国 DIN 标准，日本 JIS 标准等，开展阀门各类标准制定和修订工作，推动了阀门行业整体水平提升。“十二五”期间，制定阀门国家标准 29 项、行业标准 70 项，已上报阀门国家标准 6 项、行业标准 16 项，涉及核电、火电、石化、冶金、煤化工、水利等领域。通过制定国家标准和行业标准，促进了我国阀门产品的技术水平不断提升，增强了我国阀门行业核心竞争力。经过近年来的不断优化和完善，我国阀门标准趋于成熟和完善，满足了产品研发及用户的需求。

另外，阀门行业积极做好阀门产品“三化”工作。通过结构优化及设计改进，实现了阀门重要零件如阀体、阀盖、阀杆和闸板等的“三化”，使阀门零件标准化系数大大提高。产品零部件的“三化”提高了设计工作效率，缩短了设计工时和出图周期，并推动了工艺文件的规范化和标准化，减少了工艺装备设计和制造。

三、通用机械行业存在的问题

（一）低、高端产品产能矛盾突出

通用机械行业中、低端产品产能严重过剩，高端产品还满足不了市场需求。例如，在国家能源局的推动下，神华宁煤 400 万 t/a 煤制油项目作为煤炭深加工的国产化示范工程。该工程项目共需 12 套 10 万 m^3/h 空分设备，在能源局的协调下，其中 6 套空分设备作为国产化项目。由于 10 万 m^3/h 空分设备所需的大型压缩机国内没有业绩，在设计制造方面还存在一定的风险，因此，在这 6 套 10 万 m^3/h 空分设备中，只留 1 台压缩机作为国产化，其他 5 台压缩机仍然进口。另外，为 10 万 m^3/h 空分设备配套的膨胀机、低温泵、低温阀门等关键配套件仍然靠进口，进口金额占整个机组的 60% 以上。

（二）“恶性竞争”加剧

我国通用机械制造业产品同质化竞争激烈，甚至达到“白热化”程度。许多企业为了抢夺市场，不顾成本，微利甚至无利也承接订单，“让利不让市”。再有，拖欠货款情况十分严重，发货后，很长时间拿不到货款，原本微利的买卖，货款被拖欠后，企业的资金被占用，哪还有盈利？“恶性竞争”给通用机械制造企业带来的沉重压力短期内难以缓解。

（三）“市场换技术”难以实现

国际上通用机械（泵、风机、压缩机等）知名企业为了占领中国市场，纷纷在我国独资或合资开办企业，但这些独资或合资的外企，其产品的核心技术和部件仍在本国制造，我国只是它的一个组装车间。例如，克诺尔南口供风设备（北京）有限公司，它是由德国在香港的克诺尔亚太区（控股）有限公司与中国北车集团南口机车车辆厂于 2006 年合资成立的，主要为高铁列车和高性能机车生产空气干燥器和制动用螺杆压缩机等产品。其中，螺杆压缩机主机等核心部件仍在德国设计与制造。国外企业通过合资获得了中国市场，而国内企业想通过合资获取技术的愿望却落空了。

（四）研发平台严重不足

一些高端产品国内企业可以制造，但还达不到国外同类产品的水平，其中一个主要原因是我国的研发平台与国外有较大的差距。如，试验台建设是我国的短板，我国企业没能力投资建设产品的各种试验台。“十二五”期间，通用机械行业在国家能源局的指导下，开展超超临界火电阀门国产化工作，组织了10多家企业开展攻关，目前样机全部完成，但在产品验收时，只能在常温状态下做试验，而无法在600℃高温下做试验，我国企业都不具备高温试验台，产品真正应用到装置上的情况如何无法得知。沈鼓为了与国际知名压缩机制造商竞争，获得大型压缩机的订单，投资20亿元建了1套10万kW大型压缩机试验台。这么大的投资，国内有几家企业投得起？

（五）人才匮乏

通用机械制造行业许多企业在业内相互挖人的现象很普遍，被挖的人员就将自己所掌握的技术到处兜售，造成技术、产品雷同。国内设置通用机械专业的院校比较少，通用机械制造业因为利润太低导致人才待遇较低，专业院校毕业的学生也不愿意到制造企业去工作，大多愿意留校或到大公司去就业，甚至改行。通用机械制造企业很难招聘到受过专业教育培训的技术人员，即使下大力气招聘到或培养出业务熟练、能够独当一面的人才，也很容易跳槽出走。由此，一方面造成人才匮乏，一方面又打击了企业进行人才培养的积极性。人才匮乏导致了行业创新能力薄弱，无法满足市场对新技术、新产品的需求。

（六）创新能力弱

企业是自主创新的主体，虽然目前我国企业研发经费的投入已超过政府的投入，但从功能上看，企业并没有成为自主创新的真正主体，究其原因，实质是创新动力不足。我国正处在经济转型时期，国有或国有控股的企业，企业高级管理人员采用任用制度，近期业绩往往是企业经营者和经营团队最迫切的追求，几乎谁也不愿意“本届种树，下届摘果”，在本届任期内，与其把有限资源投入周期长、风险大的自主创新，还不如靠引进、再引进或合资作为技术来源，就足以保证近期业绩，从而失去了自主创新的动力。其次，在许多地方政府追求速度、扩大投资、追求外延式扩大规模的偏好导向下，民营企业宁愿低水平复制扩大生产能力，却吝啬于对技术和人力资源进行投入；宁愿在同类档次产品上进行低水平恶性竞争，也不愿意采取差异化战略、通过自主创新提高效益；宁愿持续跟踪模仿，也不愿意下苦功夫走创新之路。

行业自主创新能力弱主要体现在三个方面：一是研发投入占销售收入的比重仍然处于比较低的水平。从研发投入占销售额的比重来看，国外企业的研发投入占比是3%～6%，而我国通用机械行业的研发投入占比平均为1%～1.5%。二是研发人员占从业人员的比重相对偏低，目前，通用机械行业平均约3%～5%，而外企一般在10%左右。三是许多企业对人才的需求，眼睛向外，缺乏对自有的技术人员、管理人员、技术工人的培养和重用，不能很好发挥他们的聪明才智，创新政策不到位，扼制了这部分人员的创新积极性。

大多数企业的新产品研发，基本上是边接订单、边设计、边生产的固有模式，满足于应付用户某一方面的需求，缺乏对产品技术发展的全面的审视，在某种程度上造成了研发设计的被动性、局限性和工艺的不成熟，还没有形成“生产一代，储备一代，研发一代”的良性循环。创新能力弱、技术含量低、后劲不足在行业内比较普遍。

（七）企业产业板块单一

我国通用机械制造业大型骨干企业少，缺乏规模经济和集群效应。即使沈鼓、杭氧这样的企业，不论从企业规模、融资能力、研发能力、工程成套能力等哪个方面都无法与美国GE、德国西门子、日本三菱等国际大公司相抗衡。我国通用机械装备制造业还没有进入世界工业500强的企业，在规模和技术水平方面都具有国际竞争力的大型企业太少。

美国通用电气公司（General Electric Company）是世界上最大的电气设备，电器和电子设备制造公司，它的产值占美国电工行业全部产值的 1/4 左右，2012 年营业额 1 473 亿美元。通用电气公司(GE)在全世界 100 多个国家开展业务，在全球拥有员工近 30 万人，拥有 GE 资本、GE 航空金融服务、GE 商业金融、GE 能源金融服务、GE 金融、GE 基金、GE 技术设施、GE 航空、GE 企业解决方案、GE 医疗、GE 交通、GE 能源设施、GE 水处理、GE 油气、GE 能源、GE 消费者与工业、GE 器材、GE 照明、GE 电力配送等 20 多个业务板块。

我国通用机械行业企业与工程机械行业企业的规模也无法相比。以三一重工为例，它是以工程机械为主的集团公司，有工程机械、风机、石油装备、煤炭机械、港口机械、风电等 10 多个板块，最高年产值 800 多亿元。在国内，建有北京、长沙、上海、沈阳、昆山、乌鲁木齐等六大产业基地。在海外，建有印度、美国、德国、巴西等四大研发和制造基地。目前，集团业务已覆盖全球 100 多个国家和地区，是全球工程机械制造商 50 强、全球最大的混凝土机械制造商、中国企业 500 强。

我国通用机械行业最大的企业——沈鼓，其业务只有风机、泵和压缩机三个板块，年产值 120 亿元。杭氧也只有空分设备和低温设备板块，年产值 70 多亿元。不论从业务板块到服务领域，还是销售收入等方面都无法与美国 GE、德国西门子、日本三菱等国际大公司相比，也无法与国内工程机械、汽车等行业的企业相比。

四、“十三五”市场分析

我国经济经过“十二五”之前 10 年的高速增长，重化工业建设基本完成。通用机械行业面向的冶金、电力、石化、煤炭等领域已形成产能过剩的局面，新上项目越来越少，预计，“十三五”期间仍呈下降趋势。但应该看到：能源领域依然是国家战略发展重点，也是通用机械行业服务的重点；石化、冶金、建材等领域的各类装置在“十三五”期间节能减排改造的任务将会进一步加重；能量回收与利用等方面也将会得到更加重视；污水与废气处理的任务将更得到繁重；国家实施“走出去”战略也将会推动通用机械产品的出口。面对市场需求新常态，通用机械“十三五”的经济增长点主要在以下几方面。

（一）能源建设

我国能源发展的战略目标是加快构建低碳、高效、可持续的现代能源体系。习近平总书记在中央财经领导小组第六次会议讲话中明确提出：面对能源供需格局新变化、国际能源发展新趋势，保障国家能源安全，必须推动能源生产和消费革命。这是我国能源发展的国策。通用机械行业要积极参与以下 11 个能源项目所需设备的研发与应用，为能源发展提供装备保障。

1. 推进煤炭清洁高效开发利用

按照安全、绿色、集约、高效的原则，加快发展煤炭清洁开发利用技术，不断提高煤炭清洁高效开发利用水平。

重点建设晋北、晋中、晋东、神东、陕北、黄陇、宁东、鲁西、两淮、云贵、冀中、河南、内蒙古东部、新疆 14 个亿吨级大型煤炭基地。到 2020 年，14 个基地产量占全国产量的 95%。采用最先进的节能节水环保发电技术，重点建设锡林郭勒、鄂尔多斯、晋北、晋中、晋东、陕北、哈密、准东、宁东 9 个千万千瓦级大型煤电基地。

2. 稳步提高国内石油产量

坚持陆上和海上并重，巩固老油田，开发新油田，突破海上油田，大力支持低品位资源开发，建设大庆、辽河、新疆、塔里木、胜利、长庆、渤海、南海、延长 9 个千万吨级大油田。在石油天然气行业推广放空天然气和油田伴生气回收利用技术、油气密闭集输综合节能技术、利用二氧化碳驱油等技术。

3. 大力发展天然气

按照陆地与海域并举、常规与非常规并重的原则，加快常规天然气增储量，尽快突破非常规天然气发展瓶颈，促进天然气储量、产量快速增长。

加快常规天然气勘探开发。以四川盆地、鄂尔多斯盆地、塔里木盆地和南海为重点，加强西部低品位、东部深层、海域深水三大领域科技攻关，加大勘探开发力度，力争获得大突破、大发现，努力建设 8 个年产量百亿立方米级以上的大型天然气生产基地。到 2020 年，累计新增常规天然气探明地质储量 5.5 万亿 m^3，年产常规天然气 1 850 亿 m^3。

重点突破页岩气和煤层气开发。加强页岩气地质调查研究，加快“工厂化”“成套化”技术研发和应用，培育自主创新和装备制造能力。着力提高四川长宁－威远、重庆涪陵、云南昭通、陕西延安等国家级示范区储量和产量规模，同时争取在湘鄂、云贵和苏皖等地区实现突破。到 2020 年，页岩气产量力争超过 300 亿 m^3。以沁水盆地、鄂尔多斯盆地东缘为重点，加大支持力度，加快煤层气勘探开采步伐。到 2020 年，煤层气产量力争达到 300 亿 m^3。推广应用二氧化碳驱煤层气技术。

4. 积极发展能源替代

坚持煤基替代、生物质替代和交通替代并举的方针，科学发展石油替代。到 2020 年，形成石油替代能力 4 000 万 t 以上。

稳妥实施煤制油、煤制气示范工程。按照清洁高效、量力而行、科学布局、突出示范、自主创新的原则，以新疆、内蒙古、陕西、山西等地为重点，稳妥推进煤制油、煤制气技术研发和产业化升级示范工程，掌握核心技术，严格控制能耗、水耗和污染物排放，形成适度规模的煤基燃料替代能力。

5. 加强储备应急能力建设

完善能源储备制度，建立国家储备与企业储备相结合、战略储备与生产运行储备并举的储备体系，建立健全国家能源应急保障体系，提高能源安全保障能力。

扩大石油储备规模，建成国家石油储备二期工程，启动三期工程。提高天然气储备能力，加快天然气储气库建设，提高储气规模和应急调峰能力。

6. 稳步发展天然气交通运输

结合国家天然气发展规划布局，制定天然气交通发展中长期规划，加快天然气加气站设施建设，以城市出租车、公交车为重点，积极有序发展液化天然气汽车和压缩天然气汽车，稳妥发展天然气家庭轿车、城际客车、重型载货汽车和轮船。

7. 加快天然气管网和储气设施建设

按照西气东输、北气南下、海气登陆的供气格局，加快天然气管道及储气设施建设，形成进口通道、主要生产区和消费区相连接的全国天然气主干管网。到 2020 年，天然气主干管道里程达到 12 万 km 以上。

8. 安全发展核电

在采用国际最高安全标准、确保安全的前提下，适时在东部沿海地区启动新的核电项目建设，研究论证内陆核电建设。坚持引进、消化吸收再创新，重点推进 AP1000、CAP1400、高温气冷堆、快堆及后处理技术攻关。加快国内自主技术工程验证，重点建设大型先进压水堆、高温气冷堆重大专项示范工程。到 2020 年，核电装机容量达到 5 800 万 kW，在建装机容量达到 3 000 万 kW 以上。

9. 大力发展风电

重点规划建设酒泉、内蒙古西部、内蒙古东部、冀北、吉林、黑龙江、山东、哈密、江苏 9 个大型现代风电基地以及配套送出工程。以南方和中东部地区为重点，大力发展分散式风电，稳步发展海上风电。到 2020 年，风电装机容量达到 2 亿 kW。

10. 加快发展太阳能光热发电

太阳能光热发电是指利用大规模阵列抛物形或碟形镜面收集太阳热能，通过换热装置提供蒸汽，结合传统汽轮发电机的工艺，从而达到发电的目的。采用太阳能光热发电技术，避免了昂贵的硅晶光电转换工艺，可以大大降低太阳能发电的成本。而且，这种形式的太阳能转换还有一个其他形式的太阳能转换所无法比拟的优势，即太阳能所烧热的水可以储存在巨大的容器中，在太阳落山后几个小时仍然能够带动汽轮发电机发电。从国内光热发电来看：近年来，光热发电在我国太阳能发电政策规划中的地位开始显著提升。伴随光热发电在我国能源结构中的战略地位的提升，光热发电行业有望获得更多政策倾斜，随之而来的是光热发电产业化进程加快。

11. 积极发展地热能、生物质能和海洋能

积极推动地热能、生物质能和海洋能的清洁高效利用，推广生物质能和地热供热，开展地热发电和海洋能发电示范工程。到 2020 年，地热能利用

规模达到5 000万t标准煤。

（二）节能减排技术改造

国家发展改革委印发的《国家应对气候变化规划（2014—2020年）》中指出：要重点推进电力、钢铁、建材、有色、化工等行业节能。

国家发展改革委、环境保护部、国家能源局发布“关于印发《煤电节能减排升级与改造行动计划（2014—2020年）的通知”。通知指出，全面落实“节约、清洁、安全”的能源战略方针，推行更严格的能效环保标准，加快燃煤发电升级与改造，努力实现供电煤耗、污染排放、煤炭占能源消费比重“三降低”和安全运行质量、技术装备水平、电煤占煤炭消费比重“三提高”，打造高效清洁可持续发展的煤电产业“升级版”，为国家能源发展和战略安全夯实基础。

通用机械是煤电的重要辅机，也是电厂的主要耗电设备，如锅炉给水泵、循环水泵、凝结水泵、冲灰泵、油泵、送风机、引风机、一次风机、脱硫增压风机、通风机、压缩机、疏水阀、闸阀、截止阀、止回阀、球阀、蝶阀、冷却塔、空冷器等。平均每个电厂有数千台通用机械产品，其耗电量约占电厂自用电量的70%以上。通用机械行业在“十三五”期间应积极配合电力行业做好节能减排工作，为用户提供高效节能产品与系统节能方案。

此外，钢铁、化工、有色、建材等领域的节能减排任务也十分艰巨，通用机械制造企业要瞄准这些领域节能减排所需的设备开展研制攻关。

（三）开拓余能（余热、余压）回收市场

能量回收的定义十分广泛，具体来说就是将已经使用过的能量转变成可使用的能量，比如将热能、机械能、压力能、光能等转化为可利用能源。能量回收能够充分利用能源，减少碳排放，节能降耗，有利于可持续发展。

余能回收系统装置的核心技术是利用排向大气环境中的温度低于380℃的中低温废气、烟气所含的低品位的热能来发电或直接驱动动力设备，采用的是以低参数系列的热能交换器、低参数汽轮机及发电机组成的纯低温余热能量回收装置，同时，对尾气中的粉尘进行回收。主要应用在水泥、钢铁和石化等行业中。通用机械行业将针对这个新兴市场，研制能量回收新产品，如透平膨胀能量回收系统、螺杆膨胀能量回收系统、液力透平能量回收系统等。

（四）环保市场

“十三五”环保市场将是通用机械行业一个重要的经济增长点。其中水处理、烟气（脱硫、脱硝等）处理都离不开通用机械产品。

《国家应对气候变化规划（2014—2020年）》提出，到2020年，控制温室气体排放行动目标将全面完成，单位国内生产总值二氧化碳排放比2005年下降40%～45%，非化石能源占一次能源消费的比重到15%左右。到2020年，单位工业增加值二氧化碳排放比2005年下降50%左右。在电力行业加快建立温室气体排放标准，到2015年大型发电企业集团单位供电二氧化碳排放水平控制在650g/（kW·h）。年全国火电单位供电二氧化碳排放比2010年下降3%左右。“十三五”期间，大气污染防治投入资金预计达1.7万亿元。

我国水污染防治任务繁重，主要有几个方面：一是水污染物的排放总量仍然是巨大的。化学需氧量的排放量大概在2 400万t左右，氨、氮的排放量约在245万t左右。这些排放的总量必须要削减30%～50%，水环境才会有根本性的改变。二是地下水包括地下水的污染问题还没有得到有效的控制。三是一些河流，特别是农村，或者与老百姓生活密切相关的河沟、河岔的污染问题仍然十分严重。“十三五”期间，水污染防治投入资金预计达2万亿元。

通用机械产品是大气污染防治和水污染防治不可或缺的设备，生产制造企业要密切关注“十三五”环保领域的市场。

（五）民生工程所需的产品

在“十三五”期间，要发展与民生有关的制药和食品工业所需的各种通用机械产品，如分离机械、干燥设备、无油压缩机、气体分离设备等。预计“十三五”期间用于民生的通用机械产品的需求量将呈上升趋势，增长率将高于行业整体增长率3～5个百分点。通用机械机制造企业要根据市场的变化及时调整产品结构，实现新的增量。

（六）拓展国际市场

“十三五”国内通用机械的市场有限，必须实施“走出去”战略，拓展海外市场。利用国内、国际两个市场，着力拓展出口通道，积极利用丝绸之路经济带、21世纪海上丝绸之路、孟中印缅经济走廊和中巴经济走廊，将通用机械设备随着我国对外投资和工程总承包项目“走出去”，并充分利用零关税的优惠政策扩大产品出口。

五、通用机械行业“十三五”发展思路及目标

我国通用机械行业已进入由高速发展逐步过渡到中低速发展的新常态。这种新常态表现为市场需求疲软，行业中低端产品产能严重过剩，价格战越演越烈，行业将面临重新“洗牌”。因此，通用机械行业的“十三五”发展思路与“十二五”有较大区别。“十二五”规划基本是延续经济高增长的发展思路，行业经济以行业产值增长来考量，而“十三五”的发展思路是行业平衡有序发展，着重“质”“优”的考量。

“十三五”期间，通用机械行业将着重围绕国家的产业政策和改善民生的需求进行分析，如何为市场提供适销对路的高效节能可靠的产品。将围绕能源、节能降耗、环境保护及国家重点支持的领域进行产品开发，适应这些重点领域的需求。企业要练好内功，将我国从通用机械产品产量大国变成产品质量强国；走差异化发展道路，找准自己的市场定位，减少恶性竞争；利用零关税政策，扩大产品出口，实施“走出去”战略。

（一）发展思路

以国家产业政策为导向，瞄准国际、国内两个市场，抓住能源绿色、低碳、智能发展的战略方向，围绕保障安全、优化结构和节能减排等长期目标，以页岩气、煤层气、页岩油、深海油气开采利用、煤炭深加工、高参数节能环保燃煤发电、先进核电、光伏、太阳光热发电、风电、节能、环保等领域发展的重点任务为切入点，加大技术创新力度，加快创新平台建设，实施技术装备“走出去”战略，形成有国际竞争力的通用机械工业体系，实现能源、节能、环保等重大技术装备的国产化，使我国由通用机械制造大国迈向制造强国。

（二）发展目标

“十三五”期间，通用机械制造业的发展方式要从资源资本要素投入向技术创新型转变；加大制造业与服务业融合发展带动产业结构的调整；传统生产方式向先进制造模式、循环经济的制造模式过渡。

1. 行业经济保持适度增长

“十三五”通用机械行业经济增长速度保持在5%～6%，到2020年，通用机械行业产值达到1.3万亿元。

2. 重大技术装备国产化率得到全面提升

到2020年，石化、核电、超（超）临界火电、油气集输、天然气液化、煤炭深加工等重点领域的设备国产化率达90%以上。

3. 中高端产品的比例明显提高

加大中高端和节能产品研发力度，到2020年，大型空分装置、离心压缩机、轴流压缩机、容积式压缩机、化工流程泵、阀门等中高端产品的占比由目前的30%提高到70%以上。产品的设计、制造关键技术达到国际先进水平。

4. 培育一批重点企业

到2020年，全行业形成产值50亿～100亿元的企业5～8家，产值30亿～40亿元的企业10～20家，产值10亿～20亿元的企业80～100家。

5. 加快骨干企业与服务业融合步伐

“十三五”期间，重点培育沈鼓、陕鼓、杭氧、四川空分、开封空分集团有限公司、开山集团、凯泉泵业、山东景津环保集团、沈阳远大压缩机公司等大型骨干企业由纯制造业向工程成套和现代服务业转变。

6. 推进重点骨干企业“两化融合”

通用机械制造业“十三五”将进一步向信息化方向迈进，重点骨干企业要加大柔性制造系统、计算机集成制造系统的开发与推广应用，并向制造智能化方向发展，逐步实现产品的信息数字化，制造过程的智能化，为全行业的“两化融合”起到示范作用。

7. 加大节能技术开发力度

“十三五”期间，围绕通用机械节能产品的关键、共性技术加大研发投入力度，开展系统节能科技研发攻关，突破系统节能核心技术瓶颈，形成自主的知识产权，为大规模推广节能产品和系统节能提供技术支撑。到2020年，通用机械节能产品的比例由目前的30%提高到60%以上，系统节能水平明显提高，能量回收技术全面展开。

8. 加强标准体系建设

“十三五”期间，通用机械行业要着力加强标准体系建设，夯实标准化发展基础，坚持国际、国内标准化工作相结合，抓好国际标准的转化工作。在现有基础上国际标准转化率争取达到80%以上，推动基础标准、检测方法标准、能效标准与国际接轨，促进我国能源装备技术走出去，提升国际竞争力。

9. 加大产业结构调整

为解决低水平产品生产能力过剩的矛盾，以“控制、淘汰、改造、提高”为中心进行结构调整，及时向政府相关部门提供产品淘汰建议，配合政府制定产品淘汰目录，引导企业以市场为导向，压缩、淘汰落后产能，促进企业技术进步和产业结构升级，从低端产品向高端产品发展。

（三）重点任务

通用机械是石化、核电、超（超）临界火电、天然气液化、煤炭深加工、油气集输等能源装置中的核心设备。能源装置具有装置规模大、流程化生产、高压、高温、低温、介质易燃易爆、腐蚀、有毒等特点，对设备的材料、密封、可靠性等有特殊要求。

1. 大型石化、煤炭深加工关键设备

（1）压缩机。乙烯制冷压缩机，丙烯制冷压缩机，裂解气压缩机，4～6列1 250kN、1 500kN活塞力往复式压缩机，300MPa超高压乙烯压缩机，大型多列（6列及以上）迷宫压缩机，工艺螺杆压缩机（螺杆直径630mm以上）。

（2）泵。大流量、高温、高扬程辐射进料泵，常底泵、减底泵，加氢进料泵、加氢高压注水泵，高压除焦水泵（3 000kW以上），急冷油泵、急冷水泵，高温泵、低温和超低温泵，直联高速泵，精密计量泵，耐腐蚀泵，输送黏稠介质和带固体颗粒介质泵，油气混输多相泵，水煤浆泵，屏蔽泵、磁力泵以及量大面广的化工流程泵等。

（3）空分设备。10万～15万m^3/h等级空分设备配套用轴流＋离心空压机、高压氧气压缩机、膨胀机、低温泵、低温阀门等，以及7万～8万m^3/h空分设备配套用多轴空压机、多轴增压机等。

（4）阀门。催化裂化装置DN1500以上高温闸阀和蝶阀、大型单滑阀和塞阀，焦化装置四通球阀和油气隔断球阀，乙烯和加氢装置CL900以上高温高压闸阀、截止阀和止回阀、裂解清焦阀和大直径电动闸阀，以及小阻力、自动开启式低压大直径轴流止回阀和双板式特殊止回阀，大口径高温高压蒸汽阀、超高压蒸汽减温减压阀，煤化工及炼油装置用高温、高压、耐磨阀门、煤粉流量调节阀等。

（5）煤间接液化用高温离心机（转鼓直径800mm，转速≤1 000r/min）。

（6）冷却塔。冷却水蒸发回收率超过20%的大中型消雾节水冷却塔。

2. 三代核电关键设备

满足三代核电装置多工况及高汽蚀性能要求的余热排出泵、主给水泵机组、主循环泵、华龙一号应急水泵（ASG）、海水循环泵、常规岛凝结水泵，以及研发满足性能曲线约束的带多工况点运行要求的高效超低比转速、高压小流量的水力化容（化学成分与容积调剂）补水泵等。以上设备需具备耐辐射、抗地震、耐杂质磨损及抗冷热交变冲击等各种特定功能。

3. 超（超）临界火电关键设备

百万千瓦超（超）临界火电机组可靠、高效运行需要的高压锅炉给水泵、主循环泵、凝结水泵、送风机、引风机、一次风机及高参数阀门等。

4. 长输油、气管线关键设备

长输管线3万kW燃气轮机驱动的压缩机组、2万kW以上电动机驱动的压缩机组；高压气驱采油工艺用大型橇装高压压缩机（50～60MPa）；2 000kW以上大流量、高效管道输油泵；天然气长输管线全焊接56in（1in＝25.4mm）球阀；输油管线DBB旋塞阀及带润滑旋塞阀，输油输气管线高压止回阀、反吹阀等。

5. LNG关键设备

550万t/a LNG装置用MR1混合冷剂离心压

缩机、MR2混合冷剂离心压缩机、高压板翅式换热器(设计压力:10.0~14.0MPa)、绕管式换热器(直径6m、长度60m、重量400t)、挥发气(BOG)压缩机、低温潜液泵、低温阀等。

6. 核电真空设备

核电用自动控制成套真空设备(吸入绝压2kPa,抽干空气量150~200kg/h)。

7. 高效节能、减排技术与装备

通用机械产品中的泵、风机、压缩机、空分设备、干燥设备等是量大面广的耗能产品,大力发展高效节能通用机械产品,不断提高产品技术水平,对我国节能降耗,提高能源利用率,为国民经济各部门实现节能减排目标都具有非常重要的现实和长远意义。

(1)冶金行业工业过程烧结余热、高炉煤气余热余压回收与热能的综合利用,高炉、转炉、焦炉等煤气发电以及利用蒸汽轮机驱动技术与装备。

(2)大型高炉用离心鼓风机、高炉顶压与烧结余热能量回收联合发电技术与装备。

(3)将石油、石化、煤炭等行业生产中排放的废气回收再利用的高性能大型压缩机成套技术与设备。

(4)采用螺杆、蒸汽透平膨胀和液力透平进行工业过程余热、余压回收与余能综合利用技术与装备。

(5)煤层气、页岩气的回收利用技术与成套机组的开发。

(6)燃煤电站烟气脱硫、脱硝技术与装备。

(7)钢铁烧结机烟气脱硫、脱硝技术与装备。

(8)高性能污水处理高压隔膜板框压滤机。

(9)研制太阳热能干燥装置、风能干燥装置、地热能干燥装置及生物质能干燥装置,重点解决太阳热能、风能、地热能干燥装置受自然环境制约的问题,并解决生物质能利用时所遇到的问题。

8. 关键技术研究

(1)大型压缩机组、大型泵组(1 000kW以上)减振降噪关键技术研究。

(2)大型往复压缩机运行状态监测和故障智能诊断系统开发与研究。

(3)LNG冷能回收,空气分离技术研究及冷能发电、破碎技术研究。

(4)往复压缩机气量无级调节技术研究。

(5)宽高效区离心泵、离心压缩机系统节能优化运行技术研究等。

(6)AP系列主泵动力学分析,泵轴表面强化技术的研究及应用,百万千瓦级超(超)临界火电机组半容量给水泵水力模型优化研究,大功率液力回收透平技术研究,陶瓷衬里泵的凝结固化和高温烧成型技术研究,大流量BB3型泵技术研究。

(7)空分设备核心技术和产品的研究(空分设备节能降耗技术研究、能效评估技术研究、工程成套设计技术研究、精准性设计,建立仿真模型、精细化设计技术研究与标准化、空分设备及系统安全性设计研究);海洋工程用气体分离设备技术研究(海洋环境下的低温空气分离设备、常温气体分离设备研发)。

(8)减变速机:工业机器人用减速机(RV减速机)的研究与开发;大型硬齿面齿轮减速机(齿轮直径2 500~3 500mm)材质、齿轮加工、热处理工艺、检测手段的研究与开发。

(9)气体净化设备:干燥剂的动态吸附曲线研究,过滤器的特性研究,凝聚式过滤器的设计理论和试验研究,吸干机和活性炭过滤器的寿命研究,如何在现场合理配置气体净化设备,压缩空气质量和能耗在线监测技术研究。

(10)干燥设备:食品微波冷冻联合干燥工艺与机理的研究,远红外对流组合干燥粮食(如谷物等)的机理研究,超临界CO_2干燥制备纳米凝胶的基础研究。

(11)关键阀门可靠性研究。

(12)电动、气动阀门在线状态监测和故障智能诊断系统开发与研究。

(13)阀门密封件无钴堆焊研究。

(14)海洋工程用气体分离设备技术研究(海洋环境下的低温空气分离设备、常温气体分离设备研发)。

(15)冷却设备:冷却水蒸发回收利用技术研究;干湿冷组合节能、节水冷却设备技术与装备的研究。

六、政策建议

(一)培育造就配置合理的人才队伍

以提升企业的核心竞争力为目标,以企业创新项目为依托,以技术领军人才为突破,逐步建立和完善一支覆盖企业各技术要素、布局合理的技术业务人才队伍;以提升职业素质和职业技能为核心,以高技能人才发展为重点,提高产品设计、制造工艺、零部件加工、组装调试、维修服务等技术要素高技能人才的比例,培育造就配置合理、技艺精湛的高技能人才队伍。

(二)走以龙头企业带动产业规模发展的道路

培育一批有国际竞争力的大型企业集团,按照行业特点和市场规划实现行业的联合,推动通用机械制造业的产业结构调整和资源整合、增强竞争力。如在辽宁、陕西、四川、江苏、浙江、上海等地区可根据大型企业集团上下游配套关系,结合本地区通用机械装备制造业门类齐全的特点,形成若干个产业集群。

鼓励有条件的企业通过改制、改组,分离从事零部件、元器件和中间材料的生产单位,使之成为既为母体企业服务也面向国内外市场、独立核算的专业化企业。形成一批"专、精、特"专业化企业和"小巨人"企业,激发中小企业发展活力。

通过产业集聚,强化专业化分工,优化生产要素配置,降低创新成本,提高产业竞争力。以产业链为纽带,提升集约化水平,增强产业自主创新能力。培育一支引领带动通用机械制造业由大到强发展中的中坚力量。

(三)加快软实力建设

通用机械行业经过多年发展,企业通过增添和更新加工设备等,硬件手段得到明显改善,产业规模快速提升,但企业的软实力建设滞后。"十三五"要加快软实力建设,注重企业文化建设,着力提升企业的创新能力、应变能力、学习能力和洞察能力、人才凝聚力和吸引力,加强企业自律,提高诚信,自觉履行社会责任。只有具备了这样的软实力,企业才可具备强大的竞争力。

(四)规范市场竞争秩序

通用机械行业中低端产品产能过剩,造成恶性竞争加剧,特别是价格战越演越烈。为了规范市场竞争秩序,行业协会要制定相关行规,并适时向社会发布各类产品的参考价格,让用户及时掌握产品的合理价格区间,规范市场竞争秩序。

(五)开展产品可靠性设计,加大技术基础平台建设

可靠性是产品基本质量目标之一,也是重要的质量标志,是影响产品质量最活跃的因素,已成为制造企业市场竞争的焦点。

产品可靠性设计决定着产品固有(内在)可靠性。产品生产、使用、维修各阶段中所出现的许多可靠性问题取决于设计阶段的可靠性工作。因此,通用机械制造企业在产品设计时就要考虑到产品全寿命过程中与可靠性有关的诸因素,要预见到各阶段中可能遇到的工作环境、自然环境以及运输、贮存等环境对产品可靠性的影响,包括防护、维修影响及操作失误等各种影响。通过开展产品可靠性设计,全面提升通用机械产品的质量。

鼓励压缩机技术国家重点实验室为企业产品可靠性提供技术服务,在全行业逐步推行产品可靠性考评;鼓励企业加快产品试验、检测等技术基础平台建设,为产品开发、性能测试等提供基础保障。建议政府相关部门在政策和资金上给予扶植。

(六)形成政府、用户和制造企业共同推进重大装备国产化合力

目前,重大技术装备国产化已呈现出良好态势,研发工作取得不断进展,制造企业的创新能力有了进步,但这些距国产化的目标还有不小的距离,仍需要集中行业优势,对主要承担单位进行合理分工,重点抓好一批承担任务的企业;研发费用尽可能向承担任务的骨干企业倾斜,鼓励和支持基础较好的企业,通过上市或其他融资方式加强技术改造,提高企业承担国产化任务的能力;制造企业也需加大研发和改造投入,以争取更大的突破;业主单位有义务也有责任积极协助制造企业做好重大装备的研发工作,业主单位之间还要加强国产化经验的交流,共同推进重大技术装备国产化。

〔供稿单位:中国通用机械工业协会〕

泵行业"十三五"发展规划（讨论稿）

泵产品是一种输送流体介质的通用机械设备，广泛地应用于石油、化工、冶金、电力、矿山、城建、核电和国防军工等国民经济各个部门，已成为各种流体装置不可替代的装备。泵产品的品种规格较为繁杂，根据行业特点及工况条件分别具有不同的功能和属性，多种泵在检修期内必须长时间连续运行。因此，国民经济各个部门对泵产品的质量要求十分严格，稳定性和可靠性已作为一项很重要的考核指标，必须保证其运转周期，否则就会影响整套装置的正常运转。

一、我国泵制造业现状和形势

泵制造业是我国通用机械制造业的重要组成部分，在国民经济建设中起着十分重要的作用。为了适应我国石油、化工、电力、冶金、城建、矿山、国防军工等行业的发展，我国泵制造业企业以市场需求为导向，以重大技术装备成套为目标，通过自主创新和引进消化吸收再创新等举措，取得了一系列重点产品的研究成果，基本满足了国民经济各部门对产品的需求。如火力发电设备用泵已经形成了较完整的开发配套制造体系，核电站用泵类产品的国产化率已经上升到65%左右，冶金、石油化工、环保等泵产品经过自主研发已形成了可观的配套能力，有力促进了我国石化、电力、冶金等重大装备国产化。"十二五"期间，泵制造企业的整体搬迁改造，推动了我国泵制造业自身发展和产品结构调整，提升了行业的整体水平。在重大技术装备国产化工作的推动下，全行业已形成了一批开发能力强，加工手段齐全，制造技术水平较高的水泵产品制造企业。在用户部门的大力支持与配合下，我国水泵制造业承担国家重点建设项目的能力不断增强，产品国产化的比例不断提升，部分重点产品的设计制造能力已达到国际先进水平。60 万 kW 超临界火电机组泵产品国产化率达到 70% 左右；30 万 t/a 合成氨、52 万 t/a 尿素装置泵产品国产化率达到 80% 以上；千万吨级炼油装置泵产品国产化率能达到 80%；百万千瓦超（超）临界火电机组、百万千瓦核电机组及煤制油装置中的泵产品国产化率也在不断地提升。这在很大程度上减小了我国对国外泵产品的依赖程度，有效地改观了我国对关键泵产品依靠引进的局面，为保障国民经济安全做出了贡献。

二、"十二五"期间我国泵行业经济运行情况

"十二五"期间，我国泵行业经历了"十一五"高速发展阶段后，逐渐进入了一个新的发展机遇期，泵行业面对国内外复杂的经济形势，克服诸多困难，通过国家相关政策的牵引，稳中求进、创新驱动、转型升级和结构调整，经济运行总体保持了稳中有进的基本态势，主要经济指标呈小幅微长。

（1）完成工业总产值 1 880.6 亿元，其中：2011 年完成 437.7 亿元，同比增长 23.3%；2012 年完成 456.9 亿元，同比增长 4.4%；2013 年完成 490.8 亿元，同比增长 7.4%；2014 年完成 495.2%，同比增长 0.9%。

（2）完成利润总额 139.5 亿元。其中：2011 年完成 31.1%，同比增长 19.6%；2012 年完成 33.3 亿元，同比增长 7.07%；2013 年完成 37.3 亿元，同比增长 12.01%；2014 年完成 37.8 亿元，同比增长 1.34%。

（3）完成销售收入 1 784 亿元。其中：2011 年完成 420 亿元，同比增长 22.0%；2012 年完成 425 亿元，同比增长 1.2%；2013 年完成 467 亿元，同比增长 9.9%；2014 年完成 472 亿元，同比增长 1.07%。

（4）完成出口交货值 189.7 亿元。其中：2011

年完成46.9亿元,同比增长71.2%;2012年完成44.6亿元,同比下降4.9%;2013年完成48.8亿元,同比增长9.4%;2014年完成49.4亿元,同比增长1.2%。

(5)完成新产品产值729.9亿元。其中:2011年完成161.4亿元,同比增长35.7%;2012年完成184.2亿元,同比增长14.1%;2013年完成192.9亿元,同比增长4.7%;2014年完成191.4亿元,同比下降0.78%。

截止到2014年,根据会员企业上报的统计数据,与“十一五”末的2010年相比,工业总产值同比提高23.3%,销售收入同比提高21.8%,利润总额同比提高19.6%,资产总额同比提高24.4%,固定资产投入同比提高17.8%,主要产品产量同比提高100%。

(6)平均发展速度分别为:工业总产值9%(截至2014年12月31日,下同。)、销售收入8.54%、利润总额10%、资产总额9.57%、固定资产投入4.4%、主要产品产量28.2%。

三、国内外形势发展对我国泵制造业的影响

经过“十二五”期间泵制造企业大规模的搬迁改造,泵制造企业的规模和加工能力有了很大的提高,我国泵制造业逐步形成了一个较为完整的生产制造体系,但由于受国家宏观政策、国内外经济形势的影响,它的发展与壮大依附于其他行业,受到的限制也很多。国家经济政策的调整,全球经济不景气,用户推崇国外产品等因素对泵行业的发展均有一定的影响。

据统计,2014年,泵与真空设备行业规模企业1 303家,其中亏损企业150家,亏损面达11.5%。用户停建、缓建及要求延期执行合同或变更合同的现象非常普遍,从而造成企业经营困难,产成品库存加大,加之一些行业不合理的付款方式,致使泵制造企业资金回流难度增加,生产经营资金链条断节,困扰着企业正常生产。

总体看来,泵行业的发展已经渡过了“十一五”末期、“十二五”初期的快速发展机遇期。近年来,不合理的竞争致使产品的利润空间越来越小,很难有研发资金的投入。另外,自主创新能力不足,技术更新缓慢,基础工艺研究缺失,设计、工艺、制造标准与国际不接轨,多年来出现的质量问题、诚信问题、经营理念问题、售后服务问题、企业的软实力问题等诸多因素都给企业发展带来难以逾越的障碍。如何在经济全球化的形势下应对挑战,是全行业面临的紧迫任务。

四、“十二五”期间泵制造业回顾

1. 重大装备国产化及新产品开发

“十二五”期间,随着国家拉动内需相关政策的出台和相关部门要求重大装备国产化的呼声不断响亮,泵行业的科研投入也不断加大。

在火力发电方面,经过引进技术的消化吸收再创新,国内几个国有企业及部分股份制企业已经可以为600MW超临界、超超临界火电机组生产制造锅炉给水泵、凝结水泵、循环水泵,1 000MW超超临界火电机组汽动水泵已经在电厂运行。其中锅炉给水泵的国产化率已经达到70%以上;在石油化工行业,1 000万a/t炼油装置用泵的国产化率达到90%以上,百万a/t乙烯用泵的国产化率达到85%,45万a/t合成氨、80万a/t尿素装置用泵的国产化率达到80%,大化肥用甲铵泵、液铵泵现已实现国产化;在烟气脱硫方面,1 000MW超超临界火电机组的烟气脱硫用浆液泵国内很多企业都能够生产,而且部分企业生产的陶瓷衬套浆液泵的寿命已经超过国外进口产品;在核能发电方面,从引进技术到自主研发,1 000MW核电机组配套的泵产品除主泵外,核二、三级泵已经100%可以自行生产。核电用泵国产化率由岭澳核电厂的不足4%,现已经提高到90%以上。

据行业统计,2011—2014年,泵行业会员企业共完成新产品产值729.9亿元,同比“十一五”提升46.5%。但“十二五”期间增速明显放缓,2014年同比下降了0.78%。

在国家相关部门的关怀帮助下,泵制造企业通过产学研用相结合,对于“十二五”规划中25个攻关项目,除AP1000、CAP1400核电主泵正在研制外,其余项目均已完成并交付使用,其产品达到国

际同类产品水平，一些产品已经替代进口产品。

据统计，“十二五”期间，泵业分会重点骨干企业共完成643种新产品开发研制，大部分产品达到国内领先和国外同类产品水平。

沈鼓集团核电泵业有限公司继完成核二、三级上充泵、余热排除泵、电动辅助给水泵、安全壳喷淋泵、低压安注泵、重要厂用水泵等之后，在民品方面完成了超临界给水泵、输油管线泵、急冷水泵、急冷油泵等产品的研发。研制的CAP1400主泵专项在多约束条件下的优化设计、安全可靠性分析评估、主泵样机的先进制造、屏蔽电机主泵的试验验证等多个关键技术项目方面均取得一定的进展。

上海凯泉泵业(集团)有限公司完成了百万千瓦核电机组用厂用水泵、消防水泵、凝结水泵、水环真空泵、化容补水泵、余热排出泵、高压安注泵、二代加安全壳喷淋泵、安注泵、余热排除泵、重要厂用泵、设备冷冻水泵、潜没油泵、海水排污泵等核电用泵及民品锅炉给水泵、中缅管线油泵等的开发。

襄樊五二五泵业有限公司研制的磁力驱动泵以其无泄漏、静密封、无噪声等优点应用于石油、化工、军工等特殊行业。该项目技术通过湖北省科技成果鉴定，其整体技术达到国际先进水平，被列为2010年国家火炬计划项目，获得襄阳市科技进步奖一等奖，湖北省科技进步三等奖。

“十二五”期间，襄阳五二五泵业有限公司完成了石油化工流程泵、高效烟气脱硫循环泵、重型渣浆泵、LSD系列硫酸泵、LSDH系列硫黄泵等产品的研发，均达到国内领先水平，其中，大流量磁力驱动泵经鉴定达到国际先进水平。

上海阿波罗机械股份有限公司在“十二五”期间，相继完成百万千瓦级压水堆核电站上充泵、余热排出泵、安全壳喷淋泵、低压安注泵辅助给水汽动泵、主给水泵、乏燃料水池冷却泵、化学添加剂混合泵、硼酸输送泵及海水循环泵等核电用泵的研发生产，成为国内百万千瓦核电站用海水循环泵的主要供货商。并于2014年成功完成长输管线泵的研发生产任务，产品技术水平达到国际先进水平。

辽宁恒星泵业有限公司根据中石油管道公司需求，设计开发了KND450－93.5×3型多级水平中开式输油泵，经有关专家认定，该产品技术水平达到国际先进水平。中石油管道公司还采用了该公司生产的KSY490－47型中开式给油泵。该公司研制生产的产品完全可以满足输油管道并联工艺输油主泵、串联工艺输油主泵以及给油泵的使用需要，并可替代进口产品。

湖北省天门泵业有限公司研制的D970型喷水推进装置关键部件，其总体质量达到了技术规格书的要求，产品获得了中国船级社认可，已成功应用于中石油海上应急救援响应中心高速搜救船；5 000kW级大功率喷水推进装置超低碳双相不锈钢精密铸件的研制也取得成功，产品已经应用在海军高速三体搜救船上。2013年，该公司开发研制了卧式不锈钢轴流循环泵、渣浆压滤泵、卧式浓浆泡沫泵及浓浆泵，新产品产值达到销售收入的5%，取得了重大的进步。

石家庄强大泵业集团有限责任公司在“十二五”期间共计完成近150种新产品的开发。公司围绕市场需求，逐步调整产品结构，重点研制开发了用于污水治理、电站脱硫、填海造田与挖泥船配套的大型清水泵、斜流泵、污水泵、化工泵、潜污泵、渣浆泵、潜水泵，研制开发了乙烯、复合化肥等化工行业所需配套用泵。产品继续向大型化方向发展，形成了大型产品生产优势。其研发的TK1200大型挖泥泵的各项性能指标均达到或超过国外同类产品技术水平，并形成出口。

“十二五”期间，大耐泵业有限公司重点开发生产符合API标准的化工泵。相继开发研制成功国内最大的符合OH3型的PCH系列立式管线泵(VPVP400－7630)、BB1型输油管线泵，参数可以与国际水平相当；最大的单级BB2型泵是相同流量下国内首台级数最多的水平中开多级泵；ASD700－940大型供水泵试制成功，创下了在相同流量下，国内最高扬程、最高转速、最高效率的记录；自主研制的BB2型泵，各项指标已经达到或超越国外同类产品水平。这些产品成功用于各大项目中，替代了大量进口产品。“十二五”期间，大耐泵业有限公司陆续设计开发了大规格的卧式筒袋泵，流量可以达到1 000 m^3/h，扬程近600m；大耐泵业有限公司成功研制出输送剧毒液态光气泵，为化工泵、石油化工泵开拓了新的领域，该产品为国内首创。

大连深蓝泵业有限公司是我国泵行业中研发能力较强的一个单位，技术研究部门共有各类技术人员200余人，拥有先进的研发手段和测试设备，多年来一直致力于新产品的研发和设计，获得国家专利60余项（其中发明专利12项）。“十二五”期间，该公司相继研发乙烯产品用泵、加氢进料泵等一批石化领域用高端泵类产品，以及二代加、三代ERP、AP1000/CAP1400核电用完全壳喷淋泵、低压安注泵、余热排除泵等核级泵产品，其中有13种产品通过了国家级鉴定，十几种产品首次国产化并填补了国内空白。目前该公司正在进行华龙一号核电站16种泵的研制。

“十二五”期间，广东佛山水泵厂有限公司加大新产品开发力度，陆续研制了KPP系列化工流程泵、KCC系列化工泵、KHP系列卧式中开多级泵、KPS系列单级双吸离心单级泵、全球最大不锈钢液环真空泵（CBF730－2NG3）、全球最大双法兰结构真空泵（CBF830－2BG3），填补了国内外在这一领域的空白。

石家庄工业泵厂有限公司以“铸造消失模工艺试制”为重点展开技术工作。通过应用消失模铸造工艺对部分ZJ系列渣浆泵进行了升级换代的研制，为提升产品品质打下了坚实的基础。

天津泵业机械集团有限公司是我国螺杆泵的骨干研制、生产企业，在“十二五”期间，该公司针对市场需求，紧跟国际先进水平，进行了一系列的新产品开发与技术创新，累计设立新产品开发专项53项，完成45项，累计投入科研经费1 500余万元，创新性产品收入超过2亿元，获得发明专利及实用新型专利共计34项，取得了良好的经济效益和社会效益。

“十二五”期间，上海电力修造总厂有限公司自主研发配套巴基斯坦恰希玛核电二期工程340MW机组常规岛主给水泵组交付投运；研制的首台国产AP1000核电站常规岛给水泵组前置泵胜利交付；完成了1 000MW级（50%容量）超超临界火电机组FK6A40型锅炉给水泵的国产化，并通过由国家能源局和中国通用机械工业协会组织的产品鉴定，填补了国内空白，现已运用于江苏华电句容发电有限公司，各项指标均达到国际同类产品先进水平；完成1 000MW级超超临界火电机组HZB303－720前置泵系列化的设计和生产，并已发运至用户单位；完成了660MW超临界火电机组（50%容量）HPT350－370型给水泵研发生产。2012年共获专利31项。600MW超临界、亚临界机组锅炉给水泵荣获国家能源科技进步奖三等奖、中国机械工业科学技术奖三等奖及中电建集团优质产品奖。

2. 基本建设和技术改造

“十二五”期间，截止到2014年年底，中国通用机械工业协会泵业分会会员单位累计完成基本建设和技术改造投资81亿元，有近20%的企业进行了搬迁改造，使企业现场管理、设备能力都有了很大的改善和提高。

沈阳鼓风机集团股份有限公司斥巨资建造了拥有精良设备的现代化泵类产品生产制造基地。生产制造基地于2011年5月竣工，并于同月顺利完成了核电泵业有限公司的整体搬迁工作。沈鼓集团不断加大工艺装备投入力度，加速设备更新换代步伐，使公司制造能力达到国际先进水平，国内机械行业最先进水平。根据研制制造AP1000三代核电主泵的需要，建成了国内唯一的AP1000核主泵试验台，使沈鼓集团核电泵业有限公司成为拥有设计、制造、组装、试验第三代核主泵能力的核电设备企业。

大耐泵业有限公司第三代核电及大型石化成套装置关键泵国产化项目如期竣工，项目投资总额达6 800余万元，这是继公司搬迁至双D港以来又一规模庞大的工程。

上海凯泉泵业（集团）有限公司为了全面进军核电和火电用泵领域，2011年投资2亿元建造了建筑面积达1万 m^2 的重型车间。

上海阿波罗机械股份有限公司为配合核泵研

发、生产,从2009年起先后投入1.437亿元改建核泵研发中心,该项目被列入“国家产业振兴和技术改造项目”和“上海市高新技术产业化项目”并获得专项资金资助。目前项目正按计划执行。现已完成技术研发中心、焊接中心的改造,添置了大型数控设备共计10余台(套),新增土地也已落实到位,正在办理相关报建手续。

襄樊五二五泵业有限公司2011年圆满完成国拨资金军转民项目“大型烟气脱硫循环泵研制与开发项目”的审核验收,奠定了公司承担国家级科技开发项目的基础。

辽宁恒星泵业有限公司“大功率管道输油泵技术改造项目”获得国家发展改革委1 259万元的资金支持,项目于2012年底完成。该项目完成后极大地提升了公司的综合配套能力,达到年产100台管道输油泵的生产能力,并可实现年销售收入3.2亿元。

大连深蓝泵业有限公司核电用泵国产化技改项目投资10 997.37万元,其中厂房建筑面积23 340m^2,含辅助设施投资6 343.10万元,购置设备投资4 654.27万元,工程建设已经全面完工。该项目可达到年产800台核电用泵的生产能力,年生产核电用铸钢件2 000t,新增销售收入2.3亿元。

中国有色(沈阳)泵业有限公司投资43 703万元建设“石油化工用隔膜泵项目”和“能源装备用隔膜泵生产过程智能化技术改造项目”。形成年生产隔膜泵产品100台的能力,成为国内唯一大型隔膜泵专业研发、制造企业,并拥有自主知识产权。

江苏海狮泵业制造有限公司为核电产品研发工程项目新建厂区占地面积10.7万m^2(160亩),建筑面积5万m^2,累计完成固定资产投资额7 600万元。

山东华成集团有限公司为了开辟新的发展空间,把目光瞄准了精密减速机领域,投资16.8亿元建造国际一流的减速机基地。项目占地面积33.3万m^2(500亩),分三期实施。2010年底,项目一期顺利竣工投产,2011年初项目二期正式启动,生产经营形式特别好。新项目达产后可年产传动设备2万台,实现销售收入30亿元;年产增速齿轮箱2 000台,可实现销售收入15亿元;年产风力发电机组200套,可实现销售收入15亿元。

湖北同方高科泵业有限公司二期扩建项目“超超临界火电机组关键辅机液环真空泵扩产项目”获得国家发展改革委、工业和信息化部(简称工信部)重点产业振兴和技改中央财政专项资金支持。获得技改市级财政贴息贷款支持。

湖北省天门泵业有限公司NJ系列浓浆泵扩建技术改造项目2011年7月批准立项,项目总投资6 248万元。项目建成后年产量将增加到3 000台,新增销售收入14 758万元、利润2 234.81万元、税金1 000万元。

石家庄工业泵厂有限公司在保证正常生产的前提下,本着“整体规划、分步实施、量力而行、借势发展”的原则,在防范好投资风险和市场风险的基础上,扎实推进大泵基地项目建设,扎实做好公司内部技改扩建项目,做到增量过渡保发展。

上海电力修造总厂有限公司进行了给水泵试验台升级改造工程。该工程购进了具有国际先进水平的检测设备,使产品检测分析的精确性、性和可重复性得到有效保证。该公司建有国内一流水平的液力调速给水泵组试验中心,可进行600MW(50%容量)火电站机组锅炉给水泵组的各种特性试验。

广东省佛山水泵厂有限公司为扩大生产和测试能力,提升企业形象,2012年投资800多万元用于企业的技术改造,购置了先进的数控机床和加工中心及生产检测设备等,有效地提升了企业的生产和检测能力。

西安泵阀总厂有限公司从2010年起实施了整体搬迁改造工程。新厂区占地总面积 万m^3(174亩),建筑面积9.3万m^2,其中最大的泵阀加工装配车间建筑面积为5.5万m^2。新增熔炼电炉、测试设备、焊接设备、起重设备、空调系统等主要设备55台(套)。整个工程新增投资2.2亿元。

襄阳五二五泵业有限公司泵阀产品生产能力升级技术改造项目所有工程和设备均投入使用,全部工程完成结算审计，单项验收工作部分完成。根据“十二五”发展规划，公司在襄阳高新技术产业开发区深圳工业园征地40万m^2（598.7亩），建设特种工业泵产业园，并于2012年4月28日举行了开工奠基。

丹东克隆集团有限责任公司进行了一系列的基本建设改造，首先是对公司的电网进行了增容扩建，其次，对磁力泵试验台也进行了扩建。

嘉利特荏原泵业有限公司2012年投入2 000余万元进行产品生产能力扩大和试验能力提升改造。为配合精益生产的需要，对工厂地坪进行了重新改造和美化，扩大了试验室的试验能力，由原来最大测试能力2 500kW提升到目前的5 000kW。

山东长志泵业有限公司建有山东省石油化工泵工程技术研究中心、山东长志工业泵研究所2个省级技术中心。根据市场的需要，山东长志泵业有限公司在辽宁省葫芦岛市投资近2亿元新建辽宁长志泵业有限公司，购置先进的数控加工设备，新建铸造基地。

四川省自贡工业泵有限责任公司于2011年初投资2 000万元，用于新建产品装配车间和3 500m^3闭环式水泵检测试验台，该项目于2012年7月建成并投入运行。为实施企业整体迁建发展计划，投资总额约7亿元的“节能高效工业泵研发制造基地”项目，于2012年12月在自贡国家高新技术产业园区开工建设。

江苏双达泵阀集团有限公司在靖江市新桥镇工业开发区投资近2亿元，建设核电工业园，主要用于核电站核二、三级泵，CAP1400冷却水循环泵，煤化工泵和特种化工泵的生产制造。

日立泵制造（无锡）有限公司在无锡市新区机光电工业园建造了全新的现代化厂房。新厂房占地面积13万m^2，建筑面积5.8万m^2，注册资金达19 500万元。拥有大型先进的数控加工设备、最现代的检测手段和大规模的试验设施。

3. 产品专利及知识产权保护

“十二五”期间，针对国内外经济形势，会员企业注重知识产权的保护。随着新产品、新技术、新材料、新工艺的研究和开发，申报国家专利的数量也不断增加。据重点骨干会员企业的不完全统计，截止到2014年，重点会员企业共获国家专利局批准的发明专利、实用新型专利共550项。

4. 标准制修订情况

“十二五”期间，为了与世界先进制造国家的标准进行接轨，泵标准委员会对现行标准进行了修订，并制定了一些新的行业标准。

2012年，泵标准化委员会（简称泵标委会）编制了泵专业领域“十二五”技术标准体系建设方案（以下简称《方案》）。《方案》主要包括泵专业领域概述、泵专业领域标准现状、泵专业领域技术标准体系、泵专业领域技术标准体系建设方案、泵专业领域“十二五”期间国际标准化工作推进计划5方面内容。截至2012年年底，泵专业领域现行标准共87项，其中国家标准30项，行业标准57项。

2014年，泵标委会在2012年制定的《方案》基础上，结合技术、产业发展现状与趋势分析，对《方案》进行了修订。《方案》补充了泵专业领域2013—2014年批准发布的国家标准和行业标准及2013—2014年国家标准和行业标准计划项目；调整了泵专业领域拟制定的国家标准和行业标准项目；总结了泵专业领域国际标准化工作情况及国际标准转化情况。截至2014年年底，泵专业领域现行标准共89项，其中，国家标准32项，行业标准57项。

“十二五”期间，泵专业领域发布国家标准和行业标准共36项，其中制、修订国家标准项目10项，制、修订行业标准项目26项。

截至2014年12月底，泵专业领域在研国家标准和行业标准共24项，其中，国家标准项目8项，行业标准项目16项。

在制（修）订国家、行业标准的同时，为与国际标准接轨，泵标委会注重国际标准转化工作。截至2014年年底，ISO/TC 115发布国际标准共24项。作为ISO/TC 115国内对口单位，泵标委会已组织转化国际标准共15项，已列入计划项目共6项，已组织翻译项目2项，1项不适用于我国，不予转化。

为了结合国家节能减排的要求,2014 年泵标委会完成了《石油化工离心泵能效限定值和能效等级》标准的制定工作,现已送审。

"十二五"期间,全国标准化工作委员会螺杆泵分标准化委员会主持了行业内的多项产品标准制定。起草行业标准《多相混输双螺杆泵》,目前已完成审查并提出报批稿。该标准制订弥补了我国该产品行业标准空白;主持修订行业标准 JB/T8091《螺杆泵实验方法》完成报批稿,目前工信厅科[2014]47 号文已批复 2014 年 11 月实施;主持起草行业标准《双螺杆泵》,2014 年形成标准征求意见稿。该标准制订弥补多年来我国该产品行业标准空白;组织申报修订行业标准 JB/T8644《单螺杆泵》,目前已向泵标委提出《标准申报建议书》和标准草案,等待批复列入计划;提出国家标准项目 GB/T10886《三螺杆泵》修订计划,目前已向泵标委提出《标准申报建议书》和标准草案,等待批复列入计划;通过行业协会提出制订行业标准《单螺杆泵能效限定值及节能评价值》的申报建议书,等待批复。

5. 两化融合情况

两化融合的最终目的是为了促进泵制造企业产业转型与升级,利用信息化技术改进产品研发、产品设计、工艺设计、生产管理、产品检测、市场供销和售后服务等产品全生命周期各环节,淘汰落后生产能力,提升核心自主创新能力。

"十二五"期间,大耐泵业有限公司逐步推进企业信息化建设进度。在推广利用先进的电子信息技术的过程中,不断优化制造加工技术,改善了企业生产、经营及管理模式,提高了产品研发和自主创新的能力,从而增强了企业在国内外市场的竞争力,为实现产业升级打下了坚实的基础。

(1)流程再造,上线 ERP 系统。2012 年,升级引进的 SAP® ERP 系统成为大耐泵业有限公司信息化管理工作的亮点。

(2)CFD 流畅模拟和三维设计软件的推广应用,在缩短新产品研发周期,提升新产品性能指标,降低新产品研发成本方面取得收益。

(3)"泵生产及销售的动态选型软件与标书自动生成系统"可以进行产品的动态选型及性能曲线、报价的自动生成,为实现销售合同的完整与准确性提供帮助。

(4)引入了图文档加密系统,有效保护了公司无形资产和员工劳动成果。

(5)建立了电子化的知识与制度管理平台,为企业长远的发展提供知识及决策依据。

日立泵制造(无锡)有限公司建立以高速数据网络为核心的企业信息基础设施 Director6 生产管理系统,建立了大型动态数据库和新型的工作流生产过程等。Director6 数据库的建立可以为决策者提供有效的依据,从而使企业的生产经营能更好地适应社会需求,扩展企业的生存空间。

天津泵业机械集团有限公司于 2014 年 6 月上线产品科研项目管理模块,使技术开发工作的流程得到了规范和加强,同时,建立了完整的可追溯的产品设计过程记录,与现有 ERP 系统接口良好。

6. 质量管理与成效

《中国制造 2025》基本方针是:创新驱动、质量为先、绿色发展、结构优化。

质量为先即是坚持把质量作为建设制造强国的生命线,强化企业质量主体责任,加强质量技术攻关、自主品牌培育。建设法规标准体系、质量监管体系、先进技术文化,营造诚信经营的市场环境,走以质取胜的发展道路。

我国泵行业经过改革开放 30 多年的发展取得了可喜的成绩,重大技术装备中泵的国产化率逐年提高。随着 ISO 9000 标准体系在泵行业的普及和我国泵设计、制造标准逐渐与国际标准的接轨,泵产品质量有了相应的提升。很多泵企业负责人已经真正意识到质量是企业的生命,没有过硬的产品质量,没有过硬的服务队伍,终究就会被市场淘汰。

截至 2014 年年底,泵业分会会员企业中已有近 300 家企业通过了 ISO 9001 质量体系认证。

沈鼓集团核电泵业有限公司目前执行标准主要为 ASME 标准,GB/T 19001—2008(ISO 9001:

2008)标准,民用核安全设备设计、制造标准(HAF标准)。沈鼓集团核电泵业有限公司通过美国机械工程师学会ASME认证,取得N、NS、NA、NPT钢印和MO资质,可从事核1级、2级、3级泵的设计和制造。经国家核安全局认证获得国家核安全局颁发的百万千瓦级压水堆核电厂核一级、核二级、核三级用泵设计、制造许可证。

石家庄强大泵业集团有限责任公司通过了华信技术检验有限公司对Q/E/O管理体系的监督审核,保持证书的有效性。组织并完成国军标质量管理体系的现场审核及换版审核工作;完成煤安认证66种新申办和续办产品的申报、技术审查和样品抽样的性能试验工作;完成CE认证及渣浆泵产品的焊接认证工作,为公司产品的出口创造了有利条件;完成日常产品船检认证的相关工作,确保公司船用泵产品的正常销售。组织对相关管理人员进行新版"四合一"管理体系文件的培训,确保文件的贯彻执行。组织相关人员进行煤安知识、过程控制理论和方法、管理体系基础知识的培训、考试。组织开展广大员工参加的QC小组活动,选派优秀QC小组参加市里组织的优秀QC小组评选大会并获奖。组织开展"质量月"活动,增强了全体员工的质量意识。

2011年8月,大耐泵业有限公司接受了北京华信检验有限公司对其环境/职业健康安全管理体系的复审,完成了环境管理体系(ISO 14001:2004)和职业健康安全管理体系(OHSAS 18001:1999)的换证工作,保证了质量体系的有效运行。

上海凯泉泵业(集团)有限公司在具备ISO系列质量体系的同时,于2012年1月6日取得了国家安全局颁发的"民用核安全机械设备设计许可证"(国核安证字S(11)10号)和"民用核安全机械设备制造许可证"(国核安证字Z(11)12号),使公司全员质量意识有了进一步的提升。该公司成为国内4家能够承接核电二级用泵项目的设计制造企业之一。

上海东方泵业(集团)有限公司从2002年开始导入了《GB/T 15496 企业标准化体系要求》《GB/T 15497 企业标准化体系技术标准》和《GB/T 15498 企业标准化体系管理标准和工作标准》,逐步建立公司的企业标准化体系,并把ISO 9001、ISO 14001和OHS 18001质量、环境、职业健康安全管理体系融入企业标准化体系中。公司的企业标准化体系通过了国家标准化委员会的验收,获AAA级"标准化良好行为"。

大连深蓝泵业有限公司产品执行RCC－M、GB、ISO、ANSI、ASME、API、EN、DIN等国际国内最高要求的标准,并取得了民品核二、三级泵的设计、制造许可证。

上海阿波罗机械股份有限公司通过了GB/T 19001—2008(idt ISO9001:2008)标准认证;具备核级泵质量保证体系:通过核级泵设计和制造标准HAF003《核电厂质量保证安全规定》认证。

襄樊五二五泵业有限公司于2001年获得ISO 9001:1994质量体系认证,2003年通过了ISO 9001:2000的质量管理体系认证,2010年通过了ISO 9001:2008的质量管理体系认证。2012年通过了ISO 14001:2004环境管理体系认证、OHSAS 10081:2007职业健康管理体系认证以及安全生产标准化二级达标评审,实现了一年取得三证资格认证的好成绩。该公司全面启动单元成本管理模式,全年节约成本近2 000万元。该公司全面导入卓越绩效管理模式,成为"湖北省长江质量奖"提名企业,同时荣获"襄阳市首家市长质量奖企业"称号。

辽宁恒星泵业有限公司通过了美国石油学会的APIQ1/ISO 9001的复审,同时通过了ISO 14001环境管理体系认证。该公司生产的离心泵执行API 610标准。

武安市宏泰机械泵业有限公司于1998年通过中国船级社ISO质量体系认证,2011年通过换证复评及每年一次的监督审核。质量体系认证标准是GB/T 19001—2008(idt ISO 9001:2008)。2011年公司还通过了计量体系认证。

湖北同方高科泵业有限公司完善公司的质量管理体系和标准化工作体系。本着"产品质量是品牌的基础""符合标准可操作能管用"的原则,重新修订了三合一管理体系文件，制定了37个程序文件和144份控制表单；产品研发采用APQP的流程，践行“质量是设计出来”的质量管理理念；产品设计制造技术从德国西门子公司引进，执行德国DIN标准；根据广大用户的市场反馈，结合JB/T 7255—2007行业最新标准，制定完善了更高要求的企业内控标准。该公司被湖北省质量技术监督局评为2011年度省级标准化良好行为创建企业。

湖北省天门泵业有限公司通过了ISO质量管理体系认证、CCSR质量管理体系认证。

石家庄工业泵厂有限公司以综合管理体系运行控制为手段，不断加强月度体系检查和例会制度，强化过程管理，使管理体系运行更加扎实，确保了公司产品质量的稳步提高。

广东省佛山水泵厂有限公司对管理体系认证工作进行了总体的策划与组织实施，使质量管理体系（ISO 9001）、职业健康安全管理体系（OHSAS 18001）和环境管理体系（ISO 14001）三个管理体系同时通过了SGS公司（通标标准技术服务有限公司）的体系认证，保持了质量管理体系认证的持续有效，进一步规范了公司的职业健康安全与环境的管理工作，使其符合国家法律法规的要求，为企业的持续发展奠定了坚实的基础。

安徽三联泵业有限公司通过了ISO 9001质量体系和煤矿安全体系认证，ISO 14001环境管理体系认证以及GB/T 28001职业健康安全管理体系认证，并通过了国际CE认证、中国节能产品认证。公司的主打品牌“三联”荣获“中国驰名商标”“安徽省著名商标”。“三联”牌清水泵、渣浆泵先后获得“安徽省名牌产品”称号。企业先后荣获“全国质量稳定信誉保证企业”和“安徽省质量管理奖”等荣誉称号。

广州市白云泵业集团有限公司通过了ISO 9000质量管理体系认证，ISO 14000环境管理体系认证，OHSMS 18000职业健康安全管理体系认证，并获得了“采用国际标准产品”认证。

7. 节能产品开发进展情况

绿色发展、节能减排是我国发展的一个重要战略，泵行业企业积极响应国家号召，在泵类产品升级改造过程中，注重节能产品的开发和推广，截至2014年年底，有18家泵行业会员企业的48种产品通过了中国质量认证中心的节能产品认证，在工信部等部门组织的节能机电设备（产品）评选过程中（前三批）共有25个系列近百种泵产品进入《节能机电设备（产品）推荐目录》。2013年在工信部、财政部等部门组织的“能效之星”评价工作中，泵业分会有6家企业的27种产品入选，上海凯泉泵业（集团）有限公司、湖南湘电长沙水泵有限公司、上海水泵制造有限公司、安徽三联泵业股份有限公司4家企业的5个系列产品获奖。

“十二五”期间，泵行业会员企业根据国家相关政策和市场导向，开发了很多高效节能的泵产品。

大耐泵业有限公司引进国外先进技术，开发出高效节能、符合API 610 BB3型14级ASD80－260/14型水平中开多级泵。成功应用于大连供水公司二期引水工程的ASD700－940型水平中开双吸泵，效率达到91%，充分体现了高效节能的效果，达到国际先进水平。

上海水泵制造有限公司以电站市场为龙头，全力发展电站凝结水泵和循环水泵。2011年国家下达对西北部缺水地区甘肃省景泰灌区实施泵站改扩建工程任务，上海水泵制造有限公司技术人员经过攻关，研制出ϕ1 200mm口径的中开泵，在与上海凯士比泵有限公司、安德里茨（中国）有限公司等知名泵厂产品的竞争中，经沈阳国家工业泵检测中心进行“比武”性质的性能测试后，以泵效率达到90%的优势脱颖而出，取得了工程第一批9台的订单，至2013年3月全部交付使用。经灌区测算，由于该泵效率高，通过节能节约的费用，2年可收回全部投资。

安徽三联泵业股份有限公司通过自主研发和优化设计的几种规格产品分别被列为“国家重点新产品”“安徽省高新技术产品”“安徽省名牌产品”。公司HS（V）系列中开蜗壳式离心泵、D（MD）多级离心泵取得了国家“节能产品”证书。

广州市白云泵业集团有限公司通过吸纳高科

技人才，坚持自主技术创新，不断将国际先进技术融入“白云”系列产品，每年投入巨资用于技术创新和新产品开发，研发出节能、节水、环保型的新一代高新技术产品。包括：单基础全调节的1.6m立式轴流泵、单基础可抽芯式立式轴流泵、全自动活水提升装置和隔油活水提升装置、立式无轴封自控自吸泵及性能优越的BS双吸中开泵等70多个新产品。

山东长志泵业有限公司致力于能量回收、高效节能新产品的开发。2012年，完成了HPRT80－960型液力回收透平装置的研制。经统计，每台透平平均可回收功率300kW，以年运转300天计算，则每台透平装置每年可节电216万kW·h，节约电费151万元，经济效益非常可观。2012年12月28日，由山东省经信委主持召开了该项目的鉴定会。鉴定委员会认为该产品结构设计合理，达到了节能设计水平，具有安全性高、可靠性好、价格低、高效节能、维修方便等特点，主要性能指标达到了国内同类产品领先水平，完全可以替代进口产品。

重庆明珠机电有限公司研制生产的双头单螺杆泵结构简单、功能强大、振动噪声小、节能效果显著。CS系列陈氏螺杆泵是国内工作压力最高、排量最大、规格型号最齐全、适应范围最宽、定子寿命最长、节能效果最显著的产品，并成为唯一入选工信部《节能机电设备（产品）推荐目录（第三批）》的螺杆泵产品。

四川省自贡工业泵有限责任公司研制生产的“ZZ型系列渣浆泵”通过了自贡市科技局组织的成果鉴定；“新型ZWX（1000～1800）化工轴流式强制蒸发循环泵”通过四川省科学技术厅组织的成果鉴定。上述系列产品已成为该公司目前的主导产品之一，年销售额占总销售额的70%左右，具有可观的市场前景。该公司研发的ZWX系列大型蒸发循环泵，其综合技术性能处于国内领先水平，泵效率比同类产品高3%～5%。该产品已于2012年申报工信部节能产品，并被省、市推荐列入《国家鼓励发展的环保产业目录（产品）》。

湖北省天门泵业有限公司2011年研制的渣浆压滤泵获得国家重点新产品证书、湖北省自主创新产品证书。该产品无污染、高效率、节能显著，泵效率平均提高12%，使用寿命延长30%～50%，年运行300天可节电10万kW·h。该项目发明了一种新型的叶轮结构型式，命名为“半闭式叶轮”。项目成果应用于渣浆泵、泡沫泵工业化生产，经济效益显著。

8. 人才培养

“十二五”期间，泵行业重视科技是第一生产力，加大对科技人员的引进和培养。

沈鼓集团核电泵业有限公司每年均从国内知名院校招聘本科以上优秀毕业生加入团队，入职后经过培训及英语考核，对达到公司标准的人员加薪，同时安排到各个岗位轮训，使新参加工作的大学生能尽快地熟悉和掌握基本技能，并对每个人进行职业生涯规划，加快了人才培养的速度。

合肥华升泵业有限公司在人才培养方面，注重理论和实际相结合，完成新产品设计任务的技术人员轮岗到销售部门，使他们能及时掌握市场的需求，为以后的产品开发积累了第一手资料。

上海电力修造总厂有限公司注重技术人才的培养，根据个人的工作特点安排相应的岗位。并对技术骨干进行了相应的待遇倾斜，从事技术工作的同志可以主动从公司每年的创新项目中挑选课题，担当课题负责人，也可以根据公司的发展、市场前景自己提出课题，组织技术人员进行科研攻关。技术创新和科技成果经过鉴定后，按公司的政策进行奖励。

大耐泵业有限公司注重科技人员知识的更新，每年请专家对全体技术、销售人员进行泵理论知识、两化融合等方面的培训，并通过技术交流，使从事不同泵型的技术人员掌握公司的产品结构和技术水平。该公司针对新产品研发、技术创新制订了一系列的激励政策，帮助技术人员进行成果宣传。注重技术人员科技成果申报、专利技术申报，为他们今后晋升职称等打下坚实的基础。

9. 国家认定的企业研发中心

“十二五”期间，为了提高企业的创新能力，泵行业企业逐渐完善以企业为主体、市场为导向、政产学研用相结合的技术创新体系。

沈鼓集团相继与西安大学、东北大学、大连理工大学、兰州理工大学等成立研发中心或技术中心，并在百万千瓦核电机组用泵、超（超）临界火电机组锅炉给水泵的研发中发挥了重要的作用。

大连深蓝泵业有限公司是较早建立高效型和创新型的企业技术研发中心的企业之一。该公司为了更好地进行核电用泵的研制和开发，成为“中广核核电设备国产化联合研发中心”成员单位，相继研制成功余热排除泵等十几种核电泵产品。

五、泵行业发展中存在的问题

“十二五”期间，重大工程泵类产品的国产化率不断提高，基本上满足了国家经济建设发展的需要。但是，就泵行业目前现状而言，与工业发达国家相比差距仍然较大，特别是企业自主开发能力薄弱，国民经济发展所急需的技术含量高、附加值高的产品的核心技术尚未掌握，还有很多问题亟待解决。

第一，研发资金投入匮乏，新产品研发能力不足。国内企业在产品技术积累、新产品开发方面与国外一些著名公司相比有着明显的差距。科技经费、研发资金投入不足已成为制约泵制造业自主研发的一个主要因素。据行业不完全统计，企业研发资金投入占企业销售收入的比例不足2%，与国外知名公司相比，全行业的研发资金投入显得微乎其微，严重地制约了新技术、新产品、新材料、新工艺的研究开发。

第二，自主创新能力薄弱，对引进技术的消化吸收缓慢，大部分企业技术创新能力不强，缺少自主知识产权制造技术及产品技术。虽然，泵行业大多数产品已经基本实现了自主生产制造，但由于缺乏自主知识产权，一些重大技术装备的核心技术仍掌握在外方手中，国内泵制造企业所承担的大多是产品的低端加工环节，自主化的广度和深度仍有待提高。比如，现已经开始国内制造的核电站成套设备中的核级泵产品和百万千瓦超临界、超超临界火电站成套设备中的高压锅炉给水泵芯包产品，大型石化成套技术装备中所需的高压小流量泵、耐腐蚀化工流程泵、煤液化用耐蚀耐磨离心泵、容积泵等的关键核心技术大部分仍需依靠引进，这也是我国泵行业企业需重点攻关的方向。

第三，基础技术发展滞后，基础配套元器件更是薄弱环节。长期以来，由于缺乏对基础技术研究的应有重视，我国装备制造业的基础机械、基础元器件发展滞后，成为制约重大技术装备发展的重要因素。机械密封、仪器仪表和最小流量装置等基础配套机械产品，中低档产品居多，性能质量不稳定，这也是一些用户采用国外产品的原因之一。

第四，重要技术装备仍依靠进口。国内泵行业重视引进，轻视引进技术消化、吸收及再创新，盲目重复引进的现象严重。通过引进国外先进设计、制造技术缩短与世界先进水平的差距，至今仍是我国泵制造业技术开发升级的主要渠道。

第五，总体设计、成套能力薄弱。全行业缺乏具有系统设计、成套能力和系统服务功能的总承包企业。一方面，我国泵制造业在重大成套项目上，总体设计、系统集成能力薄弱，难以为用户提供全面解决方案和“交钥匙工程”；另一方面，泵制造业的发展是一个复杂的系统工程，需要研究单位、设计单位、制造企业和应用部门密切配合协作化大生产。而我国泵行业的现状却是：具有总承包能力的企业尚未形成，科研院所、设计机构、制造企业各自独立。有些成套设备制造商，在激烈的国际、国内的市场竞争中逐步被跨国公司碾碎、挤垮，变为跨国公司的零部件供应商。

第六，应用部门缺乏购买国产水泵的积极性，制约了水泵制造企业大力发展拥有自主知识产权和专利产品的积极性。经过半个多世纪的发展，尤其是国家“十一五”“十二五”计划期间，随着我国百万吨乙烯、千万吨炼油、百万千瓦核电等一批重点工程项目的建设，拉动了我国泵类产品的发展，国产化设备日益增多。我国水泵产品的性价比同国外相比具有很大优势，国产水泵产品理应获得更大的市场份额。但是，由于一些使用部门盲目追求国外最先进的技术装备，根本不考虑性价比，导致国产泵产品在国内采购招标中被国外产品击败的例子屡见不鲜。特别是自主创新,企业研发的首台(套)泵产品进入市场更费周折。不少国产高端泵类产品已经达到或超过国外同类产品,但使用部门仍以没有运行业绩等各种借口拒绝使用,使国产的泵类产品很难在一些重点项目和重点工程中被采用。

第七,“十二五”期间,泵制造企业对 ERP 系统进行了升级,新上了 Director6 生产管理系统、LPM 系统等,但纵观行业信息技术在泵制造业的应用率还是较低,全面应用信息技术的企业几乎是凤毛麟角。从泵制造业当前的技术发展趋势来看,推进信息化与水泵制造业融合是促进全行业发展的重要基础。由于信息技术没有在泵制造业得到广泛应用,影响了泵行业向更高层次的发展,企业发展后劲不足,制约了行业整体水平的提升,很难与国外先进企业(公司)匹敌。

第八,行业共性技术研究缺失,设计、工艺、材料、制造标准规范亟待更新。由于改制,一些面向行业服务的研究院所成为各自为战的企业,机构性质与工作重心发生了很大的变化,其行业技术支撑作用日益弱化,新技术、新工艺开发速度缓慢,设计、工艺、材料及制造等标准很难与国际对接,成为制约泵行业发展的一个瓶颈。

六、“十三五”发展基本原则、规划目标

1. 基本原则

指导思想:以党的十八大及十八届四中全会重要思想为指导,全面贯彻落实科学发展观,按照走新型工业化道路的要求,大力振兴泵制造业,要面向国际国内两个市场,坚持对外开放,抓住“一带一路”机会,把开拓海外市场作为一个新的经济增长点;引进消化吸收国外先进技术与自主创新相结合,坚持体制创新与机制完善相结合,鼓励泵制造企业坚持把创新驱动摆在企业发展的核心地位,推动跨行业的协同创新,坚持以企业自主创新为主体与政府统筹协调相结合,坚持全面推进与重点突破相结合,着力新技术、新材料、新工艺的研究,在做好基础泵产品,成套泵产品,高、精、尖泵产品的同时,提高内在质量、外观质量和服务技术。建成拥有核心开发能力,重大装备成套能力和具有国际竞争力的先进泵制造业基地,全面提升泵制造业科技水平,为实现国家机械工业现代化提供强有力的科技支撑。

“十三五”期间,我国泵制造业自主创新的基本原则是:自主创新,消化吸收,提升等级,率先跨越。

自主创新:就是通过原始创新,在事关国民经济重点建设领域具备先进实用科技成果的持续供给能力,在装备制造业科技前沿和高新技术领域拥有一批自主知识产权和核心技术,降低对外技术的依存度。

消化吸收:就是通过引进国外的先进技术消化吸收再创新,推进政企产学研用相结合的科技创新,突破引进技术消化吸收滞梗、转化不力和转化不畅的瓶颈,大幅度提高引进技术转化为现实生产力的速度和水平。

提升等级:就是通过科技创新和发挥科技的先导作用,着力培育具有比较优势的企业和区域性发展较快的泵产品制造基地和主导产品技术等级,壮大现代通用机械发展的产业基础。

率先跨越:就是通过泵制造业的体系建设和机制创新,大幅度提高创新能力和效率,加快创新型泵制造业建设,加大信息技术与泵制造企业的融合力度,使泵制造业科技整体实力早日进入世界前列。

2. 规划目标

未来几年,形成布局合理、功能完备、运转高效、支撑有力的国家泵制造技术创新体系,促使我国泵制造业科技实力早日进入世界前列。泵制造业科研开发投入占泵制造业 GDP 的比重提高到 4%以上,泵制造业科技进步贡献率达到 50%(目前,我国的科技进步贡献率为 51.7%,而美国、日本等主要发达国家的科技贡献率现已达到 80%左右),推动以现代装备制造业为核心的创新型泵制造业建设。

经过几年的努力,我国泵制造业在自主创新方面实现以下目标:

(1)清洁高效发电技术装备。清洁高效发电技术装备是指百万千瓦核电机组，超（超）临界火电机组，整体煤气化燃气—蒸汽联合循环机组，大型水电机组及抽水蓄能电站机组，大型空冷电站机组，风电机组等。

按照《核电中长期发展规划（2011—2020年）》，在2015年前，中国在运核电装机达到4 000万kW，在建1 800万kW；到2020年前，中国在运核电装机达到5 800万kW，在建3 000万kW。截止到2014年，我国在运、在建和拟建的核电机组共52台，其中已投入运行23台，总装机容量达2 040万kW（目前在运和在建核电规模总计4 875万kW）。要想完成目标，在2015年需要投入9台核电机组。“十三五”期间，需要平均每年开工建设5~6台百万千瓦机组。每年新增投资1 000亿元左右。

通过秦山和岭澳核电机组研装，我国装备制造业已基本掌握了压水堆核电站设备的制造技术，同时，将国家已批准的广东阳江、浙江三门各2套百万千瓦核电机组作为依托工程与国外合作制造，以引进技术和自主开发相结合的方式，全面掌握了第三代百万千瓦压水堆核电系统设计和关键设备制造技术。同时，以我国为主扩建的秦山二期2套65万kW机组，广东岭澳二期2套100万kW机组，新建红沿河6套100万kW机组等项目来预估，需要核电主泵、上充泵、安全壳喷淋泵、余热排出泵、低压安注泵、电动辅助给水泵、汽动辅助给水泵、停堆冷却泵、高压安全注水泵、硼酸泵、主锅炉给水泵、海水循环泵、计量泵等5 000~10 000台。

“十三五”末期，我国煤电装机预计达到11.6亿kW。同时，国家还要新建超（超）临界火电机组、大型水电、燃气电站和大型抽水蓄能电站。预计需要超（超）临界锅炉给水泵、前置泵、循环泵、冷凝泵、冷凝器用水环真空泵、离心式除灰泵、往复式降灰泵、烟气脱硫硝泵、偶合器、计量泵等主要泵产品7 000台左右。

（2）大型煤化工成套设备。截止到2014年，国家核准了15个煤化工项目，以煤液化生产汽油、柴油以及烯烃将具有很大的发展潜力，国产化是降低工程投资的重要措施。煤制气、煤制油项目中需大量的加氢泵、往复泵、螺杆泵、旋涡泵、稠油泵和输油管线泵等产品。

（3）大型薄板冷热连轧成套设备及涂层加工成套设备。为实现成套设备国产化，满足国家汽车工业和家电行业发展需求，大力发展代表轧钢设备最高水平的薄板冷热连轧成套设备，是我国冶金行业和用户的联合攻关项目。国家拟通过装备制造业与冶金用户联合攻关，自主开发，提高成套设备制造水平。泵制造业要研发出高质量、高效率的高压除磷泵、注水泵、循环泵、杂质泵等产品，以提高泵行业的配套能力和配套等级。

（4）千万吨级煤矿井下综合采掘、提升和洗选设备、大型露天矿设备。按照国家煤炭行业“十二五”和中长期科技发展规划，要建设和改造120座矿井，需要综合采掘设备200余（套）。拟通过技术攻关制造大型综采、提升、洗选设备以及薄煤层采掘设备。这就需要泵制造企业研发出耐磨损、无堵塞、高质量、寿命长的固液混合物输送泵、矿井排水泵、污水离心泵、单级（双级）离心泵、潜水泵及备品备件等2万台（套）。

（5）大型海洋石油工程装备、30万t矿石和原油运输船、8 000~10 000标箱集装箱等大型高技术含量，高附加值船舶及配套设备。国家拟采取引进技术或联合建造等方式，发展大型滚装船、车客渡船、高速大型集装箱船以及豪华游船等高科技、高附加值船舶。进一步增强船用动力装置、甲板机械等已具备一定基础和优势的产品研制能力，以自主开发和引进技术相结合，提高大型船用铸锻件、锅炉、发电机组、装卸等产品的制造水平。根据近海浅滩、海洋石油及海底矿产资源开发的需要，发展海洋勘探、开采及加工成套设备，进一步提高海上石油钻井、采油平台的制造能力。这些重点项目需要泵制造企业配套推进器、螺杆泵、屏蔽泵、潜油泵、采油平台注水泵等大批量配套产品，市场前景非常广阔。

（6）大型环保设备及资源综合利用设备。国家将投入巨额环保资金新建2 800万t城市污水处理能力，同时每年将新建城市污水处理厂 100 ~ 130 座，各类工业废水处理设施 1 000 ~ 1 200 座，需改扩建自来水工程 20 个。环保及城市自来水供应领域需要大型立式斜流泵、潜污泵、排污泵、大型轴流泵和 S 型泵等约 30 000 台左右。

3. 发展重点

（1）核电关键设备技术研究。主要开展 AP1000 型核主泵、CAP1400 关键技术研究，二代加技术 1 000 型核主泵关键技术研究，核二级、核三级泵关键技术研究，百万千瓦压水堆核电用泵的关键技术研究及核电用泵技术标准的研究，形成具有自主知识产权的产品。

（2）石油化工关键设备技术研究。包括：百万吨 PTA 装置用泵，高压小流量泵，低温泵，耐腐蚀化工流程泵，多级高速泵，煤液化用耐蚀耐磨离心泵和容积泵，大型输油管线泵，高压液氧泵，高压煤浆给料泵，除氧水泵/碳洗塔给料泵，激冷水泵/黑水循环泵，锁渣罐循环泵，贫甲醇泵，甲醇主洗泵，高温凝液泵。

（3）开展泵类产品节能机理的研究。通过对泵产品内部介质流动的理论研究和介质温度、黏度对流道设计的特性要求的机理研究，为不同用户设计并提供各具特色的节能型泵类产品。

4. 重点攻关与技改项目

（1）重点攻关项目。包括：华龙一号应急水泵（ASG）研发，AP 系列主泵动力学分析技术转化，泵轴表面强化技术的研究及应用，多级高压油田注水泵水力模型开发，多级高压油田注水泵，冷高分大功率液力回收透平，富胺液 - 液力回收透平，先进陶瓷衬里泵（凝结固化型、高温烧成型、熔敷喷涂型），大型挖泥泵用耐磨材料 KB19 研制，盾构用泵及系统设计，使用双层隔离套结构的磁力泵，使用二次密封结构的磁力泵，易汽化介质用磁力泵，含颗粒介质用磁力泵，SKA 型液环真空泵及压缩机系统（国际领先），2EY 系列多级液环压缩机（国际先进），螺杆式干式真空泵（国际先进），次高压锅炉给水泵，欧洲标准泵，工艺流程泵，石油化工流程泵（OH2），高性能双吸泵及管道泵，单螺杆泵，双螺杆泵，三螺杆泵，船舶用大流量离心泵，加氢进料泵，液力透平机组，千万吨级常减压装置中高温油泵，大流量长轴液下泵，大流量 BB3 型泵，多蜗壳的卧式多级筒袋泵，660MW 机组全容量给水泵，1 000MW机组全容量主给水泵，ACP1000 反应堆核电常规岛给水泵。

（2）重点技改项目

1）液力透平试验台。建设 6kV、10kV 泵测试台，能够对高温高压油泵、加氢进料泵及液力透平机组进行试验。

2）产品数字化建模仿真平台与特种材料自动化生产线技术。实现产品数字化三维建模设计仿真、数值模拟模型设计及特种铸造自动化生产，缩短设计、生产周期，提高铸件内在质量。

3）机加工柔性生产线和自动化装配生产线建设。实现数字化三维建模制造仿真及柔性加工生产，提高生产效率和质控能力。

5. 建议与措施

（1）完善科技创新体系

1）建设新型泵制造自主创新体系。以深化泵行业科技体制改革为切入点，着重泵行业科技工作的基本规律和自身特点，以提高自主创新能力和效率为核心，通过重大科技基础设施投入和自主创新项目的带动，以任务带团队，以团队促网络，以网络建体系，优化配置泵制造科研机构和机关高校的科研资源，建设国家基地。根据泵制造业综合规划和区域布局规划，建设一批区域性主导技术和产品开发实验室、实验基地和产品研制中心。依托创新能力较强的科研机构，建立科技成果扩散站点。鼓励与支持企业建立泵制造技术研发中心。最终形成符合泵制造业科技发展规律，适应泵制造业发展需要的科技创新体系，提高创新能力和效率。

2）完善泵制造业技术推广体系。按照强化公益性职能，放活经营性服务的总体要求，改革基层泵制造技术推广组织。明确基层泵技术推广组织承担的公益性职能，合理设置基层泵制造技术推广组织，理顺管理体系，逐步建立起以国家泵制造技术推广组织为主导、政府机关积极支持、科研院所积极参与、分工协作、服务到位、充满活力的多元化泵制造技术推广体系。

3)健全泵制造科技培训体系。建设和完善高等院校、科研单位及中等职业学校的培训服务职能和基础教育的衔接，充分发挥各级专业院校和社会各方力量，开展泵制造科技教育培训，建立起由政府组织、泵行业主管部门主导、工科教结合、社会广泛参与的泵制造员工教育培训网络系统。实施员工培训工程，通过项目管理，加强培训设施建设，完善培训条件，推进员工技能鉴定，不断探索和完善泵行业员工培训的运行管理制度。

4)完善泵制造知识产权保护体系。加强以核电开发、超(超)临界火电机组、煤化工和石油化工等新产品保护为主的知识产权保护制度建设，进一步完善新产品创新的市场环境，积极推进新产品开发企业和科研单位建立健全自主开发的新产品管理规章制度。制定并实施自主创新战略，把创造和保护自主知识产权作为推动自主创新的重要措施，贯穿于泵制造、科技、创新活动的全过程。加强泵制造自主创新产品保护技术支撑体系建设，进一步扩大保护范围，提高保护水平，为新产品审查测试和侵权案查处提供强有力的技术保障。大力开展泵行业新产品研发保护组织建设，努力提高新产品审查和测试水平，为企业发展提供一个强有力的技术支撑。

(2)创新机制

1)完善科技经费投入与绩效考评机制。积极争取国家财政和地方财政对泵制造业的支持力度，逐步优化科技经费投入结构，坚持“积极支持，合理争取”的经费支持原则，积极探索适合泵行业科研特点的经费支持方式。规范和创新经费的管理，在科研基地布局、人才队伍建设、科研条件建设等方面，建立协调高效的管理平台，优化资源配置，使科技投入效益最大化。逐步建立项目的绩效考评制度，对项目实施过程进行跟踪，开展目标考核，提高科技创新效率。

2)改革立项机制。建立和完善泵行业科技决策咨询制度。对泵行业重大的科技问题进行统筹协调，对重大科技项目进行科学论证。在应用性领域建立科研选题和立项的公开、公示、公议制度，广泛听取并充分尊重产业工人、科技人员、企业和专家的意见，做到顶层设计与生产需求紧密结合，实现“选题从生产中来，成果到实践中去”。优先支持企业间、学科间和研发机构与用户间联合、互动项目。

3)完善分工协作和联合攻关机制。围绕国家对泵产品的重大需求，全面推行以任务分工为基础，以权益合理分配和资源信息共享为核心，以项目为纽带协作的攻关机制。实行项目科技带头人负责制，根据任务需要，跨区域、跨科学、跨专业自主组建创新团队，科、教、企资源优化配置，促进突破性大成果的生产和创新效率的提高。

4)建立团队与人才队伍培养机制。建立激励自主创新的人才评价制度，促进学科带头人的培养和引进，通过组织实施国家重大专项和行业科技计划项目，建立从上到下的贯通式泵行业科学技术协作网络。建立多元化考核评价体系，对科学研究、科研管理、技术推广服务人员实行分类指导，促进形成一支具有超前的创新人才队伍，一支适应全球化竞争的泵行业科技管理人才队伍。

5)建立成果分类评价与快速转化机制。建立和完善科技成果第三方独立评估制度，基础研究成果以同行认可和学术影响为依据；应用性研究成果的评价阶段后移，以技术转移、生产和市场应用效果为主。实行科技成果定期发布制度，建立科技成果信息共享平台，实时收集、定时公布。对具有重大应用前景的科技成果进行现场推介，集中展示，促进技术转移，形成新的生产力。

6)探索建立政企产学研用紧密衔接的创新机制。根据发展需要和市场需求，探索以区域为单元，以产业链为主线，以科研项目为依托，围绕共性技术难题整合相关科技资源，创建上中下无缝对接的科技创新链条和区域化水泵行业科技平台，实现区域科技资源一体化布局，探索工科教、产学研协作的有效宏观模式和微观模式。

(3)对原有拳头产品进行升级改造，以顺应用户对产品的要求。随着与国外标准的接轨,用户在可靠性、节能高效、产品维护、产品内外质量等方面的要求也越来越严格,我国制造的产品如果跟不上用户的要求,就会被国外其他厂家的泵产品所替代。所以,泵制造企业应该站在用户的角度来思考问题,对自己的产品不断地进行升级改造,以满足用户的需求。

(4)建议行业企业之间加强交流和沟通,避免出现“鱼蚌相争、渔翁得利”,的现象。近20年间,尽管泵原材料、配套产品不断提价,人工成本、管理成本和制造成本持续上升,泵的价格却持续低迷。以火电站锅炉给水泵为例,目前的价格已经低于20世纪90年代的水平。虽然有市场环境的因素,但泵制造企业之间的相互压价、不合理竞争也是造成泵价格上不去的一个原因。为此,希望同类泵产品制造企业之间加强交流和沟通,商定一个合理的价位,避免恶性竞争,扩大泵制造业的获利空间。

(5)加强各类计划实施

1)积极组织和参与国家重大科技发展计划的实施。组织实施国务院《煤电节能减排升级与改造行动计划(2014—2020年)》《中国制造2025》,力争在泵制造业取得一批具有知识产权的重大成果和填补我国空白的战略产品。积极争取扩大国家科技支撑计划和科技基础平台计划等计划项目在泵制造领域的比重。在全国范围内积极推荐有明显优势的泵行业科研单位和教学单位承担国家重大科技计划任务,以更好地为行业服务。

2)组织实施泵行业各项科技计划。继续实施泵行业“十二五”科技规划,提高引进消化吸收再创新能力。继续实施泵行业科技创新发展规划,按照政企产学研用结合的方式,加强区域性泵制造科研协作攻关,加快技术成果和产品的集成创新。继续实施泵制造技术前沿领域的研究和推广,不断提高研究水平,扩大使用和推广的成效。实施行业科技创新计划,开展核电、超超临界、煤化工、石化领域所需的高科技产品的研究,满足国民经济各领域发展的重大科技需求。

(6)完善激励政策,落实相关法规

1)完善相关优惠政策。落实国家在装备制造业科研金融信贷、成果转让、技术培训、技术咨询、技术服务、技术承包等方面的相关政策,鼓励工商资本、民间资本和外商资本投入泵行业科技研究与开发,逐步形成多元化、多渠道、高效率的泵制造业科技投入格局。

2)鼓励龙头企业开展技术创新。落实国家鼓励企业开展技术创新的各项政策,引导泵制造企业加大技术研究投入,信息化与工业化的融合,开展技术改造和技术创新,使其逐步成为开发投入、技术创新活动和创新成果应用的主体,形成一批生产科研集一身的新型泵制造企业。鼓励泵制造企业和大专院校及科研院所以多种形式开展科技创新活动。

3)落实相关政策法规。深入贯彻《工业法》、《科技进步法》、《知识产权法》等法律法规和相关财税、金融等政策,根据泵制造业科技发展需要制定和完善相关的实施细节。引导企业对相关装备制造业科技项目实施配套。促进行业循序渐进的发展,营造出勇于创新、尊重创新和激励创新的良好氛围。

(7)加强领导。泵行业各企业要按照新时期装备制造业科技工作的指导方针,结合企业实际,制定泵制造发展规划,明确工作任务和目标,采取有力措施,推进泵行业技术进步。

泵行业各企业要进一步加强对科技工作的领导,切实提高科技在泵制造乃至企业发展中的重要地位的认识。加强科技工作的管理和协调,努力提高宏观决策水平,提高企业经济效益。

在中国通用机械工业协会的统一领导和协调下,充分发挥各企业的积极性和主动性,大力协同、共同推动中国通用机械泵行业发展规划的组织实施。

〔供稿单位:中国通用机械工业协会泵业分会〕

风机行业“十三五”发展规划(讨论稿)

风机行业是我国国民经济建设中重要的支柱产业之一,其主要产品离心压缩机、轴流压缩机、离心鼓风机、罗茨鼓风机、离心通风机、轴流通风机等在为我国石油、化工、冶金、电力、煤矿、地铁、隧道、纺织、环保、军工等重大技术装备配套中起着十分重要的作用。

一、风机行业“十二五”经济运行情况

2011—2014年,受国内外经济环境的影响,市场竞争仍然十分激烈,风机行业受到了严重冲击,风机市场需求持续不旺,产能过剩,行业内部竞争压力继续加大,企业盈利水平不断下降。风机生产供大于求的现象普遍存在,据风机分会2013年数据统计,离心通风机产量仅占企业生产能力的40%左右,轴流通风机产量占企业生产能力的75%,离心鼓风机产量占企业生产能力的43%,罗茨鼓风机产量占企业生产能力的57%。面对国内经济结构转型、增速放缓的经济形势,风机行业再一次经受了国内外需求不足、成本上升的考验。

1. 各项主要经济指标完成情况

2011—2014年,在大环境影响下,风机行业工业总产值、工业销售产值和主营业务收入保持了平稳发展,但利润总额持续下降。2011—2014年风机行业主要经济指标完成情况见表1。

表1 2011—2014年风机行业主要经济指标完成情况

(单位:亿元)

指标名称	2011年	2012年	2013年	2014年	合计
工业总产值	376.32	409.70	441.35	444.18	1 671.55
其中:风机产值	229.71	244.06	256.10	241.91	971.78
新产品产值	147.55	155.84	159.18	153.61	616.18
工业销售产值	355.59	391.68	409.54	431.16	1 587.97
其中:出口交货值	14.17	17.79	12.47	19.60	64.03
工业增加值	94.60	103.12	107.98	114.66	420.36
主营业务收入	355.00	370.88	383.85	403.66	1 513.39
主营业务成本	274.56	283.93	294.82	318.20	1 171.51
利润总额	30.71	28.44	27.37	26.03	112.55

2. 产品产量完成情况

据风机分会统计,风机产品产量“十二五”期间有了较大增长,2011—2014年风机产量合计完成3 580.3万台,比“十一五”增加1 404.8万台,增长64.58%;空调风机730.7万台,占全部风机产量的76%。由于空调风机不同于工业用的离心通风机和轴流通风机,而且产量非常大,以往企业一直按离心通风机和轴流通风机统计。为了有所区别,从2014年开始在风机种类中新增加了空调风机并单独计算,这也是导致2014年离心通风机统计产量大幅度下降的主要原因之一。2011—2014年风机行业产品产量完成情况见表2。

表 2　2011—2014 年风机行业产品产量完成情况

（单位:台）

产品名称	2011 年	2012 年	2013 年	2014 年	合计
离心压缩机	438	432	512	673	2 055
轴流压缩机	128	185	91	53	457
能量回收透平	92	130	73	34	329
离心鼓风机	7 884	5 897	5 149	4 571	23 501
罗茨鼓风机	33 976	33 254	37 628	38 893	143 751
离心通风机	6 573 525	7 635 663	8 383 470	964 588	23 557 246
轴流通风机	516 844	1 123 029	1 009 567	999 816	3 649 256
空调风机				7 307 058	7 307 058
旋涡风机	168 768	178 800	183 623	192 594	723 785
其他风机	157 589	59 411	78 719	100 165	395 884
合　计	7 459 244	9 036 801	9 698 832	9 608 445	35 803 322

3. 产品出口情况

风机行业每年的风机出口量都不是很多，出口交货值基本占风机行业工业销售产值的 3% ~4% 左右。2011—2014 年总计完成出口交货值 640 255 万元，比“十一五”增长 43.43%。

2011 年，风机行业出口企业有 39 家，完成出口交货值 141 659 万元，比上年增长 33.53%，出口交货值占工业销售产值的 4%。

2012 年，风机行业出口企业有 41 家，出口交货值 177 858 万元，比上年增长 25.6%，增幅同比下降 7.93 个百分点，出口交货值占风机行业工业销售产值的 4.5%。

2013 年，风机行业出口企业有 42 家，出口量比上年大幅度下降，出口交货值为 124 732 万元，比上年下降 29.87%。

2014 年，风机行业有出口企业 44 家，比上年增加 2 家，出口量比上年有了大幅度上升，出口交货值为 196 006 万元，比上年增长 57.14%，出口交货值占风机行业工业销售产值的 4.55%。

2011—2014 年风机行业出口交货值完成情况见表 3。

表 3　2011—2014 年风机行业出口交货值完成情况

（单位:万元）

地区	2011 年	2012 年	2013 年	2014 年	合计
行业合计	141 659	177 858	124 732	196 006	640 255
东北地区	34 530	29 595	16 365	56 716	137 206
华北、西北地区	9 119	34 006	24 269	53 276	120 670
华东地区	63 974	55 176	43 500	53 926	216 576
华中、华南、西南地区	34 036	59 081	40 598	32 088	165 803

二、“十二五”风机行业取得的成果

1. 重大装备国产化情况

离心压缩机和轴流压缩机属于技术密集型产品，代表了风机行业的最高水平。以沈阳鼓风机集团股份有限公司、陕西鼓风机（集团）有限公司、上海鼓风机厂有限公司、重庆通用工业（集团）有限责任公司为代表的风机行业骨干企业生产的离心压缩机和轴流压缩机的设计及制造水平达到了当代国际先进水平，特别是离心压缩机的设计制造水平有了飞速发展，多种产品打破了国外垄断，实现了重大装备国产化。

目前，风机行业生产的 300 万 t/a 炼油催化裂化装置配套轴流压缩机、330 万 t/a 柴油加氢装置循环氢压缩机、400 万 t/a 煤炭间接液化 10 万 m^3/h 空分装置配套空气压缩机、1 000 万 t/a 大炼油循环氢离心压缩机、2 000 万 t/a 炼油装置配套的富气压缩机、6 000m^3 高炉用轴流压缩机、500 万 m^3/d 大型 LNG 装置用离心压缩机、天然气长输管线压缩机、大型工艺流程装置配套整体齿轮式压缩机、各种工艺流程配套的水蒸汽压缩机组以及 600 ~ 1 000MW电站轴流通风机等都达到或超过当代国际先进水平。

"十二五"期间,在国家对石化、煤化工等行业投资力度渐缓的形势下,沈阳鼓风机集团股份有限公司开拓出广阔的市场,离心压缩机产品继续保持了石化、煤化工行业中的领军地位。实现 45/80 规模合成氨/尿素装置全套压缩机产品订货,并在海外实现 110 万 t/a 天然气制合成氨装置压缩机订货;实现单线规模 100 万 t/a 等级甲醇装置用压缩机订货,牢牢把握住传统煤化工优势市场。在空分领域完成 5 万 m^3/h 空分设备配套单轴等温样机的加工制造,并积极推进 10 万 m^3/h 空分设备机组国产化进程。成功签订国内最大规模 500 万 m^3/d LNG 国产化示范总成套项目,并完成 350 万 t/a LNG 装置研发工作,实现由小型 LNG 市场向大型 LNG 市场发展的销售延伸。突破海外 LNG 市场,实现首台订货。完成汽轮机的研制,成功进入汽轮机市场,延长了产品链。推动工业化与信息化深度融合,整合产品和业务板块,全面推行大型压缩机检修维修、备品备件供应、信息反馈、整机解决"四位一体"的"4S"服务,开启我国重大装备服务一体化的新时代。

重庆通用工业(集团)有限责任公司 2011 年为新疆庆华集团 55 亿 m^3/a 煤制天然气项目提供了离心式氨压缩机。该压缩机是目前国内最大的离心式氨压缩机,其制造工艺复杂,技术要求高,加工难度大,代表了国产高端工艺离心制冷压缩机组的最高水平。2014 年,重庆通用工业(集团)有限责任公司在内蒙古乌兰集团 135 万 t/a 合成氨、240 万 t/a 尿素一期工程项目设备采购招标活动中一举中标,获得目前亚洲单体最大尿素装置工程用氨压缩机设备采购大单。1997—2014 年,重庆通用工业(集团)有限责任公司已为我国核电站提供了 14 批核电站专用离心式冷水机,2014 年承担了"大型先进压水堆及高温气冷堆核电站国家科研重大专项"下的"MS01 水冷离心式冷水机组研制"课题。

南方风机股份有限公司经过多年的技术攻关,在国内同行中率先打破国外对百万千瓦级机组核岛通风空调(HVAC)系统设备的技术封锁和技术垄断,完成百万千瓦级压水堆(CPR1000)核级通风空调改进型成套设备的研制工作和产业化、批量化生产工作,对核岛通风空调(HVAC)设备中性能要求高、制造、试验难度大、运行可靠性要求最高的关键设备进行了国产化研制,实现了 CPR1000 核岛通风空调(HVAC)设备的全面国产化。经中国核能行业协会的科技成果鉴定,该产品达到国际同类产品的技术水平,关键产品实现国产化,填补了国内空白。

2. 新产品开发情况

"十二五"期间,风机行业加强了新产品研发工作,进一步提高了科研的投入,新产品开发有了新的突破。2011—2014 年,风机行业科研投入资金合计 637 558 万元,占主营业务收入的 4.2%;新产品产值完成 616.2 亿元,占工业总产值的 36.9%。

沈阳鼓风机集团股份有限公司 2011—2014 年投入市场的新产品有 100 万 t/a 乙烯装置用"乙烯三机"(丙烯、乙烯和裂解气压缩机组)、30 万 t/a LLDPE 装置聚乙烯循环气压缩机和 20MW 级电驱天然气长输管线压缩机,这些新产品均具有自主知识产权,并达到国际领先水平。为 500 万 m^3/d LNG 工厂国产化示范工程和 LNG 冷能空分装置等多个国家重点项目配套研制的离心压缩机组、PIA 能量回收工艺空气压缩机组、氧气压缩机组、大化肥集成制冷氨气压缩机、120t 转炉一次干式除尘风机,经鉴定均达到国内领先水平。预冷 MR1 机组和深冷 MR2 机组大型天然气液化装置用离心压缩机组、混合碳四石油气制 MTBE 新工艺装置用离心压缩机组、SVK 三高速轴五级组装式压缩机组和多高速轴齿轮增速型离心压缩机组、60 万 t/a 甲醇制烯烃装置(MTO)产品气压缩机等,经沈阳市科技局及中国机械工业联合会鉴定均达到国际先进水平或国际领先水平。

陕西鼓风机(集团)有限公司 2011—2013 年研制生产了 BPRT 轴流压缩机、煤气透平同轴机组、AV 系列轴流压缩机组、EIZ/EBZ/EZ 空分装置、MPG 高炉煤气透平机组、四合一机组硝酸装置机组等新产品。在冶金市场的新产品主要有 5 000m^3 等级大型高炉鼓风机组、BPRT 机组以及 200m^3 以上烧结余热(SHRT)机组等高效节能产品;在空分领域的新产品主要有 6 万 m^3/h、8 万 m^3/h 等级大型空分机组和增压机组;在真实气体压缩机应用领域的新产品主要有 50 万 t/a 丙烷脱氢工艺流程的再生气压缩机组、乙烯及丙烯压缩机组;在煤化工领域的新产品有应用于 10 万 t/a 异丁烷脱氢流程的反应气压缩机组、应用于 6 万 m^3/h 焦炉煤气制 LNG 的富气压缩机组和原料气压缩机组等;在节能环保领域的新产品主要是应用于 MVR 流程的水蒸气压缩机。

上海鼓风机厂有限公司承担设计制造的国家科技重大专项研发课题——高温气冷堆核电站用大型氦回路 HTL 氦气压缩机,于 2011 年 9 月通过清华大学核研院出厂验收。该机组的特点是“三高”,即高速、高压、高温。压缩机的介质为氦气,机组要进行全性能试验。该压缩机的研发从 2009 年 4 月开始,直到取得完全成功,历时两年半,做出了许多技术开创性的工作,受到核电事业部门的高度关注和好评。该公司完成的高温气冷堆核电站燃料球输送用氦气压缩机组、高温气冷堆核电站氦回路压缩机组等产品均达到国外先进水平。

重庆通用工业(集团)有限责任公司 2011 年研制成功离心式水源高温热泵,2012 年研制成功低温甲醇洗二氧化碳真空压缩机、整体齿轮离心式压缩机、离心式丙烯压缩机等新产品,2013 年完成新工质离心制冷压缩机、离心式冷水机新型换热系统等,均达到国内先进水平;在通风机方面,主要完成了 5-48 等高效离心通风机样机设计、制造和性能试验,多级鼓风机的设计,MVR 鼓风机研制和镶嵌陶瓷片高温风机研制等;在风电叶片方面,主要针对国内主流的 2MW 风力发电机,与国内外有关院所合作研制了不同风场用的 50.3m、51.5m、54.0m、57.0m 和 58.5m 叶片。

江苏金通灵流体机械科技股份有限公司 2011 年与美国意泰公司合作的首台 JE9000 压缩机,技术参数达到国际同类产品同等水平,部分指标超过国际同类产品水平,这标志着该公司在美国公司的配合下完成了首台离心空气压缩机的研发试制工作。2014 年,该公司与 SKF 集团旗下的法国 S2M 公司合作开发的首台(套)磁悬浮单级高速鼓风机,经过在法国单机试验后,在该公司完成整机试车。该设备运行平稳,综合效率达到设计要求,效率比齿轮传动式单级高速鼓风机提高 8% 以上。至此,该公司成为国际上少数几家能够设计、制造磁悬浮单级高速鼓风机的厂商之一。

浙江金盾风机股份有限公司 2011 年设计生产的 JCZT-75 船用轴流风机,经鉴定达到国内先进水平;DTF(R)-16 地铁隧道智能通风系统、HRZ-900 主控室核级离心风机,经鉴定达到国外先进水平。地铁隧道智能通风系统获得浙江省科技成果奖一等奖、主控室核级离心风机获得浙江省首套产品。2012 年,该公司研制的液压动叶可调轴流风机及核电站用空调机组专用无蜗壳离心风机顺利通过专家鉴定并得到高度评价。

长沙鼓风机厂有限责任公司 2011 年设计研发了 ASD-145NSE 核废液用水蒸气罗茨压缩机,克服了传统蒸发法处理核废液能耗高的缺点,适合中小批量核废液的处理。自 2013 年初水蒸气罗茨压缩机投放核电市场以来,又有多台(套)成功投入电力、化工等领域的工业运行,获得了 2013 年湖南省重大装备国内首台(套)奖励。经中国原子能科学研究院、湖南省风机产品质量监督站鉴定,该产品为国内首创,居国内领先水平,并达国际先进水平。2011 年设计研发的 ARE200NE 高温罗茨鼓风机,采取了有效的隔热结构,采用了双端面机械密封、特殊的耐温材料和低导热材料以及水冷降温措施,使进气温度可高达 200℃，排气温度可高达 260℃，具有技术设计方案严谨，轴承、密封、主机及配套件耐高温，零部件制造精度高等特点，适合气相法生产白炭黑领域中 SiO_2 气料的吸送，并适用于高温、带酸、带粉末的恶劣工况环境。该罗茨鼓风机填补了国内高温风机的空白，经湖南省风机产品质量监督站鉴定，为国内首创。

威海克莱特菲尔风机股份有限公司 2012 年有 5GDY91A6 型牵引电机通风机、TJL450－7 型主发电机通风机、TJL380－1 牵引电机冷却风机 3 种产品通过了山东省科技成果鉴定，填补国内空白，综合水平达到国际先进水平。和谐号动车组牵引电机通风机入选《山东省高端技术装备新产品推广目录（第二批）》；"和谐号大功率内燃机车 TJL450－7 主发电机通风机产业化" 项目 2013 年获得威海市科技奖三等奖。该机是配用在时速大于 280km/h 和谐号动车上的专用风机，要求具备极高的可靠性及安全性，符合国家提出的实现和谐号机车及动车国产化的发展要求，是新一代国产化项目。

3. 技术改造情况

"十二五"是推动我国工业实现从大到强转变的攻坚时期，我国工业发展的内外部环境正在发生深刻变化，发展方式粗放、结构不合理、核心技术受制于人、资源环境约束强化等深层次矛盾日益突出，全球产业结构深度调整，发达国家"再工业化"和新兴经济体同质化竞争的叠加压力增大。我国工业发展已进入到以转型升级促进工业发展的新阶段，实现科学发展、转变经济发展方式对技术改造工作提出了新要求，实现工业由大变强、提升产业核心竞争能力对技术改造工作提出了新挑战。

"十二五" 期间，风机行业紧跟市场发展的需求，企业加大了基本建设与技术改造的力度，2011—2014 年全行业共完成固定资产投资 732 178 万元，为"十一五" 的 137.4%。其中，设备购置费 437 925 万元，为"十一五" 的 209.1%。2011—2014 年风机行业完成固定资产投资情况见表 4。

表 4　2011—2014 年风机行业完成固定资产投资情况

项目名称	2011 年	2012 年	2013 年	2014 年	合计
固定资产投资（万元）	110 436	189 864	201 213	230 665	732 178
其中：设备购置费（万元）	61 244	106 957	125 922	143 802	437 925

沈阳鼓风机集团股份有限公司 2012 年 10 月在营口经济技术开发区举行了新厂区奠基典礼。新厂区总投资 25 亿元，占地面积 87.3 万 m^2，新增各类工艺设备 570 台（套），具备 3 万 kW 电驱、3 万 kW 燃驱及 10 万 kW 汽轮机驱动压缩机试验能力，建成后将成为大型透平压缩机组制造（实验）中心和大型压力容器生产基地。营口新厂区的建成，将进一步推动沈鼓集团技术改造升级，有效实现资源整合，促进企业研发制造能力实现飞跃，对于沈鼓集团打造具有国际竞争力的大型透平压缩机加工制造基地和试验基地具有重要意义。

陕西鼓风机（集团）有限公司 2011 年固定资产投资项目共 51 项，计划投资 728 万元；2012 年有技术改造项目、基本建设项目、设备购置项目、设备大修项目、固定资产投资项目等共 110 多项，资金总额达 5 亿元。2013 年通过国家投资和自筹资金，实施了多项技术改造项目，包括："单线 100 万 t/a PTA 工艺空气压缩机组开发""10 万 m^3/h 等级空分压缩机组的开发""低品位余热回收 ORC 系统技术研究""多轴压缩机的国产化系列规划与单台（套）样机开发""MVR 蒸汽压缩机系列规划与开发"项目等。

由上海电气（集团）总公司审核批准的"上海鼓风机厂有限公司高温气冷堆主氦风机和燃料球压缩机重点技术改造项目"，列入国家 2012 年中央预算内投资项目。该项目总投资预算为 8 600 万元，项目由三部分构成，第一部分是设备及设施投资改造，共计 5 591 万元；第二部分是工艺路线调整及车间改造，共计 1 952 万元；第三部分是研发及其他费用，共计为 1 057 万元。

重庆通用工业(集团)有限责任公司2013年严格按照机电集团公司工程建设和项目投资管理的相关规定和公司“三重一大”要求,加强重点建设项目的过程监控,确保了重点项目运行规范、推进高效和风险可控,两个重点项目均按照计划顺利竣工。成飞公司锡林浩特基地于2013年6月建成并迅速投入生产,全年累计产值达到5 000万元;潼南工业园区污水处理BOT项目于2013年12月也完成了全部建设,并已经向甲方申请了工程完工验收。

江苏金通灵流体机械科技股份有限公司2012年建设的高压离心鼓风机扩产项目总投资4 230万元(申请国家专项资金330万元,企业自筹资金2 900万元,申请银行贷款1 000万元),目前已经全部完成。同时,该公司新的办公楼及附房已落成并部分投入使用。

山东省章丘鼓风机股份有限公司为缓解各子公司的生产压力,扩大生产规模,2011年发展了“新型节能罗茨鼓风机”项目,投入3 627万元用于建设配套车间,并购入相关设备;投入3 336万元发展了“离心鼓风机”项目;投资2 000多万元新建离心鼓风机车间;投入1 259万元建设了“气力输送生产(工程)基地”项目。成立2家新的子公司:山东章鼓风机配件厂、山东章鼓透平机械有限公司。

湖北省双剑鼓风机制造有限公司2011年共投资4 120万元开展了大型高效节能风机开发及产业化项目,投资2 454万元开展了国家科技型中小企业技术创新基金重点项目—— S型烟气脱硫制酸高速风机产业化。建成面积10 951m^2的新钢结构车间及附属建筑,新增各类型设备26台(套),生产能力提高近2亿元。2012年,投资2 188亿元进行了技改项目“湖北省风机检测(中心)服务平台”建设。

浙江明新风机有限公司年产万台冷却专用轴流风机项目总投资6 000万元,于2012年10月开始建设,于2013年12月完成。项目建成后形成年产万台冷却专用轴流风机的生产能力,实现销售收入1亿元,利税2 150万元。

4. 专利及知识产权保护

随着技术创新的发展,涌现出了越来越多的创新型企业,知识产权保护工作也得到更多企业的重视。2011—2014年风机行业完成新产品1 194种、442 200台。据14家企业会员填报数据统计,4年来获得各类专利665项,其中发明专利55项。

沈阳鼓风机集团股份有限公司获得各种专利111项,其中发明专利10项,软件著作权5项;陕西鼓风机(集团)有限公司、重庆通用工业(集团)有限公司、浙江亿利达风机股份有限公司分别获得各种专利100余项;江苏金通灵流体机械科技股份有限公司、浙江金盾风机股份有限公司、浙江明新风机有限公司、威海克莱特菲尔风机股份有限公司等分别获得各种专利几十项。

5. 标准制修订情况

(1)风机行业标准化体系建设工作

1)完成了风机行业标准体系的研究项目。根据国家标准委《关于下达部分装备制造业标准体系研究项目的通知》的要求,风机标委会完成了国家质检总局科技计划《风机标准体系研究》科研项目。

2)《风机行业国家标准化体系建设工程》项目的编制工作。根据国家标准委《关于国家标准实施国家标准化体系建设工程》的要求,风机标委会在分析我国风机行业标准化工作现状的基础上,构建适应我国经济社会科学发展需要的风机行业标准体系,进一步明确风机行业标准化工作的重点领域,开展风机行业重点领域关键技术标准研制。

3)风机行业标准体系现状分析工作。根据中国机械工业联合会关于开展编制《工业标准体系现状分析报告》(机械工业部分)的通知,风机标委会完成了“风机行业标准体系现状分析”的报告。

(2)风机行业标准制修订工作

1)开展节能减排和安全标准的制修订工作。①在制定重点领域的相关标准中,重点制定了具有自主知识产权,属于自主创新项目的标准。风机标委会组织制定了《高炉煤气能量回收透平膨胀机》、《尾气能量回收透平膨胀机》及《能量回收透平膨胀机性能试验方法》等标准。②组织并起草了《鼓风机能效限定值及能效等级》《罗茨鼓风机能效限定值及能效等级》国家标准。③组织制定了《防爆屋顶通风机》《防爆罗茨鼓风机》《罗茨鼓风机隔声罩》3 项行业安全国家标准,并修订了《消防排烟通风机》标准。

2)其他各类风机标准的制修订工作。①制修订《透平压缩机性能试验规程》《矿井局部通风机技术条件》等国家标准 10 项(其中,制定 7 项,修订 3 项);国家标准立项 3 项。②制修订《工业锅炉用离心引风机》《电站锅炉离心式通风机》等行业标准 20 项(其中,制定 6 项,修订 14 项);行业标准立项 8 项。

(3)国际标准化工作。风机标委会承担着国际标准化组织 ISO/TC 117、ISO/TC 118/SC1 技术委员会对口的标准化工作,包括对国际标准文件的表态,审查我国提案和国际标准的中文译稿,以及提出对外开展标准化技术交流活动的建议等。

为了加强国际标准化的交流与合作,加快风机行业与国际接轨的步伐,提高我国风机行业参与国际标准的能力,风机标委会组织参加了 2013 年、2014 年国际标准化第 28 届、第 29 届会议。会议设立大会及 5 个工作组会议,分别讨论了风机性能标准、实验室方法进行声功率级试验、能源效率等级、系统效应因子和节能控制方法评估等标准。完成了国际标准投票和相关国际标准的翻译工作。

6.“信息化与工业化融合”情况

当前,我国工业正处于转型升级的攻坚时期,国际产业竞争日趋激烈,核心竞争力不足、资源环境约束强化、要素成本上升等矛盾日益突出。全球新一轮科技革命和产业分工调整对我国工业发展既是挑战,也是实现赶超的机遇。推动信息化和工业化深度融合,以信息化带动工业化,以工业化促进信息化,对于破解当前发展瓶颈,实现工业转型升级,具有十分重要的意义。

风机行业在实施信息化与工业化融合过程中发展的还不够平衡,国有大型骨干企业起步较早,特别是沈鼓在 20 世纪 80 年代就开展了信息化管理工作,而一般小型民营企业起步较晚,有的至今没有开展。

风机行业开展信息化与工业化融合主要表现以下几个方面:

(1)企业管理方面。实现电子化办公,利用 OA 系统实现了办公自动化,业务审批流程化,并运用即时通信功能,提高了各部门工作协调能力。

(2)技术管理方面。所有设计活动均使用计算机来完成,具有便于技术管理的计算机局域网,确保设计任务能够快捷有效地进行,以及项目的电子化管理。

(3)业务管理方面。采用了金蝶 K3 等软件系统,涵盖了财务管理、供应链管理、仓库管理、生产管理等,把信息化应用到企业生产经营的各个环节,实现业务透明化、单据流转规范化、财务核算准确性和高效性,对业务系统进行适当的监控和审计功能,可全面了解企业的资金情况。

(4)生产制造方面。库存方面采用了自动化立库系统,最大限度利用空间、最大限度地满足生产要求、提高生产效率、加强生产和物资管理、减少库存积压资金等。机械加工方面从以前的普通机床发展到集成了数据系统的数控机床,实现机械加工的数字化和智能化,减少由于人工失误造成的误差,提高生产效率和加工精度。

沈阳鼓风机集团股份有限公司于 2007 年成立了机组远程监测及故障诊断中心,开启了制造业拓展服务业的先河。围绕沈鼓集团战略发展定位,集团于 2012 年 3 月份成立了沈阳鼓风机集团测控技术有限公司。该公司充分体现了“两化融合”方针,将信息化和工业化高层次深度结合,以信息化带动工业化、以工业化促进信息化,是典型的大型国有企业积极寻求突破,大力发展服务技术,走新型工业化道路的高新技术企业。

上海鼓风机厂有限公司的“两化融合”工作,针对总体目标,规划了阶段性目标。该公司在两化融合的推进当中,最大的特色就是在小批量生产、产品多样化、每台产品都单一设计、不重复的条件下,建立企业各业务模块相关的各类数据库,把各业务部门的相关的数据管理起来。通过软件平台用规范数据来管理企业，并通过网络来实现各业务部门数据的流转，从而提升公司的经济运行质量和效率。

山东省章丘鼓风机股份有限公司以“以工业化促进信息化，以信息化带动工业化”为指导思想，将信息技术更多地运用到公司管理、生产、财务、销售等各个环节，让信息化为公司的转型升级插上“隐形的翅膀”，进一步加快技术创新及技术改造，全面加快“两化融合”步伐，把公司做大做强。该公司始终将信息技术手段应用到企业的生产和运营管理中，利用信息技术来改造和提升企业管理水平，引进先进的信息化加工设备，挖掘企业先进的管理理念，通过先进的信息技术和管理手段整合现有的生产、经营、设计、制造、管理和销售，及时地为企业提供准确而有效的数据信息和决策参考。

7. 质量管理与成效

据风机分会2014年对192个会员企业的统计，截至2014年年底，已有179个企业通过了ISO 9000质量管理体系认证，占企业会员的93.2%。通过实施全面质量管理，企业管理水平和产品质量得到了不断提升。

沈阳鼓风机集团股份有限公司在质量管理方面，以客户为关注焦点，用客户的眼光审视和定位自身工作，通过质量改进活动坚决杜绝低级、重复性错误发生。2013年共收集质量异常信息1 346项，制定8D项目43项，QC课题21项；通过了API Q1、ISO 9001、ASME等体系证书年度审核；开展专项铸件外观质量控制、压缩机仪表管线布置、油漆表面和焊壳外观质量改进等，显著提升了产品质量和企业信誉。全年主要件主要项抽查合格率为99.61%，比上年增加1.86个百分点；机械加工综合废品率为0.03%；产品质量“三包”修赔率为0.16%，比上年下降0.32个百分点。

陕西鼓风机(集团)有限公司围绕企业发展战略，在质量管理的思路和方法上进行创新和突破，以提高员工的质量意识和质量责任心为切入点，引入先进的质量管理理念、方法并取得实效，推动了企业质量管理水平和产品质量的全面提高，使质量管理成为落实企业发展战略的有力支撑。该公司2013年不断对质量管理体系进行调整和延伸，积极贯彻GJB 9001B—2009《质量管理体系要求》标准，实施国际标准质量管理体系认证。该公司荣获了“2013年度全国机械行业群众性质量管理活动优秀企业”“2013年度西安市质量管理小组活动先进企业”称号。

重庆通用工业(集团)有限责任公司铁腕抓质量效果初显，2013年加强了产品质量的管控，产品质量得到大幅改善。通过不断强化质量管控，不仅常规产品试车合格率达到100%，大型压缩机也全部一次性试车合格，产品质量特别是外观质量得到明显改善，受到监理和用户的好评。2013年还开展了“质量放心员工”工作，不仅生产骨干队伍得到了稳定，而且员工质量意识和工作热情得到了有效激发，生产管理明显改善。

四平鼓风机股份有限公司2013年严格质量管理，加强质量改进，努力提高产品质量。按时组织召开月份质量会，及时通报内外部质量问题，并针对出现的内外部质量问题分析原因，制定相应的纠正和预防措施。针对重大和重复发生的质量问题加大了质量追究和处罚力度，对情节严重的人员予以解除劳动合同处理，提高了职工的质量意识和责任意识。

8. 产业转型升级情况

在产品升级方面，上海鼓风机厂有限公司第四代核电中的高温气冷堆主氦风机和燃料球输送压缩机已列入国家科技重大专项进行重点实施。该公司研制的高温气冷堆用主氦风机已在实验堆无故障运行达13年之久，先后获得国家科技进步奖一等奖和国家发明专利，其作用与压水堆的主泵相同。该公司负责研制的山东石岛湾核电站20万kW高温气冷堆示范项目主氦风机和燃料输送压缩机计划2015年投产发电。

江苏金通灵流体机械科技股份有限公司自2008年开始着手产品结构升级调整，投入资源开发高效节能的流体机械产品，进入“十二五”，各项研发进入成果收获期，工业鼓风机产品取得了多项技术突破，研制成功D210、D850焦炉煤气鼓风机、动叶可调风机；单级高速鼓风机广泛应用于电厂脱硫脱硝、污水处理等行业；与美国ETI合作，迅速完成了80～1 200m^3/min的新型多轴、高效、紧凑型离心压缩机系列化，主要技术指标达到国际先进水平，振动值优于国外产品。

山东省章丘鼓风机股份有限公司作为国内生产罗茨鼓风机的领军企业，顺应国家经济发展的趋势，紧紧围绕"拉长主业，上新创新，合资合作，发展大章鼓"的长期发展战略思想，以"做，就做到最好"为工作理念，以建成全国最大的罗茨鼓风机生产基地，实现"罗茨鼓风机王国"为目标，使罗茨风机继续保持国内领先水平，并进军国际市场，进一步缩小与发达国家先进企业的差距，并逐步发展成为国际知名品牌。该公司于2011年7月7日在深交所成功挂牌上市。该公司以此为契机，扩大企业生产规模，为实现跨越式大发展奠定了良好的基础，以实现做大做强的总体目标。

浙江亿利达风机股份有限公司致力于节能风机等产品的开发和研究，建有符合美国AMCA标准要求的国内一流的风机综合性能测试室，并组建了经省级认定的浙江亿利达风机企业研究院。公司不断加快产品的技术研发和改型升级。近年来公司始终关注风机技术的发展动态，以技术创新来引领行业发展，致力于研究节能环保风机技术，加快节能低噪空调风机、建筑通风机及配套电动机系列产品的开发，提升产品品质和档次，推进产品智能化和系统化。

成都电力机械厂是我国定点生产电站辅机及配件的机械制造骨干企业，是西南地区最大的电站风机及备品配件专业生产厂。目前，企业逐步开始由营销开拓市场向技术引领市场转变，逐步完成工厂的转型升级。该公司在完成对德国TLT的并购以后，在动调风机上，企业依托TLT的技术和创新能力，取得竞争优势；在静调风机上以本厂为主，逐步提高AN风机的效率和可靠性；在LX风机上，通过借鉴合作，形成具有自主知识产权的核心技术，树立"德国品质"成都造的品牌形象。

9. 节能产品开发进展情况

近年来，由风机分会、沈阳鼓风机研究所和大学联合组织研发了离心通风机和轴流通风机，有的已经转化为生产力，收到了较好效果。

（1）新型高效风机系列模型推广应用工作。沈阳鼓风机研究所与清华大学流体力学研究所联合开发了5个系列新产品模型，即4－73（板型叶片）离心通风机系列模型，5－55锅炉鼓引节能风机系列模型，6－24、6－35、7－28循环流化床锅炉节能风机系列模型。这5个系列风机模型高效节能，于2011年8月均获国家专利。目前，行业内已有很多风机企业应用了这5个系列高效节能系列模型，将其转化为产品，并获得了可观的经济效益。

（2）组织开展新系列轴流通风机研发工作。风机分会组织行业有关单位开展新系列轴流通风机研发工作，经过沈阳鼓风机研究所和清华大学流体力学研究所1年多的调研，做了大量的样机测试和气动模拟计算工作，掌握了一些现有一般用途轴流通风机的基本情况。目前，已有7家企业与沈阳鼓风机研究所、清华大学流体力学研究所签订了联合设计研发合同，此研发项目正在按进度开展工作。

（3）加快新系列高效离心通风机样机研发工作。由风机分会和西安交通大学组织研发的新系列离心通风机样机经西安交通大学性能测试后，沈阳鼓风机研究所又对其№10样机进行了复测。根据复测结果，对所有样机进行拆检，选了2台样机进行了性能检测并与西安交通大学测试结果进行对比分析。经进一步研究，风机分会、沈阳鼓风机研究所和西安交通大学根据最终测试结果，决定选择6个系列样机作为第二轮气动设计方案的对象，并将其能效值的3级指标提升到2级以上，由西安交通大学做气动设计方案，企业做样机，沈阳鼓风机研究所做试验。

（4）企业自行开发的新产品

1）改进型射流风机。当风机起动后，通过高速喷射的气流产生轴向推力推动随动机构带动射流风机向下旋转一定角度，从而使气流远离隧道壁面或拱顶，减少空气射流与壁面或与拱顶之间产生的附加摩擦损失。该机控制简单，节能环保，由于利用的是反作用力让风机筒身倾斜，不需要增加额外的控制和能源，可直接应用于现有的隧道/地铁控制系统中。该项目获得“一种吊挂式随动射流风机”实用新型专利证书。

2）大型隧道通风设备专门用于特长大型隧道通风系统，在满足通风系统所需性能前提下，将普通的隧道通风设备的直径由3.15m降低至2.8m。设计专用配套消声器，减低风机噪声，比普通的隧道通风设备噪声降低2LsA/dB以上。大型隧道通风设备最高全压效率≥80%。该项目获得了“一种能耐高压力消防用大型组合式矩形风阀”实用新型专利证书。

3）污水处理用脂润滑罗茨鼓风机。该机整机性能达到国际领先水平，多项指标优于美国样机，叶轮转速可达4 000r/min以上（国内一般在3 000 r/min以内），具有高效节能的显著特点，比国内产品节能5.7%，重量只有国内产品的45%。

4）B型单级高速离心鼓风机。该机与多级低速风机相比具有多变效率高、集成化高等优点，与同流量、同压力的多级离心风机相比，节能10%以上，整机性能达到国际先进水平。该机主要应用于污水处理行业，还可用于电力、钢铁、石化以及铸造、核电等行业。

5）铸造结构多级离心鼓风机。该风机叶轮应用流动分析技术预测鼓风机的性能，性能达到国内领先水平，与同流量、同压力的其他结构多级离心风机相比，节能5%以上。

6）ZW型三叶罗茨鼓风机。该机已小批量生产发货。该机机壳采用内部对称消声逆流结构，叶轮型线为三叶拟渐开线高效型线，效率高，叶轮去重孔增加消声结构，有效降低了风机噪声，比国内产品节能5%以上，达到了国际领先水平。

7）完成ZN－100扭叶鼓风机开发试制。该风机是在ZG－100型风机基础上，采用扭叶型转子及改进型机壳设计而成，具有振动小、噪声低、效率高、轴功率小、运行可靠的特点，并且该风机是国内风机行业首台三叶扭叶型风机样机。

8）新型集装式ZG－BOX罗茨风机机组。该新产品是继成功研发污水处理用脂润滑罗茨鼓风机之后，专门针对污水处理行业和污水处理设备改造而推出的另一款新产品，具有节能及噪声低的优点。

9）成都电力机械厂静叶可调轴流式通风机＋小汽机、静叶可调轴流式通风机＋变频调速的组合模式在电厂成功运行，提高了能源利用率，降低了电厂用电量，提高电站风机运行的经济性。双级AP联合风机也已在电厂运行，达到了节能、高效的效果。

10）2012年风机行业申报的节能机电产品，同时列入《全国首批通风机节能惠民工程名录》的企业全国共有3家。其中，浙江明新风机有限公司有3大类产品（冷却用轴流风机、变压器用风机、烟叶烘烤风机）共37个规格型号通过了“中国节能产品认证”，不仅使消费者在购买产品的同时享受节能惠民补贴，而且拓展了产品销售市场，提高了产品市场竞争力。

（5）根据工业和信息化部“关于开展2013年度高耗能落后机电设备（产品）征集工作的通知”要求，由沈阳鼓风机研究所提出了关于“淘汰高耗能落后风机产品”的建议，并征求了风机分会全体理事单位意见，他们对淘汰W5－47、Y5－47、M7－29、W7－29、9－35、Y9－35 6个系列离心通风机没有提出异议。2014年3月11日，工业和信息化部发布了《高耗能落后机电设备（产品）淘汰目录（第三批）》。其中，淘汰风机37项。

10. 向制造服务业转化情况

陕西鼓风机（集团）有限公司在我国经济进入以创新促转型、以转型促发展的新阶段，加快产业结构调整，大力推进节能减排和产品升级，发展现代制造服务业，在许多新的市场领域不断努力，拓展行业边界，通过持续不断的技术创新，为市场提供更多的环保产品和服务，满足客户需求。在冶金行业及其衍生行业的余热利用上，将首创的烧结余热能量回收机组（SHRT）推广应用，将“发电”变为“拖动”，为用户减少了发电机及并网系统，降低了投资；为客户提供的全托式维修保运服务，为企业走专业化维修保运服务道路迈出了坚实的一大步。而且建立了“技术+管理+服务”一站式全方位服务体系，为用户提供从售前到售后的全生命周期健康管理，为客户量身定做一系列机组健康状态管理档案，对公司生产的各类大型机组实施远程监测，提供包括预警、咨询、诊断及现场服务等6方面20余项服务，不断提升为客户服务的能力。

上海鼓风机厂有限公司2012年在经营理念上有所突破，打破老国有企业传统思维方式，坚持“从单一制造向制造+服务”的方向转型发展，坚持“两头在内，中间在外”的商务模式，坚持“技术领先、市场第一”的经营原则，坚持“对外围绕销售，对内围绕生产”的工作方式，在市场工作中抓住“改造风机”新机遇，抓住用户“EPC”需求新机遇，抓住现场性能测试、维修服务新机遇，从被动服务逐步转型为主动服务，开拓了新兴市场。2014年开展了向用户提供设计、制造、安装、调试、维修、保养、备件供应、故障诊断等一条龙式的服务。该公司新疆“4S”店在新疆昌吉正式成立，成为风机行业中首家引进“4S”店模式的企业。

山东省章丘鼓风机股份有限公司加快产品结构调整，提高资源利用率，提高产品质量和生产效率。转变经济增长方式，由过去的上规模、上产量的粗犷式发展逐步转变为技术创新发展，扩大服务领域，从单一的生产产品扩大为工程总承包，甚至是交钥匙工程，逐渐走出传统产品加工制造的老路，实现围绕系统工程集成，强化科技创新与系统服务，实施专业化协作的大市场开发、品牌建设发展之路。

浙江格凌实业有限公司为了开拓国内外市场，成立了国际贸易部和国内贸易部。在国际市场开拓中充分利用电子商务平台，使产品在国际市场进一步打开了销路。该公司的产品由于质量可靠、稳定性好，在国内高端市场销售非常好，市场保有率始终保持在70%以上。近年来，浙江格凌实业有限公司不断加大市场开发力度，已形成健全的销售网络，通过技术交流和合作，和客户建立了良好的协作关系。旋涡式气泵产品主要以出口为主，产品已被美国、德国、英国等10多个国家的厂商采用。

成都电力机械厂加快了完善大客户平台信息化建设，初步形成“4S”店的服务模式，实现产品全生命周期的跟踪、诊断、评估、维护和检修，借助于状态检修，通过专业、快捷和热诚的服务延伸，赢得顾客的信赖，为顾客创造价值的同时，为企业创造持续稳定的利润增长点和忠诚于企业的客户群。该公司坚持走专业化扩张的道路，实现产业链条的延伸，把服务、营销作为竞争优势的驱动力，逐步实现由生产制造型企业向服务制造型优秀企业的转型，形成工厂持续稳定的利润增长点。

11. 人才培养情况

“十二五”是我国向创新型国家发展的关键阶段，也是企业发展的重要契机，而人力资本是创新的核心要素，因此，企业必须充分发挥人力资本的作用，才能做好创新型的转变。挖掘、开发、培养企业内部具有发展潜力、学历水平与综合素质良好的人才，通过人才的培养与引进，优化队伍，提高企业核心竞争力。

沈阳鼓风机集团股份有限公司长期以来一直注重人才队伍的建设，2012年有针对性地开展专业化培训，着重开展了专业岗位培训和技能培训，开展各类培训122项，共完成1.7万人次、47万学时的培训；实施全新的新入职员工培训和实习方案，快速提高了新入职员工上岗能力；组织完成了沈鼓集团第四期青年后备干部培训班选拔和培训工作；对集团中层以上干部进行了战略管理等培训。人才引进取得丰硕成果，根据企业发展规划，建立了员工招聘配置流程与标准，制定了人才激励办法。

陕西鼓风机（集团）有限公司培训培养工作在紧密围绕企业战略的基础上，一切从个人培训需求、着力提高绩效为出发点，举办各种类型的培训及活动，满足员工成长和企业发展的需要。围绕公司战略发展需要，重点实施了对高端人才、后继人才梯队建设、专业人才、新兴业务及转岗人员技能提升的培训，并着力推进基层部门岗位技能培训的开展。2013 年该公司与西安交通大学等知名高校联合开设“管理知识训练营”两期班，采取 MBA 的核心管理课程在职学习的方式进行。同时开设了工程管理硕士班，通过制定与实施有效的继任人(关键岗位继任人)甄选计划、人才培养与开发计划，使人才得到更好的职业发展规划和培训的支持，建立公司强有力的人才梯队。

上海鼓风机厂有限公司抓好教育培训，推进人员结构优化。2012 年，通过完善企业培训体系，按差异化进行有针对性的培训，开展了生产计划管理、物料管理和库存控制、采购成本与供应商管理、质量管理体系推进及务实等专项培训。对电工、焊工、挂钩工、行车工等进行了上岗安全要求的复训。对车间班组长进行了强化质量意识的培训。全年共计 295 人次参加了各种形式的培训。

江苏金通灵流体机械科技股份有限公司缩减人员编制，优化人才队伍建设，用更少的人创造更多的效益。2013 年安排分(子)公司总经理参加职业经理人的培训，提高中层领导的管理能力和职业素质。通过组织各种职称、资格证申报工作提高员工技能素质，钳工在南通技师学院参加钳工高级工鉴定考试，全部获通过。

四平鼓风机股份有限公司 2013 年进一步加强了人力资源管理，根据公司董事会精神和企业生产经营实际需要，完成了对相应公司领导工作的重新分工，对销售、技术、质管、综合办和采购等部门的中层干部进行了相应的配置和调整。为提高职工业务素质和水平，组织内外部教育培训 15 次，累计培训 122 人次 500 多学时。

12. 国家认定的企业研发中心

沈阳鼓风机集团股份有限公司多年来在“以赶超世界前沿技术为着力点，加快提高企业的自主创新能力，为企业实现跨越式发展提供强大动力”的技术创新工作方针的指引下，开发了多个系列新产品，对促进我国重大技术装备国产化和保障国民经济的安全稳定发展，起到了举足轻重的作用。2010 年，沈鼓集团将研发中心、试验中心以及设计部资源进行整合，组建研究院。集合科技优势力量，从产品研发到应用，从技术成果开发到转化，从产品设计到试验平台建设，全方位提高企业技术创新能力，在模型级开发、材料工艺、力学分析等单元技术和新产品开发方面取得多项重要科研成果，企业的核心竞争力得到进一步提升。同时，沈鼓集团被国家发改委能源局命名为“大型透平压缩机组研发(实验)中心”，对提高企业的重大能源装备研制能力以及在国民经济中的影响和地位具有十分重要的意义。

重庆通用工业(集团)有限责任公司技术中心 2012 年被评为重庆市优秀企业技术中心，2013 年荣获了“国家认定企业技术中心”称号，成为重庆市第 20 家国家级企业技术中心。

湖北省风机厂有限公司 2004 年改制为民营企业，2008 年与湖北湖风机械制造有限公司实现强强合并，成为中南地区规模最大的离心鼓风机、通风机生产企业。2009 年企业被评定为湖北省创新型企业建设试点单位，企业技术中心被授予“湖北省技术中心”，并被湖北省人社厅授予公司博士后产业基地。

浙江上风实业股份有限公司是专业生产各类通风设备和核电配套设备的国家重点高新技术企业，于 2000 年 3 月在深圳交易所成功上市，成为风机行业内第一家上市公司。2013 年该公司重组上虞专用风机有限公司，致力于打造国内通风机行业的主导企业。该公司拥有省级企业技术中心和省级风冷成套装备高新技术研发中心，并与浙江大学、上海核工程设计研究院等院校进行专业技术合作。该公司检测中心通过中国实验室国家认可委员会(CNAS)认证。2014 年 12 月，由浙江省科技厅批准成立了浙江省上风高科高效节能智能化风机研究院。

浙江明新风机有限公司建立了全性能风机检测中心，该中心于 2012 年 2 月被中国实验室国家认可委员会授予“CNAS 国家实验室”称号。

威海克莱特菲尔风机股份有限公司设立了山东省技术中心、山东省院士工作站、威海市轴流风机工程技术研究中心。2013 年，该公司计算测试中心获得国家级实验室认可。

南方风机股份有限公司性能检测试验室，2002年经中国实验室国家认可委员会认可，获得国家级实验室认可证书。该试验室出具的检测证书与国际许多先进的实验室出具的检测证书实现互认。

浙江金盾风机股份有限公司建立了“金盾通风机械装备省级高新技术企业研究开发中心”。

浙江格凌实业有限公司公司投资1 000多万元成立了企业技术中心，2012年被认定为浙江省省级企业技术中心。

13. 组建企业技术创新战略联盟

为提高企业的市场竞争能力，目前已经逐步兴起了新的产业模式——产业技术联盟。风机行业以沈阳鼓风机集团股份有限公司为首组建了“石油化工、天然气集输及液化关键设备技术创新战略联盟”，以陕西鼓风机（集团）有限公司为首组建了“能量回收产业技术创新联盟”。

14. 企业在国外并购、合资及建立销售网络情况

山东省章丘鼓风机股份有限公司为应对国际市场，设立了外贸总公司，并在美国成立了风神鼓风机有限公司，在国外设有14个代理商，架起了与世界各国家联系的桥梁。该公司产品出口到美洲、亚洲、欧洲、大洋洲、南美洲及非洲地区的60个国家和地区，为对外合资合作，发展国际化章鼓公司奠定了基础。

成都电力机械厂提出的国际化战略是工厂的必然选择，也是填补工厂剩余产能的重要组成部分。国际化战略不仅是电建集团的要求，更是工厂跨越式发展的战略规划。2006年，成都电力机械厂与德国KK&K公司共同出资成立了“成都凯凯凯电站风机有限公司”，以期向全球提供高品质的风机。中国电力建设集团有限公司和成都电力机械厂于2013年10月14日在德国埃尔兰根西门子能源总部与西门子公司签订TLT公司的收购协议，并于2014年2月7日顺利完成股权交割。

三、行业发展中存在的问题

1. 企业技术实力差距较大

风机行业具有雄厚技术实力的企业仅有沈阳鼓风机集团股份有限公司、陕西鼓风机（集团）有限公司、上海鼓风机厂有限公司、重庆通用工业（集团）有限责任公司等企业，能够生产高端产品的企业太少，没有形成风机行业的第一梯队，在与国外风机公司进行市场竞争中气势不足。目前，风机行业生产压缩机的企业正在逐渐增多，但要进入第一梯队或形成一定的竞争能力还需要一段时间。

2. 企业研发能力不足

风机行业各企业普遍缺乏一支高水平的科研队伍，要研制出先进的风机产品必须要有高水平的科技人员，这也是风机行业长期以来一直存在的主要问题。目前，企业技术人员大部分不是在搞新产品研发，而是局限在产品制造过程中解决临时出现的技术问题，技术人员没有在企业科研发展方面发挥出重要作用。

3. 产品水平与国外相比存在一定差距

目前，已有一些发达国家的轴流风机制造企业进驻国内，如日本大金、德国EBM等。国外的知名企业大多技术力量雄厚，具有很强的产品研发能力，而且其制造工艺水平高，试验及检验设施完备，产品的更新换代速度快，能够有针对性地为用户提供优质的产品。目前，国内轴流风机制造企业的整体实力与国外同类制造企业相比还有一定的差距。在空调机组上所使用的轴流风机主流产品中，国内品牌的风机与相同额定气动参数的国外品牌风机产品相比，存在的主要差距有：整机效率偏低，能耗较高；风机特性曲线较陡，适应变工况的能力差；整机噪声较高；配用国产电动机的效率低，且可靠性、稳定性差；使用寿命较短；外观粗糙，工艺水平较落后。

4. 风机运行中存在的问题

风机的经济性只有在实际应用中才能体现，一台本身效率很高的风机，如果选型不当，可能不在高效区运行，起不到节能效果。风机在实际运行中可能存在以下几个方面的问题。

(1)风机设计参数与实际不符。风机选型不当,常见的原因是设计人员为求可靠而在各设计阶段对设计要求层层加码,使得风机的设计参数高于实际需要。

(2)风机调节装置不完善。实际应用中,风机多处于部分负荷工作,如果不进行适时必要的调节,可能会造成风机的低效运行,大大浪费能源。由于工艺流程中参数(流量、压力、扬程)不明确,再加上缺少必要的调节装置,即使选择了高效率的风机也无济于事。

(3)管网系统布局不合理。风机的经济运行与管网布置息息相关,管网布置的好坏会直接影响风机的性能发挥。

四、"十三五"发展思路与目标

1. 经济增长点分析

我国经济已开始走向新常态,石化、冶金、电力、煤炭等领域产能过剩,新项目大量减少,严重影响着风机行业市场的局面。"十三五"风机行业的发展应该从风机节能方面考虑,盯紧国家节能减排项目,实施风机产品的不断创新,满足国家节能降耗的需求,为用户提供高效、可靠的各类风机,才能取得更好的经济效益。

(1)能源建设方面。国家重点亿吨级大型煤炭基地和千万千瓦级大型煤电基地建设,千万吨级新油田开发建设项目,百万亿立方米级以上大型天然气生产基地建设,页岩气和煤层气开发项目,煤制油、煤制气工程项目,天然气管道及储气设施建设,新的核电项目建设,以及大型现代风电基地及配套送出工程等都将为风机行业带来大量市场需求。

(2)节能减排技术改造方面。风机是火力发电厂重要的辅助设备之一,结合国家《煤电节能减排升级与改造行动计划》项目,进行锅炉用送风机、引风机、一次风机或排粉风机和烟气再循环风机的技术改造,提高风机的运行效率。

(3)开拓余热、余压能量回收市场。针对水泥、钢铁、石化等行业,研制能量回收新产品。

(4)环保方面。进行污水处理、烟气脱硫脱硝处理用各类新型风机的研发或风机技术改造。

(5)开拓国际市场。实施"走出去"发展战备,利用国内、国际两个市场,着力拓展出口通道,积极利用"丝绸之路经济带""21世纪海上丝绸之路"和中蒙俄、新亚欧大陆桥、中国－中亚－西亚、中国－中南半岛、中巴、孟中印缅六大经济走廊建设,充分利用零关税的优惠政策扩大风机产品出口。

2. 国内外风机技术的发展趋势

(1)通风机。通过应用叶轮、蜗壳等元件的研究成果,以及进一步提高制造精度,力求使各种通风机的效率平均提高1%～5%。有的离心通风机已采用了三元叶轮,效率可提高10%。大型离心通风机出现了采用较大直径和宽度较窄的叶轮、较高转速的高效结构,其最高效率可达87%以上。轴流式通风机的最高效率已达90%。

在运行中的调节节能方面,除了采用较先进的动叶可调、双速电动机、液力偶合器及交流电动机等各种方法调速外,对大型通风机又出现了调速节能的新装置——多级液力变速传动装置。

(2)离心鼓风机。未来将会大力开展节能型鼓风机的研制工作。日本对蜗壳及叶轮等通流部件的形状做了适当改进,有效地防止了涡流及流动分离的产生,其绝热效率比原来的鼓风机提高5%～10%;瑞士制造的大流量多级离心式鼓风机,每级均设有进口导叶,其多变效率亦达82%;日本制造的多级离心式鼓风机,采用进口导叶连续自动调节后,效率提高10%～20%;高速单级离心式鼓风机采用高周速、高压比、半开式径向三元叶轮后,其效率可提高2%～5%;还有的在鼓风机主轴的另一端设有尾气透平,回收尾气排放时的膨胀功来达到节能目的。

(3)离心式压缩机。离心式压缩机将会越来越多地采用三元流动叶轮,使效率平均提高2%～5%。如美国研制出的管线压缩机的3种大流量三元叶轮,叶轮效率可达94%～95%;日本的单轴多级离心压缩机的效率水平也进一步提高,其首级的大流量半开式三元叶轮的绝热效率达94%。调节方式将会更多地采用汽轮机或燃汽轮机驱动,以改变转速来达到节能的目的。

(4)轴流压缩机。轴流压缩机朝着大型、高效、高负荷的方向发展。对内流机理的研究不断深入，基于非定常流动理论的设计方法越来越多地被采用。为了使机组小型化，单级压比不断提高，航空工业中使用的跨音速、超声速叶栅设计技术正在应用在固定式轴流压缩机中。此外，为了拓宽压缩机稳定工作范围，进行旋转失速、喘振机理的研究，使用机匣处理技术来扩大轴流压缩机稳定工作裕度。

(5)罗茨鼓风机。国内外罗茨鼓风机技术的主要发展方向是：一是利用先进的设计制造技术优化产品结构及性能，特别是叶轮结构和叶型的优化，以提高鼓风机效率，同时提升产品可靠性；二是罗茨鼓风机的高速小型化、集成化、配套件的优化、监控智能化等，并辅以先进的隔声、降噪设计，开发出运行维护周期长的节能轻便型罗茨机组，使鼓风机操作维护更简便、快捷；三是罗茨鼓风机应用技术的发展，特别是以各种工业气体增压输送为主的特型罗茨鼓风机技术的发展。

3. 发展思路

坚持走“两化融合”的新型工业化道路，以“节能、环保和新能源”为发展方向，以市场和客户需求为目标，以技术创新为依托，以差异化和产品成本领先为抓手，践行“创新、高效、执行、超越”的经营理念，为用户提供性能可靠、高效节能、绿色环保的优质产品和优良服务，实现企业稳步、健康、可持续发展。

(1)强力推动自主创新工作。“十三五”期间，要加快提升企业产品开发、制造、检测能力，探索以市场需求引导技术发展方向，通过强强联合、院企合作等方法方式，研发和生产大型、高附加值、高科技节能型风机产品，通过技术创新推进风机行业的发展。

(2)塑造品牌，扩大企业影响力，拓展市场占有率。品牌是企业的形象，是企业在管理、质量、信誉、服务等方面行为的总和。“十三五”期间，要加强风机行业品牌培育工作，塑造企业新形象，逐渐缩短我国风机制造企业与国际知名风机企业的距离。

(3)加强产业结构调整，构造服务型企业。紧紧依托国家产业发展战略，围绕市场需求，努力走高端科技发展之路，走“制造＋服务”之路，转型发展，打造研发、制造、服务基地。

(4)加快技术型人才培养。“十三五”期间，要加快建设学习型企业，建设职工成长成才和选人用人的科学体制、机制，通过培育现有人才、引进外来人才、聘请兼职研究型、销售型人才等多渠道、多手段，打造出一支过强过硬的专业人才队伍。

(5)加强新设备、新工艺投入。当前，科技发展日新月异，对制造业而言，新设备、新工艺就是效率、就是质量、就是信誉。“十三五”期间，企业要做大做强，需要继续加大投资规模，最大限度地利用新设备、应用新工艺。

(6)加大融资渠道和提高融资能力。加大融资力度，为企业做大做强奠定资金基础。

4. 发展目标

到“十三五”末期，风机行业争取成为世界领先的压缩机、鼓风机、通风机产品、服务和系统解决方案提供商。从以制造为主，向制造加服务的制造服务商转变。在单机制造销售的基础上，向设备成套和生产性服务业多元化延伸。从以中国市场为主向以国内市场为主、国际市场为辅转变。要以市场为导向，有效利用社会上各种IT企业资源，逐步形成组织网络化、功能社会化、服务产业化的完整的企业信息系统外包服务平台，推动企业实现低成本共享信息资源，加快信息化步伐，走新型工业化道路。

(1)行业经济保持适度增长。“十三五”期间风机行业经济增长速度保持在6%～8%。

(2)重大技术装备国产化率得到较大提升。到2020年，石化、核电、超(超)临界火电、油气集输、天然气液化、煤炭深加工等重大领域的风机国产化率达到80%以上。

(3)中高端风机产品的比例明显提高。加大中高端产品和节能产品的研发力度，大型空分装置、离心压缩机、轴流压缩机等高端产品占比由目前的50%提高到70%以上。

(4)大中型企业数量进一步扩大。到2020年，风机行业形成产值超100亿元企业2家;50亿～100亿元的企业3～5家;10亿～50亿元的企业8～10家。

(5)推进企业“两化融合”。“十三五”风机行业进一步向信息化迈进,以重点骨干企业带动其他企业加大柔性制造系统、计算机集成制造系统的开发与推广应用,并向制造智能化方向发展,逐步实现产品的信息数字化、制造过程的智能化。

(6)加大产业结构调整。为解决效率较低的通风机产品生产能力过剩的矛盾,围绕“控制、淘汰、改造、提高”为中心进行结构调整,及时向政府相关部门提供产品淘汰建议,配合政府制定产品淘汰目录,引导企业以市场为导向,压缩、淘汰落后产能,促进企业技术进步和产业结构升级,从低端产品向高端产品发展。

5. 发展重点

(1)以制造业务为发展基石,坚持发展高端装备。在自主研发方面,要重点开发世界级新产品并形成系列,开展重大技术攻关。在技术合作方面,重点引进汽轮机、小型燃汽轮机、高端齿轮箱、高压小流量压缩机等国际先进技术。通过与国外公司合作生产大型空分装置配套产品。通过自主研发、技术合作与并购整合,使风机行业主导产品的设计、制造、服务和成套能力达到国际先进水平。可满足150万t/a大型乙烯装置、110万t/a PTA、2 000万t炼油装置、20MW及以上的大型天然气长输管线、2×180万t/a甲醇装置、12万m^3/h大型空分设备、大型液化天然气(LNG)装置等配套用压缩机的需要。

600MW高温气冷堆核电主氦风机和氦气压缩机关键技术开发,包括:高效基本级技术;机壳结构静动力强度分析及抗地震优化技术,压缩机通流部件设计技术;热停堆技术研究;转子动力学和稳定性研究;集成化机壳稳定性、密封性研究。

风洞系统及核心部件压缩机系统关键技术研究,在0.3m低温跨声速风洞压缩机研制成功的基础上,结合低温跨声速风洞深入进行模型级试验研究、样机各种工况的综合性能试验研究,建设大型力矩秤、高精度转子高速动平衡试验台、真空超速试验台等用于转子动力学研究、风洞系统低温及风机结构研究、低温材料应用研究、压缩机气动性能研究和大型轴流压缩机制造技术研究,以保证研制的大型风洞压缩机满足各种工况的运行需要。

(2)发展生产性服务业,以服务业务为腾飞动力。纵观全球著名的百年强企,从20世纪90年代就开始大力发展服务经济。随着制造技术的进步和能力的提升,世界上已经出现了制造业产业链各环节的高附加值不断向产业链的上下游两端转移的趋势,即向工程成套、技术开发、维修及再制造服务等环节转移。制造业向生产性服务业转型已经是全球制造业快速发展的必然趋势。通用电气、IBM、惠普等许多国际知名的大型制造业企业实现了向服务提供商的转型,服务性业务收入超过了50%。为此,风机行业要扩大企业经营规模,促进企业未来发展,从单一设备制造、供货向设备成套和工艺流程装置的单元工程延伸,以多种服务模式为客户提供系统解决方案,即实施交钥匙工程,推动企业产业结构的转型升级。

(3)坚持实施产品结构调整,做优做精传统产品

1)通风机发展方向是由中低端向高端发展。一要加强通风机的系统优化设计,进一步提升整体性能(达到或超过国家一级能效标准),在保证可靠性的前提下降低成本。二要在耐高温、耐腐蚀、耐磨、降噪、新材料应用等方面突出产品特色。三要加强对用户系统的运行分析,提高风机设计选型的准确性,提升用户系统运行能效。

2)重点发展高、中、低各种压比的单级高速鼓风机全系列产品,以高效、可靠、无油、宽覆盖为目标,以系列化、模块化、标准化为抓手,使产品综合性能达到国内领先、国际先进。

3)研制适应我国火力发电发展需要的、具有自主知识产权的、技术领先的大型电站风机系列产品,满足我国电力行业的迫切需要。

4)在燃煤电厂节能减排技术改造项目中,如

30万kW亚临界机组、60万kW亚临界机组和超临界机组，针对锅炉普遍存在的排烟温度高、风机耗电量高问题，通过技术改造降低排烟温度和风机耗电量。具体措施是进行一次风机、引风机、增压风机改造。

5）实现中央空调风机传统产品的升级换代，实现能效更高、体积更小、重量更轻、噪声更低、外观更美。通过开展合资合作等方式，做优做强蒸发式离心和蒸发式螺杆高效能中央空调。

6）促进节能环保发电，发展高效风力发电风机。

（4）加快实施技术标准战备，推动行业技术进步与发展。“十三五”期间，风机行业的标准化工作要以提升标准适用性、先进性和有效性为重点，着力加强标准体系建设，夯实标准化发展基础，推动标准国际化，强化标准实施，提升标准化服务能力，充分发挥标准化在推进风机行业转型升级中的作用，促进全行业经济持续健康发展。

重点做好以下标准工作：

1）加强标准体系建设。完善风机行业标准体系，提升标准体系与产业发展需求的契合度，实现标准体系维护常态化。及时更新、补充标准体系中的基础性标准，包括通用类、方法类标准。产品标准包括通用产品与特种产品等。

整合精简强制性标准，调整优化推荐性标准，将不宜强制的标准转化为推荐性标准，把节能环保、安全类标准列为强制性标准，并且加大制修订工作力度，争取在“十三五”期间完成风机行业所有类型产品的能效标准与安全性标准制修订工作。推荐性国家标准重点制定基础通用的标准，推荐性行业标准重点制定风机行业重要领域的产品标准。

探索培育发展团体标准，在风机行业的某些专业领域考虑制定中国通用机械工业协会标准，探索中国通用机械工业协会标准的发展规律。

2）加强标准研制和维护。紧密结合风机行业转型升级的要求，加强重点领域重要技术的标准研制，如能源领域中的风机系统能效标准，节能风机产品标准的研究与制定，资源综合利用领域中的资源循环利用、能量回收装备标准的研究与制定。加快标准修订速度，加大先进适用的国际标准转化力度，积极推进标龄5年以上的标准复审工作，及时淘汰不适用标准，整合修订落后标准，进一步缩短标准的标龄，提升标准的有效性、先进性和适用性。

3）积极参加国际标准化活动，提升标准国际化水平。坚持国际国内标准化工作相结合，抓好国际标准的转化工作。在现有基础上国际标准转化率争取达到85%以上，推动基础标准、检测方法标准、能效标准与国际接轨。

坚持参加国际标准化组织的各项活动，承办国际标准化组织会议，实质性参与制修订各项国际标准，培育发展和推动我国风机行业有特色技术标准成为国际标准，促进我国技术和产品走向国际，提升我国风机产业的国际竞争力。

4）推动标准实施。加大标准化宣传力度，采取多种形式普及标准化知识，提高行业各界对标准化工作的认知度和标准化工作的影响力。

积极推动重大标准的贯彻实施，通过风机标委会、风机分会开展对风机行业发展具有重大影响标准的宣贯工作。

做好标准化培训工作，针对行业快速发展对标准制修订工作提出的新要求和标准化管理工作的新变化，重点加强标准起草人员、标准化工作人员的培训，提高标准编制水平。加强标准复核人员的培训，增强其业务能力，提高标准制（修）订质量。

6. 措施建议

按照转型发展的思路，继续沿着走高端科技之路，走“制造+服务”之路，实现优化产业结构、转变发展模式、建立创新体系、做强做优企业的目标。

（1）技术创新体系建设。加强企业技术中心建设，依托重大技术装备和市场需求，做好产品研发和技术储备，形成以技术中心为主体，以“产学研”为支撑的技术创新体系，创建国内先进风机的研发基地。

（2）企业信息化建设。目前企业运行的ERP系统基本能达到企业生产经营决策为一体的统一信息平台的要求，部分企业上线了产品生命周期管理软件(PLM),使设计流程更加规范,技术文件流通速度提高,零部件的通用性提高,工作效率显著提高,缩短了研发周期。下一步要进一步提高信息化水平,更好地让物流、资金流、人流、数据流实时、高效、动态、无缝集成在一起,促进产业结构调整和优化,促进企业管理现代化和技术水平提升。

(3)开展技术改造。围绕调整产品结构,调整工艺路线,提高产品研发能力、工艺保障能力、产品服务能力,高起点、高水平地进行企业技术改造,不断淘汰落后产能,提高企业承担重大装备产品和优势产品的技术、质量、能力等水平,达到或接近世界当代技术水平、国内先进水平。

(4)国家有关部门在市场经济运行中对企业的发展要有一定的调控和引导,提出未来5~10年国家在石油、化工、冶金、煤炭、电力等行业的发展规划或指导性计划,使上游企业有一个明确的发展方向和发展思路,指导下游企业有目的地研制和开发节能高效的新产品,避免企业盲目上项目,减少企业人力资源、财力资源、物力资源、时间资源的浪费。

〔供稿单位:中国通用机械工业协会风机分会〕

阀门行业“十三五”发展规划(讨论稿)

一、阀门行业“十二五”发展概况

“十二五”期间,我国阀门行业面对复杂多变的国际环境,克服世界金融危机及日本福岛核事故的影响,全面贯彻落实党的十七大精神,以邓小平理论和“三个代表”重要思想为指导,深入贯彻落实科学发展观,以科技创新为支撑,依托国家重点工程建设项目,开展关键阀门的研发与攻关。通过加大技术改造投入,提升企业自主创新能力和核心竞争力,大幅度提高行业整体产品设计和工艺水平,加快产品更新换代;转变经营观念,转换企业经济增长模式;发挥区域经济优势,促进产业结构优化升级,全面提升了产业竞争力,推进阀门行业稳步健康发展,全行业保持了持续、稳定、高速发展的良好态势,为实现“十二五”规划战略发展目标做出了努力。

1. 经济总量规模

“十二五”期间,我国阀门行业有了很大发展。据统计,2014 年我国共有规模以上阀门制造企业(年销售收入在 2 000 万元以上的企业)1 700 多家,从业人员 30 多万人,生产阀门 1 031 万 t,主营业务实现销售收入 2 577 亿元,完成出口交货值 371 亿元,全行业实现利润总额 183 亿元。

2. 平均发展速度

2010 年,全国阀门工业总产值 1 673 亿元,利润总额 97 亿元,出口交货值约 60 亿美元。

2010 年末至 2014 年末 4 年时间,阀门行业销售收入平均年增长率达 11% 以上。

3. 产业分布情况

受资金、技术、人力、交通和配套能力等因素影响,我国阀门制造产业主要分布于工业相对发达地区,按照产值和销售收入排在前十位的省(市)有:江苏省、浙江省、上海市、天津市、河南省、山东省、辽宁省、福建省、四川省和河北省。

4. 产品技术水平及创新成果

多年来,通过引进技术及消化吸收和自主开发,以及技术改造,全行业普遍提高了产品开发、设计和制造水平。目前,我国阀门行业企业已能生产 3 000 多个型号、40 000 多个规格的阀门产品。参数范围:公称尺寸从 3mm 到 8 000mm;压力从真空到 600MPa;温度从深冷 −196℃ 到高温 1 200℃;适用介质有水、蒸汽、各种工艺气体和液体、油品及腐蚀性和易燃易爆流体等;品种包括闸阀、截止阀、节流阀、旋塞阀、球阀、蝶阀、隔膜阀、止回阀、安全阀、减压阀、疏水阀和调节阀等，共计12大类。总体水平已达到国际中等发达国家水平，少数产品达到或接近国际先进水平。阀门行业的技术标准体系已基本形成。常规阀门的检测手段和试验条件已经具备。个别特殊阀门的试验台架，如高温试验、超低温试验和核电站用安全阀全性能试验台架（蒸汽排量660t/h）等也已经建成。

5. 产品应用情况

除部分特殊阀门外，国产阀门基本上可以满足国民经济各领域和基础设施建设需要。特别是近几年来，百万千瓦核电站阀门国产化取得了重大突破，以大连大高阀门有限公司、中核苏阀科技实业股份有限公司和江苏神通阀门股份有限公司为代表的一批骨干企业开发了关键核级阀门产品，其中，核级截止阀、止回阀、球阀、蝶阀和绝大部分闸阀实现了国产化。核电阀门国产化率已经由8年前的6%提高到75%以上。以成都乘风阀门集团、五洲阀门集团和上海耐莱斯有限公司为代表的阀门企业为天然气长输管线开发了全焊接管线球阀（PN5～15MPa、DN28～48in，1in＝25.4mm，下同），48in以下全焊接管线球阀全部实现国产化。这些新产品的开发填补了国内空白，一些产品已达到或接近世界领先水平。

通过消化吸收引进技术并进行自主研发，尤其经过“十二五”期间开展的超（超）临界火电阀门国产化的攻关，我国火电阀门的制造水平和产品质量都有了大幅度的提高，为超临界和超（超）临界火电机组提供了大量关键阀门。

河南开封高压阀门有限公司、哈电集团哈尔滨电站阀门有限公司、大连大高阀门有限公司、上海阀门厂有限公司、上海电力修造厂、上海华尔德电站阀门有限公司、南通市电站阀门有限公司、南方阀门有限公司、华夏阀门有限公司和上海自动化仪表集团自动化仪表七厂等企业生产的F92、F91和WB36电动闸阀和高加三通阀、高排及抽气逆止阀、高压疏水阀、小汽机排汽管道大口径真空电动蝶阀、再热器减温水调节阀、储水罐调节阀和再热器安全阀等，已陆续应用于江苏南通电厂、江苏句容电厂、河南焦作电厂和重庆合川电厂等1 000MW超（超）临界火电站，运行状况良好，打破了我国超（超）临界火电机组用高温高压阀门全部依赖进口的局面。

6. 产业升级情况

近年来，中核苏阀科技实业股份有限公司和江苏神通阀门股份公司充分利用上市公司的融资平台优势，积极探索“横向拓展、纵向延伸”的产业转型之路，以寻求新的投资机会和经济增长点。“十二五”期间，两家公司都顺利完成发行股票项目，共计募集资金6亿多元用于核电阀门产能扩建项目，为成功抢占新一轮核电市场先机，实现“十二五”战略目标奠定了基础。

7. 质量管理及标准化情况

阀门行业骨干企业注重质量管理，认真做好体系维护工作，确保体系运作的有效性。积极开展内审工作，相关部门对提出的不符合项进行了整改并得到验证关闭；根据组织机构和部门职能的调整等变化情况，及时修订手册、程序文件，使体系保持正常运行；通过第二方和第三方的各项现场评审检查。积极开展质量大检查活动，改进质量管理工作。

例如，部分核电阀门制造企业根据“全国民用核安全设备经验反馈现场会”核安全大检查的相关要求，对核电设备设计、制造的整个流程全面开展了核安全自查活动，形成公司自查报告并上报了环境保护部华北核与辐射安全监督站。开展了违规补焊专项整治自查活动，对在自查中发现问题的，做到边查边改，立行立改，形成自查报告后上报了环境保护部华北核与辐射安全监督站。通过开展的各项质量工作检查活动，梳理了公司质量管理过程中的各方面和环节，进一步完善了公司的质量管理制度，对检查活动中发现的问题，通过制定整改措施并落实到位，取得预期的效果。进一步规范了公司的质量管理工作，规范了员工的操作，使全体员工的“核电无小事”的质量意识得到了进一步提高，提升了企业的核安全文化，对严格执行核安全法规，对“凡事有章可循、凡事有人负责、凡事有人验证、凡事有据可查”的核安全理念和质量管理要求有了更深的理解，提升了企业整体质量水平，员工的质量意识也得到了进一步提高。

同时，加强生产过程控制，提高产品质量水平。阀门企业各部门按照质量管理体系的要求认真做好职责范围内的各项质量控制工作，通过各部门的积极配合，在大家的共同努力下全面实现了企业各项质量目标。许多骨干企业获得了不同级别的“质量奖”荣誉。

阀门行业注重标准化工作。重点骨干企业建立了以国际先进标准为指导的企业产品体系。常用的标准有美国 ASME、ANSI、ASTM、MSS、API 标准，英国 BS 标准，法国 RCC 标准，德国 DIN 标准，日本 JIS 标准等。经过近年来的不断优化和完善，骨干企业产品标准趋于成熟和完善，充分满足了企业的产品研发及生产需求。

另外，积极做好阀门产品“三化”工作，提高产品质量。在保证产品质量和满足标准规范的前提下，通过结构优化及设计改进，实现了阀门重要零件如阀体、阀盖、阀杆和闸板等的“三化”，使阀门零件标准化系数大大提高。产品零部件的“三化”提高了设计工作效率，缩短了设计工时和制图周期，并推动了工艺文件的规范化和标准化，减少了工艺装备的设计和制造。

合肥通用机械研究院牵头开展阀门标准的制修订工作，骨干企业积极参与阀门国家标准和行业标准的制修订工作，推动阀门行业水平提升。“十二五”期间，全国累计制定、修订阀门国家标准及行业标准项，涉及核电、核化工、火电、石化、冶金、煤化工、加氢装置、低温阀门、水利等领域。通过制定阀门国家标准和行业标准，推动了行业整体技术水平提升，增强了我国阀门行业核心竞争力。

8. “两化融合”情况

“十二五”期间，阀门行业骨干企业利用三维软件、流体分析软件、应力分析软件、有限元分析软件设计阀门产品，利用三维技术，工程师在设计阶段就能精确地预测出产品的技术性能，大幅提高了设计质量和设计效率。重点企业积极实施了 OA、ERP、SCM、MES 等系统，并将以上多个系统与原先的财务系统、PDM 系统实现深度集成，消除信息孤岛。通过实施 ERP 系统，将企业主体业务流程纳入 ERP 系统，对生产资源进行优化配置，达到生产信息高效、集中、准确利用，有利于职能部门工作开展。通过实施 OA 系统，将企业业务流程固化成电子化流程，减少重复工作量，加强管控，提高工作效率。通过实施 MES 系统，将车间现场管理与信息化高度融合，推进企业精细化管理，提高车间生产效率。通过实施 SCM 系统，增强供应链整合的力度，加大零部件及配套产品的外包与外协，有效提升了公司的运营效率，降低了成本。

9. 人才培养情况

“十二五”期间，有关大学培养阀门专业大学生数百名，充实了骨干企业的技术队伍。行业骨干企业注重专业技术人才培养，通过校企合作，开设阀门在职研究生班，培养了在职研究生近百名。另外，以提高员工的技能素质为目标，通过省、市职业技能鉴定中心，考核鉴定职工的职业技能水平，培养高级技师、技师等。

10. 重点企业发展情况

“十二五”期间，阀门行业骨干企业取得较大进步。

“十二五”期间，大连大高阀门有限公司开发了大量核电阀门新产品，涵盖核一、二、三级阀门多个品种；开发的长输管线高压大口径全焊接阀门及 LNG 超低温阀门已大量供货；开发的超超临界高压疏水阀、高排及抽汽逆止阀、高加三通阀和石油化工及煤化工高温高压阀、耐磨球阀、氧气阀等已开始批量供货。

“十二五”期间，大连大高阀门有限公司加大了技术改造力度，扩建厂房，添置设备，购买软件，大大提高了公司阀门产品加工水平和生产能力。例如：购置了 15 台全数控机床，增加了全自动唇焊设备和全自动焊缝设备，新增了 10t 电液锤、操作机、加热设备，增加产品锻造范围，阀体公称尺寸可达到 400mm，从而提高了市场竞争力和产品技术水平。该公司对试验、检验设备进行了大幅度更新改造，新购置试压设备13台(套)，可对口径为DN15～DN800的锻压阀门进行压力试验；检验设备38台(套)，可进行各种材料成分、高温机械性能的检验，以及阀门高温、低温、高压性能的检测和流量的检测。为了提升公司的管理水平，公司购买了SAP管理程序，实现了公司各个部门的无纸化办公，流程明确、产品管理可跟踪，提高了工作效率和管理水平。为了提高技术开发能力和水平，公司购买了DEFORM等研发软件，提高了研发效率、质量和水平，满足设计需求。

"十二五"期间，中核苏阀科技实业股份有限公司在核电站用关键阀门样机研发方面取得重大突破，多次填补国内空白。

在核燃料真空阀及浓缩铀生产关键阀门研发上，中核苏阀科技实业股份有限公司也取得重大突破，高真空耐压阀、电动/手动鱼雷真空阀、电动/手动转筒真空阀、高真空耐压调节阀4大类关键阀门已基本实现国产化，产品总体性能达到或超过进口产品水平，成为国内核燃料专用阀门的骨干生产企业。

在石油化工领域，中核苏阀科技实业股份有限公司研发的渣油加氢处理装置高压临氢Y型截止阀、乙烯装置高温高压阀等产品通过中石化组织的国内权威专家鉴定，为国际先进水平。

中核苏阀科技实业股份有限公司研发了超(超)临界火电机组用关键阀门样机，其中，5个规格样机为国内领先水平，分别为：抽汽逆止阀、给水泵汽轮机排汽蝶阀、高排逆止阀、再热器喷水调节阀、冷再蒸汽管道疏水阀；6个规格样机为国内先进水平，分别为：锅炉过热器喷水调节阀、空预器吹灰减压站气动控制阀、高加事故疏水控制阀、汽机高压供汽站压力调节阀、主汽高温高压闸阀、高加给水三通阀。这些样机的成功研发，全面推动了超(超)临界关键阀门国产化项目的发展，使高端阀门实现国产化。

"十二五"期间，宣达集团加大科技研发投入，成立了浙江省重点企业研究院——"宣达耐腐蚀特种金属材料研究院"，专注于前瞻性、基础性研究。启动了5个应用基础研究项目，15个应用技术开发项目，完成60项以上的自主知识产权产品的开发，申报专利成果60项。截至目前，宣达集团共拥有专利77项，其中，通过省级新产品鉴定的项目6项。同时，宣达集团按照"政府推动，市场运作，循序渐进，突出重点"的原则构建产权多元化的支撑体系。着力新材料研究和产品开发。到2014年末，新材料产品销售收入占总销售收入的20%，特种阀门产品销售收入占总销售收入的40%，常规阀门产品销售收入占总销售收入的30%。宣达集团实现了以特种材料研究为突破，以生产耐腐蚀及耐高温等特殊工况条件阀门为主的转变。

"十二五"期间，河南开封高压阀门有限公司参与了国家能源局组织的《超(超)临界火电机组关键阀门国产化》项目，共承担7台样机的研发任务。包括高加给水液动三通阀(入口)、高加给水液动三通阀(出口)、电动高加入口三通阀、主蒸汽暖管F92整体锻钢闸阀、高排逆止阀、一段抽汽逆止阀和给水泵汽轮机排汽蝶阀。产品样机于2011年12月通过国家能源局组织的验收组专家评审。2014年该项目获得河南省科技进步奖二等奖，多数样机产品已经应用于江苏南通电厂和河南焦作电厂等超(超)临界火电机组，使用状况良好。河南开封高压阀门有限公司获得专利8项，包括一种高加给水液动三通阀新型内置液压缸、一种节流型疏水阀、一种试压系统高中压水路快换装置、一种卡箍式对开环试压盲板、一种高温高压阀门用组合填料结构、一种新型平行双闸板闸阀导向结构专利、内缘法兰连接试压工装和高压自密封端盖双件性能测试方法等。

"十二五"期间，江苏神通阀门股份有限公司建立了江苏省核电阀门工程技术研究中心、江苏省企业技术中心、江苏省核电阀门重点实验室、国家级博士后科研工作站等科技创新平台。该公司"蝶球牌"商标被国家商标总局认定为"中国驰名商标"，技术中心实验室通过了CNAS认证，先后承担了国家火炬计划项目1项、国家成果转化项目1项、国家创新基金项目1项及江苏省成果转化项目2项，开发了4个国家重点新产品、34个江苏省高新技术产品，获142项国家专利(其中发明7件)，获得12个省、市级科技进步奖。该公司充分利用产学研合作平台，应用新技术、新材料、新工艺，开展新产品的研发及老产品的更新换代工作，不断优化产品结构、提高产品可靠性、降低生产成本。引进、消化、吸收国外先进产品技术，积极参与高端阀门国产化的研发工作。

在核电阀门产品领域，江苏神通阀门股份有限公司优势突出。2008年以来，在我国核电工程用阀门的一系列国际招标中，该公司获得了这些核电工程已招标核级蝶阀、核级球阀的全部订单，实现了这两类产品的全面国产化。2013年11月底，受国家能源局委托，中国机械工业联合会组织专家对该公司研制开发的"第三代核电站用核安全级蝶阀"等系列产品进行了样机技术鉴定，专家组一致认为：该公司研制开发的"第三代核电站用核安全级蝶阀"，以及与上海核工程研究设计院联合研制开发的"第三代核电站用核安全级球阀""第三代核电站用核安全级气动装置"等产品填补了国内空白，并达到国外同类产品先进水平。

在冶金阀门产品领域，江苏神通阀门股份有限公司产品主要应用于对冶金企业具有节能、减排及降耗效果的高炉煤气全干法除尘系统、转炉煤气除尘与回收系统和焦炉烟气除尘系统，主要产品市场占有率达70%以上。

江苏神通阀门股份有限公司开发的煤化工苛刻工况特种阀门在神华集团、洛阳石化、烟台万华等工程项目中得到了成功应用，开发的超(超)临界火电站给水泵汽轮机排气蝶阀应用于华能电厂、大唐电厂，开发的罐车专用系列阀门实现了中集集团南通公司的集装箱阀门国产化，开发的LNG专用阀门实现了中石化山东LNG接收站的阀门国产化。

自2010年10月五洲阀门有限公司与成都乘风阀门集团有限公司研制的长输管线48in全焊接高压力球阀通过国家验收后，"十二五"期间该类产品的国产化取得了重大突破。在西气东输三线西段的建设中，国产化率就达到了近50%，在西气东输三线东段建设中国产化率达到了100%，产品性能及技术指标达到国际先进水平。该类产品的进口价格比国产化前下降50%，在国内、国际市场的竞争中，国产化产品仍能保持30%的价格优势，为国家重点工程建设节约了大量投资。该公司在该系列产品的国产化市场占有率约60%，为企业带来了良好的经济效益。长输管线大口径高压力全焊接球阀国产化项目，在其研发的过程中产生了大量拥有自主知识产权的专利技术，培养了一批专业技术人才，提升了企业的装备技术水平和管理水平，企业得到了质的提升，最终体现就是产品性能和技术指标达到甚至超越国际标准。该公司充分发挥已有的技术优势和市场优势，走专业化发展道路，最终发展成为世界最好的球阀生产企业之一。

"十二五"期间，上海电气阀门有限公司在新产品开发方面取得如下成果。全焊接球阀开发继续获得突破，在原来桶形全焊接阀门不断推广应用的基础上，全面开展球形阀体全焊接阀门的开发，使得阀门材料得到更有效利用，阀门更趋轻量化；并在口径、压力级上获得突破，最终研制成功56in class900全焊接管线球阀。该公司完成了股权结构变更，中方收购外方股权取得成功，起动了技术升级改造项目——《天然气长输管道关键设备国产化高压大口径全焊接阀体管线球阀形成批量生产能力》技改项目，投资近1亿元扩充场地和增添设备，扩建生产面积约5 000m^2，增加大吨位起重设备、各种数控加工中心、立式车床、满足60in阀门压力试验需要的4 600t压力试验设备、满足60in阀门焊接需要的2G位置窄间隙热丝TI焊设备，实现大型阀门零件的自主加工，形成高压大口径全焊接阀体管线球阀批量生产能力。

哈电集团哈尔滨电站阀门有限公司在超(超)临界产品科研工作中取得新进展。2012年初，由该公司自主研发的超(超)临界火电机组全量型安全阀、液动(电动)三通阀、抽汽逆止阀、主蒸汽电动闸阀、小汽机排汽电动蝶阀、疏水阀、控制阀7大类共17个品种的阀门样机通过了国家能源局鉴定，该公司成为国内唯一一家全系列、全品种通过国家级权威鉴定的阀门企业。

2013年底，哈电集团哈尔滨电站阀门有限公司承担研发的“主蒸汽出入口安全阀、泄放阀、锅炉循环管路调节阀、主给水旁路调节阀、给水泵最小流量阀、汽机高压供汽站压力调节阀、再热器喷水调节阀等7大类共8个品种的第三类阀门样机通过了技术鉴定。通过与同行业对标，从材料、重量、成本多个方面对堵阀全系列产品进行优化设计，取得显著效果。完成DN80、CL150全量型安全阀2个品种的优化设计，解决了回座泄漏问题，节约了热态试验及维修成本。为提高超(超)临界产品性能，节约热态试验和维修成本，对4个品种的第二类阀门进行了优化设计。该公司“十二五”期间累计申报专利13项，累计授权专利6项。

盾安集团南通市电站阀门有限公司研制了超超临界参数给水泵旁路调节阀和最小流量阀，通过国家级鉴定。

安徽省屯溪高压阀门有限公司研制了波纹管阀、低温阀、氧气阀、加氧阀等阀门产品。

圣博莱阀门有限公司研制了滑板阀和上装式超低温球阀。

大连亨利测控仪表公司研制了多种控制阀和执行机构、流量仪表等。

阀门行业骨干企业在核电、火电阀门研发取得成就的同时，上海开维喜阀门集团有限公司、超达阀门有限公司、北京雷蒙德阀门有限公司和兰州高压阀门有限公司等企业在煤化工相关阀门研制攻关方面了取得大量成果。中核苏阀科技实业股份有限公司、上海开维喜阀门集团有限公司、大连大高阀门有限公司和兰州高压阀门有限公司等企业在加氢阀门国产化方面业绩较多。其他行业骨干企业也有大量新产品研制成功。

11. 存在问题及不足

阀门行业存在的问题有：研发能力和人才不足，优质铸件和锻件缺乏，试验检测条件不能满足要求，行业集中度低，高端阀门依赖进口，中低端阀门产能严重过剩，行业低价竞争愈演愈烈。

二、阀门行业面临的形势分析

受国内经济增速放缓及后金融危机效应影响，国内外阀门市场需求下降，加之国内阀门行业长期处于无序低价竞争状态，市场竞争趋向白热化，阀门行业已进入微利时代。同时，由于企业竞争加剧，阀门行业呈现出专业化和规模化并存的竞争模式。“十三五”期间，部分优势企业将利用自身专业化水平高、规模大、效益好等优势进行资源整合，加快阀门行业的重组和兼并，实现部分市场向优秀企业转移和集中。预测今后几年，阀门市场竞争将更加激烈，并呈现两极化特点。一般通用阀门的竞争将更加激烈，许多阀门企业参与同一个项目的竞争；高端阀门市场将逐步被少数几家骨干阀门企业集团所垄断。“十二五”期间，浙江省温州市、江苏省苏州市和盐城市、辽宁省鞍山市及安徽省铜陵市等多地都将阀门产业，尤其是中高端阀门产业作为当地的战略性新兴产业进行发展，这有效推动了产业结构优化升级，也使阀门行业快速形成区域集中发展态势。

近几年，虽然阀门国产化取得一定成绩，但是高端阀门国产化困难重重，在材料、设计、工艺、设备、检验等方面存在的问题没有彻底解决，和发达国家比较仍落后很多。特别在自主研发平台建设方面仍然处于较低水平，导致行业形成恶性竞争，高端产品无法进入市场，中低端阀门市场供大于求，这种局面短期很难解决，最终将走向价格恶性竞争，导致行业利润低，部分企业甚至亏损倒闭。

“十三五”期间，由于常规炼油、石化大型项目暂缓，阀门市场竞争将进一步加剧，造成行业新一轮洗牌，制造商相互兼并，淘汰一批无法持续发展的制造商，实现优胜劣汰。

预测今后几年，阀门市场需求每年的增长率为7%左右。

我国阀门行业经过连续10余年的高速增长，已经站在了全球阀门制造产量第一的高位。但随着全球金融危机和我国宏观经济增速放缓，这种连续多年高速发展的状况将一去不返。

随着阀门行业装备条件、技术水平的不断提高,我国阀门产品也在向高技术含量、高参数、耐腐蚀、长寿命方向发展。国内阀门行业的总体水平将逐步得到提升,关键阀门技术将逐步得到突破,我国将成为优质阀门的生产制造和出口国。

由于我国阀门行业比国外起步晚,集中度很低,单个企业实力不足,竞争力不强,企业间差别较大。部分小企业产品仍然存在着外漏、内漏、外观质量不高、可靠性差、操作不灵活以及阀门电动装置和气动装置不可靠等缺点,给用户留下不好印象。用户对国产阀门缺乏信心,导致关键装置上需要的阀门仍然依赖进口。这种恶性循环影响了我国阀门企业的进步和行业发展。

国内阀门产品标准相对落后。在核电、核化工、石化、煤化工、加氢装置、低温阀门等重点领域,需加快制(修)订装备产品技术标准,提高标准水平,从而促进新技术、新工艺、新设备、新材料的推广应用,淘汰落后产品,与国际标准接轨,促进自主创新产品进入国际市场。

另外,现有标准体系不完整,标准体系建设缺乏统筹考虑。关键阀门领域的标准制定速度较慢,标准编制也显零散,一些标准内容交叉、重复,相关行业之间标准没有达到协调统一;制定标准时参考多个国家和组织的标准,在移植这些规范、标准时经验少,再加上研究分析和实验验证基础性工作薄弱,因而编制的标准与我国已有的工业基础和技术体系衔接不好,影响了标准的适用性;标准专业覆盖面不够,在设备质量控制、国产化材料选择、工程经济等一些专业基本标准未涉及;相当一部分已制定发布的标准规范,因宣传力度不够,在行业内执行难度较大;煤化工、海洋平台、LNG、AP1000 三代核电技术等专业领域标准尚不齐备,核安全重要设备相关的标准缺口也较大。

我国阀门行业在技术创新能力与研发平台建设方面,与国外存在较大差距。

国外知名阀门企业设计水平较高。国外知名阀门企业通常资金雄厚,有专业优秀的工程技术人员和研发机构,有专门的阀门检测实验室和功能强大的计算机分析软件。既能对新产品和新材料的先进性能进行理论分析与预测,又可采用实验的方法对结果进行验证,通过持续不断的研发投入、产品改进和市场推广应用,占据了国际阀门行业的高端市场。

国内许多阀门企业关注的是生产规模和产业化应用,忽视了基础研发设施的投入和新产品开发,部分企业在搞产品开发的时候,较多的是参考其他厂商的设计,忽略了产品的原创性和实验数据的重要性,产品推向市场前缺乏足够的验证,导致产品性能低,质量稳定性差。

优质铸、锻件缺乏,制约着高端阀门国产化。国内铸、锻件行业在“十二五”期间有了很大的进步和提高,已经能够解决核电站核一级承压铸件主管道铸件和大型锻钢零件的生产,但材料的质量稳定性还有待进一步提高,以适应高端阀门生产对优质铸、锻件发展的需求。

当前,在铸件方面,高压临氢装置用 ASTM A351 CF8C 材料承压铸件的质量不稳定。另外,C5. C12A 材料的裂纹问题,还有待国内铸造行业做进一步研究,掌握其开裂机理,找到解决方案。

在锻件方面,AP1000、CAP1000 核电项目非能动阀门用的 Inconel 690 合金的锻造仍然是个难题,尤其是直径 600mm 以上大尺寸规格锻件的生产。Inconel 690 合金是法国、美国、日本等国在 Inconel 600 合金基础上,继续提高铬元素含量而得到的一种 30% 铬含量的奥氏体型镍基耐腐蚀合金,用于应对压水堆核电站蒸汽发生器管材严重的腐蚀问题。

高端阀门执行机构国产化水平低。石化和电力阀门执行机构国产化率很低,高端阀门配套执行机构几乎全部靠进口。

例如:国内已具备压水堆核电站主蒸汽隔离阀门本体部分的设计和制造能力,但配套执行机构目前仍然依赖进口,该执行机构进口费用高,维护成本高。

自动化控制能力滞后,不能满足用户要求。在自动化控制方面,国内阀门制造业多数依靠电动或气动装置来实现,而阀门制造厂本身对在线控制和故障信号反馈方面做的工作还相当不够，在线检测技术的应用还处于刚刚起步阶段。而国外已具备对阀门磨损情况进行在线检测的能力，并且能够依据在线检测数据，进行阀门寿命期限预警。国外也已具备失效分析能力，对阀门可能产生的失效情况进行大量样本分析，从而提出可能的失效解决方案。

阀门行业需要在“在线检测”技术上加大研发投入力度，从传统意义上的电动或气动控制向更高级的“在线自动控制”发展，在阀门设计中融合在线检测技术，实现阀门电流、电压、功率、力、转矩、位移、应变、应力、温差等多项数据的集成采集和闭环控制，推动阀门行业向真正的自动控制方向发展。

试验条件不足，影响行业水平提升。目前，国内的试验条件与国外还有很大差距。例如，国外有可以进行核电站主蒸汽隔离阀（DN800）流体阻断试验的高温高压试验台架，有可以进行火电阀门（PN200以上、温度400℃以上）试验的高温高压试验台架，已具有可以进行高温阀门微泄漏测试的装置，有可以进行大口径阀门气体流量测试的装置，而这些装置目前国内还都没有，无法满足气体介质的大流量流阻试验、大口径阀门高温微泄漏试验和超（超）临界参数阀门的高温高压试验。

三、“十三五”阀门行业发展思路及目标

1. 战略定位和战略思想

贯彻党的十八大及三中、四中全会和2015年“两会”精神，落实科学发展观，解放思想，改革创新，以科技创新为支撑，依托国家重点工程建设项目，开展关键阀门的研发与攻关；认识并适应经济发展新常态，转变经营观念和经济增长模式，通过加快企业兼并重组，着力提高行业集中度；发挥区域经济优势，促进产业结构优化升级，全面提升产业竞争力，推进阀门行业稳步健康发展。

2. 发展目标

（1）适应新常态，实现阀门行业平稳增长。逐步淘汰落后产品，遏制重复建设，消化过剩产能，行业的主营销售收入增长率7%左右，到2020年，全国阀门行业的工业总产值将达到3 600亿元左右，建设阀门制造大国和中等强国。

（2）阀门行业走出去，扩大阀门出口。提高阀门产品质量水平，大力开拓国际阀门市场，出口增长率8%左右，到2020年，完成出口交货值100亿美元。

（3）关键阀门国产化取得突破。“十三五”期间，将把“以国代进”关键阀门的设计制造技术攻关和工程化应用问题放在第一位，使得关键阀门国产化取得重大突破。积极推进大型火电机组、三代核电、大型煤化工、大型石化装置、深海采油、液化天然气装置、大型水利工程等领域用高端阀门攻关。提高阀门国产化率，全面提高关键阀门技术水平，满足国家发展需要。

（4）提高行业自主创新能力。推动研发平台建设，在骨干企业中建成几个国家级技术研发中心，提升整个行业的自主创新能力。

（5）提高阀门试验检测水平。建设高水平的阀门试验检测中心，试验分析手段满足新产品开发需要。具备关键阀门的研究开发和型式试验条件。

（6）引导企业兼并重组，提高行业集中度。扶持行业企业合作重组，形成若干家具有国际竞争力的阀门企业集团，培育一批“专、精、特”专业化阀门制造企业。

（7）转变增长方式。阀门行业从增量扩能转向调整存量、做优增量，重要生产工艺得到改进，单位工业增加值能耗、物耗和污染物排放显著降低，机器换人，提高劳动生产率，阀门维修与服务产业初具规模。

（8）加强人才的培养。加强行业领军人才培养，形成以中青年技术骨干人才为核心，高级专业技术人才为主导的技术研发团队。加强高素质、高技能工人队伍建设。探讨与国内有关大学合作，联合创办阀门专业工程硕士班，培养高素质技术骨干。

（9）加强信息化建设步伐。搭建行业信息化平台，引导行业企业完成ERP系统、PDM系统、OA办公自动化系统、CRM客户关系系统和U8系统的集成和统一，充分利用互联网技术。

四、"十三五"阀门行业重点工作

1. 新产品开发目标

(1)大型超(超)临界火电机组关键阀门。包括:再热器安全阀、主蒸汽闸阀、高压疏水阀、高排及抽汽逆止阀、高加三通阀、小汽机真空电动蝶阀、主蒸汽安全阀、主蒸汽管道电磁泄放阀、汽轮机系统调节阀、锅炉系统调节阀、高低压旁路控制阀。

(2)核工业配套阀门

1)核化工用阀门。包括:大口径转筒真空阀、新型鱼雷真空阀、高真空耐压调节阀。

2)大型核电站用关键阀门。包括:百万千瓦级压水堆主蒸汽隔离阀(二代加、三代)、百万千瓦级压水堆稳压器比例喷雾阀 、百万千瓦级压水堆稳压器安全阀(二代加)、AP1000 爆破阀、CAP1400 爆破阀、百万千瓦级压水堆主给水止回阀(三代)、CAP1400 核电机组用 ADS 自动降压阀、主蒸汽隔离阀(三代)、高压大口径电动闸阀(三代)、核一级电磁阀(三代)、核二级主蒸汽安全阀(三代)、核一级稳压器安全阀(三代)、汽水分离再热器安全阀(三代)、核一级低压差开启止回阀(三代)、核二级主给水调节阀(三代)、核二级气动闸阀(二代加)、核一级气动截止阀、核一级气动隔膜阀、大口径核一级电动楔式闸阀(二代加)、核二级楔式地坑闸阀、核二级 W 型地坑闸阀、核二级行波堆大口径高温钠阀(四代行波堆)、高温气冷堆核二级主蒸汽隔离阀、核一级气动球阀。

(3)石油化工及煤化工阀门。包括:高温高压 Y 型截止阀和 Y 型截止止回阀、14 ~ 52in 大型裂解炉高温清焦阀、锁渣阀、盘阀、大口径高温高压加氢阀、四通波纹管切换球阀、二通波纹管切断球阀、高压氧气硬密封球阀、高压耐磨调节阀、先导式安全阀、超低温安全阀、排污阀。

(4)长输管线配套阀门。包括:长输管线用 56in 高压全焊接球阀,液化天然气用低温球阀、低温蝶阀、低温轴流式止回阀,强制密封阀、高压旋塞阀。

(5)冶金工程配套阀门。包括:煤粉、粉煤灰圆顶阀,大口径高性能煤气眼镜阀,煤气多级泄爆阀,干法除尘转炉煤气回收切换阀。

(6)化学工业配套阀门。主要指强耐腐蚀阀门。

(7)油气开采工程用阀门。包括:深海采油采气高压阀门和页岩气开采特种阀门。

(8)水利、水电配套阀门。包括:特大口径水轮机进水蝶阀、进口球阀,活塞式多功能控制阀、排气阀、水锤泄放阀、

(9)执行机构。包括电动执行机构、电 - 液执行机构、气动执行机构、气 - 液联动执行机构。

2. 技术改造重点

(1)添置关键高精度、高效率工艺加工设备。

(2)添置精炼炉等铸造设备,提高铸件质量。

(3)添置大吨位锻造设备,提高锻件生产能力和质量。

(4)建设高端阀门试验台架,为高端阀门开发服务。

3. 企业管理工作

大力推进管理创新,建立现代企业治理结构,以效益为中心,大力推进体制和机制的创新。加强质量管理,实现质量、效益、服务等方面的全面提升,提高行业整体管理水平。

4. 开拓国际市场工作

积极探索"走出去"战略,在国外建立信息中心和营销中心,加大国际市场的开拓力度,做阀门出口第一大国。

五、对策建议

(1)加大科技创新力度,开发高端阀门新产品。

(2)提高产品质量水平,增加在线监测功能。

(3)狠抓企业管理,严格质量检验。

(4)加强人员培训,提高人员素质。

(5)加强行业自律,遏制无序竞争。

(6)加强产品标准化工作,促进产品水平提高。

(7)组建阀门企业集团,提高行业集中度。

(8)继续推进阀门国产化,推广国产化成果。

(9)积极探索"走出去",扩大国际市场份额。

(10)加强行业协会建设,充分发挥协会的作用。

〔供稿单位:中国通用机械工业协会阀门分会〕

压缩机行业“十三五”发展规划（讨论稿）

一、我国压缩机行业的现状

压缩机是用来提高气体压力和输送气体的机械。它的种类很多，其中往复活塞式压缩机和螺杆压缩机是压缩机的主要机型。压缩机用途极广，在采矿、冶金、机械制造、土木工程、石油化工、制冷与气体分离工程以及国防工业中，压缩机都是必不可少的关键设备之一。此外，压缩机在医疗、纺织、食品、农业、交通等部门的需求也与日俱增。

据统计，2014年全国共有规模以上（产值2 000万元）压缩机生产企业486家（其中主机生产企业200多家），产值650多亿元，生产各类压缩机3 000多万台。

我国压缩机行业经过50多年的发展，设计、制造加工能力有了较大提高。压缩机制造业在积极引进国外先进技术（含装备）、管理理念和管理制度的基础上，结合我国国情进行消化吸收和再创新，自主创新能力不断增强，产品已基本满足国民经济各部门的需求。随着全球压缩机制造产业的转移，国际知名的压缩机制造商纷纷到我国设厂，我国逐步演变成全球压缩机的生产制造基地，国内外市场对压缩机品种和数量的需求持续增长，推动了我国压缩机制造业的发展。

目前，我国压缩机的生产能力、制造水平、产品质量、可靠性等均已取得长足进步。国内压缩机制造行业通过技术创新，形成了一批装备加工手段齐全、制造技术水平较高的压缩机制造企业。

如沈阳鼓风机（集团）有限公司引进德国勃西格公司和瑞士阿克公司技术，研制出大型石化往复式压缩机系列产品。上海大隆股份有限公司研制了螺杆直径为816mm的大型螺杆压缩机，711所、浙江开山集团也具备了这种压缩机的制造能力。这些产品的研制成功大大加快了我国压缩机产品升级换代速度，提高了行业整体水平，增强了国际竞争能力。

近10年来，我国双螺杆压缩机得到迅速发展，截至目前，生产企业达270多家，年产能达40万台（套）。

英格索兰是首个将螺杆压缩机技术引进中国的外资企业，其在国内的合资企业——上海英格索兰压缩机有限公司在国内螺杆压缩机市场上占据重要地位；宁波鲍斯能源装备股份有限公司的空气动力用螺杆压缩机主机则基本用于外销，是目前国内最大的螺杆压缩机主机供应商之一，而其工艺气用螺杆压缩机主机则全部用于满足企业自身的生产需求；温岭市鑫磊空压机有限公司、上海汉钟精机股份有限公司的空气动力用螺杆压缩机主机以外销为主，并有部分用于自身空气动力用螺杆压缩机的生产需求。

合肥通用机械研究院是全国压缩机标准化技术委员会的挂靠单位，是国家压缩机检测中心和压缩机技术国家重点试验室依托单位，每年组织行业编制压缩机各种标准，并对压缩机产品进行检测，为推动行业技术进步发挥着积极作用。

目前，我国往复活塞式压缩机通过消化吸收再创新，技术处于国际先进水平。螺杆空气压缩机虽然起步较晚，但近几年，通过螺杆型线的不断改进，以及购买国外先进的螺杆转子专用加工机床，形成了一批螺杆空气压缩机主机的制造企业，产品技术也基本达到同外同类产品的水平。

压缩机行业面向的石化、煤炭、矿山、化肥等领域已形成过剩的局面，新上项目越来越少，导致对压缩机的市场需求减少。自“十二五”以来，压缩机行业的增速逐年下降，到2014年已下降至6%。

二、“十二五”压缩机行业取得的成就

1. 创新力度有所增强

为了避免同质化竞争，国内压缩机制造企业加

大了科技投入,加快了产业结构调整,创新力度有所增强。

(1)江苏大丰丰泰流体机械科技有限公司购买了西安交通大学的同步回转压缩机发明专利,经不懈努力摸索出产品的加工工艺和试验方法,并投入小批量生产。该机属国内首创,获5项专利,其中,2项发明专利,3项实用新型专利。同时,也获得了俄罗斯、日本和美国的专利授权。该机具有结构简单、惯性力小、可靠性高、适应性强、工作范围宽等特点,满足了油井井口伴生气零排放密闭输送要求,为油田伴生气的回收和利用提供了可靠的保障。

(2)浙江开山集团长期从事节能压缩机的设计与制造,“十二五”期间开发了两级压缩喷油螺杆空气压缩机。该机达到GB19153—2009标准的1级能效,比2级能效省电15%,比3级能效省电30%。该机已被国家工信部列为“能效之星”产品,被国家发改委列入《国家重点节能技术推广目录(第六批)》。

(3)沈阳远大压缩机制造有限公司坚持科技创新,不断适应市场需求,研制出高性能、高质量、低能耗、使用寿命长、低温适用性强,并具有自主知识产权的无油低温BOG迷宫式压缩机,已交付泰安60万t/aLNG工程项目。

(4)上海东方压缩机制造有限公司生产的大型氢气压缩机在“多晶硅”行业代替了进口产品,获得美国“CDI”设计院推荐;生产的聚丙烯压缩机在中石油吉化装置中一举全部代替进口产品,为用户企业节约成本近2 400万元,并一次开车成功,填补了国内聚丙烯压缩机生产的空白;生产的6G系列焦炉煤气压缩机,在徐州天裕集团、铜陵新亚星焦化集团等均一次开车成功,公司也成为焦炉煤气发电及尾气回收行业首推的压缩机制造企业。

(5)依托973计划、科技支撑计划等项目,合肥通用机械研究院、台州环天机械有限公司、沈阳鼓风机(集团)有限公司、中石化广州分公司联合开展技术攻关,开发了往复压缩机流量无级调控技术,研制出“部分行程顶开进气阀气量无级调节系统(HRCS)”及“电液控制平衡活塞型余隙气量无级调节系统(HCPCS)”。这两套系统已在中石油、中石化等的相关装置上推广应用,取得良好的社会和经济效益。

(6)四川金星清洁能源装备股份有限公司于2010年研发出2D10型高速压缩机应用于CNG母站,2011年研发出4D16型高速压缩机应用于煤层气增压。至目前,已先后开发出系列高转速压缩机,并投入工业运转。自主研发的用于移动式无站用储气系统CNG加气子站的压缩机,获得国家发明专利。该公司坚持技术创新,取得90多项专利技术,产品远销土耳其、秘鲁 、巴基斯坦等国家。

(7)2010年,经科技部批准,依托合肥通用机械研究院建设了压缩机技术国家重点实验室。2010年10月实验室建设方案通过专家可行性论证,2013年完成预期建设目标。2014年12月,科技部组织专家对重点实验室进行了验收并批准通过。

实验室与行业骨干企业、研究院所、学校共同承担了973计划项目“高端压缩机组高效可靠及智能化基础研究”,及“压缩机工作过程数值仿真与节能关键技术研究”,973计划前期研究专项课题“压缩空气储能系统设计理论及其控制方法研究”,国家科技支撑计划项目“大型流体机械节能技术研究与应用”等国家科研攻关项目。

压缩机技术国家重点实验室是国家技术创新体系的重要组成部分,是开展行业应用基础研究、聚集和培养优秀科技人才、开展科技交流的重要基地,是发展共性关键技术、增强技术辐射能力、推动产学研合作发展的重要平台。为进一步开展应用基础研究、关键技术和共性技术研究,提高行业技术水平和企业自主创新能力打下了基础。

2. 一批中、高端产品在重大工程中成功应用

近年来,我国能源工业的发展,带动了压缩机行业的研发、设计、制造、检验/试验及服务水平的提高。一批新研制的中、高端压缩机产品在重大工程中成功应用。

(1)中、高端压缩机产品的开发与应用有力地

推动了我国千万吨级炼油项目、百万吨级乙烯项目建设。2D125、4M125 压缩机已经在炼油加氢装置中成功运行。4M150 压缩机已经于 2013 年年底在中化泉州 330 万 t/a 渣油加氢处理装置中投入使用。6M100 煤气制氢压缩机在中石化南化集团成功运行 5 年以上,6M80 重整氢增压压缩机也在中石化塔河 60 万 t/a 连续重整装置中成功使用。

(2)大型往复压缩机在煤制油、煤制天然气、煤制烯烃、LNG 等项目中推广应用。例如:6M100 焦炉气压缩机投运于中石化宁夏石化分公司,4M100 压缩机在大唐国际多伦 46 万 t/a 煤制烯烃装置中的成功应用,平衡性能卓越的 3D100 对置式压缩机在高压加氢装置中连续运行 10 年以上,2D100 主循环压缩机在潞安 16 万 t/a 间接法煤制油系统中已连续运行 5 年以上。

(3)高速撬装压缩机满足油气田上游开采以及 CNG 站建设的应用需求。为拓展产品市场,沈阳鼓风机(集团)有限公司往复机事业部自主开发了符合 API11P 标准的国内首个 4M20 高速撬装压缩机。2013 年远大研制成功 6HS－E 高转速自平衡往复压缩机,符合 API11P 和 API618 标准,首台用于中石化华北分公司巴庙至榆林段天然气管道增压。

(4)超高压纯氢气压缩机在陕西融和化工集团 6 万 t/aBDO(丁二醇)装置上成功应用。

(5)大型迷宫式往复压缩机在乙烯、天然气、煤化工领域得到广泛应用。20 万 t/aPP 装置循环气迷宫式压缩机实现国产化;6K－375MG 天然气迷宫压缩机研制成功并应用;2K300/375 迷宫压缩机已用于宁夏煤基烯烃合成气制丙烯装置;2K－140MG 超低温迷宫乙烯压缩机在福建炼化成功应用;2D－140MG 高温迷宫压缩机在中石化煤基合成甲烷中试装置中成功应用。

(6)国产工艺螺杆式压缩机在炼油、石油化工、煤化工、制碱、精细化工装置上得到广泛使用。如,全球最大的特大型转子直径为 816mm 的螺杆压缩机成功运用于青海昆仑碱业有限公司二氧化碳气增压装置中,氢气双级中压螺杆压缩机与往复活塞压缩机串联后成功运行于山东金嶙新材料有限公司。

(7)国产 CO_2 压缩机、CO 压缩机、焦炉煤气压缩机、天然气压缩机、煤层气压缩机、瓦斯气压缩机、BOG 压缩机广泛应用于煤化工、煤制油、煤气化、天然气装置中。

(8)第一套“一拖二”丁烯氧化脱氢制丁二烯生成气压缩机已应用于中石化巴陵石化工程项目。

(9)螺杆式膨胀机能量回收机组已在蒸汽余热、余压回收、天然气余压回收、热水 ORC 循环工程中推广应用。

(10)在煤层气开发领域中,开始了以螺杆压缩机为主的成套装置的研究,走出了一条产、学、研结合开发新产品的道路。宁波鲍斯能源装备股份有限公司和煤炭科学研究总院、上海交通大学合作,开发出了地面预采螺杆压缩机组、煤层气管道增压输送用螺杆压缩机组及煤矿采空区(煤采空后封存的矿井)煤层气螺杆压缩机组。宁波鲍斯能源装备股份有限公司与煤炭科学研究总院合作成立了低浓度煤层气提纯制 CNG 和 LNG 工程技术中心,建立了含氧煤层气爆炸性能研究实验室。

3. 压缩机产品节能工作取得明显成效

“节能环保”成为全球经济发展的重要趋势,我国已经进入“低碳经济”时代。面对世界能源越来越严峻的形势,“十二五”期间,我国压缩机生产企业大力开发压缩机节能产品,为用户节能减排提供服务,在提高压缩机产品节能方面取得明显成效。

(1)截至 2014 年,我国压缩机行业有先后 4 批、共 139 个产品进入工信部印发的《节能机电设备(产品)推荐目录》。

(2)全国 31 家压缩机企业生产的 615 个节能产品进入财政部、国家发改委、信息部发布《节能产品惠民工程高效节能容积式空气压缩机推广企业目录》。

(3)浙江开山集团生产的 JN160－33/8－Ⅱ、JN37－8 螺杆压缩机,上海优耐特斯压缩机有限公司生产的 UD37A－8C 螺杆压缩机获得工信部“能效之星”称号。

2013年浙江开山集团总包的天津天丰钢铁的螺杆膨胀发电站项目一期工程顺利并网发电，得到市场认同。这是开山集团制造的国产化首台套ORC发电机组，之后又取得十几套该机组的订单。

4. 标准化工作进一步与国际接轨

截至"十二五"末期，压缩机有往复压缩机、回转压缩机、其他压缩机、压缩空气质量和净化设备5类产品标准，共91项。其中，强制性国家标准2项，推荐性国家标准20项；推荐性行业标准69项。产品标准占绝大部分，基本符合我国国情。基础标准多为术语、型号编制方法等标准；产品标准覆盖各类及系列产品，也包含了一部分零部件标准；方法标准主要为产品的性能试验方法标准，通常可满足各系列产品的性能考核。

压缩机国外标准以美国、德国、日本、欧盟等发达国家及地区的标准为主。在石化行业，美国的API标准具有很大的影响力，被众多压缩机产品广泛采用。现有压缩机国际标准数十项，已全部转化为我国的相应国家标准。从采用国际标准情况来看，我国压缩机的基础标准，包括术语、分类、优选压力等与国际标准完全一致。安全标准基本同ISO标准一致。产品标准因一些引用标准、材料标准、地方法规的不同，大多为修改采用，但技术要求基本一致，保持与国际标准相当的水平。方法标准实现了与国际的接轨，我国的检测方法也被国外所认可。

我国的标准与相应的国际标准从体系上取得了一致，或达到国际通用水平。从标准的比例来看，我国的方法标准、基础标准与国际标准基本相当，但产品标准的数量要超过国际标准，因为我国涉及压缩机产品的类别及系列大于国际标准。

总体来说，我国压缩机的基础、方法、安全等方面的标准与国际标准或欧盟标准水平相当，产品标准从单机性能指标上和国外水平相近。

经过多年的不断努力，我国压缩机行业基本形成了初步的标准化体系，在国民经济发展中发挥了重要作用。

（1）给产品认证、产品许可证的发放提供了依据。压缩机行业广泛开展了生产许可证制度和产品认证制度，产品标准成为考核产品及发证的单元依据，方法标准成为检测性能的统一尺度，很好地满足了发证认证工作的开展，规范了行业的产品质量。

（2）促进了产品结构的调整，引导了新型产品的发展。天然气压缩机标准的制定，推动了各类子站压缩机、母站压缩机、液压驱动型天然气压缩机等各种机型的发展，适应了不断增长的加气站建设的需求。压缩空气质量等级标准的制定，推动了零排放、余热回收吸附式干燥器的发展，成为节能型的主流产品。

（3）采用国际和国外先进标准制定的压缩机行业安全标准，从设计、制造、使用、维护等方面提出全面要求，安全设计理念已被设计者全面接受，安全操作规程及安全机理为用户所采纳，有力保证了压缩机的安全运行和使用操作人员的生命安全，同时也为压缩机产品的安全认证提供了统一的考核评定依据。

三、压缩机行业存在的问题

1. 高、低端产品产能矛盾制约行业发展

压缩机行业中、低端产品产能严重过剩，高端产品还满足不了市场需求。如，空气动力螺杆压缩机在"十一五"和"十二五"期间快速发展，目前产能达40多万台，供大于求，而工艺螺杆压缩机还主要依赖进口。这种产能矛盾制约了行业的发展。

2. "恶性竞争"加剧

我国压缩机制造业产品同质化竞争激烈，甚至达到"白热化"程度。许多企业为了抢夺市场，不顾成本，微利甚至无利也承接订单，"让利不让市"。再有，拖欠货款情况十分严重，发货后，很长时间拿不到货款，原本微利的买卖，货款被拖欠后，不仅没有盈利，还挤占了企业流动资金。"恶性竞争"给压缩机制造企业带来的沉重压力，短期难以缓解。

3. "市场换技术"难以实现

国际上压缩机企业为了占领中国市场，纷纷在我国独资或合资创办企业，但这些独资或合资的外企，其产品的核心技术和部件仍在他本国制造，我国只是它的一个组装车间。例如，克诺尔-南口供风设备（北京）有限公司是由德国在香港的克诺尔亚太区（控股）有限公司与中国北车集团南口机车车辆厂于2006年合资成立的，主要为高铁列车和高性能机车生产空气干燥器和制动用螺杆压缩机等产品，其中螺杆压缩机主机等核心部件仍在德国设计与制造。外国企业通过合资获得了中国市场，而国内企业想通过合资获取技术的愿望却落空了。

4. 压缩机行业研发平台仍显不足

一些高端压缩机产品虽然国内企业可以制造，但还达不到国外同类产品的水平。其中一个主要原因是我国的研发平台与国外有较大的差距。例如，试验台建设是我国的短板，国内企业没能力投资建设产品的各种试验台，如压缩机振动、噪声、可靠性试验台等。再如，国内只少数企业具备螺杆压缩机的齿型设计能力，而大多数企业只能依靠购买螺杆机头进行组装。

5. 人才匮乏

压缩机行业许多企业在业内相互挖人的现象很普遍，被挖的人员就将自己所掌握的技术到处兜售，造成技术、产品雷同。国内设置压缩机专业的院校比较少，压缩机制造业因为利润太低导致人才待遇较低，专业院校毕业的学生也不愿意到制造企业去工作，大多愿意留校或到大公司去就业，甚至改行。压缩机制造企业很难招聘到受过专业教育培训的技术人员，即使下大力气招聘到或培养出业务熟练、能够独当一面的人才，也很容易跳槽。由此，一方面人才匮乏，一方面企业又缺乏培养人才的积极性。人才匮乏导致了行业创新能力薄弱，无法满足市场对新技术、新产品的需求。

6. 创新能力弱

企业是自主创新的主体，虽然目前我国企业研发经费的投入已超过政府的投入，但从功能上看，企业并没有成为自主创新的真正主体，究其原因，实质是创新动力不足。我国正处在经济转型时期，国有或国有控股的企业，企业高级管理人员采用聘用制度，近期业绩往往是企业经营者和经营团队最迫切的追求，几乎谁也不愿意“本届种树，下届摘果”。在本届任期内，与其把有限资源投入周期长、风险大的自主创新，还不如靠引进、再引进或合资作为技术来源，就足以保证近期业绩，从而失去了自主创新的欲望。其次，在许多地方政府追求速度、扩大投资、追求外延式扩大规模的偏好导向下，使得民营企业宁愿低水平复制生产能力，却吝啬于对技术和人力资源进行投入；宁愿在同类档次产品上进行低水平恶性竞争，也不愿意采取差异化战略、通过自主创新提高效益；宁愿持续跟踪模仿，也不愿意下苦功夫走创新之路。

行业自主创新能力弱主要体现在三个方面：一是研发投入占销售收入的比重仍然处于比较低的水平。从研发投入占销售额的比重来看，国外企业的研发投入占比是3%～6%，而我国压缩机行业的研发投入平均为1%～1.5%。二是研发人员占从业人员的比重相对偏低，行业平均约3%～5%，而外企一般在10%左右。三是许多企业缺乏对自有的技术人员、管理人员、技术工人的培养和重用，不能很好发挥他们的聪明才智，创新政策不到位，扼制了这部分人员的创新积极性。

大多数企业的新产品研发，基本上是边接订单、边设计、边生产的固有模式，满足于应付用户某一方面的需求，缺乏对产品技术发展的全面的审视，在某种程度上造成了研发设计的被动性、局限性和工艺的不成熟，还没有形成“生产一代，储备一代，研发一代”的市场竞争良性循环。企业创新能力弱、产品技术含量低、发展后劲不足在行业内比较普遍。

7. 标准制（修）订滞后

压缩机标准化工作还存一些不足。例如：标准更新不够快，有50%以上的标准标龄在五年以上；节能产品、核电产品、石化天然气行业急需产品的标准亟待补充、完善；数字控制系统、智能部件产品、高端产品标准覆盖率低，甚至是空白。

四、“十三五”压缩机行业市场分析

我国经济经过十年的高速增长，重化工业建设基本完成，压缩机行业面向的冶金、电力、石化、煤炭等领域已形成产能过剩的局面，新上项目越来越少，预计，“十三五”期间仍呈下降趋势。但能源领域依然是国家战略发展重点，也是压缩机行业服务的重点；石化、冶金、建材等领域的各类装置在“十三五”期间的节能减排改造任务将会进一步加重；能量回收与利用等方面也将会更加被重视；污水与废气处理的任务将更加繁重；国家实施“走出去”战略也将会推动压缩机产品的出口。面对市场需求的新常态，压缩机行业“十三五”期间的经济增长点主要在以下几方面。

1. 能源建设

我国能源发展的战略目标是加快构建低碳、高效、可持续的现代能源体系。习近平总书记在中央财经领导小组第六次会议讲话中明确提出：面对能源供需格局新变化、国际能源发展新趋势，保障国家能源安全，必须推动能源生产和消费革命。这是我国能源发展的国策。压缩机行业要积极参与以下10个能源项目所需设备的研发与应用，为能源发展提供装备保障。

(1)推进煤炭清洁高效开发利用。按照安全、绿色、集约、高效的原则，加快发展煤炭清洁开发利用技术，不断提高煤炭清洁高效开发利用水平。

重点建设晋北、晋中、晋东、神东、陕北、黄陇、宁东、鲁西、两淮、云贵、冀中、河南、内蒙古东部、新疆14个亿吨级大型煤炭基地。到2020年，基地产量占全国产量的95%。采用最先进的节能、节水、环保发电技术，重点建设锡林郭勒、鄂尔多斯、晋北、晋中、晋东、陕北、哈密、准东、宁东9个千万千瓦级大型煤电基地。

(2)稳步提高国内石油产量。坚持陆上和海上并重，巩固老油田，开发新油田，突破海上油田，大力支持低品位资源开发，建设大庆、辽河、新疆、塔里木、胜利、长庆、渤海、南海、延长9个千万吨级大油田。在石油天然气行业推广放空天然气和油田伴生气回收利用技术、油气密闭集输综合节能技术、利用二氧化碳驱油等技术。

(3)大力发展天然气。按照陆地与海域并举、常规与非常规并重的原则，提高常规天然气增储能力，尽快突破非常规天然气发展瓶颈，促进天然气储量、产量快速增长。

加快常规天然气勘探开发。以四川盆地、鄂尔多斯盆地、塔里木盆地和南海为重点，加强西部低品位、东部深层、海域深水三大领域科技攻关，加大勘探开发力度，力争获得大突破、大发现，努力建设8个年产量百亿立方米级以上的大型天然气生产基地。到2020年，累计新增常规天然气探明地质储量5.5万亿 m^3，年产常规天然气1 850亿 m^3。

重点突破页岩气和煤层气开发。加强页岩气地质调查研究，加快“工厂化”“成套化”技术研发和应用，培育自主创新和装备制造能力。着力提高四川长宁－威远、重庆涪陵、云南昭通、陕西延安等国家级示范区储量和产量规模，同时争取在湘鄂、云贵和苏皖等地区实现突破。到2020年，页岩气产量力争超过300亿 m^3。以沁水盆地、鄂尔多斯盆地东缘为重点，加大支持力度，加快煤层气勘探开采步伐。到2020年，煤层气产量力争达到300亿 m^3。推广应用二氧化碳驱煤层气技术。

(4)积极发展能源替代。坚持煤基替代、生物质替代和交通替代并举的方针，科学发展石油替代。到2020年，形成石油替代能力4 000万t以上。

稳妥实施煤制油、煤制气示范工程。按照清洁高效、量力而行、科学布局、突出示范、自主创新的原则，以新疆、内蒙古、陕西、山西等地为重点，稳妥推进煤制油、煤制气技术研发和产业化升级示范工程，掌握核心技术，严格控制能耗、水耗和污染物排放，形成适度规模的煤基燃料替代能力。

(5)加强储备应急能力建设。完善能源储备制度，建立国家储备与企业储备相结合、战略储备与生产运行储备并举的储备体系，建立健全国家能源应急保障体系，提高能源安全保障能力。

扩大石油储备规模，建成国家石油储备二期工程，起动三期工程。提高天然气储备能力，加快天然气储气库建设，提高储气规模和应急调峰能力。

(6)稳步发展天然气交通运输。结合国家天然气发展规划布局，制定天然气交通发展中长期规划，加快天然气加气站设施建设，以城市出租车、公交车为重点，积极有序发展液化天然气汽车和压缩天然气汽车，稳妥发展天然气家庭轿车、城际客车、重型卡车和轮船。

(7)加快天然气管网和储气设施建设。按照西气东输、北气南下、海气登陆的供气格局，加快天然气管道及储气设施建设，形成进口通道、主要生产区和消费区相连接的全国天然气主干管网。到2020年，天然气主干管道里程达到12万km以上。

(8)安全发展核电。在采用国际最高安全标准、确保安全的前提下，适时在东部沿海地区启动新的核电项目建设，研究论证内陆核电建设。坚持引进消化吸收再创新，重点推进AP1000、CAP1400、高温气冷堆、快堆及后处理技术攻关。加快国内自主技术工程验证，重点建设大型先进压水堆、高温气冷堆重大专项示范工程。到2020年，核电装机容量达到5 800万kW，在建容量达到3 000万kW以上。

(9)加快发展太阳能光热发电。太阳能光热发电是指利用大规模阵列抛物或碟形镜面收集太阳热能，通过换热装置提供蒸汽，结合传统汽轮发电机的工艺，从而达到发电的目的。采用太阳能光热发电技术，避免了昂贵的硅晶光电转换工艺，可以大大降低太阳能发电的成本。而且，这种形式的太阳能利用还有一个其他形式的太阳能转换所无法比拟的优势，即太阳能所烧热的水可以储存在巨大的容器中，在太阳落山后几个小时仍然能够带动汽轮机发电。近年来，光热发电在我国太阳能发电政策规划中的地位开始显著提升。伴随光热发电在我国能源结构中的战略地位的提升，光热发电行业有望获得更多政策倾斜，随之而来的是光热发电产业化进程加快。

(10)积极发展地热能、生物质能和海洋能。积极推动地热能、生物质和海洋能清洁高效利用，推广生物质能和地热供热，开展地热发电和海洋能发电示范工程。到2020年，地热能利用规模达到5 000万t标准煤。

2. 节能减排技术改造

国家发改委印发《国家应对气候变化规划(2014—2020年)》，重点推进电力、钢铁、建材、有色、化工等行业节能。国家发改委、环境保护部、国家能源局发布"关于印发《煤电节能减排升级与改造行动计划(2014—2020年)》的通知"，打造高效清洁可持续发展的煤电产业"升级版"，为国家能源发展和战略安全夯实基础。

压缩机行业在"十三五"应积极配合电力行业做好节能减排工作，为用户提供高效节能的压缩机产品与系统节能方案。此外，也要瞄准钢铁、化工、有色、建材等领域的节能减排所需的设备开展研制。

3. 开拓余能(余热、余压)回收市场

能量回收的定义十分广泛，具体来说就是将已经使用过的能量转变成可使用的能量，比如将热能、机械能、压力能、光能等转化为可利用的能源。能量回收能够充分利用能源，减少碳排放，节能降耗，有利于可持续发展。

余能回收系统装置的核心技术是利用排向大气环境中的温度低于380℃的中低温废气、烟气所含的低品位热能来发电或直接驱动动力设备，采用的是以低参数系列的热能交换器、低参数汽轮机及发电机组成的纯低温余热能量回收装置。压缩机行业将针对这一新兴市场，研制能量回收新产品——螺杆膨胀机及系统。

4. 环保市场

《国家应对气候变化规划(2014—2020年)》提出，到2020年，控制温室气体排放行动目标将全面完成，单位国内生产总值二氧化碳排放比2005年下降40%~45%，单位工业增加值二氧化碳排放比2005年下降50%左右，非化石能源占一次能源消费的比重达15%左右。在电力行业加快建立温室气体排放标准，到2015年，大型发电企业集团单位供电二氧化碳排放水平控制在650g/(kW·h)，年全国火电单位供电二氧化碳排放比2010年下降3%左右。"十三五"大气污染防治投入资金预计达1.7万亿元。

我国水污染防治任务繁重，主要有几个方面：一是水污染物的排放总量仍然是巨大的。化学需氧量的排放量大概在 2 400 万 t 左右，氨、氮的排放量约在 245 万 t 左右。这些排放的总量必须要削减 30% ~50%，水环境才会有根本性的改变。二是地下水的污染问题还没有得到有效的控制。三是一些河流，特别是农村，或者与老百姓生活密切相关的河沟、河岔的污染问题仍然十分严重。水污染防治投入资金预计达 2 万亿元。压缩机生产制造企业要密切关注“十三五”环保领域的市场。

5. 与民生有关的压缩机

“十三五”期间，主要用于与民生有关的制药和食品工业的压缩机及工艺流程用无油压缩机的应用领域将呈扩大态势。尽管无油螺杆压缩机的制造要求很高，价格昂贵，但它拥有喷油螺杆压缩机所不可能具备的优势——无需配备油气分离和过滤装置等便可为用户方便地提供优质气源，从而减少了运行费用。预计“十三五”对无油压缩机的需求呈上升趋势。无油压缩机年增长率将高于压缩机行业整体增长率 3 ~5 个百分点。另外，各类压缩机均在不同应用领域各有所长，压缩机制造企业要根据市场的变化及时调整产品结构，实现新的增量。

6. 拓展国际市场

“十三五”期间，国内压缩机的市场容量有限，必须实施“走出去”战略，拓展海外市场。利用国内、国际两个市场，着力拓展出口通道，积极利用丝绸之路经济带、21 世纪海上丝绸之路、孟中印缅经济走廊和中巴经济走廊，将压缩机产品随着我国对外投资和工程总承包项目“走出去”，并充分利用零关税的优惠政策扩大产品出口。

六、压缩机行业“十三五”发展思路及目标

我国压缩机行业已进入由高速发展逐步过渡到中低速发展的新常态。这种新常态表现为市场需求疲软，行业中低端产品产能严重过剩，价格战愈演愈烈，行业将面临重新“洗牌”。“十三五”的发展思路与“十二五”有较大区别。“十二五”规划基本是延续经济高增长的发展思路，行业经济以行业产值增长来考量，而“十三五”则是行业平衡有序的发展思路，着重“质”“优”的考量。

“十三五”期间，压缩机行业将着重围绕国家的产业政策和改善民生的需求，为市场提供适销对路的高效节能可靠的产品。围绕能源、节能降耗、环境保护及国家重点支持的领域进行产品开发，适应这些重点领域的需求。企业要练好内功，将我国由压缩机产品产量大国发展成产品质量强国。企业要走差异化发展道路，找准自己的市场定位，减少恶性竞争。利用零关税政策，扩大产品出口，实施“走出去”战略。

1. 发展思路

以国家产业政策为导向，瞄准国际、国内两个市场，抓住能源绿色、低碳、智能发展的战略方向，提倡合同能源管理，围绕保障安全、优化结构和节能减排等长期目标，以页岩气、煤层气、页岩油、深海油气开采利用、煤炭深加工、节能、环保等领域发展的重点任务为切入点，加大技术创新力度，加快创新平台建设，实施技术装备“走出去”战略，形成有国际竞争力的压缩机制造体系，实现能源、节能、环保等高端产品国产化，使我国从压缩机制造大国迈向制造强国。

2. 发展目标

“十三五”期间，压缩机制造业的发展方式要从资源资本要素投入向技术创新型转变；加大制造业与服务业融合发展带动产业结构的调整；传统生产方式向先进制造模式、循环经济的制造模式过渡。

（1）行业经济保持适度增长。“十三五”压缩机行业经济增长速度保持在 5% ~6%。

（2）中、高端产品的比例明显提高。加大中、高端和节能产品研发力度，到 2020 年，中、高端产品的占比由目前的 30% 提高到 70% 以上。产品的设计、制造关键技术达到国际先进水平。

（3）大中型企业的数量进一步扩大。到 2020 年，全行业形成产值超 50 亿元的企业 1 ~2 家，产值超 10 亿元的企业 5 ~8 家，产值超 5 亿元的企业 20 ~30 家。

（4）推进重点骨干企业“两化融合”。进一步向信息化方向迈进，重点骨干企业要加大柔性制造系统、计算机集成制造系统的开发与推广应用，并

向制造智能化方向发展，逐步实现产品的信息数字化，制造过程的智能化，为全行业的“两化融合”起到示范作用。

（5）加大产业结构调整。为解决低水平产品生产能力过剩的矛盾，围绕“控制、淘汰、改造、提高”为中心进行结构调整，及时向政府相关部门提供淘汰产品建议，配合政府制定淘汰产品目录，引导企业以市场为导向，压缩、淘汰落后产能，促进企业技术进步和产业结构升级，从低端产品向高端产品发展。

3. 重点任务

（1）开发能源领域所需的压缩机。包括：石油伴生气增压回收装置用压缩机，天然气管网加压、输送压缩机，轻烃气回收及炼化中气体分馏装置中的各类压缩机，加氢精制、润滑油脱蜡、丙烷脱沥青的各类压缩机，化工流程中的增压、输送、回收的各类压缩机，煤层气（瓦斯气）回收的各类压缩机，页岩气的开采与利用等所需的各类压缩机。在煤层气开采领域中推广以螺杆压缩机为主的成套螺杆压缩机煤层气机组。推广小型撬装CNG成套装置和LNG成套装置。

（2）关键产品

1）在6M80、6M100、4M125/4M150的基础上展开6M125/6M150的研制。形成3D100、4M100、4M125/150、6M80、6M100、6M125/150系列机型，大型炼油装置压缩机全部实现国产化。

2）进行LNG低温BOG迷宫压缩机的推广应用，同时开展BOG往复压缩机的研制。

3）研制大型丁烯氧化脱氢制丁二烯生成气压缩机。

4）研制LDPE（低密度聚乙烯）超高压一次、二次压缩机。

5）研制合成橡胶中的三元乙丙、丁基橡胶/溴化丁基橡胶、ABS橡胶等工艺所需的压缩机。

6）研制环管聚丙烯装置所需的迷宫压缩机及小型往复氢压缩机。

7）研制PDH（丙烷脱氢）、EO/EG（环氧乙烷/乙二醇）、PO（环氧丙烷）、EOA（乙醇胺）、丙烯酸及VAM（氯乙烯）、VAE（醋酸乙烯-乙烯）等装置所需的压缩机。

8）研制煤制天然气、煤制烯烃、煤制乙二醇等装置所需的压缩机。

9）在630型、816型工艺螺杆压缩机成功研制基础上，展开系列产品的研发及应用领域拓展，实现完全替代进口。

10）加快中高压工艺螺杆压缩机的研发，进入国际工艺螺杆压缩机高端市场。

11）加快拓展大型工艺螺杆活塞串联压缩机的推广应用，实现往复压缩机中小型化及装置运行可靠性及采购成本的下降。

（3）关键技术

1）开展螺杆压缩机转子材质及加工工艺研究。应用精密注塑成型的工程塑料及新型材料制造螺杆压缩机的转子，掌握这种工程塑料及新型材料的物理特性和加工特点，降低螺杆压缩机的噪声和振动及成本。

2）开展单螺杆压缩机星轮运行稳定性研究，包括材料成形工艺研究和星轮加工工艺研究。

3）开展干式螺杆压缩机的开发与研究，重点是在材料、结构等方面的研究。

4）高转速压缩机的开发研究。研究在高转速情况下气体对压缩机的材料、密封、运动副的影响与机理，为开发高转速压缩机提供技术支撑。

5）开展气阀的优化研究和可靠性研究。通过仿真，掌握阀片运动规律，正确地认识气阀的工作过程、特性，设计出结构参数更加合理的气阀。

6）开展大型往复压缩机气流脉动与管道振动模拟研究及曲轴扭振模拟研究。掌握气柱固有频率、压力脉动、结构振动、复杂管系固有频率的计算和曲轴扭振动力效应的分析的工程化软件计算，使管路系统设计合理，消振措施得力，压缩机运行可靠。

7）开展压缩机性能预测的研究。在产品设计时，通过对压缩机几何特征参数、膜腔曲线、压缩过程、排气过程、吸气过程、泄漏流量的计算预测，实现产品的优化设计。

8）大型往复压缩机运行状态监测和故障智能

诊断系统开发与研究。

9)LNG冷能回收、空气分离技术研究。

10)往复压缩机气量无级调节技术研究。

11)压缩机系统节能及优化运行技术研究。

12)加强基础技术研究,特别是运动部件等,以利于产品升级换代。

13)优化压缩机配套产品,提升机组系统性能。

七、政策建议

1. 打造品牌产品

压缩机行业要摆脱目前低水平、低质量、低利润的恶性竞争,向市场急需的高端产品发展,实现压缩机制造业的产业升级,打造自己的品牌产品。

2. 开展产品可靠性设计及机器造型设计,加大技术基础平台建设

我国压缩机行业经多年发展,压缩机设计、制造水平有了较大提高,产品的性能指标基本接近国际水平。但产品可靠性和造型设计方面与国际先进水平还有较大差距。产品可靠性应作为压缩机行业“十三五”的发展重点,使我国从压缩机制造大国逐步走向制造强国。

可靠性是产品基本质量目标之一,也是重要的质量标志,是影响产品质量最活跃的因素,已成为制造企业市场竞争的焦点。

产品可靠性设计是决定着产品固有(内在)可靠性。产品生产、使用、维修各阶段中所出现的许多可靠性问题取决于设计阶段的可靠性工作。因此,通用机械制造企业在产品设计时就要考虑到产品全寿命过程中与可靠性有关的诸因素,要预见到各阶段中可能遇到的工作环境、自然环境以及运输、贮存等环境对产品可靠性的影响,防护、维修影响,操作失误等各种影响。通过开展产品可靠性设计,全面提升通用机械产品的质量。

鼓励压缩机技术国家重点实验室建立产品可靠性测试平台,为企业产品可靠性试验提供技术服务,在全行业逐步推行产品可靠性考评;鼓励企业加快产品试验、检测等技术基础平台建设,为产品开发、性能测试等提供基础保障。建议政府相关部门在政策和资金上给予扶植。

3. 开展产品的造型设计

产品的造型设计是指与机器造型形态方面有关的设计,它包括充分表现机器功能的形态设计,实现形态结构方法和工艺方面的设计,以及达到方便宜人、与环境协调的人机关系设计。通过机器的造型设计,把机器的功能、结构、工艺、材料、人机关系、形态、色彩等因素与造型设计有关的工程技术问题,以及造型形态的艺术表现自然的融合起来,形成统一感官形象和社会形象,能够起到提升、塑造和传播企业形象的作用,使企业在经营信誉、品牌意识、经营谋略、销售服务、员工素质、企业文化等诸多方面显示企业的个性,强化企业的整体素质,造就品牌效应,赢利于激烈的市场竞争。产品的造型设计应引起压缩机制造企业的重视同。

4. 培育造就配置合理的人才队伍

以提升企业的核心竞争力为目标,以企业创新项目为依托,以技术领军人才为突破,逐步建立和完善一支覆盖企业各技术要素、布局合理的技术业务人才队伍;以提升职业素质和职业技能为核心,以高技能人才发展为重点,提高产品设计、制造工艺、零部件加工、组装调试、维修服务等技术要素高技能人才的比例,培育造就配置合理、技艺精湛的高技能人才队伍。

5. 走以龙头企业带动产业规模发展的道路

培育一批有国际竞争力的大型企业集团,按照行业特点和市场规划实现行业的联合,推动压缩机制造业的产业结构调整和资源整合、增强竞争力。在江苏、浙江、上海压缩机生产企业比较集中的地区,可根据大型企业集团上下游配套关系,结合本地区装备制造业门类齐全的特点,形成若干个压缩机产业集群。

鼓励有条件的企业通过改制、改组,分离从事零部件、元器件和中间材料的生产企业,使之成为既为母体企业服务也面向国内外市场的“专、精、特”专业化企业和“小巨人”企业,激发中小企业发展活力。

通过产业集聚强化专业化分工、优化生产要素配置、降低创新成本,提高产业竞争力。积极推动

以产业链为纽带，提升集约化水平，增强产业自主创新能力。培育一支引领带动压缩机制造业由大到强发展中的中坚力量。

6. 加快标准和信息化建设，夯实由大到强发展基础

压缩机制造业要根据产品发展的需要和技术发展及其水平来制定和完善压缩机的各类标准，包括压缩空气系统节能评价标准、核电压缩机配套标准，煤层气、水蒸气等新能源和环保产品标准，工艺压缩机零部件设计制造标准等。建立与国际接轨的标准化指标体系，完善行业准入体系，规范行业发展，提高核心竞争力。

压缩机是传统产业，必须用信息化来促进其发展，使企业走出一条科技含量高、经济效益好、资源消耗低、环境污染少、人力资源优势得到充分发挥的发展道路。借助信息化对压缩机制造业进行技术改造与优化升级，推动产业结构调整和优化，促进企业管理的现代化，大幅度提高压缩机制造业的技术和经营管理水平，夯实压缩机行业由大到强的基础。

7. 改变单一的产品模式

在市场不景气的情况下，压缩机制造企业要改变单一生产压缩机的模式，可同时生产那些制造工艺与压缩机相同或相近的机械产品，如制冷机、机械式真空泵、燃气发动机、往复泵等。可根据用户的需求，企业应能供应往复活塞式又可供应螺杆式、离心式或涡旋式压缩机，还可供应净化程度不等的压缩空气或气体净化设备。企业要逐步形成系列构成合理、零部件通用性强的产品，以适应品种多、批量小的市场需求。

8. 形成政府、用户和制造企业共同推进重大装备国产化合力

目前，重大技术装备国产化已呈现出良好态势，研发工作不断取得进展，制造企业的创新能力有了进步，但这些距国产化的目标还有不小的距离，仍需要集中行业优势，对主要承担单位进行合理分工，重点抓好一批承担任务的企业。研发费用尽可能向承担任务的骨干企业倾斜，鼓励和支持基础较好的企业，通过上市或其他融资方式加强技术改造，提高企业承担国产化任务的能力。制造企业也需加大研发和改造投入，以争取更大的突破；业主单位有义务也有责任积极协助制造企业做好重大装备的研发工作，业主单位之间还要加强国产化经验的交流，共同推进重大技术装备国产化。

〔供稿单位：中国通用机械工业协会压缩机分会〕

气体分离设备行业“十三五”发展规划（讨论稿）

气体分离设备行业主要从事成套空气分离设备、气体液化设备、变压吸附分离设备、制氢设备、膜分离设备、天然气（油田气）分离及液化设备、烷烃脱氢深冷装置、乙烯冷箱、低温液体贮存及运输等设备的研发、设计、制造，主要由成套设备及其配套厂商组成。产品广泛应用于冶金、石化、化工、化肥、煤化工、新能源、航天、医疗、机械及食品等国民经济各个领域。

我国气体分离设备制造行业隶属于我国通用机械工业行业，但它又涵盖了所有的通用机械产品，是集风机、压缩机、泵、阀门、净化设备、干燥设备、换热器、容器、塔器、仪器仪表等为一体的成套设备，也是我国“十五”“十一五”“十二五”期间机械工业重大装备国产化的项目之一。

一、气体分离设备行业“十二五”经济运行情况

1. 产值

我国气体分离设备行业跟随我国工业气体行业的发展，5 年来得到了长足发展。全行业工业总产值从 2001 年的 10.57 亿元，增至 2014 年的近

200 亿元，增长近 20 倍，年平均的增长率达到 28%，大于全国机械工业增长率（25%）。气体分离设备分会范围内的成套制造单位从原来的 9 家上升为 20 多家，其中产值超亿元的企业为 17 家，行业总资产已超过 300 亿元。2010—2014 年气体分离设备行业工业总产值见表 1。

表 1　2010—2014 年气体分离设备行业工业总产值

（单位：亿元）

工业总产值	2010 年	2011 年	2012 年	2013 年	2014 年
全行业	103.67	162.97	201.34	197.63	190.30
其中：杭州制氧机集团有限公司	43.83	64.30	81.26	80.81	74.58
四川空分设备（集团）有限责任公司	20.37	27.00	28.55	28.90	32.78
开封空分集团有限公司	10.64	14.30	15.08	16.56	16.43

2. 产能

我国气体分离设备行业以杭州制氧机集团有限公司（简称杭氧）为代表，一跃成为“全球最大的空分设备制造基地”，国内有 15 家以上的企业有制造 1 万 ~6 万 m^3/h 等级空分设备的业绩。这 15 家企业中除林德工程（杭州）有限公司（简称林德）、液化空气（杭州）有限公司外，其余均是国有控股企业或民营企业。行业空分设备年制氧总量从 2000 年的不到 18 万 m^3/h 上升为 2012 年（最高年份）的 380 多万 m^3/h。我国气体分离设备行业主要制造厂商产能见表 2。

表 2　我国气体分离设备行业主要制造厂商产能

序号	行业主要厂商（低温空分）	2011—2013 年平均工业总产值（亿元）	制造过的最大空分设备（万 m^3/h）
1	杭州制氧机集团有限公司	75.45	12
2	四川空分设备（集团）有限责任公司	28.14	6.3
3	开封空分集团有限公司	15.33	6.5
4	液化空气（杭州）有限公司	15.07	11
5	河南开元空分集团有限公司	8.14	4
6	林德工程（杭州）有限公司	15.10	15
7	开封黄河空分集团有限公司	6.06	4
8	开封东京空分集团有限公司	5.29	3.5
9	杭州福斯达实业集团有限公司	6.65	6.3
10	苏州制氧机有限责任公司	3.57	2.5
11	苏州市兴鲁空分设备有限公司	3.42	2
12	杭州凯德空分设备有限公司	2.35	2
13	开封迪尔空分实业有限公司	2.45	3.5
14	开封开利空分设备有限公司	2.13	2
15	成都深冷液化设备股份有限公司	3.67	2

液化天然气产业是近些年蓬勃发展的产业之一，行业中以四川空分设备（集团）有限责任公司（简称四川空分）、成都深冷液化设备股份有限公司（简称成都深冷）、杭州福斯达实业集团有限公司（简称杭州福斯达）、哈尔滨深冷气体液化设备有限公司为代表，生产制造了日处理量为 10 万 ~260 万 m^3 的天然气液化装置和大型 LNG 贮槽、贮罐、槽车、汽化器等，液化天然气类产品的产值占行业总产值的比例从 2010 年的不到 10%，提高到了 2014 年的 30% 左右。中集安瑞科控股有限公司、圣达因低温装备有限公司、查特深冷设备（常州）有限公司等一些非气体分离设备的制造企业也纷纷加入液化天然气装备的生产制造行列。

以北京北大先锋科技有限公司（简称北大先

锋)、四川天一科技股份有限公司(简称天科股份)、上海瑞气气体设备有限公司(简称上海瑞气)等为代表的变压吸附设备(PSA)制造企业,将变压吸附制氧、制氢、制氮及 CO/CO_2 分离、工业尾气回收利用等技术广泛应用于石化、化工、冶金、食品、环保、电子、航空等行业。

PSA 制氮设备技术十年来逐渐走向成熟,在浙江、江苏、四川、北京等省市形成产业群,全国已有上百家企业生产制造 PSA 制氮设备,产品规格小到每小时几个立方米,大到2.5万 m^3/h 以上,广泛应用于石化、化纤、食品等行业,已形成15亿元左右的年工业产值。

VPSA 制氧设备技术以北大先锋为龙头,产量从 $10m^3/h$ 到3.5万 m^3/h,纯度在21%~93%范围内可调,其中大型 VPSA 制氧设备主要应用于冶金工业的高炉富氧冶炼,已形成5亿元左右的年工业产值。

PSA 制氢设备技术以天科股份为代表,从煤化工及石油化工原料气中制取氢气,用于各种工业,也形成了10亿元左右的年工业产值。

小型制氢设备仍以水电解制氢为主体,以中船重工718所、苏州竞立制氢设备有限公司、天津大陆制氢设备有限公司为主体,已形成5亿元左右的年工业产值。

二、“十二五”行业发展取得的成果

1. 空分设备实现了大型化、特大型化

随着冶金、石化、煤化工等产业迅速发展,特别是煤炭深加工行业的快速增长,对大型化、特大型化空分设备的需求日益增加,以杭氧、四川空分、开封空分集团有限公司(简称开封空分)等为代表的空分设备制造企业也迅速适应市场,实现了空分设备的大型化、特大型化,主要的标志性产品有:

2010年10月21日,由杭氧研制的6万 m^3/h 等级内压缩流程空分装置在北京顺利通过中国机械工业联合会组织的鉴定。

2011—2012年,杭氧又先后取得了杭氧盛隆8万 m^3/h 和伊朗卡维甲醇12万 m^3/h 成套空分设备的合同订单,其中8万 m^3/h 空分设备已投入运行,伊朗12万 m^3/h 空分设备已制造完成,于2013年发往用户,目前正在安装过程中。

2013年,杭氧与林德平分了神华宁煤400万t/a煤制油项目的12套10万 m^3/h 空分设备,获得6套10万 m^3/h 空分设备订单。目前,该设备已在安装过程中,计划在2015年内安装完成。这是我国特大型空分设备与国外品牌同台竞技的典范。

2014年,杭氧又取得了内蒙古京能锡林煤化有限责任公司2套9万 m^3/h 特大型空分设备的订单。

近十多年来的统计资料表明,我国大型空分设备数量发展迅猛,特别是2003年以来3万~6万 m^3/h 空分设备、2008年以来6万 m^3/h 以上等级空分设备呈日益增长趋势。当前,6万 m^3/h 等级及以下的国产空分设备的市场占有率已达到90%以上,制氧容量已达世界首位。

气体分离设备大型化和特大型化还表现在:

变压吸附制氢设备:由天科股份提供全套工程设计和核心专利技术、为中国神华集团煤制油化工有限公司建成的世界最大规模的28万 m^3/h 煤制氢变压吸附装置(PSA),还有文莱18.6万 m^3/h 重整气制氢装置、中海油惠州炼油厂20万 m^3/h 制氢装置及云南石化17万 m^3/h 炼油换气制氢装置等,均属世界上最大规模等级的变压吸附制氢装备。

变压吸附制氧设备:北大先锋采用自主研发的吸附剂与技术制造的 PSA 成套制氧设备最大氧产量达4.07万 m^3/h,于2011年6月在贵州开磷集团息烽合成氨有限责任公司建成投产;成都华西研制开发的 PSA 成套制氧设备最大氧产量达到3.5万 m^3/h,于2011年6月在阳谷祥光铜业有限公司建成投产,二者均为世界上最大规模等级的变压吸附制氧装备。

变压吸附制氮设备:上海瑞气研制开发的 PSA 制氮成套设备氮产量达到2.5万 m^3/h,为国内最大的 PSA 制氮装置。

大型成套乙烯液化分离技术及其成套工艺设备(简称乙烯冷箱)是大型乙烯装置的关键部机。杭氧先后开发研制了20万t/a、30万t/a乙烯冷箱,近年来又完成了燕山石化66万t/a乙烯冷箱,茂名石化、天津石化、镇海炼化等100万t/a乙烯冷箱，上海赛科、中海油惠州120万t/a乙烯冷箱。其中，120万t/a乙烯冷箱是国内目前最大等级的乙烯装置，在国际上也属于较大规格系列的装备。

水电解制氢设备从原来的每小时几个立方米发展到了800m^3/h，成为国际上最大规格之一。

2. 自主创新、产品技术水平大幅提高

国产空分设备在容量迅速增大的同时，技术水平上及成套能力也大幅提高，实现了自主开发、创新。通过10多年的发展，特别是近5年来特大型空分设备的研制成功，我国空分设备的技术水平与国外的差距逐渐缩小。以杭氧为例，其研发、设计、制造水平已排在世界五强之列。国产大型、特大型空分设备的氧提取率、单位能耗等主要性能指标已达到国际先进水平。

2013年杭氧开发的6万m^3/h等级空分设备获得国家机械工业科技进步奖一等奖。

值得自豪的是，这10多年来国内生产的大型空分设备除在国内市场使用外，已有30多套1万～12万m^3/h的大型空分设备远销国际市场，在亚洲、欧洲、北美及德国、西班牙、伊朗、墨西哥等国家和地区投入运行，特别是杭氧已有6万m^3/h、12万m^3/h空分设备销往国外，这是我国空分设备制造业的一大进步。另外，外资企业在我国境内投资工业气体项目时，也大量选用了杭氧、四川空分、杭州福斯达等企业生产的空分设备，这充分证明了国产空分设备的技术性能指标接近、甚至达到了国外水平。

近年来，我国气体分离设备行业在科研及新产品开发方面取得了重要进展，体现如下：

产品等级从1万m^3/h迅速提高到6万m^3/h，紧接着在8万～12万m^3/h特大型空分设备研制领域也出现了新突破。

产品流程从外压缩流程转变为内压缩流程，在流程设计组织、机器配套、提取率、调节性能、能耗等方面都有了很大的改进和提高。目前，行业中许多成套设备制造厂家已广泛采用了内压缩流程设计制造大型、特大型空分设备。

杭氧投入大量资金，完成了填料水冷塔开发，节能型主冷凝蒸发器、径向流吸附器的研制，关键技术研究试验平台建设，8万m^3/h、12万m^3/h等级化工用大型空分设备研制，LNG冷能利用空分设备研发，为大型煤化工项目配套的高纯度氮气空分设备研制，MR混合制冷流程天然气液化冷箱等众多科研项目，获得了重要科研成果。

四川空分进行了8万m^3/h以上空分设备的技术研究与技术储备，其自主研发的首套LNG冷能利用空分设备也计划于2015年年底投产。四川空分在大型高压板翅式换热器（尺寸1.2m×1.0m×8m、工作压力8.0MPa）研制、低温液体超大型贮存设备（容量3万m^3）研制等方面取得了较好业绩。

2011年，上海启元通过技术创新先后开发了在大型空分设备中提取高纯度稀有气体氪、氙的装置，打破了几十年来稀有气体提取设备被国外垄断、氪氙气体大部分依赖进口的局面。该项目的独立外挂氪、氙气提取装置，一步多级精馏获得可直接充瓶的高纯度气体技术属于国内首创、国际一流，2014年被评为国家机械工业科技进步奖二等奖。

杭氧、四川空分也对在大型空分设备中提取氦、氖、氪、氙等稀有气体的技术设备进行了开发。

2011—2012年杭氧、四川空分着力于LNG冷能利用的相关技术研究，先后在江苏如东、宁波、唐山开发出了低压氮循环、中压氮循环利用天然气冷能的600t/d液体的空分设备，开创了国产空分设备冷能回收利用的先河，并于2014年完成了试车调试。

3. 关键配套部机的研制获得重大突破

陕西鼓风机（集团）股份有限公司（简称陕鼓）研制出了为6万m^3/h、8万m^3/h、10万m^3/h特大型空分设备配套的大型空气压缩机组，其中：6万m^3/h空分设备已在2014年投入运行，8万m^3/h、10万m^3/h空分设备分别在2014年3月、11月在厂内完成机械试车；沈阳鼓风机集团股份有限公司（简称沈鼓）2014年研制出国内最大的轴流＋离心式的、为10万m^3/h空分设备配套的空气压缩机组，其气量为60万m^3/h，增压机出口压力为6.0MPa，为国内首创，目前正在厂内进行全负荷试车。

杭氧开发了1.5万m^3/h单轴低泄漏型氮气增压机、高效率齿轮式氮压机及高效率齿轮式增压机，掌握了LNG冷剂压缩机研制技术、大空透叶轮高效直接铣制技术、单轴转子和齿轮式转子的高速动平衡技术及联轴器法兰盘的液压连接技术等。

杭氧成功研制撬装压缩机组，代表了传统空分设备用压缩机产品的主要发展方向；拥有17t、32t、56t、80t活塞力四个系列的石化设备用压缩机产品；迷宫式压缩机在试制中。

2010年，开封空分投资1 500万元与西安交大联合攻关最新一代8万～10万m^3/h的超大型空分设备技术，2012年已研制出了6万m^3/h以上空分设备用的全液体透平膨胀机。

2010—2012年，开封空分与五环科技公司联合开发制造了新型高效气化炉——五环炉的关键内件3套。

开封空分、杭州福斯达开发大型天然气液化装置及大型石化装置用的绕管式换热器，杭州福斯达已研发的低温甲醇洗装置用换热器30多套，其中最大规格为直径3.2m、长度30m。

杭氧开发了高转速油润滑轴承膨胀机（设计转速达62 700r/min），为当前最高转速的油润滑轴承膨胀机，产品已配套印尼用户；开发了叶轮直径为240mm、300mm、360mm系列中压膨胀机，配套国内5万～10万m^3/h等级空分及液化设备，拥有延长兴化、鲁西化工、国电英力特等用户；开发了低温全液体膨胀机；开发了直径为450mm的膨胀机，可配套于8万～9万m^3/h等级空分设备；已配套于山东新龙化工尾气回收装置；开发了氢气膨胀机，配套于山东鲁清化工。

杭氧、四川空分均开发了分子筛切换系统用三杆阀系列（DN600～DN1400），成功应用到2万～12万m^3/h空分设备分子筛系统；开发了中高压氧用阀系列，包括PN40～PN150中高压氧用调节阀、安全阀、截止阀、止回阀等；开发了PN100、DN40～DN150低温多级降压调节阀，用于高压液空节流阀、液氧回流阀；开发了PN40～PN100石化装置、LNG装置用波纹管调节阀系列，拓展了设备配套相关领域；开发了DN4～DN20氪、氙装置用特殊波纹管调节阀系列。

杭氧开发的上、下塔用大流量工艺氧流程泵已成功运行于8万m^3/h等级空分设备中，空分设备用离心式高压液体泵成功通过72h低温连续运行，还成功开发了空分设备后备系统中压离心泵及LNG用潜液泵，为拓展相关低温领域做好了技术贮备。

近年来行业众多企业不仅完成了单台容量为1 000m^3、2 000m^3、3 000m^3的大型的液氧、液氮低温液体贮槽的研制、开发，也在液化天然气贮槽的应用方面有不少建树，中国空分设备公司、四川空分研制开发了容量5万～6万m^3的LNG低温液体贮罐，并有了容量3万m^3贮槽的业绩。

4. 为天然气液化及石化相关行业提供装备

随着天然气产业的迅速崛起，天然气液化装置所占行业的比重正不断加大，以四川空分为代表的气体分离设备制造企业近十年来在液化天然气产业中取得了丰硕的成果。四川空分是较早进军该领域的国内企业，产品有大型LNG液化装置、大型LNG贮槽到撬装式LNG液化装置、LNG槽车、加汽站、钢瓶等，LNG液化装置的处理气量从原来的5万～15万m^3/d提高到了500万m^3/d，大型LNG贮槽容量达到了3万m^3，技术从单一的压缩膨胀流程发展到了混合冷剂制冷液化流程、带预冷的N_2-CH_4混合工质膨胀制冷液化流程、丙烷预冷混合冷剂制冷液化流程等多种形式。

四川空分经过多年努力，完成了混合冷剂天然气液化工艺技术、天然气液化装备集成技术、天然气液化冷箱集成技术、高压大单元钎焊工艺技术的研究，开发出C3/MRC丙烷预冷混合冷剂液化工艺流程，取得多项专利技术，并相继开发了内蒙古兴圣天然气200万m^3/d天然气液化成套装置、张家口100万m^3/d LNG混合冷剂工艺成套装置、博爱三峡益众新能源60万m^3/d LNG设备，且均处于国内领先水平。四川空分目前已拥有多套日处理气量20万m^3、30万m^3、50万m^3的LNG项目业绩，有多套60万m^3/d液化天然气装置投入运行。四川空分为内蒙古兴圣生产的200万 m^3/d 液化天然气装置已于2014年正在投入运行，为山东泰安生产的国内最大的260万 m^3/d 液化天然气装置也已投入运行，虽然这两套装置在天然气液化行业仍属中等规模，但它们是我国中大型LNG液化装置的首创，是自主创新、掌握流程技术、实现全部机组国产化的典范，为天然气液化工业的技术进步做出了贡献。

行业各制造企业利用气体分离设备设计、制造技术优势，开发了多种石化产品，具体如下：

大型成套乙烯液化分离技术及其成套工艺设备，简称乙烯冷箱。杭氧通过自主研发，攻克了多组分、高压（4.0~8.0MPa）铝制板翅式换热器的设计计算、制造等难关，从2010年以来研制的乙烯冷箱等级已从60万t/a提升到120万t/a，其中120万t/a乙烯冷箱是目前国内最大等级的乙烯装置，装置的性能指标和技术水平都达到了同类产品的国际先进水平。

此外，杭氧还在丙烷脱氢制丙烯中低温分离技术的研究及其成套工艺设备，合成气中 CH_4、CO、H_2 低温分离技术的研究及其成套工艺设备，甲醇制取低碳烯烃（MTO）中低温液化技术的研究及其成套工艺设备，合成氨中低温液氮洗成套分离技术的研究及其成套工艺设备等石化行业的工艺装备技术研发上实现突破，取得了业绩，技术水平达到了同类产品的国际水平。

杭州中泰深冷技术股份有限公司（简称杭州中泰）在能源化工领域的深冷技术开发也取得了一些成绩。杭州中泰生产的30万 m^3/d LNG装置已成功开车，50万 m^3/d 和60万 m^3/d LNG装置正在建设中，为华锦生产了46万t/a乙烯冷箱，并在丙烷脱氢制丙烯中低温分离技术、甲醇制取低碳烯烃MTO、DMTO技术的研究及其成套工艺设备上具备业绩。值得一提的是，杭州中泰具有为年产18万~60万t合成氨项目配套10多套原料气深冷净化液氮洗装置的业绩，替代了进口产品。10多套设计压力高达7.6~9.28MPa的大尺寸板翅式换热器出口美国。为中石油500万 m^3/d LNG装置配套的采用PFK技术的丙烷预冷器，以及为400万 m^3/d 焦炉气提取LNG装置配套的板式换热器，在设计压力、换热器尺寸等方面均达到了国际同类产品的技术水平。

开封黄河空分开发了应用于生物天然气新能源领域中的4万 m^3/d 沼气分离纯化装置，并于2012年12月31日一次调试开车成功。该产品各项指标均达到设计要求，并符合国家相关标准。

5. 变压吸附（PSA）技术发展迅猛

以北大先锋、天科股份、上海瑞气等为代表的变压吸附（PSA）设备制造企业，将变压吸附制氧、制氢、制氮及 CO/CO_2 分离、工业尾气回收利用等技术广泛应用于石化、化工、冶金、食品、环保、电子、航空等行业。

PSA制氮设备技术十年来逐渐走向成熟。目前，全国已有上百家企业生产制造PSA制氮设备，产品规格小到每小时几个立方米，大到2.5万 m^3/h 以上，广泛应用于石化、化纤、食品等行业。

VPSA制氧设备技术仍以北大先锋为龙头。该公司自主研发的PU-8吸附剂达到了进口PSA制氧吸附剂的先进水平，产量从 $10m^3/h$ 到4万 m^3/h，纯度在21%~93%范围内可调，其中大型PSA制氧设备主要应用于冶金工业的高炉富氧冶炼。

采用变压吸附工艺分离一氧化碳是近年来国际上的新兴技术。北大先锋以高效吸附剂PU-1为基础，开发成功处于国际领先水平、高效低耗的变压吸附分离一氧化碳新技术，解决了从氮或甲烷含量高的原料气中分离出高纯度一氧化碳的难题，设计建成多套大型一氧化碳分离装置，为高炉煤气的回收和综合利用提供了装备，给用户带来了巨大的经济效益，获得高度评价。2013年，北大先锋为华菱衡钢建设的6.7万 m^3/h 高炉煤气提纯CO装置，为世界首套工业装置。2014年，该公司为新疆天业集团有限公司设计制造的一套电石炉气变压吸附提纯 CO/H_2 装置，是目前国内首套采用电石炉尾气合成乙二醇的工业装置。

天科股份将变压吸附（PSA）技术广泛应用于提纯氢气装置、提纯二氧化碳装置、甲醇裂解制氢装置、提纯一氧化碳装置、粗苯加氢精制装置、脱除乙烷以上烃类组分装置、焦炉气制甲醇工业装置等，取得丰硕的成果。2012 年承接建造的中海油惠州炼油分公司 2×10 万 m^3/h、5 万 m^3/h 3 套变压吸附变换气提纯氢气装置技术已达到国际先进水平。

6. 不少企业开始转型升级

伴随着我国制造业的转型，行业部分企业也由纯制造业向工业服务业拓展。行业企业凭借在空分设备设计、制造大型空分装置方面的领先技术、丰富经验和运营管理气体公司的实践基础，转向工业服务业具有的优势如下：项目融资的便捷；空分技术团队为设备稳定运行提供强大的技术支撑；专业化队伍管理，保证空分装置运行的可靠性、安全性、经济性；丰富的管理经验、工艺流程先进的空分设备及新技术的应用，保证了按供气合同持续稳定供气；完善的液体物流系统，优惠的气体价格等。

在近 10 年间，行业企业向工业服务业转型发展迅速。目前，杭氧、四川空分、陕鼓、开封黄河空分、杭州福斯达、北大先锋、上海瑞气等企业均有气体投资项目，尤其是杭氧，充分发挥其在设备制造领域的优势，以上市为契机大力发展气体业务，目前投资的气体产业已有 27 家，总制氧容量已达100 万 m^3/h，投产的气体项目年工业产值已突破27 亿元。

截至 2014 年年底，我国气体分离设备行业企业投资的工业气体项目实现产值约 35 亿元，占到行业总产值的 15%。

不少设备制造企业向设备总包（EPT）转型，既负责生产制造也负责安装调试，即交钥匙工程。杭氧从 2010 年起组建了工程公司，向用户提供包括工程设计、土建安装、成套调试等一条龙服务，取得良好的经济效益和社会效益。四川空分、开封空分、杭州福斯达等众多厂家也均为用户提供服务。

7. 技改及基建技术改造及基础建设

“十二五”期间，行业企业在技术改造方面投入了大量人力、物力、财力，加大科研投入，更新设备，建设厂房，积极扩充产能，与“十一五”相比，科研经费投入稳步增长，土地和固定资产投资高速增长。气体分离设备行业产能获得空前提高，产业布局得到调整，产业集聚程度进一步加强，集聚效应逐步显现。

杭氧投资 20 亿元（其中固定资产投资 19.7 亿元）在临安市青山湖工业园区新建杭氧大型空分设备、工艺压缩机和低温泵阀制造基地，新制造基地年可设计、制造 40 余套大型空分设备，并具备 8 万～12 万 m^3/h 等级空分设备的制造能力，是目前世界上最大的空分设备设计制造基地。该工程 2006 年开工建设，2009 年 11 月完工，2010 年 8 月杭氧及下属的 16 家企业搬迁入驻新制造基地，2012 年迁建项目完成竣工综合验收。为方便进行大型乙烯冷箱、特大型空分设备的生产制造，自 2010 年起，杭氧开始实施用于制造和组装 10 万 m^3/h等级及以上空分设备和百万吨乙烯冷箱的重跨厂房建设项目。该项目位于京杭运河河畔，拥有独立的 300t 船运码头，并配备了 2 台 250t 起重机，用于解决大型产品起装、运输等问题。2011 年，杭氧杭州总部搬迁至中山北路 592 号弘元大厦，杭氧迁建改造工程顺利完成，改善了生产经营环境，极大地提高了杭氧的生产能力。

四川空分为克服简阳生产基地交通等条件限制，在浙江湖州德清县建设了浙江大川空分设备有限公司，主营 LNG 设备、大型空分部机等业务。该基地一期工程占地面积近 6.67 万 m^2（100 亩），建筑面积 3.57 万 m^2，配备了大型起重设备、水下等离子切割设备、自动焊机等各类设备 230 台（套），并建有 800t 自备码头，可将 500t 的超大件货物通过京杭运河直接运达上海港。该项目现已建成投产。

开封空分投资 28.38 亿元，在开封空分产业区内建设了“开封大型空分及化工设备制造项目”，项目占地面积 77.8 万 m^2（1 167 亩），建筑面积 35.5 万 m^2。主要建设内容为建造大型空分设备、煤化工容器、特种容器、板式换热器、填料铝管件、机器精加工及总装的生产厂房；机电配套库和成品仓库等生产设施，总配电所、换热站、污水处理站等公用动力、消防、环保配套设施；购置焊接、精加工、探伤、检测试验、通信及运输等设备。目前，有色容器厂、下料厂、填料铝管件厂、板式厂等已投入生产使用。

杭州福斯达2011年投资2.6亿元，在杭州余杭经济开发区征地5万m^2，新建空分设备生产基地，并建设了2台180t、4台50t大型绕管设备，于2014年年底搬迁完毕。

中国空分公司为发挥在低温存储设备等方面的设计制造优势，在浙江省嵊州市建设了生产基地，组建了中空能源公司，大大改善和提高了公司的生产能力。

8. 专利（知识产权保护）

“十二五”期间，企业自主创新、专利申请和知识产权保护的意识不断增强。行业企业更加注重培育自主知识产权，更加重视以专利技术进行产品竞争。“十二五”期间气体分离设备行业主要企业专利情况见表3。

表3 “十二五”期间气体分离设备行业主要企业专利情况

单位名称	专利数量（项）	发明专利（项）	实用新型专利（项）	外观专利（项）
杭州杭氧股份有限公司	166	37	126	3
开封空分集团有限公司	54	3	51	
四川空分设备（集团）有限责任公司	52	11	41	
开封黄河空分集团有限公司	54	3	51	
开封东京空分集团有限公司	9	1	8	
中国空分设备有限公司	14	1	13	
苏州制氧机股份有限公司	34	8	26	
上海启元空分技术发展股份有限公司	59	19	40	

9. 标准制修订

“十二五”期间，气体分离设备行业共完成了23项国家标准及行业标准的制修订任务。其中，报批并批准实施的有3项，分别是：《低压透平膨胀机技术条件》《空气分离设备用离心式氧气压缩机》《往复活塞氧气压缩机网状阀技术条件》；有7项行业标准已完成报批程序，等待批复；有8项行业标准已完成报批程序，等待审核；有5项标准还在制修订中。

“十二五”期间气体分离设备行业标准制修订情况见表4。

表4 “十二五”期间气体分离设备行业标准制修订情况

序号	计划编号	项目名称	主要起草单位	草稿完成时间	会审时间	报批时间	完成情况
1	2009-2174T-JB	低压透平膨胀机技术条件	杭州杭氧股份有限公司	2012.1	2012.11.19	2013.1	完成
2	2010-1486T-JB	变压吸附制氧、制氮设备	杭州杭氧股份有限公司	2012.5	2013.11.5	2014.1	完成
3	2010-1487T-JB	大中型空气分离设备	杭州杭氧股份有限公司	2012.5	2014.5.8	2014.6	完成
4	2010-1488T-JB	低温液体贮运设备　使用安全规则	杭州杭氧低温容器有限公司	2012.5	2013.11.5	2014.1	完成
5	2010-1489T-JB	粉末绝热低压深冷贮槽	杭州杭氧低温容器有限公司	2014.1.2	2014.11.25		未完成
6	2010-1490T-JB	空气分离设备用低温截止阀和节流阀技术条件	杭州杭氧工装泵阀有限公司	2014.1.2	2014.11.25	2015.3	完成
7	2010-1491T-JB	空气分离设备用离心式低温液体泵	杭州杭氧工装泵阀有限公司	2014.1.2	2014.11.25	2015.3	完成
8	2010-1492T-JB	空气分离设备用离心式氧气压缩机	杭州杭氧透平机械有限公司	2012.1	2012.11.19	2013.1	完成

（续）

序号	计划编号	项目名称	主要起草单位	草稿完成时间	会审时间	报批时间	完成情况
9	2010－1493T－JB	空气分离设备用氧气管道技术条件	杭州杭氧透平机械有限公司	2012.1	2013.11.5	2014.1	完成
10	2010－1494T－JB	铝制空气分离设备制造技术规范	杭州杭氧股份有限公司	2014.1.18	2014.11.25		未完成
11	2010－1495T－JB	溶解乙炔设备	中国空分设备有限公司				未完成
12	2010－1496T－JB	往复活塞氧气压缩机网状阀技术条件	开封空分集团有限公司	2012.1	2012.11.19	2013.1	完成
13	2010－1497T－JB	往复式低温液体泵技术条件	杭州杭氧工装泵阀有限公司	2014.1.2	2014.11.25	2015.3	完成
14	2010－1498T－JB	无润滑往复活塞高纯氮气压缩机	四川空分设备（集团）有限责任公司	2014.3.1	2014.11.25	2015.3	完成
15	2010－1499T－JB	无润滑往复活塞式高压氧气压缩机技术条件	杭州杭氧压缩机有限公司	2012.5	2013.11.5	2014.1	完成
16	2010－1500T－JB	小型空气分离设备	杭州杭氧低温液化设备有限公司	2013.5.23	2014.11.25	2015.3	完成
17	2010－1501T－JB	氩提取设备	杭州杭氧股份有限公司	2012.5	2014.11.25	2015.3	完成
18	2010－1502T－JB	真空绝热管道	杭州杭氧低温液化设备有限公司	2013.5.23	2014.11.25	2015.3	完成
19	2011－1992T－JB	纯氮设备	开封空分集团有限公司	2014.12.3			未完成
20	2011－1993T－JB	空气分离设备用活性氧化铝验收技术条件	杭州杭氧股份有限公司	2014.1.9	2014.11.25	2015.3	完成
21	2011－1994T－JB	铜制空气分离设备制造技术规范	杭州杭氧低温液化设备有限公司	2011.12	2013.11.5	2014.1	完成
22	2011－1995T－JB	增压透平膨胀机技术条件	四川空分设备（集团）有限责任公司				未完成
23	2013－0463T－JB	空气分离设备用金属孔板波纹填料技术条件	杭州杭氧股份有限公司	2013.1	2014.5.8	2014.6	完成

三、行业发展中存在的问题

以杭氧为代表的我国气体分离设备行业在大型、特大型空分设备制造上实现了国产化，使我国成为世界空分设备的制造基地，我国制造的大型空分设备不仅在国内市场销售，也进入发达国家市场与国际品牌产品同台竞争。但是，我国气体分离设备行业仅仅实现了由小到大，与国际品牌产品仍有差距，主要表现在：

1. 为大型空分设备配套的关键转动部机未能同步实现大型化、特大型化

为大型、特大型空分设备配套的关键部机主要指大型的空气压缩机、增压机、高效率中压膨胀机、液体膨胀机及离心式液体泵，这些产品目前还依赖进口，致使6万m^3/h等级以上的大型、特大型空分设备的国产化率目前仅为35%～55%。

大型空气压缩机组、空气增压机组的投资额占到了成套空分设备总投资额的40%以上，而目前国内大型空气压缩机组、空气增压机组还不能满足市场需求。在1万～3万m^3/h空分设备中，国产空压机组、增压机组的占有率为50%～80%；而3万m^3/h以上空分设备所需的空压机组、增压机组则大多数依赖进口。陕鼓、沈鼓近年来生产的为4万

m^3/h 空分设备配套的大型空压机、增压机已进入市场，陕鼓首台为6万 m^3/h 空分设备配套的大型空压机、增压机也已研制成功，沈鼓也在着手特大型空分设备配套压缩机的研制。目前，6万 m^3/h 以上空分设备所需的空压机组、增压机组则全部依赖进口。

国产化的大型空压机、增压机在等温效率、可靠性等方面，与国外(西门子、阿特拉斯、曼透等)机组仍有较大的差距，未能取得成套厂商和广大用户的认可。空压机与增压机的落后，是大型、特大型空分设备国产化率不能提高的关键所在，需要风机制造企业奋起直追。

透平膨胀机是空分设备的心脏部机之一，其效率的高低直接影响到空分设备的能耗。目前的现状是：国内成套外压缩流程的3万 m^3/h 及以下空分设备基本采用国产的低压透平膨胀机组，3万 m^3/h 以上的空分设备和内压缩流程空分设备采用的透平膨胀机，则往往选用一台进口、一台国产(备机状态)或全部进口。国产的透平膨胀机在大型化方面研究不够，据调查与国外机组相比效率低3%～5%，可靠性方面也存在着一定的差距。一些流程选用的液体膨胀机在国内则为空白，只能依赖进口。

大型离心式液体泵包括流程中的液氧、液氮输出泵及液氩循环泵等，目前主要依赖进口，主要原因是国产液体泵在低温工作环境下的机械性能、密封性能、可靠性等与国外产品存在差距。

对于大口径的低温气动调节阀、截止阀，基于可靠性的要求，用户往往选用进口产品。

国产精馏塔用的规整填料、液体分布器与进口填料在精馏效率和可靠性上还存在一定的差距，还有不少用户选用进口产品。

大型板翅式换热器(含高压板翅式换热器)虽已可完全实现国产化，但由于热力计算的差异和翅片形式少等原因，在同样换热效果的情况下，国产换热器的体积和重量比进口产品要大得多，造成制造成本上升。

制造过程中用的不同口径的不锈钢－铝接头、铜－铝接头，即双金属接头，虽价值量小、投资不大，但仍依赖进口，这说明我国在焊接方面存在差距。

空分设备用的氧、氮、氩等气体控制仪表、分析仪器，还大量地依赖进口。

2. 气体分离设备行业自主创新能力不足

气体分离设备行业各规模以上企业都设有技术中心，也有一定的资金投入，但技术中心的研究重点还停留在产品设计、制造工艺所需解决问题的层面上，未进入到试验、研究、开发及技术提高的层面上，表现在：近年来行业中不少企业更新设备，改进生产场地，制造能力飞速上升，但至今行业中没有一个过硬的技术研发机构，各企业也没有像样的试验、研究基地，缺乏试验装备和仪器。

科研投入少，据统计，行业中产值超过10亿元的大中型企业技术开发的投入占销售收入的比重为2%左右，中小型企业则少的可怜，而发达国家企业的研发投入占销售收入的比重在5%以上。

企业技术开发人员忙于产品设计，无暇顾及收集信息、技术研发、试验论证、改进提高、自主创新等。

产品的针对性、精细化设计不够，特别是在安全性设计预测、可靠性的细节考量方面与国外存在较大的差距。

因为缺乏与气体分离相关行业的技术及应用研究，致使企业只能承接制造空分设备，不能制造空分设备以外的装备。

气体分离设备行业涉及低温工程领域，但这些年来，行业研发生产主要集中在空分设备、天然气液化装置上，对于低于液氮温度的工程设备、航天领域的工程及液氢、液氦的研究及应用技术开发，几乎停滞不前。

产、学、研介入核心产业集群的合作机制，尚未真正有效运作。科研、高校等技术机构与企业和产业缺乏良好连接，大学与科研机构没有成为企业创新的知识源头，特别是科研成果也不能及时转化为企业生产力。

3. 产品质量、可靠性有较大差距

部分机电产品性能落后、质量不稳定是制约成套气体分离设备总体性能的一个瓶颈,也是束缚国内产品进入国际市场与国外产品同台竞争的桎梏。气体分离设备具有安装(更换)复杂、连续运转时间长等特点,配套产品质量不稳定对气体分离设备运行的影响和可能造成的损失将直接影响气体分离设备的技术水平和市场竞争力。我国制造的各类大型、特大型空分设备及天然气液化装置,其技术性能指标虽能达到国外同类产品水平,但往往存在可靠性不高的问题,由于制造过程中的精细化管理不够,致使各种小错误不断,有些低级错误重复性地发生,从而使小问题酿成大问题,这也是用户在同等条件下选择进口产品的主要原因。

另外,在产品总体设计、结构设计、管道布置等方面,存在粗、大、笨的通病,既浪费材料又不美观。

4. 产能过剩,恶性竞争加剧

经过几十年的发展,我国气体分离设备行业的制造能力虽有了很大提高,我国已成为世界气体分离设备制造大国,但在特大型空分设备的制造上还有相当部分依赖进口。"十二五"的前期,国内经济仍保持了快速发展的势头,旺盛的市场需求培养了大量的企业,产能快速膨胀,这一现象在气体分离设备行业尤为明显。到了"十二五"的后期,受到国家宏观经济政策调整和产业结构转型的影响,气体分离设备市场快速转入低迷,市场竞争加剧,一些企业不得不通过恶性竞争的手段来维持其市场地位,竞争环境进一步恶化。

5. 空分设备的产业链不够完善

气体分离设备是成套设备,从空气过滤器、压缩机、增压机、换热器、容器、泵、阀到各种管材、板材、吸附剂、仪器仪表,需要各行各业的配合配套,而针对气体分离设备所需的特殊配套、专门设计、专业制造在国内尚未形成系统的产业链,特别是在大型、特大型空分设备的开发上,许多环节缺乏。

6. 人才短缺、创新能力弱

人才短缺、创新能力弱是行业企业普遍存在的问题。两者之间存在一定的因果关系。目前,企业最为缺乏的是具有宽阔视野、掌握丰富知识的综合性领军人才。而创新需要高投入,要求企业不仅掌握本行业的前沿技术、发展方向,还要掌握其他行业新技术、新工艺、新材料的发展动向。

7. 共性技术研究缺位

在现行的体制下,企业间的技术协作相对薄弱,研发方面各自为政,一方面人力、物力重复投入,浪费了资源;另一方面,一些共性的技术问题(特别是基础性的共性问题),由于不直接产生效益,则会因为研究缺位而迟迟得不到解决。

四、"十三五"发展思路与目标

1. 经济增长点分析

经济新常态将成为"十三五"的主旋律,新常态所带来转变的特点是:要素成本由低转高,资源供给由松转紧,环境约束由弱变强,需求增长由快变慢,经济发展速度从高速增长转为中高速增长,经济结构不断优化升级,经济发展的驱动力由要素驱动、投资驱动转向由创新驱动。

从气体分离设备应用的各个领域来看,经过"十二五"的发展,无论是石油、化工、化肥、冶金、建材、机械等工业,还是光伏产业、电子工业,产能均达到了较高水平,进一步提高产能的可能性消失,这势必造成气体分离设备"十三五"期间在上述这些领域内的应用大幅度减少。

但也应当看到:我国的GDP仍将保持6.5%~7%的增长,气体分离设备行业仍会有一定的发展。市场化取向改革和走出去战略的实施有望进一步激发气体分离设备行业企业的活力。

(1)石化行业。我国的《石化产业规划布局方案》目前已制定完成。方案提出,将推动石化产业集聚发展,重点建设七大石化产业基地,包括大连长兴岛(西中岛)、河北曹妃甸、江苏连云港、上海漕泾、浙江宁波、广东惠州、福建古雷,同时推进现代煤化工升级。围绕这一思路,石化产业"十三五"规划初步方案提出,我国石油和化工行业的重点发展方向将是石化产业优化、化工新能源、化工新材料、传统化工升级四个方向。这将给气体分离设备行业中的空分设备、变压吸附设备带来发展空间。

(2)煤化工行业。"十二五"期间国家批复的、新型煤化工示范项目,大部分还未实施。这些新型煤化工项目对空分设备的需求总投资额约为200亿元，按制氧容量需求估算，单套8万～10万m^3/h等级的空分设备需求量大约为100套。15个煤炭深加工国家示范工程项目需要配套的空分装置供气量达到600亿m^3，相当于60套10万m^3/h等级的空分装置。这些项目主要集中于晋、陕、蒙、宁和新疆区域，在“十三五”期间将为气体分离设备行业，特别是大型、特大型空分设备提供较大的发展空间。

(3)工业节能减排对气体分离设备的需求。随着我国经济发展，我国GDP已达到世界第二，能源消耗量位居世界第一，温室气体排放量已居世界第一，而且近年来还在不断快速增长。可以预见，在不远的将来我国会超越美国，成为世界第一大经济体，提高能源利用效率，降低单位能耗，控制废气污染的重要性逐渐凸显，节能减排任重道远。这为气体分离设备产品提供了长期的用武之地。

冶金工业(炼钢、炼铁、有色冶炼)淘汰落后产能过程中的企业整合、规模增大、设备更新，以及增加氧用量提高热效率节能和增加氮用量加强环保力度，加上我国不少空分设备服役年限已到，这些因素带来对大型空分设备的需求。

石化、冶金工业加强对各种气体的综合利用，减少尾气排放，提高石化产品的价值，也带来对变压吸附制氮设备、各种有用气体回收设备及转换设备、余压余能回收装置等设备的需求。

提高热效率，降低污染物排放是电力工业、建材行业今后发展的趋势，在这方面低纯度氧设备、变压吸附设备、膜分离设备将有所作为。

(4)液化天然气产业。液化天然气占我国能源的比例在不断上升，到2020年，其占能源消耗的比例将从目前的5%提高到10%，对液化天然气装备的需求也将增长。针对气体分离设备行业而言，液化天然气装置主要有大型液化天然贮槽、汽化器、液化天然气装置、运输槽车及加气站等。

随着我国煤层气、页岩气等开发利用逐渐增加，势必带来非常规天然气液化、低温贮存、输送等问题，这也给气体分离设备带来一定规模的市场需求量。

(5)新能源装备。从世界技术发展的趋势来看，清洁能源、环境保护、尖端技术是发展重点。氢气作为无污染能源已经进入应用领域，工业气体已经超出了生产原料的范畴，成为能源的载体。清洁能源领域一旦成熟，将会给气体分离设备带来巨大的市场空间。

伴随着国内经济结构的转型，尖端产品(特别是电子产品)的发展速度加快，市场对于特种气体的需求会有较快的增长。因此，气体分离设备行业应当加强特种气体制造设备的研发。

(6)“走出去”战略。目前，林德、法国液化空气集团等企业高度关注新兴经济体市场，新兴经济体是其近几年营业收入增长最快的区域，如印度、马来西亚、印度尼西亚、越南等发展中国家对工业气体的需求近年来增长较快。国内企业应抓住这一市场机遇，扬长避短，实施“走出去”战略，特别是我国提出的“一带一路”战略，在实施过程中涉及的东南亚、南亚、西亚地区均为发展中国家，重工业正在发展中，将需要大量的气体分离设备。

(7)企业转型升级。就行业的现状而言，本行业的大部分企业还是以产品为核心，在拓展产品服务、提升产品的附加价值方面尚有很大的空间。因此，应当花精力去挖掘产品的服务价值，从而提高产品的整体价值。

2. 发展思路

继续推动特大型空分设备国产化，在完全掌握成套集成技术的基础上，实现配套关键部机的国产化。

产品向高品质、性能更优良化、集成化发展。

力争在特种气体、高纯气体、稀有气体等应用研究上取得实质性进展。

推进低温工程、石化领域相关产品的研究，尤其是天然气领域。

搭建试验研究中心平台，开展空分设备机理的研究。

3. 重点发展方向与发展目标

(1)实现特大型空分设备的研制和产业化推广。“十三五”期间，构建完成集安全、经济、稳定于一体的大型及特大型空分设备，实现 8 万～12 万 m^3/h 等级空分设备的研制和市场化推广，并展开 15 万 m^3/h 等级空分设备的技术准备工作。其中，6 万 m^3/h 等级及以下空分设备的国内市场占有率达 80% 以上，8 万～12 万 m^3/h 等级空分设备的国内市场占有率达 50% 以上。

(2)实现大型、特大型空分设备及配套机组的国产化。通过与风机、泵阀等行业共同研发，形成国产空分设备的产业链，进一步提高大型、特大型空分设备的国产化率。其中，6 万 m^3/h 等级及以下成套空分设备的国产化率从目前的 50%～70% 提高到 90% 以上，主要是提高配套空压机、增压机的效率与可靠性，最终实现真正的国产化；6 万 m^3/h 等级以上的成套空分设备的国产化率从目前的 35% 提高到 80% 以上。

对于特大型空分设备配套的空压机、增压机、关键阀门、高压低温液体泵、中高压膨胀机、关键异金属接头等，通过协会、科技部、工信部等国家部委立项、资助，成套厂家与专业生产厂家协同攻关，提高行业成套能力和技术水平。

(3)产品水平上台阶。通过 3～5 年的努力，加大技术创新和精细化管理的力度，在流程、单机、外配套、系统成套、工程设计等各个方面管控质量，使国产大型、特大型空分设备的节能性、可靠性、安全性有较大幅度提高，达到国际品牌公司同类产品的水平。可采取以下措施与手段：制造企业推广“6S”管理、MRP 管理，提高各企业的管理水平；开展低温专业设备制造工艺研究，改进现有制造工艺，降低制造成本，保证制造质量；企业更新制造装备，如自动焊机、数控机床及各类检测设备等，确保加工精度与质量；对于 2 万 m^3/h 以下的空分设备推荐厂内组装的生产方式，以减少安装过程中的失误。

(4)实现稀有气体提取技术的国产化。开展氪、氙、氖、氦等特种气体及纯氮、纯氧等电子纯化气提取技术的研究，特别是从天然气中提取氦气技术的研究，并实现国产化。同时，开展对稀有气体、高纯气体、混合气体应用技术的研究，开辟气体市场应用的新局面。

(5)力争在天然气装备产业中占有较大的份额。掌握常规和非常规天然气液化工艺技术及关键设备研制，推广应用于 500 万 t/a 以上级别的天然气液化项目中，进一步拓展石化低温工程及相关产业链应用领域。至 2020 年，气体分离设备用于液化天然气产业链中的产品占全行业的比例达 1/3 以上。

(6)加大技术投入，培育行业技术研发中心。鼓励企业建立和完善技术中心，加大技术投入，开展特大型空分设备成套技术、配套部机等相关技术的研发，开展石油化工、煤化工等领域工业气体的应用研究，以及低温工程技术的研究，结合项目提升产品开发、制造水平，提高产品可靠性。

(7)培育一批专、精、特企业，创民族品牌。鼓励和扶植少数企业做大，使其成为气体分离设备行业的大型成套企业，如杭氧、开封空分、四川空分等，成为可与世界品牌企业竞争的民族品牌企业。同时，也要鼓励和培育一批能生产制造特色设备的中小型企业，细化专业分工，生产特色产品，配套于大型品牌企业。如生产中小型空分设备、纯氮设备、低温液化装置、透平膨胀机、板翅式换热器、低温容器、低温槽车、低温泵、低温阀门、变压吸附设备、膜分离设备、低温管件、密封件等产品的专业企业，使行业产品各具特色，达到国际一流水平。

(8)常温的气体分离技术将占据一定市场份额。变压吸附设备由于具有能耗低、起动快、适用范围广、技术设备简单成熟等特点，因而越来越受到冶金、石化、建材等行业节能减排、低纯度用气、气体提纯领域的欢迎。预计在“十三五”期间变压吸附设备将有很好的发展，占据气体分离设备行业 1/4～1/3 的市场。

气体膜分离技术近年来发展较快，既有采用进口膜的成套机组，也有采用国产膜的成套技术。目前，渗透膜的技术寿命已突破 8 年，膜气体分离技术逐渐走向成熟。预计“十三五”期间在一些纯度要求不高场合，气体膜分离技术将得到广泛的应用推广，有一个快速发展阶段，生产膜分离设备的厂商将增加，规模得到扩展。

(9)实施“走出去”战略。实施“走出去”是我国气体分离设备行业发展壮大后的必然选择，也是发展我国外向型经济的必由之路，因此，加大行业产品的对外宣传，扩大出口是行业“十三五”期间的一项重要工作。行业企业要利用好我国提出的“一带一路”战略，使我国的气体分离设备全面走向世界，将行业剩余的产能在世界各地消化。开拓我国产品在印度、马来西亚、印度尼西亚、越南等国家的市场，将气体分离设备的年出口产值从目前的10亿元提升到30亿元的水平。同时，培育几个具有国际竞争力的大型跨国公司，并在国外建制造生产基地和气体公司。

(10)开展深低温领域和海洋工程所需气体分离设备的研究与开发。随着我国航天工业的发展，液氮温度以下的空间装备、试验装备的研制成为必然。气体分离设备行业应承担起此重任，开展工业液氢、液氦装置及深低温试验装备的研制开发。

随着我国海洋经济的发展，开展在海洋环境下应用的气体分离设备及相关机组研制开发，将成为行业技术发展的一个方向。

(11)加快传统制造业向制造服务业的转型。我国气体分离设备行业已在传统制造业向现代制造服务业转型中迈出了一步，在今后5~10年中还要加大投入、加快步伐，具体发展思路如下：一是以空分设备产业为主体向两头延伸，上游重点发展工程成套服务业务，下游重点发展工业气体业务，加强工业气体应用研究；二是要“拓横向”，即在发展成套空分设备和关键配套机组业务的同时，兼顾横向发展石化低温相关产业和具有竞争优势的特色产品，如乙烯冷箱、液氮洗冷箱和LNG冷箱等业务，以及低温工程领域的设备；三是在保持国内市场占有率的同时开拓国际市场；四是“做精品”，即不断改进和完善现有的管理体制和生产组织方式，加强协作、提高效率、追求卓越、制造精品。

预计至2020年，我国气体分离设备行业将形成低温工程、装备制造和气体生产三大产业板块三分天下的局面。

4. 措施建议

建议协会在以下几个方面发挥作用：在解读国家宏观经济政策及相关行业的产业政策方面为企业提供指导；对本行业的发展提出指导性的意见和建议；利用协会的桥梁纽带作用，为企业搭建交流、协同的平台。

5. 重大技术装备、共性技术及标准制修订计划

“十三五”气体分离行业重大技术装备产品目录见表5。“十三五”气体分离设备行业重点攻关共性技术见表6。

表5 “十三五”气体分离行业重大技术装备产品目录

编号	产品名称	主要技术指标	需突破的关键技术	市场需求预测
1	10万~15万 m^3/h 等级空分设备	氧产量：10万~15万 m^3/h；氧纯度：99.6%	1. 工程成套技术； 2. 空压机、增压机等关键核心技术； 3. 特大型精馏塔、冷凝蒸发器及板翅式换热器关键技术； 4. 中压膨胀机、液体透平膨胀机核心技术； 5. 径向流分子筛吸附器技术； 6. 阀门、管道、结构件等技术	随着以煤制天然气、煤制油、煤制烯烃、煤制甲醇、煤制二甲醚、IGCC等为代表的新型煤化工行业的兴起，将极大促进对大型、特大型空分设备的需求，特别是10万~15万 m^3/h 等级的特大型空分设备的需求量将极大提高
2	常压贮槽	容积：5万 m^3（LNG）	单容吊顶罐的设计和开发	液化天然气装备市场的开发配套

（续）

编号	产品名称	主要技术指标	需突破的关键技术	市场需求预测
3	真空贮槽	容积:1 000m^3;压力:0.8～1.6MPa	1. 1 000m^3 真空粉末绝热贮槽的设计和开发； 2. 应变强化技术的应用	应用于大型液氧、液氮贮存系统及液化天然气中转站等
4	氧气透平压缩机	气量:8 万 m^3/h;压力:3.0MPa	满足 8 万 m^3/h 等级外压缩空分设备配套,氧压机确保行业领先水平	冶金工业节能改造中应用
5	阀门		满足 15 万 m^3/h 等级空分设备所有配套阀门的国产化,包括： (1)DN1800 三杆阀； (2)DN200、PN100 高压液控节流阀； (3) DN400、PN160 高压氧气放空全 MONEL 调节阀； (4) LNG 用低温闸阀及上装式低温球阀	配套于 10 万～15 万 m^3/h 等级空分设备中
6	低温液体泵		1. 流量 75m^3/h、扬程 800m 及以下的高压液氧泵全面替代进口； 2. 流量 600～800m^3/h、扬程 60m 的超大流量液氧泵； 3. LNG 潜液充车泵与 LNG 罐内泵	配套于特大型空分设备、大型 LNG 液化装置中
7	大型 LNG 设备	单套液化天然气能力≥550 万 t/a	1. 混合制冷剂压缩机等关键技术； 2. 胺液泵、冷剂泵等设备的研制； 3. 大型天然气液化装置成套工程技术的研发； 4. 大型 LNG 板翅式换热器冷箱； 5. 轨道式球阀、高压低温节流阀的研制	综合开发、利用天然气和非常规天然气资源,具有良好的经济效益和社会效益。LNG 将是一个很有发展前景的行业
8	高压板翅式换热器	设计压力:10.0～14.0MPa	1. 确定高压翅片、高压导流片的型式； 2. 试制高压翅片、导流片； 3. 研发真空钎焊工艺,厚壁封头焊接工艺攻关	应用于各种高压工艺流程
9	大型 LNG 绕管式换热器冷箱	直径:6m;长度:60m;重量:400t	1. 绕管式换热器设计计算研究,各种介质的传热机理研究； 2. 绕管式换热器制造工艺的研究	应用于天然气液化装置、石化气体提纯、分离装置中
10	开架式海水气化器(ORV)	气化能力:180～240t/h;设计压力:≥14MPa	1. 气化器的传热设计计算研究； 2. 铝材的防腐研究	应用于大型液化天然气接收站

（续）

编号	产品名称	主要技术指标	需突破的关键技术	市场需求预测
11	稀有气体精制装置	Kr:99.999%；Xe:99.999 5%；He:99.999 5%；Ne:99.995%	1. 最佳的流程组织、精准的流程参数计算； 2. 最优化的泵、阀门的选型配置； 3. 核心单体设备的设计制造	氪、氙应用于照明、中空玻璃、平板电视、电子芯片、空间、卫星、医疗等领域
12	电子气体制取与供应装置	PPb 级超高纯	满足大规模量产工厂对电子气体大流量、不间断和稳定输送的要求	广泛应用于薄膜、刻蚀、掺杂、气相沉积、扩散等工艺
13	化工过程气、尾气分离装置	按工艺要求	采用低温精馏法、吸附法以及二者耦合等不同流程，达到降低初投资与能耗的目的	应用于 $CO-H_2$ 的分离与提纯、CH_4 的提纯、丙烷脱氢等
14	7 万～8 万 m^3/h 空分设备用单轴空压机	流量:34 万～41 万 m^3/h；进口压力:0.08～0.1MPa；出口压力:0.6～0.65MPa；多变效率:87%～89%；机组工况:70%～105%；机组振幅达到国际先进水平	1. 单元模型级技术，包括叶轮、扩压器、蜗壳； 2. 定子结构优化，改善转子稳定性； 3. 导叶结构优化； 4. 转子装配及高速技术，试车工艺优化	预计未来 5 年，8 万～12 万 m^3/h 等级空分设备的国内市场需求量将超过 100 套
15	7 万～8 万 m^3/h 空分设备用多轴空压机	流量:34 万～41 万 m^3/h；进口压力:0.08～0.1MPa；出口压力:0.6～0.65MPa；多变效率:87%～89%；机组工况:70%～105%；机组振幅达到国际先进水平	1. 单元模型级技术，包括叶轮、扩压器、蜗壳； 2. 轴系稳定性优化设计； 3. 大型齿轮箱（含中间惰轴）设计； 4. 大直径齿轮制造工艺； 5. 导叶结构优化； 6. 新涂层工艺； 7. 型环间隙优化； 8. 管路振动分析； 9. 转子装配及高速技术，试车工艺优化	预计未来 5 年，8 万～12 万 m^3/h 等级空分设备的国内市场需求量将超过 100 套
16	8 万～12 万 m^3/h 空分设备用轴流+离心空压机	流量:41 万～62 万 m^3/h；进口压力:0.08～0.1MPa；出口压力:0.6～0.65MPa；多变效率:89%～91%；机组工况:70%～105%	1. 轴向进气轴流段研究； 2. 轴流段基本级和离心段基本级开发； 3. 整机结构优化	预计未来 5 年，8 万～12 万 m^3/h 等级空分设备的国内市场需求量将超过 100 套
17	7 万～8 万 m^3/h 空分设备用多轴增压机	流量:5 万～24 万 m^3/h；进口压力:0.5～0.6MPa；出口压力:4～7.5MPa；多变效率:87%～89%；机组工况:70%～105%；齿轮箱损失控制在3.5%之内	1. 多轴系稳定性优化； 2. 轴端密封优化设计； 3. 端齿结构强度优化； 4. 级间管路布局优化； 5. 五轴齿轮箱设计； 6. 转子高速工艺优化； 7. 叶轮整体加工工艺优化	预计未来 5 年，8 万～12 万 m^3/h 等级空分设备的国内市场需求量将超过 100 套

（续）

编号	产品名称	主要技术指标	需突破的关键技术	市场需求预测
18	350万t/a LNG装置用丙烯离心压缩机	入口流量:20万 m^3/h;入口压力:0.12MPa;出口压力:2.2MPa;整机多变效率:85%;叶轮名义直径:1 410mm;轴功率:55 000kW	1. 考虑气流激振因素的转子稳定性分析技术; 2. 节能型高能量头、大流量系数模型级开发	预计到2020年LNG用量达2 400亿 m^3,每年将产生数十套装置的市场需求
19	350万t/a LNG装置用甲烷离心压缩机	入口流量:40万 m^3/h;入口压力:0.32MPa;入口温度:-100℃;出口压力:4.8MPa;整机多变效率:80%;叶轮名义直径:1 100mm;轴功率:36 000kW	1. 考虑气流激振因素的转子稳定性分析技术; 2. 节能型高能量头、大流量系数模型级开发	预计到2020年LNG用量达2 400亿 m^3,每年将产生数十套装置的市场需求
20	350万t/a LNG装置用乙烯离心压缩机	入口流量:55万 m^3/h;入口压力:0.1MPa;入口温度:-100℃;出口压力:1.8MPa;整机多变效率:85%;叶轮名义直径:1 300mm;轴功率:47 000kW	1. 考虑气流激振因素的转子稳定性分析技术; 2. 节能型高能量头、大流量系数模型级开发	预计到2020年LNG用量达2 400亿 m^3,每年将产生数十套装置的市场需求
21	550万t/a LNG装置用MR1混合冷剂离心压缩机	入口流量:25万 m^3/h;入口压力:0.29MPa;入口温度:-15℃;出口压力:2.3MPa;整机多变效率:85%;叶轮名义直径:1 000mm;功率:32 000kW	1. 大型机组低温设计和制造技术; 2. 大流量系数、高能头基本级的开发; 3. 大功率高速直联同步电动机研发	预计到2020年LNG用量达2 400亿 m^3,每年将产生数十套装置的市场需求
22	550万t/a LNG装置用MR2混合冷剂离心压缩机	入口流量:65万 m^3/h;入口压力:0.31MPa;入口温度:-45℃;出口压力:3.7MPa;整机多变效率:85%;叶轮名义直径:1 300mm;功率:62 000kW	1. 大型机组低温设计和制造技术; 2. 大流量系数、高能头基本级的开发; 3. 大功率高速直联同步电动机研发	预计到2020年LNG用量达2 400亿 m^3,每年将产生数十套装置的市场需求

表6 “十三五”气体分离设备行业重点攻关共性技术

编号	技术名称	主要研究内容
1	空分设备核心技术和产品的研究	空分设备节能降耗技术研究;能效评估技术研究;工程成套设计技术研究;精准性设计,建立仿真模型;精细化设计技术研究与标准化;空分设备及系统安全性设计研究
2	从天然气中提取氦技术的研究	流程计算、设备研发
3	液氢技术研究	工业用液氢装置的流程计算、设备研发
4	膜分离技术的研究	气体膜分离技术的应用研究
5	海洋工程用气体分离设备技术研究	海洋环境下的低温空气分离设备、常温气体分离设备研发
6	高价值工业尾气的提纯净化技术研究	钢厂尾气、黄磷尾气的提纯净化技术开发

[供稿单位:中国通用机械工业协会气体分离设备分会]

2014 年通用机械行业发展概况

一、通用机械行业总体情况

通用机械行业包括泵、风机、压缩机、阀门、气体分离及液化设备、真空获得及应用设备、过滤及分离机械、干燥设备、减变速机、冷却设备及气体净化设备及能量回收装备 12 个专业。通用机械产品和技术广泛应用于国民经济各领域、城市基础设施建设和国防建设。

2014 年，通用机械行业面对国内外复杂多变而严峻的市场形势，以加快技术进步和转型升级为宗旨，产业产品结构优化调整与开拓创新并举，稳中求进，行业整体发展取得了较好的业绩，各项指标都创历史新高。截至 2014 年年底，通用机械行业规模以上企业达 5 309 家，其中：大型企业 82 家、中型企业 639 家、小型企业 4 588 家；国有及国有控股企业 152 家、集体控股企业 108 家、港澳台控股企业 195 家、民营控股企业 4 165 家、外资企业 532 家、其他企业 157 家。

2014 年，全行业拥有资产总额 7 560 亿元，全年实现主营业务收入 9 384 亿元，完成出口交货值 1 020 亿元，实现利润总额 631 亿元。其中：

大型企业实现主营业务收入 1 637 亿元，同比下降 4.18%；实现利润总额 107 亿元，同比下降 0.94%；出口交货值 237 亿元，同比增长 0.97%。

中型企业实现主营业务收入 2 817 亿元，同比增长 5.69%；实现利润总额 206 亿元，同比下降 1.53%；出口交货值 354 亿元，同比增长 5.69%。

小型企业实现主营业务收入 4 930 亿元，同比增长 9.28%；实现利润总额 318 亿元，同比增长 4.04%；出口交货值 429 亿元，同比增长 11.77%。

国有及国有控股企业实现主营业务收入 835 亿元，同比增长 0.8%；实现利润总额 45 亿元，同比下降 3.12%；出口交货值 80 亿元，同比增长 11.5%。

民营及其他控股企业实现主营业务收入6 905 亿元，同比增长 6.09%；实现利润总额 443.14 亿元，同比下降 0.43%；出口交货值 474 亿元，同比增长 9.22%。

外商及港澳台企业实现主营业务收入1 644亿元，同比增长 6.2%；实现利润总额 142 亿元，同比增长 8.82%；出口交货值 466 亿元，同比增长 4.48%。

二、2014 年通用机械行业经济运行特点

2014 年，通用机械行业发展速度明显放缓，行业经济运行增速呈现前高后低、稳中有进、中低速运行态势。

1. 产品产量温和增长

2014 年，通用机械行业统计的 6 种产品产量累计同比保持增长。其中：泵产品产量同比增幅较上年提升 6.04 个百分点；风机产品产量同比增幅较上年提升 6.83 个百分点；压缩机产品产量（其中 85% 以上是制冷空调压缩机）同比增幅较上年回落 5.22 个百分点；阀门产品产量同比增幅较上年回落 4.07 个百分点；气体分离及液化设备产品产量同比增幅较上年提升 5.79 个百分点；减速机产品产量同比增幅较上年回落 0.52 个百分点。2014 年通用机械行业主要产品产量完成情况见表 1。

表 1　2014 年通用机械行业主要产品产量完成情况

产品名称	单位	企业数（家）	产量	同比增长（%）
泵及真空设备	万台	884	12 402.58	5.67
风机	万台	267	1 783.67	6.82

（续）

产品名称	单位	企业数（家）	产量	同比增长（%）
压缩机	万台	249	33 648.29	6.60
阀门	万t	1 101	1 031.90	0.05
气体分离及液化设备	万台	89	7.04	1.81
减速机	万台	178	600.60	2.67

2. 通用机械行业主要产品出厂价格指数趋稳

在统计的通用机械行业9种产品出厂价格数据中，4种产品的累计出厂价格指数在100%以上，5种产品价格指数在100%以下。其中：鼓风机101.03%、压缩机100.06%、真空泵100.39%、气体分离及液化设备100.05%、动力式泵99.38%、容积泵99.23%、阀门99.66%、离心通风机99.75%、轴流通风机99.76%。从累计产品出厂价格指数反映出，产品出厂价格趋于平稳和理性，主要表现在：上年价格指数在100%以上的产品，2014年价格指数有所回落；上年价格指数在100%以下的产品，2014年价格指数有所提升。阀门、动力式泵、容积泵价格和离心式通风机价格全年都在低位运行，容积泵价格两年中都在低位运行，行业价格激烈竞争依然存在。

3. 技术改造投资增加，投资完成提速

2014年，通用机械行业完成投资额2 194.28亿元，同比增长25.75%，增速比上年提升9.85个百分点；新增固定资产1 734.99亿元，同比增长39.08%，增速比上年提升20.35个百分点。其中：外商直接投资8.63亿元，同比增长0.50%；设备工器具投资858.30亿元，同比增长26.01%，增速比上年提升8.08个百分点。投资完成速度明显加快，设备工器具投资加速。2014年通用机械行业固定资产投资完成情况见表2。

表2　2014年通用机械行业固定资产投资完成情况

行业名称	完成投资额		新增固定资产	
	本年累计（亿元）	同比增长（%）	本年累计（亿元）	同比增长（%）
行业合计	2 194.28	25.75	1 734.99	39.08
泵及真空设备	492.74	29.22	428.55	51.14
压缩机	189.42	-9.34	111.30	-15.36
阀门	421.74	26.44	354.09	43.41
风机	209.40	14.76	160.12	30.68
气体分离及液化设备	141.73	6.39	121.06	34.23
其他通用机械	739.25	46.26	559.86	50.18

注：表中数据由于四舍五入，合计数有微小出入。

4. 工业增加值保持平稳增长，增速回落

2014年，在通用机械行业各专业中，泵、阀门、压缩机的工业增加值同比增长8.7%，增幅比上年下降2.3个百分点；风机的工业增加值同比增长11.5%，增幅比上年提高1.1个百分点；其他通用机械的工业增加值增幅与上年持平。除风机外，其他专业的工业增加值增速都较上年放缓。

5. 主营业务收入、利润总额同比增幅大幅回落

2014年，通用机械行业规模以上企业5 309家，全年实现主营业务收入9 384亿元，同比增长5.62%，增幅较上年回落7.22个百分点，同比增幅为近年来最低，且呈现持续回落趋势，下滑趋势是行业始料不及的，远超出预期。

2014年，通用机械行业实现利润总额631亿

元，同比增长1.31%，增幅较上年回落9.34个百分点，主营业务利润率也较上年下降0.29个百分点。市场需求不足，成本上涨，企业转型升级、科技投入及节能减排等投入加大，是利润率下降的主要原因。2014年通用机械行业主要经济指完成情况见表3。

表3 2014年通用机械行业主要经济指标完成情况

行业名称	企业数(家)	主营业务收入		利润总额		出口交货值	
		本年累计（亿元）	同比增长（%）	本年累计（亿元）	同比增长（%）	本年累计（亿元）	同比增长（%）
行业合计	5 309	9 384	5.62	631	1.31	1 020	6.97
泵及真空设备	1 306	2 141	7.86	154	1.67	254	10.20
风机	456	909	9.88	65	6.87	61	11.14
压缩机	486	1 852	0.15	106	-1.39	195	3.21
阀门	1 750	2 577	5.66	183	4.47	371	5.3
气体分离及液化设备	457	782	1.67	57	-6.81	73	1.01
其他通用机械	854	1 123	10.58	66	-1.05	66	20.81

6. 外资企业获利能力高于内资企业

据统计显示，外资企业获利能力高于内资企业。国有控股企业主营业务收入利润率5.44%，民营及其他控股企业主营业务收入利润率6.42%，外资及中国港澳台企业实现主营业务收入利润率8.65%。由此可见，外资企业获利能力高于内资企业。外资企业占17.53%的市场份额，利润总额却占行业的22.55%。

7. 产品出口提速，进口增速放缓

(1)中国海关对通用机械行业进出口统计情况。据中国海关对通用机械行业主要进出口产品(47个税号)的统计，2014年进口额119.21亿美元，同比增长0.17%，增速较上年回落8.06个百点；出口额147.26亿美元，同比增长8.47%，较上年提升1.06个百分点。进出口顺差28.05亿美元，再创新高，海外市场开拓加速。其中：24个产品进出口顺差，23个产品进出口逆差。进出口顺差主来源于：泵19.96亿美元，风机、压缩机12.36亿美元，气体分离及液化设备1.57亿美元等。2014年通用机械行业主要产品海关进出口统计如下：

泵及泵配件等进口额44.06亿美元，出口额64.02亿美元，顺差19.96亿美元。其中：真空泵进口额5.29亿美元，出口额1.96亿美元，逆差3.33亿美元。

风机、压缩机及配件进口额25.85亿美元，出口额38.21亿美元，顺差12.36亿美元。

阀门及配件进口额36.76亿美元，出口额34.12亿美元，逆差2.64亿美元。

气体分离及液化设备进口额1.34亿美元，出口额2.91亿美元，顺差1.57亿美元。

分离机械设备进口额3.95亿美元，出口额2.75亿美元，逆差1.2亿美元。

干燥设备进口额3.73亿美元，出口额3.63亿美元，逆差0.1亿美元。

行星齿轮减速机进口额3.52亿美元，出口额1.62亿美元，逆差1.9亿美元。

47个税号的主要产品从50多个国家进口，其中进口金额排名前20位的国家(地区)进口总额占全年进口总额的94.19%。2014年通用机械行业主要产品进口国家(地区)前20位见表4。

表4 2014年通用机械行业主要产品进口国家(地区)前20位

序号	进口国家(地区)	进口金额(万美元)
1	德国	318 437
2	日本	188 787
3	美国	173 917
4	韩国	95 203
5	意大利	74 174

（续）

序号	进口国家（地区）	进口金额（万美元）
6	法国	50 600
7	瑞士	34 383
8	中国台湾	29 011
9	英国	28 223
10	捷克	18 701
11	荷兰	15 201
12	奥地利	14 055
13	新西兰	13 196
14	瑞典	12 359
15	比利时	10 715
16	丹麦	9 959
17	印度	9 892
18	加拿大	9 633
19	西班牙	8 465
20	挪威	7 922

47 个税号的主要产品出口到 190 多个国家，其中，出口金额排名前 20 位的国家（地区）出口总额占全年出口总额的 73.54%。2014 年通用机械行业主要产品出口国家（地区）前 20 位见表 5。

表 5　2014 年通用机械行业主要产品出口国家（地区）前 20 位

序号	出口国家（地区）	出口金额（万美元）
1	美国	323 618
2	日本	90 910
3	中国香港	80 665
4	德国	54 064
5	伊朗	49 300
6	印度尼西亚	46 640
7	俄罗斯联邦	42 692
8	韩国	41 318
9	印度	40 935
10	越南	40 103
11	意大利	35 711
12	泰国	33 280
13	澳大利亚	31 627
14	中国台湾	30 460
15	马来西亚	26 224
16	英国	24 924
17	阿拉伯联合酋长国	24 355
18	加拿大	23 800
19	巴西	22 311
20	墨西哥	20 072

（2）2014 年行业会员企业出口交货值统计情况。据协会统计，2014 年，519 家主要会员企业中有 197 家企业有出口产品，完成出口交货值 110 亿元，同比增长 6.3%。出口交货值列前 30 位的企业完成出口交货值 78.1 亿元，占行业出口交货值总额的 71%。2014 年主要会员企业出口交货值排名前 30 位企业见表 6。

表 6　2014 年主要会员企业出口交货值排名前 30 位企业

序号	企业名称	出口交货值（万元）
1	浙江利欧股份有限公司	115 602
2	陕西鼓风机（集团）有限公司	52 715
3	沈阳鼓风机集团股份有限公司	49 590
4	新界泵业集团有限公司	47 318
5	山东益都阀门集团股份有限公司	44 787
6	丰球集团有限公司	44 651
7	君禾泵业股份有限公司	43 989
8	广东凌霄泵业股份有限公司	28 736
9	江苏超力机械有限公司	28 249
10	苏州鸿本机械制造有限公司	23 853
11	安徽莱恩电泵有限公司	23 206
12	大连深蓝泵业有限公司	22 770
13	浙江盾安阀门有限公司	20 815
14	山东华力电机集团股份有限公司	20 193
15	温岭市鑫磊空压机有限公司	18 613
16	潍坊裕川机械有限公司	15 927
17	北京市阀门总厂（集团）有限公司	15 835
18	南方泵业股份有限公司	15 318
19	赛莱默水处理系统（沈阳）有限公司	14 876
20	中核苏阀科技实业股份有限公司	13 900
21	广东肇庆德通有限公司	13 671
22	浙东高中压阀门有限公司	13 528
23	石家庄强大泵业集团有限责任公司	13 417
24	昆山维萨阀门有限公司	13 094
25	南阳防爆集团股份有限公司	12 585
26	远大阀门集团有限公司	11 877
27	伯特利阀门集团有限公司	10 808
28	杭州制氧机集团有限公司	10 437
29	特福隆集团有限公司	10 382
30	超达阀门集团股份有限公司	10 225

8. 行业重点企业低位运行

据协会对行业 159 家重点企业统计显示，2014 年 1—12 月份累计完成工业总产值 861 亿元，同比增长 0.95%，增幅较上年下降 7.33 个百分点；完成工业销售产值 829.7 亿元，同比增长 0.64%，增幅较上年下降 5.92 个百分点,其中:出口交货值 54.74 亿元,同比增长 18.51%;完成工业增加值 207.48 亿元,同比下降 0.40%,增幅较上年回落 6.46 个百点;实现主营业务收入 812.66 亿元,同比增长 2.87%,增幅较上年回落 3.59 个百分点;实现利润总额 54.78 亿元,同比下降 0.23%,增幅较上年提升 1.46 个百分点。累计订货量 904.26 亿元(其中 130 家企业填报了累计订货量),同比下降 3.03%,增幅较上年回落 9.32 个百分点。

通用机械行业重点企业工业增加值、主营业务收入、利润总额、累计订货量各月累计同比增速低于上年同期,且都呈负增长态势,增速波动较大,年末出现翘尾形态。年末应收账款净值同比增长 4.4%,创近十几年增速低点。产成品库存同比增长 13.45%。从这两项指标也反映出市场需求的不足。

对 159 家重点企业的主营业务收入、利润总额、累计订货量指标分析如下:33 家企业的主营业收入同比增长两位数以上,77 家企业的主营业务收入同比下降。51 家企业的利润总额同比增长两位数以上,76 家企业同比下降,18 家企业亏损。在填报数据的 130 家企业中,35 家企业累计订货量同比增长 20% 以上,61 家企业累计订货量同比下降,其中,19 家企业累计订货量同比下降 20% 以上。

三、结构调整取得阶段性成果

1. 高端装备不断取得新成果

多年来,通用机械行业在为国家能源装备配套的风机、泵、压缩机、阀门等重要的辅机及配套产品上,投入了大量的人力物力,瞄准国家重大装备项目不断攻关、研发、创新,满足了国内大型装备的需要。在承担重大装备制造的同时,沈阳鼓风机集团股份有限公司(简称沈鼓集团)、杭州制氧机集团有限公司(简称杭氧集团)、陕西鼓风机(集团)有限公司(简称陕鼓集团)等行业龙头企业,也站在了国际制造商的行列。

沈鼓集团继续实施自主创新赶超战略,致力于高端装备产品研发,重点开发了 54 种世界级新产品并形成系列,完成了 200 多项重大技术攻关。当前,世界上只有少数几家跨国公司能够设计制造百万吨乙烯三机组(乙烯、丙烯、裂解气压缩机)。120 万 t 乙烯三机组代表了世界离心压缩机制造领域的最高水平,是压缩机制造企业研发、设计、工艺、制造能力及管理水平的综合体现,沈鼓集团则已实现突破。2014 年 9 月 2 日,沈鼓集团与中海石油炼化有限责任公司惠州炼化分公司签约 120 万 t/a 乙烯裂解装置三机组项目。

沈鼓集团还与神华宁煤集团签署了 10 万 m^3/h 空分装置首台国产化压缩机组的合同。此举标志着沈鼓集团成为继西门子、曼透平之后,世界上少数几个能研制 10 万 m^3/h 空分压缩机的企业。自主研制 10 万 m^3/h 等级空分压缩机,开启了沈鼓集团实现重大技术装备国产化历史征程,10 万 m^3/h 空分压缩机组是沈鼓集团自制造压缩机以来设计、制造难度最大的一个项目。沈鼓集团调集了优势力量展开集中攻关,并在营口新厂区建设了国内最大的 10 万 kW 试车台位,以满足 10 万 m^3/h 空分压缩机的全负荷性能试验的需要。

沈鼓集团成功研制开发了国际最大型、最先进的 1 500kN 大推力往复式压缩机和 HS2000 系列高转速压缩机。该系列压缩机最高设计杆载荷为 250kN,单列最高功率可达到 500kW,最高设计转速 100r/min。

杭氧集团凭借强大的技术实力已成为世界五大气体设备制造商之一。2014 年完成主营业务收入 78.76 亿元,利润 3.55 亿元,全年完成大型空分成套设备 16 套。

阀门国产化取得新成果。自 2010 年以来,在国家能源局的支持下,确定了“超(超)临界火电机组关键设备国产化”示范工程,通用机械行业组织了 50 多家企业进行联合攻关研发,2014 年完成了超(超)临界火电机组一、二类关键阀门,在示范电厂成功替代了进口产品,国产化率达到 75% 左右,三类阀门国产化率达到 85% 左右。随着关键阀门国产化的推进,2014 年 11 月又组织开展了“推进超(超)临界火电机组阀门执行机构国产化方案”。超(超)临界火电机组需要配套电动执行机构 600

多台、气动执行机构200多台、气液联动执行机构20多台，而当前调节型执行机构的国产化率不足10%，随着一、二、三类阀门的国产化，执行机构的国内市场将会有明显增加。煤化工阀门国产化项目也正在推进。

广东省佛山水泵厂有限公司不断寻找新的增长点。该厂研制出全球第一套大气量、高排压的串联火炬气压缩机，该压缩机在洛阳石化、延长石油顺利投入运行，成功取代原有的螺杆压缩机，在火炬气回收领域处于国际领先水平；研制出全球首台大流量（60m^3/min）、高排压（0.8MPa）亚硝气压缩机组。该机组是在与国外同行的同台竞标中凭着先进的技术赢得的，并在中科合成油石油公司成功投入运行；研制出填补国内空白的大流量VCM回收压缩机组，并在新疆天业PVC项目投标中成功中标。之前国内大流量VCM压缩机基本都是采用日本或德国进口产品，该机组这次在新疆天业PVC项目中中标和投入运行，从而取代了原日本进口的机组。

2. 产品结构调整由单一产品向多元化、多用途产品发展取得新成果

杭氧集团以空分设备为核心，延伸产业链的结构调整取得成果。2014年，国内空分设备市场持续低迷，钢铁行业空分设备需求继续走低，煤化工项目停顿、观望，价格竞争白热化，杭氧集团以品牌为依托、以先进的技术和设计为支撑，石化产品类型不断完善，石化类项目订货量不断增加。杭氧集团加强技术型服务，全年为112套空分设备无偿提供售后服务。杭氧集团气体产业发展更上新台阶，气体产业总投资66.8亿元，资产达47.9亿元，制氧容量102万m^3/h，拥有气体公司28家，运行18家，全年销售额27.9亿元，同比增长49.9%。全年申请专利59项，授权40项，其中发明专利3项。杭氧集团共有专利165项，发明专利33项，并获得“中国能源装备十大自主创新企业奖”，确立了杭氧集团在我国能源装备领域的重要地位。

陕鼓工程技术有限公司在煤气发电领域实现新突破。该公司与连云港兴鑫钢铁有限公司签订了25MW煤气及3MW饱和蒸汽综合利用工程EPC总承包合同。

陕鼓动力股份有限公司成功签约浙江华友公司2套46t/h水蒸汽压缩机项目。该公司的水蒸汽压缩机已经应用到食品加工、医药、有色金属冶炼、化工高盐废水处理、造纸、制盐等通用机械行业领域。陕鼓动力股份有限公司还签订了我国首套出口海外的水蒸汽压缩机，该压缩机将应用于UCI制盐项目。

江苏金通灵流体机械科技股份有限公司加大科技投入，不断完善产品系列，增加产品品种，扩大产品应用领域，提升了企业市场竞争力。2014年，该公司申请专利7项，其中发明专利4项，获得专利授权10项。研发了新型谱双级动调轴流风机和大流量、高压比三元流离心鼓风机，当前新的叶型已经应用在伊泰新疆能源项目中；新增了空气压缩机、蒸汽压缩机系列产品，开发了当前亚洲最大MVR系统的202t/h蒸汽压缩机，并一次性试车成功；宝钢湛江项目首台（套）高速三元流单级高速焦炉煤气排送鼓风机一次性试车成功；完成了国内首台（套）30MW再热式汽轮机的产品设计、工艺编制等工作，第一台向心式透平汽轮机完成了试运行。垃圾焚烧发电站用6MW高速汽轮机，在消耗相同的蒸汽量下，比同类产品多发电260kW·h，效率提高4%以上。

上海凯泉泵业（集团）有限公司研制的“黄岛国家石油储备地下水封洞库工程潜没油泵/水泵”通过现场验收。黄岛国家石油储备油库基地是我国首批规划建设的4个地下水封洞库的第一个，潜没油泵/水泵是其关键设备。特别是潜没油泵，其流量1 200m^3/h、扬程189m，连同电动机一起要安装在超过150m深的库底，对其安全可靠性要求极高，国际上也只有个别公司能达要求。上海凯泉泵业（集团）有限公司历时3年多成功研制出潜没油泵，填补了国内空白，产品技术达到国际先进水平。

中国有色（沈阳）泵业有限公司自成立之日起，一直致力于大型隔膜泵的自主研发，当前已经开发出具有国际先进水平的第四代隔膜泵，解决了在苛刻工况条件下固液混合浆料输送设备连续运转等关键难题，其技术和性能指标达到了当今国际同类

产品的先进水平。经过多年的市场拓展，该公司取得多项第一的优秀业绩：为太原钢铁集团尖山铁矿精矿输送系统研制的隔膜泵，使隔膜泵成功打入铁精矿长距离管道输送领域；应用在中国黄金集团内蒙古矿业公司的隔膜泵最大流量已提升至630m^3/h；在中国黄金集团西藏华泰龙公司项目中，创造了世界上大型隔膜泵首次应用在海拔4 600m高原的业绩；在煤炭管道输送领域，击败国内外大型隔膜泵供应商，签订了“神渭管道输煤项目”中的隔膜泵供货合同，合同总金额高达3.63亿元。该项目是陕西煤业集团的重点项目，是当前世界上最长的管道输煤工程，线路全长727km，项目包括30台三缸单作用隔膜泵，年运输基精煤1 000万t，是煤炭输送方式的重大创新示范项目。

苏州纽威阀门股份有限公司随着市场对高端阀门需求的不断发展，立足于产品最终用户，针对各种严苛工况进行产品研发和创新，2014年成功研制了多项新产品。如“核电重大专项CAP1400主蒸汽安全阀”通过设计评审；成功研制压力138.0MPa的调节阀组；研制的超低温平面结构升降式止回阀，其技术水平领先于国内厂家，在国际上也处于先进水平，当前已经小批量生产，并且已开始进行市场推广；研制的顶装式超低温三偏心蝶阀，达到国际先进水平，当前已经完成产品鉴定；研制的高温高压三偏心蝶阀和大口径偏心蝶阀，满足了市场对高端蝶阀的需要，检验合格并交付使用，已经开始进行市场推广；研制的00LB偏心旋转调节阀，处于国内领先水平，已开始进行市场推广；研制的耐冲刷角型调节阀，配备气动和电动执行器，可使用于造船和海工行业，已经开始进行市场推广；研制的BDG系列高磅级超低温上装式浮动球阀，适用于LNG、LPG等工况，已经开始进行市场推广；研制的钛材阀门，可适用GGC阀、球阀和蝶阀等，在国内处于领先地位，当前已经小批量生产；研制的高磅级超低温上装式球阀，遵循API 6D、ASME B16.34、SHELL MESC SPE 77/200、BS 6364等设计标准，已经开始进行市场推广；研制的超低温双瓣止回阀，主体材料采用CF3/CF3M/CF8/CF8M等材质，当前已经小批量生产；特别为LNG行业研制的超低温顶装式高压球阀，技术水平在国内是佼佼者，当前样机正在试制阶段；研制的DIB结构高压侧撞低温固定球阀（10BTG9），可采用机械式、电动和液压驱动，已经开始进行市场推广。

山东华成集团有限公司完成了水球真空泵成套系统。以前国内的水环真空泵的销售几乎全是以销售单泵为主，极少有用户订成套设备。随着矿山、矿井企业对安全生产的重视，当前基本要求实现在线、实时、动态控制，因此水环真空泵成套系统应运而生。该系统要求至少配分离器、冷却器（换热器）、补液泵、阀门、仪表、管件以及控制装置，形成闭式循环，并且要求与企业的OCS系统相连，对液位、压力等进行在线控制。

井下移动式水环真空泵成套系统是机电一体化的杰出代表，它由泵、交流变频器、缺水保护装置、气水分离器及气体闭锁装置等组成，能够实现气体科学抽放、检测闭锁，缺水断电自动停机，恒水位气水分离，气体流量测定及电动机综合保护等功能。该系统具有气体抽放量无级调节、易安装、易移动、易操作、运行安全可靠，结构合理、一机多用，高效、节能、环保等特点，适用于大中型矿山、矿井有害气体抽放、探水、探断面时使用。

2014年开山集团不断增加产品品种，提高产品档次，向高端领域迈进。研发了气体膨胀发电机、煤层气压缩机、天然气增压机等高效节能型螺杆真空泵、螺杆鼓风机。

国茂减速机集团有限公司投资8亿元，征地面积13.87万m^2（208亩），规划建筑面积11.38万m^2，建设年产30万台人斜齿轮减速电动机项目，计划2015年年底投产，届时实现产值18亿元。该公司不断加大研发投入，产品研发取得新成果，研制出GMLX170和GMLX330水泥立磨减速机，使公司产品品种不断增加，产品系列不断完善，在行业中的竞争力不断增强。当前，该公司已有专利28项。

3. 企业更加重视管理及精益生产，不断提高产品品质

企业在转型升级过程中，更加重视节能降耗、

精细化管理、控制成本及人才结构优化，不断提升管理水平。例如，杭氧集团 ERP 三期已经完成，BI 系统开始实施，正式开启信息化管理。

4. 产品检测实验手段及设备水平不断提升

随着行业企业制造能力的不断提升，其对产品品质也更加重视，对产品检测、实验设备的投入不断加大。如沈鼓集团建设的 10 万 m^3/h 大型空分装置压缩机组的试验台具有国际领先水平，填补了国内空白。

上海凯泉泵业（集团）有限公司近几年技术改造项目总投资 2 亿元，其中建设投资 1.5 亿元，建成了流量 13 000m^3/h 泵试验台等。该项目 2014 年初通过验收并投入运行使用。

山东华成集团有限公司建设厂房面积 1.3 万 m^2，购置大型加工、检测设备 30 余台（套），制造了超大型真空成套系统。购置加工、热处理、测试设备 20 余台（套），以便提高检测精度，扩大测试范围，为电力环保通用机械行业提供高效节能产品，为联盟内企业提供泵信息咨询、产品设计、精密模具制造、原材料化验、零部件检测、泵全性能测试及专业人员培训等。

山东长志泵业有限公司购置研发设计、分析软件，扩建测试中心，购置设备 10 余台，试改造实验台。

广东省佛山水泵厂有限公司投资建设了产品实验室，申报广东省重点实验室，并纳入佛山市创新城市建设重点工程项目，获得了佛山市财政支持。

5. 通用机械行业各专业之间联合愿望更加强烈

随着机电一体化进程的加快，通用机械行业企业的产品由单一产品生产向成套交钥匙工程和工程成套发展。同时，通用机械行业的泵、风机、压缩机、阀门、气体分离及液化设备、真空获得及应用设备、过滤及分离机械、干燥设备、减变速机、冷却设备、能量回收装备 12 个专业之间更加积极寻求合作，行业界限开始模糊。

6. 通用机械行业对产品外观的设计理念发生了变化

通用机械行业在注重产品内在品质的同时，也开始注重产品的工业外观设计，让工业品做到人性化、可亲，改变以往粗大黑的形象。例如，柳工的压缩机外立面采用了明黄色，使产品具有了视觉冲击效果，美化了工作环境。这种颜色的使用对于通用机械行业的产品是前所未有的，体现出传统工业产品的外观设计理念发生了变化。

四、通用机械市场环境分析

1. 部分重要服务领域消费峰值提前到来

钢铁：2014 年，我国粗钢产量 8.22 亿 t，同比增长 1.2%，占全球市场产量（16.62 亿 t）的近 50%。当前，我国粗钢年产能约 10 亿 t，而需求峰值不超过 8.0 亿 t。

煤炭：2014 年，我国煤炭产量 38.78 万 t，同比下降 2.5%，占全球原煤产量（79 亿 t）的 49%。当前，我国原煤年产能为 45 亿 t，而需求峰值不超过 40 亿 t。

水泥：2014 年，我国水泥产量 24.8 亿 t，同比增长 2.3%，占全球产量（40 亿 t）的 62%。当前，我国水泥年产能超过 36 亿 t，而需求峰值为 24 亿 ~ 25 亿 t。

炼油：2014 年，我国原油一次加工量达 5.02 亿 t，同比增长 5.3%，成品油消费量 3.1 亿 t，折合原油加工量为 4.5 亿 t。当前，我国原油年加工能力 7.5 亿 t，年产能超过 3 亿 t。

2. 通用机械行业面临的机遇

“一带一路”战略，中国装备“走出去”战略，《中国制造 2025》规划，三部委《煤电节能减排升级与改造行动计划（2014—2020）》，保障能源供应、调整能源结构战略，以及振兴东北、西北大开发等一系列国家经济发展战略都将为通用机械行业的发展带来新机遇。

3. 重要服务领域分析

核电是当前我国唯一可以大规模利用的高效、清洁非化石能源，是保障我国能源供应、调整能源结构的重要选择。我国坚持自主发展核电方针，即自主设计、自主制造、自主建设、自主运营。核电走出去就是核电装备走出去，当前已建成、在建出口 6 套机组，与英国、阿根廷等国家签订了合作意向。

预计到2020年，核电装机容量达到5 800万kW，在建3 000万kW。我国石油、天然气对外依存度不断提高，长输管线建设、天然气液化和接收站建设将有持续发展机遇。以煤制气、煤制油、煤制烯烃为代表的煤炭深加工将在统筹规划前提下适度发展。页岩气、煤层气等非常规天然气开发可能成为通用机械制造业的重要增长点。

五、行业经济运行存在的问题

1. 传统市场持续下滑

传统主机市场需求萎缩，新增项目减少，改造项目增加，但改造项目增量远远不能满足行业产能，企业明显感到市场增量与上年同期相比呈下滑趋势，行业形势日趋严峻。

2. 订货下降，合同存量不足

近两年来，行业形势持续严峻，2014年传统市场需求下滑突显，合同订货量持续不足，致使2015年应交货合同量下降，对2015年上半年造成不利影响。

3. 应收账款质量下降

受经济形势不景气的影响，通用机械行业应收账款增速放缓，有些用户推迟收货，或以各种不正当理由拒付货款，回款难度加大。

六、2015年通用机械行业发展形势

从宏观形势看，我国经济发展已进入新常态，这种新常态对通用机械行业产生重大、深刻、全面的影响，机遇与挑战并存。

从行业形势看，在新常态下，传统制造业必将面临转型升级的压力和挑战。通用机械行业的转型升级已在行业中达成共识，转型升级正在进行中。通用机械行业今后发展面临的趋势性变化：一是增长动力正在向多元化格局发展；二是价格竞争由低端产品向全产业链竞争展开；三是用户需求向个性化发展；四是行业竞争更加剧烈；五是市场新建项目大幅下降；六是行业边界已开始模糊。在这种形势下，行业企业既要优化现有产品，又要打造未来产品，既要做好稳增长、调结构，又要努力实现转型升级。

由于我国经济发展增速放缓，近两年通用机械行业经济运行呈下行态势，2014年，通用机械行业主营业务收入增速是十几年来的新低，行业落后产能出局的风险加大。随着通用机械行业逐步淘汰一些落后产能，通用机械行业的优质资源仍将保持中速发展态势。2015年，国家宏观经济增长在合理区间运行，发展增速7%左右，政策导向将进一步扩大内需，稳定投资增速。通用机械行业拥有近万亿元的产值规模，产品多属于配套和辅机，应用领域极其广泛，因此，预测2015年通用机械行业主营业务收入同比增长5%，利润总额同比增长3%，出口交货值同比增长7%。

〔撰稿人：中国通用机械工业协会李多英〕

2014年通用机械行业进出口分析与需要关注的问题

一、2014年通用机械行业进出口情况

据中国海关统计，2014年，通用机械行业进出口总额915.79亿美元，同比增长5.12%。其中：进口额288.61亿美元，同比增长0.31%；出口额627.18亿美元，同比增长7.5%。进出口顺差为338.57亿美元。

1. 多数产品进口增长，气体压缩机和工业用除尘器进口下降

全行业9种主要产品中，进口同比增长的有7种，进口同比下降的有2种。

（1）液体泵。进口11 741万台，进口额32.43亿美元，同比增长5.52%。其中进口额较高的产品主要有电动往复式排液泵、液压往复式柱塞泵和电动回转式齿轮泵等。

(2)真空泵。进口225万台,进口额5.28亿美元,同比增长3.78%。

(3)气体压缩机。进口2 643万台,进口额17.59亿美元,同比下降12.42%。

(4)制冷用压缩机。进口1 198万台,进口额11.64亿美元,同比增长1.29%。其中进口额较高的产品是0.4kW < $P \leqslant$ 5kW的制冷用压缩机。

(5)制冷空调机械。进口33万台,进口额3.14亿美元,同比增长25.27%。其中进口额较高的产品有机动车上用空调器、500L以上冷藏冷冻组合机等。

(6)气体分离设备。1.5万m^3/h及以上的制氧机没有进口,液化空气或其他气体的机器(不含制氧机)进口额较高。

(7)工业用除尘器。进口9 640万台,进口额7.97亿美元,同比下降0.33%。其中进口额较高的产品有工业用静电除尘器、工业用袋式除尘器等。

(8)塑料机械。进口2.1万台,进口额20.47亿美元,同比增长9.36%。其中进口额较高的产品有注塑机、塑料造粒机、其他挤出机和挤出吹塑机等。

(9)阀门。进口额79.29亿美元,同比增长0.11%。其中进口额较高的产品有减压阀、油压传动阀、气压传动阀、止回阀、安全阀或溢流阀、电磁式换向阀等。

从上述通用机械产品进口情况可以看出:

一是进口额较高的大类产品中,各类阀门进口额最高,进口额达79.29亿美元;其次是各类液体泵,进口额32.43亿美元;再次是塑料机械,进口额20.47亿美元。

二是单个产品进口额较高的产品中,油压传动阀进口额最高,进口额8.49亿美元;其次是注塑机,进口额7.43亿美元;再次是电磁式换向阀,进口额5.13亿美元。

进口产品反映了我国企业的需求,也说明我国产品与国外产品的差距,我国企业应结合上述情况,确定产品研发重点并加快发展。

2. 出口全面增长,工业用除尘器出口高速增长

全行业9种主要产品出口全面增长。因国际市场对环境保护的要求越来越高,工业用除尘器需求旺盛,出口增速大大高于其他产品。

(1)液体泵。出口20.9万台,出口额45.18亿美元,同比增长14.41%。其中出口额较高的产品主要有电动往复式排液泵、电动回转式叶片泵和10 000r/min以下离心潜油泵等。

(2)真空泵。出口404.4万台,出口额1.95亿美元,同比增长12.4%。

(3)气体压缩机。出口25 370万台,出口额27.9亿美元,同比增长18.82%。

(4)制冷用压缩机。出口6 771.4万台,出口额32.62亿美元,同比增长6.04%。其中出口额较高的产品是0.4kW < $P \leqslant$ 5kW的制冷用压缩机。

(5)制冷空调机械。出口3 917万台,出口额57.64亿美元,同比增长10.55%。其中出口额较高的产品有机动车上用空调器、500L以上冷藏冷冻组合机等。

(6)气体分离设备。1.5万m^3/h及以上的制氧机出口额3 190万美元,1.5万m^3/h以下制氧机出口额1.11亿美元。

(7)工业用除尘器。出口33 761万台,出口额9.94亿美元,同比增长52.49%。其中出口额较高的产品有工业用静电除尘器、工业用袋式除尘器等。

(8)塑料机械。出口21.2万台,出口额18.71亿美元,同比增长7.15%。其中出口额较高的产品有注塑机、塑料造粒机、其他挤出机和挤出吹塑机等。

(9)阀门。出口额152.16亿美元,同比增长9.42%。其中出口额较高的产品有减压阀、油压传动阀、气压传动阀、止回阀、安全阀或溢流阀、电磁式换向阀等。

从上述通用机械产品出口情况可以看出:

一是工业用除尘器出口高速增长,出口额9.94亿美元,同比增长52.49%,增速居各大类产品之首。说明国际市场需求较多,有关企业应努力扩大

出口。

二是阀门出口额遥居各大类产品之首,出口额达152.16亿美元,说明国际市场需求量大。我国生产阀门的企业众多,应保持和扩大这一优势产品的出口。

三是单个产品出口额较高的产品中,注塑机出口额最高,出口额10.07亿美元;其次是500L以上冷藏冷冻组合机,出口额7.54亿美元;再次是10 000r/min以下离心潜油泵,出口额6.99亿美元。

二、需要关注的问题

据国际货币基金组织2015年4月发布的《全球经济展望》报告显示,2015年全球经济增长预测为3.5%。该报告中指出,相比2014年,2015年发达经济体的前景正在改善。由于一些大型新兴市场经济体和石油出口国的增长前景减弱,预计新兴市场和发展中经济体的增长将放缓。

2014年12月11日结束的中央经济工作会议指出,世界经济仍处在国际金融危机后的深度调整期,2015年世界经济增速可能会略有回升,但总体复苏疲弱态势难有明显改观。要趋利避害、顺势而为,防范各类风险。

中央经济工作会议关于经济发展新常态的重要论断,准确反映了我国经济发展的阶段性特征。机械工业是我国经济的基础性产业,是支撑我国经济平稳运行的重要力量,是经济结构调整的重要战场。在我国经济发展的新常态下,机械工业出口额将从两位数的高速增长转为一位数的中高速增长。出口产品将从低附加值产品居多转为低附加值产品和高附加值产品并重发展。

从国际市场需求分析,我国部分通用机械产品比较优势依然存在,同时新的竞争优势逐步形成,企业抵御风险、拓展市场和创新发展能力明显增强。我国政府发布了支持外贸稳定增长的一系列政策措施,我国企业的国际竞争力将有所提高。但是,通用机械部分产品产能严重过剩较为突出,企业生产经营仍然面临较多困难。同时由于人民币汇率不断波动和我国劳动力成本上升,以及资金、环保等投入要素价格上涨等因素,造成出口成本增加,为进一步扩大出口带来众多困难。当前需要关注以下两个问题:

(1)继续调整结构,加快转型升级。通用机械出口产品总体上技术含量不高,劳动密集型和低附加值产品占一半以上,加工贸易产品(含来料加工、进料加工、来件装配、贴牌生产)占有相当比重。近几年来,通用机械行业在调整结构、转型升级方面取得了明显进展,一批中高档产品在国际竞争中取得了竞争优势。

当前要针对进口量大的产品,如电动往复式排液泵、液压往复式柱塞泵、电动回转式齿轮泵、机动车上用空调器、500L以上冷藏冷冻组合机、工业用除尘器、注塑机、塑料造粒机、其他挤出机、挤出吹塑机、减压阀、油压传动阀、气压传动阀、止回阀、安全阀或溢流阀、电磁式换向阀等,重点研制开发,争取替代进口,加快转型升级,不断拓展国际市场空间。

(2)积极参加"一带一路"建设。"一带一路"是我国发展的重要战略。当前,丝绸之路经济带已逐步展开,着力于陆地的基础设施建设,如铁路、公路、发电和输变电设备等。海上丝绸之路建设已组织专门班子,规划发展。通过一些国家的港口设施建设,扩大海上流通,发展互利互通。建议有关企业及时了解进展情况并积极参与相关项目的建设。

〔撰稿人:郑国伟〕

(本栏目编辑:任智惠)

专文

介绍冷却设备行业发展概况、江苏省阀门行业发展情况和永嘉泵阀产业发展情况，杭氧特大型空分设备及核心部机研发情况

专文

2014 年我国冷却设备行业发展概况

2013 年,全国总用水量为 6 183.4 亿 m^3,其中工业用水量为 1 409.8 亿 m^3。工业用水中 70% ~ 80% 为冷却用水,可以循环冷却重复使用,所以采用循环冷却水系统是节约用水措施的重中之重,而冷却塔正是冷却循环水系统中的关键设备。冷却设备作为节水的主要设备之一,广泛应用于石油化工、电力、能源、冶金、钢铁、食品、轻工、纺织、空调制冷等国民经济各领域。

随着我国经济的发展,我国已发展成为冷却设备消费及制造大国,有数百家冷却塔、空冷器、冷凝器及配套产品生产企业。2014 年,受国内外经济形势影响,冷却设备行业下行压力较大,但随着节能减排政策和最严格水资源管理政策的落实,以及节水节能型冷却设备的研发、应用,冷却设备行业将得到进一步发展。

一、行业发展现状

1. 市场格局

冷却设备行业与电力、石化、钢铁、冶金、基建等行业息息相关,受国内经济形势影响,2014 年冷却设备行业下行压力加大。据中国通用机械工业协会冷却设备分会统计,2014 年冷却设备市场需求约为 128.4 亿元,同比下降 10%。其中,冷却塔市场需求约为 84.7 亿元,空冷器市场需求约为 43.7 亿元。在冷却塔领域,工业塔的市场需求约为 43.2 亿元(其中闭式塔的市场需求约为 18.6 亿元),占冷却塔市场需求的 51%;商业塔的市场需求约为 41.5 亿元,占冷却塔市场需求的 49%。

2. 行业区域分布与产业规模

我国冷却设备行业虽然起步较晚,但是发展很快,形成了几大产业集聚区。其中,冷却塔生产企业主要集中在江苏的常州、无锡、吴江,浙江的绍兴,广东的广州、东莞,山东的德州、潍坊,河北的沧州、枣强、衡水,河南的沁阳以及上海等地区。空冷器骨干生产企业较少,全国仅 10 家左右。

据中国通用机械工业协会冷却设备分会统计,2014 年,我国冷却塔生产企业中年销售额在 1 亿元以上的企业有 15 ~ 20 家,年销售额在 5 000 万元以上的企业有 35 ~ 40 家,年销售额 1 000 万 ~ 5 000 万元的企业有 50 ~ 60 家。其中,年销售额最多的为 6 亿多元,最少的只有几十万元。由于空冷器生产企业较少,市场集中度较高,企业年销售额最少的超过 2 亿元,最多的约 10 亿元。

自 20 世纪 70 年代我国引进 8 套为大化肥装置配套的 600 型木结构横流冷却塔之后,斯必克(广州)冷却技术有限公司、巴尔的摩冷却系统(苏州)有限公司、大连斯频德环境设备有限公司、益美高(上海)制冷设备有限公司、北京基伊埃能源技术有限公司、哈蒙冷却系统(天津)有限公司等外资企业进入我国,并且凭借其技术及品牌优势,占据了一定的市场份额,尤其是在一些重大项目和重点领域,基本处于垄断地位。

3. 主要产品发展现状

(1)工业塔发展现状。2014 年,我国工业塔的市场需求约为 43.2 亿元,占冷却塔市场需求的 51%。工业塔主要应用于电力、石油、石化等领域,冷却水量较大,对生产企业的技术力量和资金实力要求较高,相对来说从业门槛较高,市场集中度也较高。由于我国大型能源建设项目减少,对工业塔市场有一定的影响,但是旧塔改造工程较多。此外,工业塔在节能节水技术上也取得了一些成就,当前已接近国际领先水平,其发展前景仍十分可观。如:已建成多座淋水面积超 10 000m^2 的超大型自然通风常规塔、海水冷却塔、排烟冷却塔、“三合一”冷却塔和间接空冷塔等,正在研究适用于内陆核电淋水面积将达到18 000m^2、高度超过200m以上的冷却塔。

在工业塔领域，江苏海鸥冷却塔股份有限公司拥有较高的市场占有率，2014年，该公司总营业收入为5.35亿元，同比增长7.1%。此外，中化工程沧州冷却技术有限公司、常州科慧制冷设备有限公司、江苏双辉环境科技有限公司等国内的工业塔生产企业和斯必克（广州）冷却技术有限公司、北京基伊埃能源技术有限公司、哈蒙冷却系统（天津）有限公司等外资企业也占据了一定的市场份额。

2014年，工业塔中闭式塔的市场需求约为18.6亿元。闭式塔主要应用于工业电炉、锻造、铸造、热处理、锅炉、化工、光伏等行业。由于钢铁、光伏等产业不景气，间接影响了闭式塔市场。但是近年来，利用闭式塔在过渡季或冬季直接为空调系统提供廉价冷量（free cooling）的技术（又称自然冷却供冷技术）越来越受到业界重视。一些办公或商业建筑由于围护结构隔热性能较好，室内散热设备增多，导致冷负荷增加，甚至在过渡季和初冬都需要供冷。对于该类室内散热冷负荷占主导的建筑，当采用水冷机组时，选用闭式冷却塔不仅环保，而且具有节能优势，即在负荷率较低的过渡季或冬季主机可以停止运行，直接用闭式冷却塔为空调系统末端提供冷量，此时由于室外环境湿球温度较低，可以将管内被冷却水冷却到15℃以下，能够直接为空调末端提供廉价冷量，从而避免了制冷剂系统运行，大大减少了系统耗能。

在闭式塔领域，洛阳隆华传热节能股份有限公司、浙江万享科技有限公司、无锡方舟流体科技有限公司、无锡市科巨机械制造有限公司等企业占有一定的市场份额。斯必克（广州）冷却技术有限公司、巴尔的摩冷却系统（苏州）有限公司、益美高（上海）制冷设备有限公司等外资企业也占据了一定的市场份额。

在一些特殊场合，闭式塔较传统的开式冷却塔有一些独特的优势，如冷却水较清洁、可冷却较高温度的冷却水、可冷却其他工艺流体，且闭式塔价格较高，利润相对较高，因此部分工业塔和商业塔生产企业亦开始涉足闭式塔领域。

（2）商业塔发展现状。2014年，我国商业塔的市场需求约为41.5亿元，占冷却塔市场需求的49%。商业塔主要应用于医院、宾馆酒店、写字楼、购物中心、机场、地铁、数据中心、高科技公司、楼堂馆所、体育馆、影院等场所，市场分布广，前景大。虽然楼堂馆所等基建项目减少，但地铁、机场、医院等公共服务领域需求量仍然很大。

在商业塔领域，上海良机冷却设备有限公司、上海金日冷却设备有限公司、新菱空调（佛冈）有限公司、广州览讯科技开发有限公司、浙江金菱制冷工程有限公司、湖南元亨科技发展有限公司等企业占据了一定的市场份额，其中，广州览讯科技开发有限公司、湖南元亨科技发展有限公司等几家企业发展较快。斯必克（广州）冷却技术有限公司、巴尔的摩冷却系统（苏州）有限公司、大连斯频德环境设备有限公司、益美高（上海）制冷设备有限公司等外资企业也占据了一定的市场份额。

（3）空冷器发展现状。2014年，我国空冷器市场需求约为43.7亿元。空冷器主要应用于炼油、石油化工、电力等领域，尤其在我国淡水资源相对匮乏的“三北”地区，具有节约用水、减少水污染、维护费用低、运转安全可靠、使用寿命长等优点的空冷器，在炼油和石油化工企业众多的冷换设备中，成为不可或缺的一类设备，具有广阔的应用前景。

空冷器的市场集中度高，如洛阳隆华传热节能股份有限公司、哈尔滨空调股份有限公司、双良节能系统股份有限公司、国电集团北京龙源冷却技术有限公司、四川省简阳空冷器制造有限公司、甘肃蓝科石化高新装备股份有限公司、兰州长征机械有限公司、西安大秦化工机械股份有限公司、湖北长江石化设备有限公司、江阴电力设备冷却器公司、北京首航艾启威节能技术股份有限公司等企业也具有一定的竞争力。其中，洛阳隆华传热节能股份有限公司研发的“复合型节能技术装备”入选中国石化“重大技术装备项目”，该公司荣获“2014中国石化装备百强企业”称号。与普通蒸发冷却冷凝器相比，高效节能复合型冷却冷凝装备技术可节水

30% ~50%,节电 10% ~20%,年节省运行费用40%以上。这一技术填补了国内石油、化工、电力、冶金等行业冷却设备多项空白,已形成自主知识产权的系列化产品。在外资企业中,基伊埃(芜湖、廊坊)公司、斯必克(张家口)公司、哈蒙冷却系统(天津)有限公司在空冷式换热器领域具有较强的竞争力,占有一定的市场份额。

二、行业发展特点

据中国通用机械工业协会冷却设备分会对会员企业2014年生产经营状况所做的调查和统计,2014年冷却设备行业呈现出产业升级加快、自动化水平不断提升,自主知识产权保护意识增强,标准化体系不断完善以及企业品牌意识进一步增强等特点。

1. 产业升级加快,自动化水平不断提升

经过多年的发展,我国冷却设备制造业已经具有相当大的规模,企业在做大的同时,创新能力也不断增强。行业中一批新型、高效、节水的制造工艺技术不断被研发出来,产品质量进一步提升,同时也为研制高新产品创造了条件,加快了产业升级的步伐。江苏海鸥冷却塔股份有限公司研发生产的消雾节水型冷却塔,通过提高翅片管换热器的换热效率,以及干热空气和干冷空气的混合效率,年均节水率达15% ~25%,消雾可达零雾效果。该公司研发的自然通风冷却塔高位集水装置,通过改善高位集水装置及连接件的密封性和连接方式,提高高位水槽及辅件的生产加工及安装精度,其水泵扬程相对传统自然通风冷却塔可降低8 ~12m,节能30% ~40%。广州览讯科技开发有限公司通过引进和自行开发全自动填料机、全自动计算机激光切割机、自动滚压成型机、多点冲压及焊接设备等先进的自动化设备,大大提高了生产效率及生产能力,同时也提升了产品质量。

2. 自主知识产权保护意识增强

随着我国经济的发展以及改革开放的深入,知识产权保护作用越来越明显,也是企业赢得竞争优势的重要基础。知识产权保护有力地促进了冷却设备行业自主创新能力的提升,企业申报专利的积极性不断提高。

据统计,1986年至2015年7月,我国冷却塔专利(包括发明专利、实用新型专利和外观专利)数为8 076项,其中2014年专利数为1 505项,占统计数的18.6%。1986年至2015年7月,我国蒸发式冷凝器专利(包括发明专利、实用新型专利和外观专利)数为13 831项,其中2014年专利数为2 146项,占统计数的15.5%。1986年至2015年7月,我国空冷岛专利(包括发明专利、实用新型专利和外观专利)数为177项,其中2014年专利数为55项,占统计数的31.1%。数据显示,2014年冷却塔、蒸发式冷凝器和空冷岛的专利数均是自1986年以来专利数最多的一年。

3. 标准化体系不断完善

标准化工作是制定、执行和不断完善标准的过程,是不断提高产品质量、提升管理水平、提高经济效益的工程,也是促进企业持续发展、推动行业不断进步的过程。

冷却设备行业已形成了设计标准、产品标准、零部件标准、验收测试标准、运行维护标准等较为完善的标准体系。2014年,启动了GB/T 50392—2006《机械通风冷却塔工艺设计规范》的修订工作。

此外,随着国家标准化工作改革的不断深入,协会(团体)标准化工作正迎来发展的大好时机。国家正积极鼓励行业协会、学会、商会等有条件的专业性社会组织以市场需求为导向,制定发布产品和服务标准。2014年,中国通用机械工业协会冷却设备分会已启动《闭式(蒸发)冷却塔》的标准编写工作,预计2016年1月1日起实施,已发布协会标准《干湿式消雾节水冷却塔性能验收测试规范》。

4. 品牌意识进一步增强

经过多年的发展,我国冷却设备行业不断壮大。在经济全球化的今天,我国的商品以及资本输出加快,这其中的关键便是企业品牌的输出。提升企业品牌竞争力,帮助我国企业品牌走出去,将成为提升我国冷却设备核心竞争力的关键。

据中国通用机械工业协会冷却设备分会统计,2014年国内冷却设备市场需求下降,部分规模以上国内企业营业收入总额和利润总额均出现下滑的迹象。但是,BAC、SPX等一些外资公司,凭借品牌优势仍呈现增长态势,且增速明显,在国内冷却设备行业高端市场领域占有很大市场份额,彰显了品牌力量带来的经济效益。

国内规模以上的冷却塔生产企业也意识到品牌的作用和影响力,通过加入国际性的冷却设备行业组织、参与编写冷却塔国家标准、建立先进的综合性冷却塔实验测试中心等途径,不断提升产品的质量和性能,提升企业管理水平,积极拓展国外市场,树立良好的品牌形象,不断推进品牌的国际影响力。

三、行业发展过程中面临的问题

1. 人才匮乏

以冷却塔为例,冷却塔是一门集材料学、物理化学、流体力学、空气动力学、电工学等多学科为一体的综合性很强、实验性很高的系统科学,它需要不断对产品进行测试试验,并对数据进行组合分析处理,调整各运行参数,使冷效、噪声、能耗等主要指标达到一个最优化的效果。对技术人员的专业知识及知识面要求较高,而当前国内高校均未开设冷却设备专业,很多专业技术人员都是其他专业转行而来。

与此同时,行业内许多企业在业内相互挖人的现象很普遍,被挖的人员就将自己所掌握的技术带到其他企业,造成技术、产品雷同。这一方面造成人才匮乏,一方面又打击了企业进行人才培养的积极性。人才匮乏导致行业创新能力薄弱,无法满足市场对新技术、新产品的需求。

2. 市场秩序较为混乱,高端产品竞争力不足

由于行业门槛较低,人才流动性大,导致低水平重复建设,使得中、低端产品产能严重过剩,产品同质化竞争激烈,恶性竞争加剧,甚至达到"白热化"程度。许多企业为了抢夺市场,不顾成本,微利甚至无利也承接订单,"让利不让市"。再有,拖欠货款情况十分严重,生产企业发货后,很长时间拿不到货款,货款被拖欠后,企业的资金被占用,恶性竞争给企业带来沉重的压力,而且短期内难以缓解。

行业内高端产品竞争力不足。一些国家大容量的矿物燃料电站和核电站采用的双曲线型冷却塔,以及煤化工领域采用的消雾节水冷却塔均采用国外技术,如2014年神华宁夏煤业集团承建的为煤制油工艺设施提供ClearSky™消雾节水冷却塔项目,斯必克公司中标。国内产品在高端市场领域很难与国际企业竞争,尤其在核电领域。

3. 研发能力不足

从当前的情况来看,企业研发投入严重不足,缺少资金、人员和研发条件等,这使得产品开发基本上靠模仿,产品升级换代缓慢。主要有两个方面的原因:一是在知识产权保护方面,企业缺乏研发投入的信心和动力,不愿意投入;二是无序化的市场竞争,导致产品的利润不能满足研发所必需的人力资源、资金及装备所需费用。

国内企业可以制造一些高端产品,但还达不到国外同类产品的水平,其中一个主要原因是研发平台与国外有较大的差距,如综合研发平台建设是短板。

4. 自主创新能力弱

企业是自主创新的主体,虽然当前我国企业研发经费的投入已超过政府的投入,但从功能上看,企业并没有成为自主创新的真正主体,究其原因,实质是创新动力不足。此外,在许多地方政府追求速度、扩大投资、追求外延式扩大规模的偏好导向下,使得民营企业宁愿低水平复制扩大生产能力,却吝啬于对技术和人力资源进行投入;宁愿在同类档次产品上进行低水平恶性竞争,也不愿意采取差异化战略、通过自主创新提高效益;宁愿持续跟踪模仿,也不愿意下苦功夫走创新之路。

行业自主创新能力弱主要体现在三个方面:一是研发投入占销售收入的比重仍然处于比较低的水平;二是研发人员占从业人员的比重相对偏低;三是许多企业缺乏对自有的技术人员、管理人员、技术工人的培养和重用,不能很好地发挥他们的聪明才智,创新政策不到位,扼制了这部分人员的创新积极性。

自主创新能力弱、产品技术含量低、企业发展后劲不足在行业内比较普遍。大多数企业进行新产品研发，基本上是边接订单、边设计、边生产的固有模式，满足于应付用户某一方面的需求，缺乏对产品技术发展的全面审视，在某种程度上造成了研发设计的被动性、局限性和工艺的不成熟，还没有形成“生产一代，储备一代，研发一代”的市场竞争良性循环。

2015 年是“十二五”的收官之年，亦是“十三五”的规划之年，国家发布的最严格水资源管理制度、煤电节能减排升级与改造行动计划和《中国制造 2025》战略规划等一系列政策，提出实现制造强国的战略目标和任务，这必将带动我国冷却设备行业逐步由大到强。

“十三五”期间，丝绸之路经济带、21 世纪海上丝绸之路、孟中印缅经济走廊和中巴经济走廊等“走出去”政策，为我国冷却设备行业“走出去”创造了条件，冷却设备产品将随着我国对外投资和工程总承包项目“走出去”，并充分利用零关税的优惠政策扩大产品出口，走向国际市场。

〔撰稿人：中国通用机械工业协会冷却设备分会尹证、张文玲〕

2014 年江苏省阀门行业发展概况

江苏省作为我国阀门工业重要的生产基地之一，是我国阀门生产的主要产业集聚区，集中了全国阀门产量的 25% 左右。据不完全统计，江苏省有大小阀门企业 800 多家，规模以上企业近 280 家，2014 年，江苏省阀门行业完成工业总产值约 600 亿元，约占全国的 24%。当前，江苏省阀门行业生产的阀门产品共十二大类，近 3 000 个型号、10 000 多个规格，基本能够满足国民经济建设和发展的需要，并不断开拓国际市场，产品远销 40 多个国家。

一、江苏省阀门行业经济运行情况

据江苏省阀门工业协会 44 家会员企业主要统计指标分析：2014 年全行业受国内外经济环境的影响，出现了经济指标增长缓慢的趋势，这是近 10 年中经济指标持续增长后，首次出现增幅放缓的局面。

1. 工业总产值略有增长

2014 年，江苏省阀门工业协会参与统计的会员企业完成工业总产值 65.4 亿元，比上年增长 0.41%。其中：中核苏阀科技实业股份有限公司完成工业总产值 10.77 亿元，比上年增长 8.1%；江苏苏盐阀门机械有限公司工业总产值比上年增长 48.7%，增幅位列行业首位；江苏应流机械制造有限责任公司完成工业总产值 1.26 亿元，比上年增长 40.3%；苏州道森阀门有限公司完成工业总产值 2.68 亿元，比上年增长 35.5%。

2. 工业销售产值小幅下降

2014 年，在全面深化改革的形势下，江苏省阀门工业协会会员企业在做好阀门生产的同时，坚持做好阀门产品销售工作，开拓国内外市场，出现了生产略有增长、市场销售小幅下降的局面。参与统计的会员企业完成工业销售产值 63.6 亿元，比上年下降 0.97%。

3. 全行业利润总额与上年基本持平

2014 年，参与统计的会员企业实现利润总额 4.91 亿元，比上年增长 0.04%，与上年基本持平。其中：中核苏阀科技实业股份有限公司实现利润 7 574万元，比上年增长 8.76%；苏州道森阀门有限公司实现利润 3 051 万元，比上年增长 65%，是行业中利润增长率最大的企业；江苏苏盐阀门机械有限公司利润总额比上年增长 33.6%。

4. 企业负债居高不下，资金压力增大

2014 年，江苏省阀门行业虽然产销同步增长，但企业流动资金被大量占用,企业成本上升,进一步加大了企业资金压力。参与统计的会员企业负债总额达34亿元,比上年增长4.36%。企业负债总额和应收账款居高不下,加之人力和环境资源成本快速攀升,挤压了利润空间,企业负债率高,盈利水平降低。

5. 外贸出口再创新业绩

2014年,面对国内外复杂多变的经济形势,江苏省阀门行业企业寻找开拓国际市场的新路子,在提高产品质量的同时,努力提升产品品质,积极与国际阀门行业接轨,提高出口产品的质量水平。参与统计的会员企业完成出口交货值13.3亿元,比上年增长8.86%。除几家企业出口下降外,其他企业都有所增长,有的企业突破零出口的历史,开辟了新的国际市场。各会员企业在搞好内销的同时,发展国际市场,一方面缓和阀门产品国内市场供大于求的局面,另一方面为企业拓展外部市场提供了发展空间。

6. 员工工资收入小幅增长

2014年,参与统计的会员企业工资总额为5.56亿元,比上年增长7.1%;人均工资收入为51 317元/人,比上年增长4.34%。

7. 资产总额有所增长

2014年,江苏省阀门行业企业增加固定资产的投入,主要是改善企业装备和各项基础设施,资产总额达80.2亿元,比上年增长12.2%。

从江苏省阀门行业发展来看,阀门生产企业压力虽大,但是并不是没有出路。在新的经济态势下,创新才是经济结构改革的动力。2015年,阀门制造业将进一步向产品链延伸,制造业服务化将成为企业转型升级的主流趋势,小型化、专业化将成为制造企业发展的新特征。

二、各地区发展现状

1. 苏州地区发展现状

苏州地区拥有中核苏阀科技实业股份有限公司、苏州纽威阀门股份有限公司、苏州道森阀门有限公司、苏州工业园区思达德阀门有限公司、苏州德兰能源科技股份有限公司等一大批阀门企业。

苏州纽威阀门股份有限公司经过10多年的发展,已经成为国内综合实力强的全套工业阀门解决方案供应商,当前已形成以闸阀、球阀、截止阀、止回阀、蝶阀、调节阀、安全阀、核电阀及井口设备为主的九大产品系列,广泛应用于石油、天然气、炼油、化工、船舶、电厂以及长输管线等工业领域。2006—2014年(2010年除外),该公司阀门产品的销售收入一直保持行业第一,2013年完成工业总产值20.76亿元。纽威股份成为IPO重启后第一家成功上市公司,发展运行较为理想,当前仍在利用自我发展优势,加大技改发展步伐,积极开拓国际市场,并与外商建立了战略合作伙伴关系。在巩固现有行业地位的同时,瞄准了装备工业,投资研发精密机床,以满足国内精密机床的旺盛需求。

中核苏阀科技实业股份有限公司积极调整产品结构,实现产品的差异化战略。根据市场的发展趋势,将产品结构的调整方向确定为:做精做强,做高端产品,提升产品的附加值,争取效益最大化;做有自身特色的优势产品,让中核苏阀"H"和"SUFA"品牌成为国内外著名的工业产品品牌。其中石化特种阀门继续领先于行业,赢得了充足的市场份额。当前,已成功研制出38个规格的核级阀门新品,覆盖闸阀、截止阀、止回阀、控制阀、蝶阀、隔膜阀和仪表阀等核级阀门,这些核电阀门样机涵盖了百万千瓦核电站大部分的核级阀门,均顺利通过了国家权威部门专家鉴定,并且与中核集团、中广核集团签订了供货合同。此外,中核苏阀科技实业股份有限公司按照国家核能开发计划,正在积极推进百万千瓦级核电站核级关键阀门(如主蒸汽隔离阀)的国产化进程。2014年完成工业总产值10.77亿元,比上年增长8%;实现工业销售产值10.24亿元,比上年增长9.15%。

另外,苏州高中压阀门厂有限公司的石化、核电两大块业务,仍保持同比增长10%的发展趋势,2014年完成工业总产值2.64亿元。苏州工业园区思达德阀门有限公司API6D阀门外销势头强劲上升,从原来生产阀门零部件到当前转为主要生产整机并出口,2014年完成工业总产值1.4亿元。苏州道森阀门有限公司主要销往美国等国家的API6A系列井口装置与阀门，呈强劲发展势头，2014年完成工业总产值2.67亿元。苏州市燃气设备阀门制造有限公司以生产燃气阀门为主，在全国煤气行业中占有一定份额，2014年完成工业总产值7 780万元。苏州维萨阀门有限公司、苏州德兰能源科技股份有限公司、苏州安特威阀门有限公司等一批民营企业产销两旺，均比上年有所增长。

苏州地区当前形成了股份、民营、外资三类企业并驾齐驱发展的态势，主要发展优势是：有中核苏阀科技实业股份有限公司、苏州纽威阀门股份有限公司、苏州道森阀门有限公司等一批骨干企业的带动，全行业注重品牌意识，坚持完美的质量，增强了国内外客商的信任度，因而产销越做越好。当前苏州地区已形成高中压阀门为主、各类阀门为辅的规模型生产基地，并形成了阀门产业链，打响了国内外市场，未来发展朝规模型、专业化发展，在国内外市场中具有较强的竞争力。

2. 无锡地区发展现状

在无锡地区，阀门生产企业主要集中在锡山甘露等地，并主要以生产不锈钢阀门为主。比如，无锡锡山阀门厂有限公司、无锡市优工精密阀门有限公司、无锡市宝鼎阀业有限公司、江苏华英阀业有限公司等一批企业，所生产的阀门产品向精品化、系列化发展，保持了良好的发展态势。无锡地区外商独资的工装自控工程（无锡）有限公司尤其突出，成为国内控制阀门规模型企业之一，其国际品牌优势日益显著。该公司主要生产调节阀，是无锡地区调节阀重点生产企业，形成了独特的规模优势，在国内占领了一定的市场份额。无锡市优工精密阀门有限公司生产的阀门产品全部返销日本、韩国等国际市场，同样形成自己独特的市场优势。无锡市宝鼎阀业有限公司2014年挂牌上海股票交易中心，敲响对接资本市场的启程锣声。无锡智能自控工程股份有限公司、无锡市亚迪流体控制技术有限公司、无锡卓尔阀业有限公司、无锡圣博爱液压气动有限公司、无锡市圣汉斯控制系统有限公司等一批生产调节阀、气动电装的企业，发展势头不错，逐步在国内外形成一定的市场和优势。

当前，无锡地区阀门发展优势是：阀门行业起步早，在市场上有较好的品质声誉和稳固的产销基础。特别是无锡锡山阀门厂有限公司已形成我国以不锈钢阀门为主的生产基地，在全国占有一定的市场份额。工装自控工程（无锡）有限公司等一批调节阀生产企业，已在国内外形成较大的市场份额，今后着重于发展内销的中高压阀门和调节阀特色产品，以及气动装置，在多品种、系列化上做大市场，拓展外贸市场。另外，该地区以生产精密铸件闻名，阀门精密零部件外销发展也较快。

3. 常州地区发展现状

常州地区是国内主要的阀门电装基地，在常州电站辅机总厂有限公司、常州贝斯特控制设备有限公司的带动下，许多民营企业应运而生，涌现了如常州兰陵自动化设备有限公司、江苏兰阀通用设备有限公司、常州亿米基电站辅机有限公司、常州米黄电动阀门有限公司等10多家阀门电装企业。其中常州电站辅机总厂有限公司显示了强大的规模优势，开发带有计算机芯片的电动执行机构，并取得国家核电生产、设计2张资质证书；开发核电电动、气装执行机构，为企业全面进军核电市场打下了稳固的基础，全年产销继续上涨，2014年完成工业总产值2亿元。江苏竹箦阀业有限公司是一家专业生产低压阀门的企业，该企业找准市场定位，坚持产品向系列化、精品化发展，不断提升产品档次，并新开发船用阀门产品，2014年完成工业总产值2.8亿元，在行业中确立了良好的市场地位。

当前常州地区的阀门电装产业约占国内市场份额的60%，凭借良好的产品质量，市场份额将越做越大。常州电站辅机总厂有限公司拥有占地面积6.7万m^2（100亩）的阀门电装生产基地，预计今后两年内产值仍将维持在2亿元左右。今后发展将立足于发展阀门电装，并不断引进和消化高端电装技术，研发科技含量高的阀门执行机构产品，打造规模化、精品化的国内阀门电装生产基地。

4. 南京地区发展现状

南京地区阀门产业经过改制的阵痛磨合期后，

走出发展的困境,正在健康有序地发展。如南京华宁阀门有限公司抓住原有锻造领域的优势,重点发展有科技含量并取代进口的调节阀和电站高温高压阀门,占据了高端阀门的市场。该公司注重发展科技含量高的调节阀产品,产销每年保持一定的增长,近几年调节阀出口比例大幅上升。

南京地区具有高校资源优势,发展了一批生产阀门密封材料的配套企业,主要包括南京肯特新材料有限公司、南京择善精密机械有限公司、南京道奇流体设备有限公司等企业。这些企业主要以生产密封材料为主,以品质逐步占领了江苏市场,并辐射全国市场。

5. 南通地区发展现状

南通地区在江苏神通阀门股份有限公司、南通市电站阀门有限公司、南通捷瑞阀门有限公司、南通高中压阀门有限公司等带动下,阀门产业也在不断向纵深领域拓展。江苏神通阀门股份有限公司在巩固冶金行业阀门的同时,向核电阀门进军,中标核级阀门的大订单,并发展石化、煤化工等行业领域市场,产销业绩已名列行业前茅,占据国内冶金行业一定的市场份额,当前已发展成为江苏龙头骨干企业之一,2014 年完成工业总产值 4. 23 亿元。南通市电站阀门有限公司自从被盾安阀门收购后,企业发展直线上升,主要发展电站阀门,并重点开发超(超)临界火电机组关键阀门,2014 年完成工业总产值 1. 56 亿元,与上年持平。江苏明江阀业有限公司形成以氯碱特种阀门为主的优势,在化工行业占有较多的市场份额,2014 年完成工业总产值 1. 91 亿元。

南通地区阀门产业起步早,有一定的发展基础,又有一定的市场和用户,发展潜力也较大,尤其是该地区的电站阀门成为当地的特色产品。今后发展方向主要是朝专业化、系列化迈进。

6. 镇江地区发展现状

在镇江地区尤以扬中地区阀门企业居多,原先扬中地区有许多阀门厂,经过市场洗礼后,最终发展起来的企业很少。一些民企发展得慢,主要原因还是产品技术含量低、没有自己的主打产品。这类企业在集体和计划经济时还尚能生存,一旦独闯市场,就显得势单力薄,失去了原有的优势。

在镇江地区的阀门企业中,江苏亿阀集团有限公司(原镇江铸造阀门厂)和扬中市阀门厂有限公司这两家企业发展较快,产销兴旺,发展势头强劲。2014 年,江苏亿阀集团有限公司完成工业总产值 4. 16 亿元,比上年增长 3. 4%。扬中市阀门厂有限公司依靠自有力量扩大阀门产业,在安全阀门方面取得了新的突破,电站阀门产品也形成了一定的特色,2014 年完成工业总产值 2. 19 亿元。

7. 盐城地区发展现状

近几年,江苏盐城地区阀门产业发展迅猛,阀门产值从2006 年的30 亿元增加到2014 年的60 亿元,盐城地区成为我国又一大阀门制造基地。

盐城阀门产业起步较早,当地政府又加大扶持力度,鼓励民营企业重点发展阀门产业,从而加快了盐城阀门产业的发展。当前该地区有阀门企业约 150 家,其中规模以上阀门企业 50 多家,基本形成了集群化与专业化的生产格局。此外,盐城地区阀门出口的厂家也日益增多,从当初的两三家发展到现在颇具规模的外销型企业 50 多家,近几年外销量以每年 10% ~20% 的幅度增长,产品畅销欧、美、东南亚、中东等国家和地区,出口产品从以往的小口径阀、闸阀等低档产品逐渐过渡到大口径阀、球阀等附加值较高的产品。随着北美、西欧等发达国家加大在盐城市采购阀门及合资合作生产阀门的力度,温州等地的泵阀企业也加速向盐城市转移,使当地阀门产业得到进一步壮大。

在盐城地区,江苏九龙阀门制造有限公司、盐城市高中压阀门有限公司、江苏盐电阀门有限公司颇具规模,也是盐城地区阀门行业骨干企业。江苏九龙阀门制造有限公司 2014 年完成工业总产值 1. 65 亿元。江苏圣业阀门有限公司、盐城市高中压阀门有限公司、江苏盐电阀门有限公司、盐城市圣泰阀门有限公司利用较早涉及外贸领域的优势,大力开拓国际市场,2014 年产值都超过亿元,成为江苏省阀门行业外贸出口新的生力军。江苏宇达电站辅机阀门制造有限公司和江苏火电电力设备制造有限公司两家公司做大了阀门内销市场。

在盐城的大丰地区，阀门企业有近10家，大都从事阀门出口，发展势头都不错。江苏鼎晟阀门有限公司成功开发了氯气截止阀门，并取得了欧洲氯气协会标准的产品认证，成为国际上第四家通过欧氯标准的企业，发展后劲较足。苏州纽威阀门股份有限公司在大丰创办了铸造基地，除供应当地企业外，还配套于同行业。另外，盐城滨海地区是阀门及铸件主要生产基地。其中，江苏万恒铸业有限公司已成为国内规模型铸造基地之一，形成强大的产业优势和品质优势，2013年铸件销售达5亿多元，其产销规模居国内同行前列。江苏苏盐阀门机械有限公司也是该地区阀门骨干企业，2014年完成工业总产值4.83亿元，比上年增长48.75%。

在盐城的阜宁和建湖等地集中了上百家阀门企业，主要生产采油、水处理、石化等行业使用的各类阀门，大都是民营企业，经过多年发展，各有一块市场，业务也不错。建湖东方阀门制造有限公司、江苏九龙阀门制造有限公司、江苏信得石油机械股份有限公司等企业发展势头迅猛，其中，江苏九龙阀门制造有限公司、江苏信得石油机械股份有限公司也是外贸骨干，外销达亿元。

盐城阜宁有着“阀门之乡”之称，阀门产业起步较早，有大小阀门企业100多家，主要为石油和石化行业配套。江苏应流机械制造有限责任公司、江苏江恒阀业有限公司、江苏理想阀门有限公司、盐城市精工阀门有限公司、阜宁县通用阀门有限公司等为当地骨干企业，也做大了阀门产业链，发展势头较好。江苏应流机械制造有限责任公司主要生产API6A锻造产品和零部件，形成了一定的生产规模优势，成为业内著名的锻造企业之一。

8. 泰扬地区发展现状

在扬州地区的阀门企业中，扬州电力设备修造厂有限公司生产智能化执行机构，是我国电装的龙头企业。该公司进军核级气动装置，通过了国家级鉴定，也是率先取得核级电装证书的两家企业之一，2014年完成工业总产值3.55亿元。扬州双良阀门有限公司转制后一路走强，发展特色产品，2014年完成工业总产值8 900万元。扬州恒春电子有限公司也是后来居上的电装企业，生产的电装配套国内石油石化行业，2014年与中石油西气东输管道分公司联合自主研发的“电动执行机构”新品项目通过国家级新品鉴定。在泰州泰兴地区，有少数的阀门企业，自成体系和市场；在泰州靖江地区集结着近百家泵阀企业，构成了自己的发展特色，是闻名国内的泵阀基地。

三、产品研发情况

中核苏阀科技实业股份有限公司自主研发、设计、制造的DN800核二级主蒸汽隔离阀，2014年顺利通过中国机械工业联合会组织的样机鉴定。这意味着该公司已全面掌握核二级关键阀门主蒸汽隔离阀的设计、制造、检测和功能试验技术，具备了自主研发制造主蒸汽隔离阀的能力，可以进行批量化生产。此举实现了我国核电阀门国产化的重大突破，为我国核电设备制造完全国产化创造了有利条件。DN800核二级主蒸汽隔离阀的顺利研制，确保了各项参数满足现有压水堆核电站以及三代核电技术主蒸汽隔离阀的要求。其中，样机抗震试验结果达到同类大型阀门研制技术的国际先进水平。

2014年1月，由中核苏阀科技实业股份有限公司、陕西应用物理化学研究所团队共同研制的CAP1000爆破阀两台样机进行了功能试验，以验证爆破阀高裕度下的可操作性和保持结构完整的能力。此次试验取得了预期结果，两台阀门都成功打开并保持结构完整，这标志着中核苏阀科技实业股份有限公司、陕西应用物理化学研究所团队顺利完成了全部CAP1000爆破阀功能裕度试验，证明了爆破阀在极端条件下完成功能的能力。此外，该试验还进行了压力、活塞速度、载荷等参数的采集，为爆破阀的研究分析提供基础数据。

由扬州恒春电子有限公司和中国石油西气东输管道分公司联合研发的“电动执行机构”新产品项目，于2014年6月通过了国家级新产品鉴定。在中国机械工业联合会和国家能源局等单位联合组织的“油气管道关键设备国产化”项目鉴定会上，来自中石油、中石化及国内几大科研院所的专家对这一国产化新品进行了工厂试验考察见证和技术鉴定，专家组认为，“阀门控制系统”已达到国际先进水平，标志着国外产品长期垄断电动执行机构的局面将被打破。这套系统最大的亮点是转矩超大，转矩为30万N·m。此新产品可在-40~70℃环境条件下使用，产品使用寿命≥1 000次开关全周期，一级多回转电动执行机构使用寿命≥16 000次。产品可以承受的瞬时载荷能达到1.8倍最大控制转矩，产品最大控制转矩下的手轮操作力≤360N。

苏州安特威阀门有限公司研制的双阀一体式盘阀于2014年10月通过了江苏省机械行业协会和江苏省阀门工业协会组织的专家鉴定。与此同时，盘阀国产化新产品已取得国家发明专利，使用寿命比国外的提高2倍以上，而价格仅为国外同类产品的1/4，深受用户青睐。2014年，盘阀产品为公司赢得1亿多元销售收入。该产品采用具有自主知识产权的双旋转阀盘结构，采用双阀合一结构，可单独操作也可同时操作，提高了系统的可靠性和经济性；采用硬度84.5~89.5HRA的阀座与阀体整体烧结式密封件，提高了密封效果。该产品填补了国内空白，达到国内领先水平，可应用于煤化工、硅化工、石油化工、有色金属和电力行业的高温高压及强磨蚀等恶劣工况。

2014年12月，苏州纽威阀门股份有限公司的两台水下阀门（球阀、闸阀各1台）在中国船舶重工集团公司第七〇二研究所以及深圳海油工程水下技术有限公司的大力协助下，顺利完成高压舱试验，中国船级社（CCS）进行了现场见证，各项性能指标均满足标准及客户要求。高压舱试验是水下阀门的标志性试验，用高压舱模拟阀门在深海的使用工况，检验阀门的密封及操作性能。该水下阀门高压舱试验尚属国内首次，标志着苏州纽威阀门股份有限公司的水下阀门处于国内领先地位。

2014年11月，由苏州纽威阀门股份有限公司研发的公称压力为20 000PSI（137.9MPa）的控制阀组，成功交付给客户使用。该系列产品是苏州纽威阀门股份有限公司为某特种泵测试试验台量身定做的特殊产品。该实验台要求所设计的控制阀组能将常温水介质，从阀前105MPa压力降到阀后常压，在该压差范围内实现流量从最小2t/h到最大198t/h的精确调节。该产品从2014年5月份开始设计，于10月份完成产品装配、调试和压力试验，随后在公司流量测试实验台上进行流量特性测试。阀门所有试验于10月底完成，经过客户代表、第三方检验及公司相关技术人员的现场鉴定，一致认为产品达到设计要求，具备交付条件。该系列产品的成功交付使用，是苏州纽威阀门股份有限公司在高磅级、高压差、强冲刷等极端工况下所应用的控制阀产品的又一次突破。

2014年11月，江苏省经济和信息化委员会组织专家对江苏亿阀集团有限公司自主研发的200J541M-600LB内平衡式氧气截止阀进行新产品鉴定。经过现场鉴定一致认为：该新产品结构设计属国内首创，其技术性能指标处于国内领先水平，并通过了省级新产品的鉴定。内平衡式氧气截止阀采用平衡式结构，通过在阀瓣上设计平衡孔，实现平衡阀门进出口压盖，阀门力矩较小，降低了介质压力与温度对填料的冲击影响。阀瓣与阀杆整体设计，有效避免阀瓣转动摩擦和密封面摩擦；采用可更换的阀座结构，实现在线维护的功能；采用弹簧蓄能密封圈，对阀瓣与阀座密封面进行特殊工艺处理，提高了产品的密封性能和使用寿命。当前该产品已投入批量生产，并被中石化、中石油等终端用户采用，未来市场前景宽广。

苏州道森阀门有限公司于2014年10月推出了API6A系列上装软密封固定式球阀，主要适用于采油井口装置和管线设施的在线安装球阀。当前这种新品阀门已在国内一些重点采油井口装置和管线设施等实地场所安装采用，并取得了成功，用户反映良好，已成为API6A系列中又一新型、质优、性能可靠的球阀。这种新型球阀在管线上拆卸简单、迅速，维修方便、快捷。当阀门在管线上出现故障需要修理时，不必从管线上拆卸阀门，只需拆掉中法兰螺栓和螺母，将阀盖和阀杆组件一起从阀体中取下来，然后取出球体和阀座组合件，即可在线修理球体和阀座。这样既节省了修理成本,又缩小了检修时间,提高了阀门检修的工作效率。

2014 年 8 月,中国核动力研究设计院和中核苏阀科技实业股份有限公司的专家对常州电站辅机总厂有限公司研制的小堆主给水调节阀直行程气动执行机构样机进行了设计制造文件和现场试验的验收。小堆是一种便携式核反应堆,被称为“傻瓜堆”,可以迁移,具有很高的安全性,其拥有小身型——体积小、占地少、工期短,多用途——可供电、热、汽、水,多选择——模块式选择灵活,高安全——满足最高安全标准等方面的特点。本次研发的直行程气动执行机构安全等级 2 级,抗震类别 1A,质保等级 Q1,电气部件鉴定等级 1E 级 K3 类,产品在满足抗震要求和阀门调节精度等方面进行了创新设计。该样机通过验收,填补了国内空白。

江苏鼎晟阀门有限公司于 2014 年 5 月成功开发了氯气截止阀门,并取得了欧洲氯气协会标准的产品认证,成为国际上第四家通过欧氯标准阀门的厂家,也是国内首家取得该证的阀门企业,填补了国内氯碱(气、液)节流截止专用阀门的空白。当前,该产品已投入批量生产,价格是国外同类产品的一半,用于国内氯碱行业并销往国际市场,成功应用到国内一些重点化工项目上。该公司成功走出了一条开发新品走向国际市场的新路。

2014 年 10 月,由南通市电站阀门有限公司自主研发的超(超)临界超大口径锻钢闸阀和超(超)临界超大口径锻钢止回阀两项阀门新产品通过了江苏省级新产品鉴定和南通市科技成果鉴定。鉴定委员会一致认为:两项产品结构设计合理,符合研发技术规范的要求,为国内首台(套)使用,填补了国内空白,替代进口,其主要技术性能指标国内领先,达到国际同类产品水平。通过鉴定的两项产品的阀体均采用了整体锻造工艺,克服了高温高压大型锻钢件锻造和加工难点,并在产品结构上进行了设计优化。与国内外同类产品相比,实现了在同等温度压力等级下规格最大。该类产品原来一直进口,新产品的研制成功,解决了我国该类阀门产品依赖进口的问题。

苏州工业园区思达德阀门有限公司于 2014 年 2 月成功开发了 48in(1 200mm)大口径全焊接球阀,该大口径全焊接球阀是为欧美客户定制的。该公司发挥自身阀门实体产业优势,抓住国际石油能源大力扩展的新机遇,积极做好阀门产业结构调整,生产的球阀产品从小口径发展到大口径、从软密封发展到硬密封、从普通式发展到全焊接式。当前,该公司主要发展大口径球阀产品,在现有软、硬密封球阀产品的基础上,将向生产制造多品种、全系列化以及 36 ~ 56in(900 ~ 1 400mm)大口径的球阀发展,以满足国内外能源市场发展的需求。

〔撰稿人:江苏省阀门工业协会盛根林〕

2014 年永嘉泵阀产业发展概述

一、产业发展现状

2014 年,受国内外市场经济低迷影响,浙江省通用泵阀企业普遍增速较慢,除部分龙头企业由于品牌效应能够维持正常生产经营外,很多企业特别是中小企业订单量明显减少,甚至没有订单,生意冷淡,生存难以为继。1—12 月,永嘉县泵阀行业共完成工业总产值 255 亿元。其中,108 家(包括铸造)规模以上企业共完成产值 107. 1 亿元,同比增长 1. 4%;自营外贸出口 2. 45 亿美元,同比下降 1. 1%。一年来,泵阀行业持续保持低速增长状态,现状不容乐观,许多企业特别是中小企业缺少订单甚至没有订单,生存压力加大。

出现增长缓慢和不景气的原因是多方面的,归纳起来主要有以下几个方面:①国内市场萧条,产能过剩严重。国内经济总体形势保持平稳增长成为新常态，国内生产总值增速放缓，国家对固定资产投资的严格把控直接影响了市场对泵阀产品的需求。与此同时，国内通用泵阀产品产能严重过剩，行业内低价恶性竞争异常激烈。②国际市场萎缩，外贸订单转移。2013 年以来，国际市场持续萎缩，泵阀外贸出口呈现负增长状态，一方面是由于全球经济整体不景气，对泵阀产品需求下降导致；另一方面，许多中小企业没有严格按照国际标准生产，在铸锻件、产品质量和品质等方面满足不了外贸发展的需求，许多国外客商纷纷将订单转移到江苏等地。③质量意识淡薄，企业品牌竞争力不强。国内外客户对泵阀产品技术和质量的要求在不断地提高，而许多中小企业的产品没有严格按照国际标准和国家标准进行生产，存在各环节（如原材料配比、壁厚、热处理、配件等方面）的偷工减料现象，走低端恶性竞争路线，影响了区域的整体形象。同时存在单个企业不大、全行业还没有一家企业规模达到 10 亿元以上、企业品牌竞争力不强的局面。④银行系统为了防范风险，在持续不断地收贷、压贷，固定资产大幅缩水，部分企业深陷信贷危机中没有完全摆脱出来，无暇顾及实业，在研发、设备、销售、人才和管理等方面投入严重不足，丧失了许多市场份额。⑤企业间的整合协作能力不够，大小企业协作不够深入、不够紧密。2013 年以来，部分大企业订单一直忙不过来，而中小企业却没有订单，个别大企业因找不到好的协作厂商，自身产能又跟不上而被迫放弃了许多订单。

二、产业发展举措

2014 年，永嘉县政府、泵阀行业协会和生产企业充分认识到永嘉泵阀产业发展面临的危机与挑战，通过采取一些系列措施，积极有效地推进永嘉泵阀产业转型升级。

1. 积极建言献策，为泵阀产业转型升级与可持续发展提供建议案

2014 年年初，协会编写并通过龙头企业的人大代表和政协委员向温州市及永嘉县政府提交了《关于加快永嘉系统流程装备高新产业基地建设的提案》和《关于加快永嘉泵阀小微企业产业基地建设的建议案》，详细分析了全行业面临的问题与困难，提出了产业发展思路与解决方案，积极有效地发挥了协会作为政府部门的“参谋”作用。

2. 积极联合科研机构，推进产品科技创新和产业转型升级

以创建浙江省政府首个“系统流程装备高新技术产业基地”为契机，以努力实现泵阀产业系统流程装备“智能化、成套化、网络化”为总体目标，协会与中国联通浙江分公司签订战略合作协议，联合研制开发智慧阀门，当前已经成功编制出《永嘉泵阀产业系统流程装备智慧阀门研发设计方案》，产品研发进入了实质可操作阶段。2014 年 12 月 11 日，由协会向永嘉县人民政府申报的“泵阀物联网云服务系统研发项目”获得永嘉县第二批重大科技攻关示范项目立项，总科技补助经费 100 万元。

与此同时，协会组织企业和政府相关部门负责人于 2014 年 4 月 4 日和 5 月 27 日分别考察了杭州中化天正设计院、浙江工业经济研究所和海康威视集团，并组织浙江大学、浙江工业大学及中国电子科技集团第三十六研究所、第五十二研究所的国内电子信息和物联网方面的权威专家，召开了系统流程装备技术对接会，寻求“系统流程装备高新产业基地”建设的可行性方案。2014 年 10 月 8—12 日，由县委常委、副县长胡琦带队，县科技局、县经信局和省泵阀协会组织伯特利阀门集团、超达阀门集团、宣达实业集团、凯泉泵业集团、罗托克执行器有限公司、浙江瓯美尔自控阀门有限公司和中国联通温州分公司负责人前往浙江大学、中国电子科技集团第三十六研究所和中国联通物联网基地考察对接，取得了良好的效果。10 月 16 日，中国电子科技集团第三十六研究所派出 7 人技术团队分别到伯特利阀门集团、超达阀门集团、宣达实业集团、凯泉泵业集团等企业进行技术调研，各项合作与研发工作正在积极地推进。

3. 落实“全国知名品牌创建示范区”规划纲要，打造国家级产业区域品牌，夯实产业基础

自国家质监总局发函同意永嘉筹建“全国泵阀

知名品牌创建示范区”，协会根据国家质监总局《“全国知名品牌创建示范区”建设工作指导意见》，协助质监部门收集材料、编写《全国知名品牌创建示范区筹建规划》，落实“示范区创建宣传”“创建质量月”以及“先进质量管理模式培训”等相关措施，创建工作任务繁重。

4. 牵头行业环保治理整顿工作，规范行业生产行为

新的《环保法》出台并于2015年1月1日正式实施，对环保治理采取最严厉的措施。泵阀行业本身不存在污染问题，但是其中不锈钢泵阀产品及零部件需要采取“钝化、磷化”除锈工艺，清洗过程中使用弱酸和药物，排放物超出了《环保法》规定的指标，给永嘉地区带来了20多亿元的产值冲击。相关企业纷纷写报告给协会，要求与政府部门协调，寻找解决办法。在协会的积极努力和推动下，永嘉县人民政府组织环保、经信、土地、园区和协会等部门召开协调会，确定由协会牵头提出行业整治方案，同时联合有关科研机构，引进新技术，寻找新工艺，彻底解决环保问题。2014年6月10日，协会向永嘉县政府提交了《关于阀门黑皮磷化处理整治初步建议方案》的报告，提出了解决方案。当前，协会正积极协助龙头企业寻找新的表面处理工艺，并取得了实质性进展，有效缓解了行业性环保危机。

5. 积极筹备产业国际贸易技术对接会，拓展市场发展空间

为了拓展永嘉泵阀产业国际市场空间，引进国际先进的人才技术力量，推进产业有效转型升级，提高产业的国际知名度与影响力，自2014年3月份以来，协会积极筹划、推动在德国杜塞尔多夫举办的全球最大的世界阀门博览会上举行“永嘉·中国泵阀之乡品牌推介”活动，组织召开5次协调会，并向永嘉县人民政府和温州市人民政府提交了《关于举办“永嘉·中国泵阀之乡”德国杜塞尔多夫全球品牌推荐会的方案》。12月2日，由协会与永嘉县人民政府主办、温州市贸促会承办的“永嘉·中国泵阀之乡品牌推荐会”在德国杜塞尔多夫成功举行，永嘉县委书记娄绍光在会上对永嘉阀门作了重点推荐。共有45家温州阀门企业参加此届展会，其中永嘉有32家企业参展，12家企业观展，共计100余人参加会议。此次活动有效提升了“中国泵阀之乡”在全球的知名度和影响力。

6. 开展了一系列行业性培训和人才引进工作，为进一步提升产业的技术水平和竞争力创造有利条件

为了进一步规范和提高行业一线操作技术人员的操作行为和技能，2014年2—6月，协会联合永嘉县泵阀科技创新服务中心开展了“全县阀门技术（试压）专项能力职业技能培训鉴定工作”，首期共有26家企业的57名人员报名参加培训并通过了理论和操作考试。

为进一步提高行业的品牌和质量管理意识，协会联合质监部门特邀国家质监总局的专家于4月11—12日举办了“泵阀产业质量、品牌培训班”，对全行业300多名企业负责人和高级管理人员进行了专题培训。

为了更好地为会员企业招聘工作提供便利，协会于5月份同“258人才市场”签订合作协议，协会向会员企业宣传“258人才市场”每月月底定期举办的酒店封闭式“中高级人才招聘会”与“营销、外贸专场招聘会”，并把相关资料以协会文件的形式发放给会员企业，“258人才市场”则以优惠的条件为协会会员企业提供人才招聘服务。

为了进一步解决行业中理化专业检测人员短缺难题，使学员全面、系统地熟悉和了解理化实验室的基本管理常识和本工种的专业理论知识，协会特联合浙江省质量技术监督教育培训中心和永嘉县泵阀科技创新服务中心，于6月24日—7月2日在永嘉举办了一期“物理金相检验和工业化学分析人员技术培训班”，共有25家企业的45名技术人员参加培训并取证。

协会协助永嘉县科技服务中心开展泵阀行业工程师和技术人员的培训和取证工作，全省共有300多人报名参加，264人通过了工程师、助理工程师和技术员各等级的技术考试，其中139人获得工程师资格。

8月22日，协会与伯特利集团联合举办“API认证研讨会”，特邀API北京办事处的人员主讲“API认证的行业价值”“API铸造及锻造厂认证”及“API最新审核要求”等内容并回答了企业提出的相关问题。协会黄胜丰会长及50多名外贸出口企业代表参加了会议。

9月8日，法国专家组织ECTI项目负责人Philippp Jean－Michel Joseph先生在浙江省外专局领导、温州市(永嘉县)人力资源和社会保障局领导的陪同下来到永嘉，与协会举行国际高级专家人才对接会。宣达实业集团董事长叶际宣、超达阀门集团董事长王汉洲、伯特利集团副总经理金克雨、方正集团总经理王奕彤和协会秘书长陈文荣参加了座谈，为引进国际性高端产业人才搭建起了畅通渠道。

9月19日，由协会主办、温州利融科技有限公司协办的三维流体设计分析技术CFD培训会在永嘉县质监大楼六楼会议室举行，会员企业的70余名科研设计人员参加培训。这次培训会重点介绍国内外三维设计的应用状态、如何使用流体分析在三维软件中的模拟、实际案例解析等多方面的内容。此次培训使永嘉阀门企业了解了国际领先的机械设计方案，了解如何使用三维软件进行阀门设计、如何使用软件进行常见的流体模拟仿真技术等，取得了良好的效果。

10月17日，为有效整合社会培训资源，充分发挥社会公共资源效用，实现力量集中、优势互补、有机结合，进一步加大对泵阀行业高技能人才队伍的培训力度，根据温州市人力资源和社会保障局《关于申报温州市高技能人才公共实训基地的通知》文件精神和要求，协会牵头联合永嘉县第三职业学校和永嘉县泵阀科技创新服务中心成立“温州市泵阀行业高技能人才实训基地”，并向市人力资源和社会保障局提交书面申请报告和申请材料。

11月24日，为了加强协会与学校的合作，提前为学校毕业生提供就业信息，协会副秘书长王长青带领部分企业人力资源部门负责人前往开封大学机电学院，与该学院相关负责人进行交流对接阀门班毕业生分配工作事宜。

12月14日，协会联合泵阀科技创新服务中心开展的泵阀行业技师自主评定工作结束，共计35人取得了技师资格。

7. 多方合作搭建融资平台，为中小会员企业解决融资难题

与金融机构建立起长期的、良好的战略合作伙伴关系，尽最大可能为会员提供高效便捷的融资服务，是协会的工作重点之一。2014年，协会在与平安银行、中国银行、民生银行等原有合作银行向中小企业贷出3.8亿元资金的基础上，与邮政银行永嘉支行签订合作协议，为泵阀行业中小企业争取到1亿元的信贷资金，并与广发银行和工商银行积极商讨设立泵阀行业中小企业专项信贷资金事宜，努力解决行业中小企业的融资难题。

8. 组织外出考察活动，学习和推动产业电商换市经验

2014年2月19—20日，协会牵头组织永嘉县政府、网络经济局、温州网盛公司及相关会员企业分别考察阿里巴巴总部、桐庐阿里巴巴产业带和义乌淘宝村，学习先进电商经验，为未来建设阿里电商产业带提供决策参考。

9. 全面开展宣传活动，维护区域品牌，提高产业影响力

2014年，协会开展了形式多样的宣传活动：制作8min的《中国泵阀之乡》英文宣传片，在德国世界阀门展现场和“阀门国际贸易网”上播放；在《中国工业报》头条上发表了《实施品牌战略 温州阀门进入中石油高端市场》的长篇文章；在《温州新闻联播》《温州都市报》和《温州商报》上进行宣传，取得了良好的效果。

2014年，协会共编辑出版《泵阀纵横》杂志2期、《中国泵阀之乡》报纸4期、《产业外贸预警》简讯4期，更新网站信息1 215条。

10. 积极参与创优争先活动

2014年，协会“泵阀外贸预警示范点”被浙江省商务厅评为“2014年度省对外贸易预警示范点优秀单位”，温州市仅有3家；协会秘书长陈文荣获得由人力资源和社会保障部、全国机械工业联合会

共同评选的“全国机械工业先进工作者”称号；协会被浙江省经济和信息化委员会评选为“2014 年度省级经信领域协会工作绩效评价 A 级协会”和“2014 年度省级经信领域优秀协会”。

〔撰稿人：浙江省泵阀行业协会陈丏荣〕

杭氧特大型空分设备及关键核心部机研发情况概述

自 2000 年开始，杭州杭氧股份有限公司（简称杭氧）通过自主创新、自主研发，大型空分设备研制取得突破性进展，并迅速占领国内大型空分设备市场的制高点。与此同时，特大型空分设备也进入了国产化阶段，特别是特大型空分设备关键核心部机的国产化实践也如火如荼地进行着。随着空分设备技术的飞速发展，特大型空分设备关键核心部机完成了从“成套”到“配套”的转型。

一、杭氧特大型空分设备已取得突破性进展

杭氧作为国内空分设备行业的龙头企业，已生产近 4 000 套空分设备。特别是经过“七五”到“十二五”30 年的快速发展，积极培育新产品，自主研发顶尖空分设备技术，创造了多个国内第一。杭氧的产品受到国内外市场用户的青睐，大中型空分设备国内市场占有率一直保持在 50% 以上，并已掌握了特大型空分设备的设计、制造及总体成套集成技术。截至 2015 年 6 月，杭氧拥有 6 万 m^3/h 及以上空分设备 41 套，其中 8 万 m^3/h 及以上等级空分设备 11 套。继 2008 年上海宝钢 6 万 m^3/h 等级空分设备、2009 年大唐国际 3 套 5.8 万 m^3/h 空分设备、2010 年神华包头 4 套 6 万 m^3/h 空分设备、2013 年防城港杭氧盛隆 8 万 m^3/h 等级空分设备、2014 年中煤榆林 4 套 6 万 m^3/h 等级空分设备一次性成功投产后，杭氧还完成了 10 万 m^3/h 和 12 万 m^3/h 空分设备的开发。神华宁煤 6 套 10 万 m^3/h 空分设备当前正在配管安装中。特大型 12 万 m^3/h 空分设备的空分安装冷箱也已经结顶。随着技术的进步，杭氧特大型空分设备关键指标达到了国际一流水平。

二、特大型空分设备关键核心部机完成从“成套”到“配套”的转型

1. 低阻高效高压板式换热器

杭氧自 20 世纪 70 年代开始生产铝制板翅式换热器以来，铝制板翅式换热器设计制造技术以及产量、质量始终处于全国领先地位。早在 1995 年，杭氧便开发生产了设计压力为 7.58MPa 的高压板翅式换热器，并出口美国市场，这一成果为乙烯冷箱和液氮洗冷箱用高压板翅式换热器国产化奠定了基础。自 2000 年以来，杭氧已为北京燕山石化、天津石化、镇海炼化、中原石化、四川石化、抚顺石化、武汉石化等企业的 20 余套乙烯冷箱配套高压板翅式换热器。自 2012 年以来，杭氧 8.0MPa 的高压板翅式换热器在乙烯冷箱中得到广泛应用，如西气东输、上海赛科和乌兹别克项目等，其中：为上海赛科 119 万 t/a 乙烯冷箱配套的高压板翅式换热器的压力达 8.0MPa，用户反映使用情况良好；出口乌兹别克斯坦项目的高压板翅式换热器最高压力为 8.0MPa，外形尺寸为 5 100mm × 900mm × 1 100mm，重 8.16t。出口奥地利项目的主换热器压力 6.0MPa，按欧洲标准液压试验压力为 8.58MPa，长度达 7 100mm。

当前，杭氧的高压板翅式换热器制造技术已非常成熟。不仅如此，杭氧还不断开发先进的高效翅片，拥有先进的翅片开发平台。应用于高压板翅式换热器的高效翅片成型良好，承压能力强，且阻力低，阻力因子是传统翅片的 55%，而传热因子是后者的 75%，翅片效率得到有效提升。高压板翅式换热器成功应用于双鸭山项目，压力为 7.1MPa。

杭氧成功制造生产了10.0MPa的板式换热器，经英国劳氏和德国TüV的现场见证，验证了超高压板式换热器的钎焊技术。杭氧成功实现了超大尺寸高压产品的研制，在神华宁煤10万m^3/h等级空分项目中应用，高压板式换热器单台外形尺寸为6 000mm × 1 220mm × 1 832mm，设计压力为8.2MPa，试验压力达12.3MPa，按照现行板式换热器标准规定为1.3倍水压试验的要求换算，实际使用压力可达9.46MPa。杭氧已按ASME规范和CE规范制造板式换热器数百台，出口到美国、德国、意大利、西班牙、伊朗等国家和地区，已累计完成板式换热器数千台，累计产品钎焊吨位达上万吨。其中，运用在空分领域的高压板式换热器100多台，还大量应用到乙烯装置、液氮洗装置、天然气冷箱、DMTO项目、PDH冷箱、页岩气终端处理等装置中。

2. 高效低阻力精馏塔

精馏塔是空分设备最主要的核心部机之一，以填料与分布器为代表的塔内件的性能优劣直接决定了空分设备的分离效果。杭氧通过高效精馏塔塔内件的集成创新技术，实现了超低温条件下氧氮介质的多相连续精馏，使精馏效率大幅提升，达到了国际先进水平。通过开发填料的光边结构、边缘弧形等结构形态，提高填料整体通量，有利于避免局部液泛导致气液短路等现象的发生，保障填料整体的正常工作；并通过结构糙化、成膜转化等特殊表面处理提高液膜润湿率，从而保证填料传质性能的充分发挥；同时增设专用防壁流结构、进行氧化表面处理、特殊脱脂工艺以及采用先进的成盘填料制造工艺等，以保证气液传质高效，气液分布均匀，提高产品安全性。通过改进分布器结构，采用分层分段排液、孔流溢流相结合等方式，开发出悬槽式带垂直布液板的槽式液体分布器，其具有分布流量大、流量变负荷能力强、抗堵塞及分布性能稳定等优点，使得常规的点分配形式变成线性分配形式，充分保证了分布器的水平度而不受填料床层变化的影响，有效达到液体充分混合和均匀分布的效果，不仅提高了塔内件操作弹性，更能发挥填料性能。同时开发了能适应多点进料分布、液体分布点阵变化、避免气体区域性集中和偏流放大效应的精馏塔内件。经过创新改造的高性能填料塔使得空分设备整体性能得到了大幅提高，成功应用在广西8万m^3/h空分设备、AVIC8.4万m^3/h空分设备、神华宁煤10万m^3/h空分设备中。

3. 高性能多系列膨胀机组

从20世纪80年代开发国内第一套增压制动透平膨胀机组，杭氧在国内膨胀机领域一直处于领先地位。膨胀机的叶轮直径为15～450mm，转速5 000～260 000r/min，效率可达88%，工作压力≥7.2MPa，产品可配套小型空分设备以及10万m^3/h、12万m^3/h等级特大型空分设备。杭氧已运行的最大低压膨胀机叶轮直径为450mm，中压膨胀机叶轮直径为360mm。当前，杭氧的膨胀机已成功为日照钢铁6万m^3/h、广西盛隆钢铁8万m^3/h、卡维12万m^3/h、鲁西化工4万m^3/h等大型、特大型空分设备配套。

除空分领域气体膨胀机组，杭氧利用膨胀机的相关技术开发了全液体透平膨胀机组、天然气膨胀发电机组、化工尾气回收用膨胀机、氢气透平膨胀机组、特种透平膨胀机等多系列膨胀机组，其中全液体透平膨胀机组和氢气透平膨胀机组打破了国外膨胀机厂商的技术垄断。氢气透平膨胀机组已成功运行在山东寿光鲁清石化20万t/a异丁烷脱氢项目中，各项运行参数良好。而特种膨胀机组用于模拟宇宙航天，介质为氦气，其转速高达260 000 r/min。

配套山东寿光20万t/a异丁烷脱氢项目的氢气透平膨胀机组

4. 关键配套阀门

在分子筛切换阀门研发方面，杭氧已研制出大口径三杆阀，专门为空分分子筛系统针对性设计，可实现最大开启压差保护，具有本质防止冲击床层功能，且阀板与阀体密封面无摩擦，使用寿命超过 20 年，工作温度为 -40 ~ 450℃，适用于经常启闭的场合。当前，杭氧 160 多台三杆阀在 20 多套空分设备中平稳运行，且运行多年，性能优异。通过测试比较，杭氧的三杆阀比进口的同类阀门阻力小，空分能耗低，最大口径达 1.6m，在山东杭氧 6 万 m^3/h、AVIC8.4 万 m^3/h 等特大型空分设备上得到使用。另外，国外企业也开始采购杭氧的三杆阀。

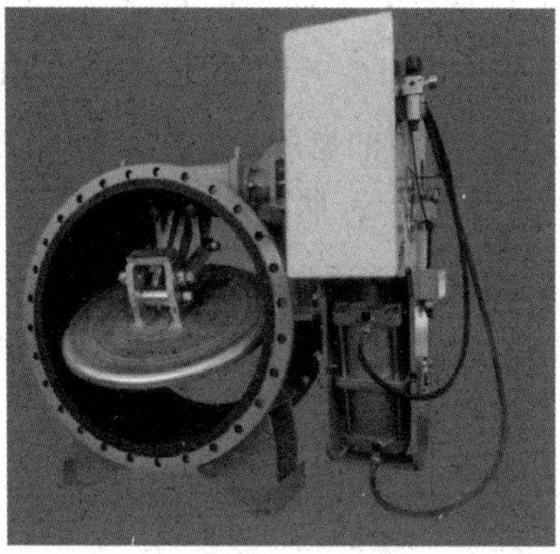

大口径三杆阀

针对高压差调节阀由于压力下降过快，在某一时刻压力会低于蒸汽压，产生气泡而发生汽蚀现象，杭氧开发了笼式结构的高压差调节阀，采用多孔多级降压结构，具有抗汽蚀能力强、噪声小的特点。该阀门采用平衡式阀芯，可以满足大压差的要求，振动较小；采用可抽芯式阀芯，实现免扒砂清洗阀芯、维修阀门的要求；采用特种合金制造，安全性高。当前，该类阀门已应用于低温高压液空节流阀、高压氧气产品送出阀等。

配套卡维 12 万 m^3/h 空分设备的高压氧放空阀

配套神华宁煤 10 万 m^3/h 空分设备的蝶阀

5. 低温液体泵

杭氧已制造的低温液氧泵流量达 6 万 m^3/h、压力达 8.0MPa，并根据 API 标准完成了 72h 液氮连续寿命试验。该泵能完全能满足 10 万 m^3/h 以上空分流程液氧泵两用一备的要求，已成功应用于山东杭氧 6 万 m^3/h 空分设备、AVIC8.4 万 m^3/h 空分设备、双鸭山 2.8 万 m^3/h 空分设备中。当前，杭氧具有生产流量 10 ~ 100m^3/h、压力为 8.0MPa 的离心式高压迷宫密封液体泵的能力，密封等级能满足高纯度介质的 3 级要求。杭氧研制的 30m^3/h 循环液氧泵已在 8 万 m^3/h 空分设备中使用，运行平稳。

杭氧 6 万 m^3/h、8.0MPa 高压液氧泵，经 72h 测试

6. 压缩机系统

杭氧已有 40 多年压缩机设计制造历史，可生产为空分设备配套的氧压机、氮压机、空压机、增压机等系列产品，其中，氧气压缩机已为6万m^3/h空分设备配套，空压机已有配套4万m^3/h空分设备的业绩，循环增压机最高排压达6.0MPa。氧气透平压缩机采用机壳内部流道杭氧专有的镀铜技术、小流道叶轮金基钎焊技术及大量氧气透平压缩机特殊材料，最大限度确保氧气透平压缩机的安全性；叶轮方向的特殊布置，多腔自动差压密封控制，确保氧气纯度，有效降低氧气泄漏量和转子止推轴承耗功，提升机组的运行效率。当前，杭氧可以生产最大流量10万m^3/h、最高压力4.0MPa的氧气透平压缩机。

7. 大容积贮槽及气化器

杭氧在贮槽及气化器数量、规模、成熟度、多种技术规格适配等方面处于世界先进水平，为许多知名空分设备厂家供货。其中：LNG贮槽运行业绩达10 000m^3，最大设计能力可达30 000m^3。液氧液氮常压贮槽运行业绩达6 000m^3，最大设计能力可达10 000m^3。真空贮槽最大容积可达500m^3，是国内最大的真空贮槽。全球最大级别的应变强化容器——容积为500m^3的CO_2真空绝热贮槽已出口至新西兰。当前，杭氧共生产压力小于9.9MPa的8万～10万m^3/h等级水浴式气化器共12套。

出口新西兰两台500m^3全球最大级别的应变强化容器——CO_2真空绝热贮槽

8. 自动变负荷控制系统

基于空分设备的负荷变化对能耗和管理的影响，自动变负荷技术如能应用得当，将大大提升空分设备的运行水平。当前，国内已开发出自动变负荷技术。杭氧开发的APC自动变负荷控制系统，具有自学习和自修正功能，达到国际领先水平。该技术的投入应用，降低产品气体放散率约3%。该系统已在南钢2万m^3/h、3万m^3/h空分设备和神华宁煤10万m^3/h空分设备上得到应用。

三、大型空分设备关键核心部机的设计研发走上“精细化”路线

大型空分设备关键核心部机从“成套”到“配套”的转型离不开扎实的理论基础、专业高精度的制造设备，更离不开完善的设计体系和有效的试验手段。通过一步步的试验、改进及优化，才能使大型空分设备关键核心部机的设计研发走上“精细化”路线。尤其是通过建立大量的试验测试平台，可大大改进大型空分设备关键核心部机的技术水平。

杭氧建立了以临安试验基地、子公司、气体公司为基地的“三层次”试验平台，建设了占地面积达10 000m^2的试验研究中心。如：液体分布器水力学试验台位，可满足最大直径6m、最大流量1 300m^3/h的分布器性能测试要求；板式翅片风洞检测装置，可测试各种板翅的传热、阻力等方面的性能数据；泵、阀低温和性能试验台位，可对低温泵、低温安全阀及常温安全阀出厂前在试验台位上作全性能检验测试；叶轮真空超速实验台、机械运转试验台，可进行叶轮的超速检验，气体轴承透平膨胀机的运转试验，综合检验叶轮的加工质量、材质等情况；分子筛动态吸附台位，可进行分子筛动吸附性能测试，综合检验研究分子筛性能；填料性能测试台位，可对各类散堆填料和规整填料的水力学和传热、传质数据进行测试。

〔撰稿人：杭州杭氧股份有限公司韩一松〕

行业概况

从生产发展情况、市场及销售、科技成果及新产品、基本建设及技术改造、企业结构调整等方面报道我国通用机械行业各分行业的发展情况

综述
专文
行业概况
企业概况
统计资料
产品与项目
大事记
附录

2014年泵行业概况

一、生产发展情况

2014年,中国通用机械工业协会泵业分会有467家会员单位,其中,企业会员443家(含团体会员3家:永嘉县泵阀工业协会、博山泵业商会、天津螺杆泵专业委员会)、科研院所和大专院校24家。面对复杂多变的宏观经济环境,在市场倒逼机制的作用下,企业积极应变,进行转型升级和结构调整。2014年,泵行业经受了市场需求乏力的严峻考验,经济运行保持稳中有进的基本态势,主要经济指标呈小幅微长。

2014年,泵业分会参与统计的172家会员企业完成工业总产值495.2亿元,同比增长0.9%,增幅同比下降6.5个百分点;工业销售产值480.5亿元,同比增长1.1%,增幅同比下降5.8个百分点;工业增加值144.5亿元,同比增长6.6%,增幅同比提高1.9个百分点。

各地区产业结构不同及企业间发展水平的不均衡使得地区产值的增长幅度相差较大。从企业所在地区来看,增长速度有升、有降。其中:东北地区同比下降0.8%,华北地区同比下降17.2%,西北地区同比增长15.6%,华东地区同比增长2.1%,中南地区同比下降6.5%,西南地区同比增长23.5%。

2014年,泵业分会参与统计的会员企业中,工业总产值超过亿元的企业有92家,共完成工业总产值460.8亿元,占泵行业工业总产值的93.1%。65家重点骨干企业完成工业总产值322.2亿元,同比下降0.4%。65家重点骨干企业中,工业总产值同比下降的企业有37家,工业总产值同比下降超过20%的企业达11家。从中可以看出,企业运行的压力在不断增大。2014年泵行业工业总产值前20名企业见表1。

表1 2014年泵行业工业总产值前20名企业

序号	企业名称	工业总产值(万元)	同比增长(%)
1	上海凯泉泵业(集团)有限公司	288 633	-2.1
2	上海东方泵业(集团)有限公司	279 846	2.4
3	上海连成(集团)有限公司	214 534	1.5
4	上海熊猫机械(集团)有限公司	200 071	-6.2
5	浙江利欧股份有限公司	158 477	16.7
6	南方泵业股份有限公司	150 580	15.3
7	上海电力修造总厂有限公司	139 123	13.8
8	丰球集团有限公司	131 220	-5.3
9	新界泵业集团股份有限公司	123 531	4.4
10	上海凯士比泵有限公司	95 060	-18.3
11	安徽三联泵业股份有限公司	77 984	-2.8
12	山东长志泵业有限公司	76 526	11.0
13	广东凌霄泵业股份有限公司	75 289	23.1
14	大耐泵业有限公司	73 645	4.6
15	大连深蓝泵业有限公司	72 808	8.1
16	广东省佛山水泵厂有限公司	72 226	-14.2
17	襄樊五二五泵业有限公司	67 656	26.1
18	广州白云泵业集团有限公司	67 195	1.5

（续）

序号	企业名称	工业总产值(万元)	同比增长(%)
19	湖南湘电长沙水泵有限公司	64 082	-18.5
20	石家庄工业泵厂有限公司	58 499	8.7

沈鼓集团核电泵业有限公司已自主研制成功包括安全壳喷淋泵、低压安注泵、余热排出泵、电动辅助给水泵、上充泵、重要厂用水泵、海水循环泵在内的多种核二级、核三级和常规岛核电用泵。在核主泵方面，公司独家承担国家重大技术专项——AP1000核主泵国产化，并确定为国内CAP1000后续主泵项目的总承包商。同时参与CAP1400屏蔽电动机主泵研制任务，在对美国三代核主泵技术进行消化吸收、技术创新的基础上，形成自主知识产权。常规火电市场方面，公司主要以300MW至1 000MW火电用泵为主。

2014年，石家庄强大泵业集团有限责任公司提出“中小项目放首位封闭运行，突出保证出口，大项目一单一策自求平衡”的组织原则，对中小项目和大项目实施分户运行，合理调配生产能力，生产组织水平得到了一定的提高和巩固。为提高存货周转速度，公司加大了清库利废的力度，优先组织周转速度快的项目，缩短资金场上占用时间，确保已确认开工项目。公司生产计划部严格执行三级计调体系，计划评审和综合平衡，按流程和项目组织生产，及时反馈生产信息，做好装配确认和发货确认，生产组织水平得到了较大的提高。同时，交单系统进行了持续改进，各子公司进行自查自纠。在实际操作过程中，严格按大项目管理办法组织生产，通过甘特图、进度表和大项目专题会对大项目进行节点控制。外采外协部门严格执行采购管理办法，加强与生产部门人员的沟通，了解原材料的需求情况，合理控制库存，保质保量完成重大项目采购任务，取得了良好的效果。

大耐泵业有限公司受国家宏观经济形势偏冷和产业下游需求大幅放缓的影响，2014年市场形势依然严峻，企业经营压力骤增。2014年，公司主要产品产量8 955台(套)，同比增长0.5%。完成工业总产值73 645万元，同比增长4.6%；工业增加值24 659万元，同比增长4%。实现主营业务收入76 017万元，同比增长4.5%；利润总额5 601万元，同比增长10.6%。

襄阳五二五泵业有限公司经过40多年的发展，耐磨蚀耐腐蚀泵系列产品研发处于行业领先水平。公司的Ft30% Cr + Mo、Z3NCDU25·20·04M、Z3CNUD26·05M材质是国内磷酸、磷复肥及磷化工用泵的经典耐腐蚀耐磨蚀泵用材质。公司研制的烟气脱硫循环泵是火力发电厂烟气脱硫专用设备，有力地推动了我国烟气脱硫装置的国产化进程，有效降低了烟气脱硫工程成本，为大气环境保护、设备替代进口做出了贡献。公司研制的30万t/a磷酸装置用LHZ1500立式轴流泵和100万kW火电机组烟气脱硫用LC900/1150浆液泵，达到国际先进水平，实现了替代进口。

山东硕博泵业有限公司建有完善的销售网络体系，设有省内营销部、省外营销部、市场开发部、节能环保科技工程部、营销管理部、外贸部，并设有独立的进出口公司。在严峻的市场竞争中，公司不断调整产品结构，加大新产品开发力度，从而为赢得国内外市场奠定了坚实的基础。2014年，公司泵产量7 957台，同比下降3.46%。完成工业总产值26 168万元，同比下降10.55%；工业增加值9 029万元，同比下降25.02%。实现销售收入24 917万元，同比下降9.99%；利润总额1 420万元，同比下降13.52%。

二、市场及销售

2014年，泵业分会参与统计的172家会员企业实现主营业务收入472.8亿元，同比增长1.2%，增幅同比下降8.7个百分点。65家重点骨干企业实现主营业务收入307.5亿元，同比增长0.6%。2014年泵行业主营业务收入前20名企业见表2。

表 2　2014 年泵行业主营业务收入前 20 名企业

序号	企业名称	主营业务收入(万元)	同比增长(%)
1	上海凯泉泵业(集团)有限公司	290 458	-0.4
2	上海东方泵业(集团)有限公司	258 225	0.5
3	上海熊猫机械(集团)有限公司	207 147	4.4
4	上海连成(集团)有限公司	204 461	1.5
5	南方泵业股份有限公司	149 604	19.3
6	上海电力修造总厂有限公司	134 849	20.3
7	浙江利欧股份有限公司	133 819	11.9
8	丰球集团有限公司	131 102	-5.0
9	新界泵业集团股份有限公司	115 046	
10	安徽三联泵业股份有限公司	109 513	32.4
11	上海凯士比泵有限公司	94 655	-18.7
12	大耐泵业有限公司	76 017	4.5
13	山东长志泵业有限公司	75 619	11.0
14	广东凌霄泵业股份有限公司	74 442	18.0
15	广东省佛山水泵厂有限公司	71 995	-9.8
16	大连深蓝泵业有限公司	71 512	18.5
17	湖南湘电长沙水泵有限公司	65 952	-15.8
18	广州白云泵业集团有限公司	60 639	5.7
19	石家庄工业泵厂有限公司	57 579	8.9
20	襄樊五二五泵业有限公司	53 781	14.2

2014 年,泵业分会参与统计的会员企业实现利润总额 37.8 亿元,同比增长 1.3%,增幅同比下降 10.7 个百分点。在上报的 172 家企业中,盈利企业有 151 家,亏损企业有 21 家。亏损企业数比上年增加 7 家,企业亏损面扩大。65 家重点骨干企业实现利润总额 26 亿元,与上年持平。2014 年泵行业利润总额前 20 名企业见表 3。

表 3　2014 年泵行业利润总额前 20 名企业

序号	企业名称	利润总额(万元)	同比增长(%)
1	上海熊猫机械(集团)有限公司	25 793	-7.5
2	南方泵业股份有限公司	23 319	33.9
3	上海凯泉泵业(集团)有限公司	21 979	-7.8
4	上海连成(集团)有限公司	20 791	17.8
5	上海东方泵业(集团)有限公司	19 414	2.1
6	浙江利欧股份有限公司	17 645	30.7
7	安徽三联泵业股份有限公司	13 822	15.2
8	广东凌霄泵业股份有限公司	13 503	41.0
9	新界泵业集团股份有限公司	10 855	-32.2
10	大连深蓝泵业有限公司	10 752	17.2
11	无锡利欧锡泵制造有限公司	9 861	
12	丰球集团有限公司	9 012	-39.4
13	山东长志泵业有限公司	8 847	11.0
14	襄樊五二五泵业有限公司	7 822	42.6
15	上海电力修造总厂有限公司	7 099	20.2
16	嘉利特荏原泵业有限公司	5 964	-2.7

（续）

序号	企业名称	利润总额(万元)	同比增长(%)
17	广东省佛山水泵厂有限公司	5 873	-17.0
18	大耐泵业有限公司	5 601	10.6
19	四川自贡工业泵有限责任公司	5 383	28.6
20	赛莱默水处理系统(沈阳)有限公司	5 299	41.7

2014年,泵业分会参与统计的会员企业完成出口交货值49.7亿元,同比增长1.8%。出口交货值增幅较大的企业有:杭州大路实业有限公司出口交货值同比增长358.3%,浙江华泵科技有限公司出口交货值同比增长148.9%,上海凯泉泵业(集团)有限公司出口交货值同比增长103.8%,大连深蓝泵业有限公司出口交货值同比增长89.3%。2014年泵行业出口交货值前20名企业见表4。

表4 2014年泵行业出口交货值前20名企业

序号	企业名称	出口交货值(万元)	同比增长(%)
1	浙江利欧股份有限公司	115 602	13.5
2	新界泵业集团股份有限公司	47 318	5.1
3	丰球集团有限公司	44 651	8.4
4	君禾泵业股份有限公司	43 989	15.1
5	广东凌霄泵业股份有限公司	28 736	20.6
6	安徽莱恩电泵有限公司	23 206	17.9
7	大连深蓝泵业有限公司	22 770	89.3
8	南方泵业股份有限公司	15 318	3.7
9	赛莱默水处理系统(沈阳)有限公司	14 876	14.2
10	石家庄强大泵业集团有限责任公司	13 417	30.0
11	湖南湘电长沙水泵有限公司	8 985	-65.1
12	安徽三联泵业股份有限公司	7 517	11.1
13	山东长志泵业有限公司	6 806	11.0
14	沈阳启源工业泵制造有限公司	6 392	1.4
15	广东省佛山水泵厂有限公司	5 939	-9.4
16	上海东方泵业(集团)有限公司	5 323	4.8
17	上海凯士比泵有限公司	3 993	-39.2
18	山东大晃机械有限公司	3 850	53.8
19	广东永力泵业有限公司	3 776	-20.2
20	日立泵制造(无锡)有限公司	3 515	-47.2

2014年,泵行业经济效益综合指数为214.62%,比上年提高5.3个百分点。从经济效益综合指数所反映的指标来看,在评价和考核企业盈利能力的核心指标中:总资产贡献率为10.69%,同比下降0.68个百分点,低于国家标准值(10.7%)0.01个百分点;反映企业的资本完整性和保全性及增值情况的资本保值增值率为103.83%,同比下降2.27个百分点,低于国家标准值(120%)16.17个百分点;反映企业经营风险的资产负债率为53.91%,同比提高1.66个百分点,低于国家标准值(60%)6.09个百分点,资产负债率是逆指标,率值越低(低于60%),说明企业无风险经营;反映企业经营状况、资金利用效果、衡量企业流动资金周转快慢,即再生产速度流动资金周转率为1.16次,同比下降0.09次,低于国家标准值(1.52次)0.36次;反映企业投入的生产成本及费用的经济效益的成本费用利润率为8.52%,与上年持平,高于国家标准值(4.51%)4.01个百分点;反映企业生产率和劳动投入的全员劳动生产率为184 900元/人,同比增加12 684元/人;反映企业产品产、销衔接状况

的产品销售率为97.03%,同比提高0.14个百分点,高于国家标准值(96%)1.03个百分点。2014年泵行业经济效益综合指数前20名企业见表5。

表5 2014年泵行业经济效益综合指数前20名企业

序号	企业名称	经济效益综合指数(%)
1	上海边锋泵业制造有限公司	695.27
2	无锡利欧锡泵制造有限公司	560.95
3	合肥恒大江海泵业股份有限公司	516.61
4	武汉特种工业泵厂有限公司	484.34
5	沈阳启源工业泵制造有限公司	466.08
6	广东凌霄泵业股份有限公司	462.56
7	沈阳潜水泵业有限公司	420.28
8	长春水泵制造有限公司	416.08
9	江苏海狮泵业制造有限公司	392.91
10	嘉利特荏原泵业有限公司	386.89
11	赛莱默水处理系统(沈阳)有限公司	376.70
12	江苏振华泵业制造有限公司	360.54
13	昆明嘉和科技股份有限公司	357.96
14	湖南耐普泵业有限公司	346.43
15	上海电力修造总厂有限公司	345.43
16	沈阳工业泵制造有限公司	335.87
17	襄樊五二五泵业有限公司	329.67
18	宜兴市宙斯泵业有限公司	320.41
19	上海东方泵业(集团)有限公司	317.34
20	大连深蓝泵业有限公司	317.18

沈鼓集团核电泵业有限公司为开拓新市场、扩大国际市场份额,也为巩固并扩大火电市场份额,针对整个销售队伍机构、市场领域专业不同等特点,及时进行了调整,民品部火电营销模式调整为区域负责制,发挥区域人员的团队优势。公司中标河北蔚州能源2×660MW超临界空冷机组全容量给水泵,60万kW全容量机组订货获得突破。依据泵类市场特点,对民用泵和核电用泵分别制订销售政策,同时建立营销信息化平台,所有市场信息纳入信息平台共享,打破区域间的信息壁垒。加强信息收集,实行区域负责制。主要做好设计院信息收集及关系维护,同时利用各类中间渠道建立客户关系,进一步加强与工程公司、业主的沟通联络,加大公司产品宣传力度。公司已成为德国西门子公司联合循环泵类产品合格供应商,与西门子公司签订了菲律宾项目给水泵和凝结水泵合同。

2014年,石家庄强大泵业集团有限责任公司整合内部营销资源,成立了营销中心,实现了营销系统管理体系及营销策略的协调和统一,在强化区域、行业管理,"双要素控制"以及回款全过程节点控制等方面成绩突出。遵照"营销节点前移"和"尽量走出去"的要求,增强外贸出口动力;积极进行代理工作方法研究,分区负责,重点区域重点开发,按准代理实际水平和特长授予相关代理资格,进行视频交流和在线简单培训,代理工作效果显著。针对网络宣传在直销开发中的重大作用,加大了在各种有偿及免费商务平台的宣传力度;同时增加了宣传语种,增强非英语区受众的接受程度。另外,利用网络平台进行在线交流,进行网上及时促成,为订货起到较好的支撑作用。

2014年,广东省佛山水泵厂有限公司面对严峻的市场环境,调整销售政策,鼓励业务员多跑市场、多开拓新客户，多关注小项目，营造各业务组开拓新客户、新市场的工作氛围；积极探索新的销售政策、模式，大力开拓新兴市场和行业，在国外市场调整并尝试更多合作模式、方法和机制，扩大销售网络建设；加大宣传力度，不断强化客户服务，提升肯富来品牌形象；高度重视每一个项目、每一个机会，采取灵活的销售措施，努力提高获取项目订单的成功率，实现积少成多、以小促大。通过采取一定的措施，在严峻的市场环境下，公司仍然取得较好的业绩：在国内节能改造和环保项目上获得大批订单，同比均有较大幅度的增长；国外市场新增订单也有一定程度的增长，尤其是自主品牌、高技术含量的真空泵出口增长较多，批量出口英国、比利时等国家，大口径中开泵也赢得欧洲的订单，巩固了公司高端产品在国际市场上的地位。

湖南湘电长沙水泵有限公司中标 CAP1400 示范工程大型循环水泵，中标金额过亿元。CAP1400 型压水堆核电机组是在消化、吸收、全面掌握我国引进的第三代先进核电 AP1000 非能动技术的基础上，通过再创新开发出的具有我国自主知识产权、功率更大的非能动大型先进压水堆核电机组。CAP1400 示范工程循环水泵尺寸之大和技术难度之高均为国内首创。

襄阳五二五泵业有限公司依据市场和企业发展的需要，适时改革公司营销体系，缩减营销管理层级，由过去的以激励为主向激励与约束并重转变。公司加强市场细分、渠道建设，规范并完善市场管理制度，完善价格体系管理、客户关系管理，提升对终端市场的掌控能力。在稳固现有市场占有率的同时，公司继续探索环保总包经营模式和建立以客户为中心的维修服务中心，推行维保业务模式，为客户提供及时、全面的服务，促进市场占有率的提高，提高客户忠诚度。按照“向传统优势行业推广新产品，将拳头产品向新领域加速渗透”的新市场、新产品开发方针，在新产品的开发方面，利用成熟的营销网络，区域联动甚至跨区域联动，加大对渣浆泵和化工泵的市场开发力度，力争在产能满足后，迅速形成市场规模，并以此为基础开拓新客户、新领域业务，切入新目标市场。在主导产品开发方面，精耕细作，精心维护，确保合同额稳中有升，并充分重视传统优势产品烟气脱硫泵在钢铁、石化、节能环保行业的应用，以带动化工流程泵和重型渣浆泵等新产品在石化、冶金等新目标市场的销售。

三、科研成果及新产品

2014 年，在市场倒逼机制的作用下，泵行业结构调整持续推进，产品结构升级取得积极进展，企业的内生发展动力不断增强，自主创新有了新突破。

沈鼓集团核电泵业有限公司 CAP1400 重大科研专项当前已确定了模型参数，满足效率和轴向力要求，完成样机和产品图样归档。同时制定了泵组试验过程中与轴承相关项目的参数限制，完成了主泵技术评审工作，确定了泵组结构和分析计算，达到设备规格书的要求；完成泵组试验规范的编制，确定了样机泵组的试验项目及试验参数。百万千瓦级核电站轴封型反应堆冷却剂泵轴封主泵研发工作完成了水力模型第一套方案的测试，各项指标基本符合技术规格书的要求。2014 年共组织申报集团技术创新项目 5 项（设计 4 项、工艺 1 项），有 4 项签订了科研合同。公司共承担集团技术创新项目 13 项，其中，结转 9 项、新立 4 项。公司自立技术创新项目共计 28 项，其中，结转 6 项、新立 22 项。

大耐泵业有限公司承揽的新疆 10 万 t/a BDO 项目中的关键 BDO 泵，完成大流量下极低的汽蚀余量的关键技术研发。该产品测试汽蚀余量值远低于国外同类产品，并且效率为 93%，大大超出国外相同产品水平，同时也创造了国内单级 BB2 型泵的最大规格。公司研制的国内最大的 ASD400 - 470H 单级输油管线泵，流量为 3 600m^3/h，扬程为 250m，效率为 89.7%，超过国外产品水平（87%），其 CFD 模拟出来的水力效率达到 96%。国内创新的 VS4 型紧凑型单级和两级蜗壳式液下泵，超过了常规 VS4 型泵的功能，扬程是常规液下泵扬程的 2 倍，适用于高温场合。

2014 年，广东省佛山水泵厂有限公司开展了实验室建设项目，该项目已申报省重点实验室，并纳入佛山市创新城市建设重点工程项目。实验室实施的研究开发计划项目共 8 个，其中湿式试验台已投入使用，填补了国内液环泵湿式试验台的空白。公司与华南理工大学合作开展了两个产学研项目，取得一定的成效：获得了 2 项实用新型专利授权，还申请了 2 项发明专利和 1 项国际发明专利。公司推出一种新型电厂节能产品——凝汽器用 2BW9 型液环真空机组。该机组由水环真空泵 + 罗茨真空泵组成，具有在高真空工作段运行效率高、占地面积小、无汽蚀、自动化程度高等优点。

2014 年，湖南湘电长沙水泵有限公司研发的 CAP1400 核电常规岛冷却水循环泵样机进行了性能试验和连续运行试验，通过了国家有关专家对试验现场的见证。公司研制的 YJG64－50 型金属蜗壳泵试验成功。该型号泵是为用户生产的二期 2×1 000MW 机组工程循环水泵组及配套设备工程所设计的直联式蜗壳泵，泵重 50t，是迄今为止公司最大的单级单吸立式金属蜗壳泵。公司的核三级长轴立式海水泵样机通过国家级鉴定。该样机总高超过 20m，经过了 200h 耐久试验及水压、水力性能试验和起停等试验，运行平稳，振动和噪声均低于技术规格书的要求。公司出口巴基斯坦恰希玛核电 C3、C4 项目的大型立式循环水泵机组通过用户验收。公司的“一种装拆非金属导轴承的装置”获得全国机械工业 QC 成果一等奖，水泥蜗壳泵主轴加工研发项目获国家 QC 成果一等奖。公司的 CAP1400 厂用水泵样机通过国家级鉴定，该样机达到国际先进水平。泵采用可抽芯设计，具有性能稳定、运行可靠、装拆方便等优势。

2014 年，山东硕博泵业有限公司的 RHC930－60 型高可靠性高温离心泵、ZH 系列低比转速高效化工流程泵、DG120－130 型高效锻件高压离心泵产品通过科技成果鉴定。公司自主研发的 HB5000 立式单级混流泵，由充水式高压电动机驱动，泵机组整体潜入深海中运行，工作介质为含有泥沙的海水。该泵技术含量高，填补了国内深海泵行业的空白，已通过用户验收并现场安装调试成功，投入使用。

中国有色(沈阳)泵业有限公司一直致力于大型隔膜泵的自主研发，当前已经开发出具有国际先进水平的第四代隔膜泵，解决了在苛刻工况条件下固液混合浆料输送设备连续运转等关键难题，其技术性能指标达到当今国际同类产品的先进水平。通过应用于太原钢铁集团尖山铁矿精矿输送系统，隔膜泵产品打入铁精矿长距离管道输送领域。该产品应用在中国黄金集团西藏华泰龙公司项目中，创造了世界上大型隔膜泵首次应用在海拔 4 600m 高原的业绩。

石家庄强大泵业集团有限公司结合市场需求专题立项，按照行业细化产品的需求分析，根据生产现场反馈改进完善信息，建立各种组件功能模块库，将模块化研发理念融入落实到“超前性产品开发、适应性产品开发、完善性产品开发”工作当中。全年共安排新产品开发计划 35 项，实际完成包括渣浆泵系列、挖泥泵系列、脱硫泵系列、管线输油泵系列等 48 项新产品的开发设计工作。2014 年，公司的 1200WN 型挖泥泵获得 2014 年中国(上海)国际流体机械展览会参展产品金奖。

淄博水环真空泵厂有限公司研制的 CAP1400/AP1000 级压水堆核电站用 2BW4 403－0EL4 型大容量水环真空泵(带大气喷射泵)机组工程样机通过专家鉴定，并达到了国际同类产品先进水平，具有良好的经济效益和社会效益，可推广应用于其他核电、火电机组。

上海凯泉泵业(集团)有限公司为国家战略储备油库研制的国产化首台(套)潜没油泵通过用户现场验收，填补了国内空白，达到国际先进水平。

上海阿波罗机械股份有限公司研制的核电站辅助给水汽动泵组通过出厂验收，完成百万千瓦级核电站主给水泵组研制。

上海电力修造总厂有限公司研发的 CAP1400/ACP1000 核电常规岛主给水泵组样机通过鉴定，各项性能指标达到国际同类产品先进水平。

沈鼓集团石化泵有限公司研制的中石油管道输送泵通过性能试验，满足中石油管道泵国产化要求,产品主要技术性能指标达到国际领先水平。

浙江佳力科技股份有限公司研制的中开式高扬程管线输油泵通过鉴定。该产品填补了国内长输油管道中开式高扬程输油泵的空白,主要性能指标达到国际同类产品先进水平。

此外,江苏海狮泵业制造有限公司研发的AP1000压水堆核电站正常余热排出泵(HAG150－630)和CAP1400核电站正常余热排出泵样机通过鉴定。宣达实业集团有限公司承制的国家核电重大专项CAP系列RCS真空喷射器及配套设备样机通过专家鉴定。

〔撰稿人:中国通用机械工业协会泵业分会王国轩　审稿人:中国通用机械工业协会泵业分会胡晓峰〕

2014年风机行业概况

一、生产发展情况

2014年,中国通用机械工业协会风机分会共有会员单位202家。其中:企业会员192家,大学、研究院所等10家。风机分会192家企业会员中,有国有企业14家、集体企业7家、股份制企业7家、民营企业106家、民营股份制企业41家、中外合资企业9家、外商独资企业8家。企业按统计大中小型工业企业划分标准划分,有大型企业5家、中型企业48家、小型企业139家。

据风机分会2014年上报的139家企业数据统计:年末从业人员人数51 999人,比上年增加6人;固定资产原价为1 612 030万元,比上年减少40 821万元;固定资产净值为1 242 602万元,比上年增加93 192万元;全员劳动生产率为220 514元/人,比上年增加12 828元/人。

2014年,参与统计的风机生产企业共完成工业总产值4 441 757万元,比上年增长0.6%,增幅同比下降7.13个百分点。其中:离心压缩机产值692 511万元,比上年下降14.2%;轴流压缩机产值132 101万元,比上年下降34.1%;能量回收透平机组产值72 568万元,比上年下降39.3%;离心鼓风机产值112 390万元,比上年下降14.2%;罗茨鼓风机产值108 265万元,比上年下降1.7%;离心通风机产值632 969万元,比上年增长3.7%;轴流通风机产值485 394万元,比上年增长1.9%;旋涡风机产值20 878万元,比上年增长5%;空调风机产值50 375万元(从2014年起单列);其他风机产值111 653万元,比上年增长29.8%。

从2014年各地区工业总产值完成情况来看:东北地区完成工业总产值1 588 580万元,比上年增长2.8%;华北、西北地区完成工业总产值683 886万元,比上年下降14.7%;华东地区完成工业总产值1 390 360万元,比上年增长8.7%;华中、华南、西南地区完成工业总产值778 931万元,比上年下降1.1%。

2014年,风机行业139家企业中工业总产值超亿元的企业有48家,比上年增加3家。其中:1亿～5亿元(不包括5亿元)的企业36家,5亿～10亿元(不包括10亿元)的企业5家,10亿～20亿元(不包括20亿元)的企业3家,20亿～50亿元(不包括50亿元)的企业2家,50亿～100亿元(不包括100亿元)的企业1家,超百亿元的企业1家。2014年风机行业工业总产值前20名企业见表1。

表1　2014年风机行业工业总产值前20名企业

序号	企业名称	工业总产值(万元)	同比增长(%)
1	沈阳鼓风机集团股份有限公司	1 451 034	6.60

（续）

序号	企业名称	工业总产值(万元)	同比增长(%)
2	陕西鼓风机(集团)有限公司	577 929	-19.52
3	山东格瑞德集团有限公司	289 885	31.73
4	南阳防爆集团股份有限公司	222 791	-1.52
5	重庆通用工业(集团)有限责任公司	154 517	0.76
6	浙江上风实业股份有限公司	134 530	4.64
7	上海鼓风机厂有限公司	105 336	13.67
8	江苏金通灵流体机械科技股份有限公司	85 669	27.45
9	浙江亿利达风机股份有限公司	68 154	2.78
10	上虞专用风机有限公司	65 232	2.60
11	成都电力机械厂	62 874	9.40
12	山东省章丘鼓风机股份有限公司	56 439	-1.39
13	佛山市南海九洲普惠风机有限公司	48 151	21.00
14	中航黎明锦西化工机械(集团)有限责任公司	39 051	-54.63
15	湖北省风机厂有限公司	38 366	5.49
16	湖北双剑鼓风机股份有限公司	36 882	12.62
17	浙江金盾风机股份有限公司	35 306	6.97
18	浙江义乌星耀风机有限公司	32 740	2.69
19	长沙赛尔透平机械有限公司	30 883	-12.27
20	广东肇庆德通有限公司	29 089	1.08

2014 年，参与统计的风机生产企业共完成工业增加值 1 146 649 万元，比上年增长 6.2%，增幅同比上升 1.26 个百分点。其中：东北地区完成工业增加值 287 400 万元，比上年下降 1.3%；华北、西北地区完成工业增加值 267 998 万元，比上年增长 1%；华东地区完成工业增加值 356 136 万元，比上年增长 17.5%；华中、华南、西南地区完成工业增加值235 115万元，比上年增长 6.8%。

2014 年，参与统计的风机生产企业共完成新产品产值 1 536 091 万元，比上年下降 3.5%。其中：东北地区完成新产品产值 586 572 万元，比上年下降 15.6%；华北、西北地区完成新产品产值 129 903 万元，比上年下降 11.8%；华东地区完成新产品产值 406 899 万元，比上年增长 6.4%；华中、华南、西南地区完成新产品产值 412 717 万元，比上年增长 12.5%。2014 年风机行业新产品产值前 20 名企业见表 2。

表 2　2014 年风机行业新产品产值前 20 名企业

序号	企业名称	新产品产值(万元)	同比增长(%)
1	沈阳鼓风机集团股份有限公司	557 144	-14.61
2	南阳防爆集团股份有限公司	144 421	-1.09
3	重庆通用工业(集团)有限责任公司	135 731	23.69
4	陕西鼓风机(集团)有限公司	117 989	-14.33
5	浙江上风实业股份有限公司	68 450	-2.39
6	江苏金通灵流体机械科技股份有限公司	51 330	15.93
7	浙江亿利达风机股份有限公司	50 394	59.18
8	山东省章丘鼓风机股份有限公司	29 653	-3.94
9	浙江金盾风机股份有限公司	25 520	8.90
10	长沙赛尔透平机械有限公司	24 613	-12.27
11	湖北双剑鼓风机股份有限公司	23 925	16.11
12	平安电气股份有限公司	19 317	-39.92

（续）

序号	企业名称	新产品产值(万元)	同比增长(%)
13	上虞专用风机有限公司	18 556	10.11
14	浙江义乌星耀风机有限公司	18 203	5.00
15	湖北省风机厂有限公司	17 265	5.49
16	浙江明新风机有限公司	16 551	17.18
17	鞍山风机集团有限责任公司	16 031	4.72
18	安徽安风风机有限公司	14 502	19.54
19	浙江双阳风机有限公司	14 247	14.35
20	百事德机械(江苏)有限公司	13 384	0.18

2014 年,参与统计的风机生产企业共生产风机 9 608 921 台,同比下降 0.9%。其中:离心压缩机 673 台,同比增长 31.4%;轴流压缩机 53 台,同比下降 41.8%;能量回收透平机组 34 台,同比下降 53.4%;离心鼓风机 5 047 台,同比下降 2%;罗茨鼓风机 38 893 台,同比增长 3.4%;离心通风机 964 588台,同比下降 88.5%;轴流通风机 999 816 台,同比下降 1.0%;旋涡风机 192 594 台,同比增长 4.9%;其他风机 100 165 台,同比增长 27.2%;空调风机 7 307 058 台,占全部风机产量的 76%。由于空调风机不同于工业用的离心通风机和轴流通风机,而且产量非常大,以往企业一直按离心通风机和轴流通风机统计,为了有所区别,从 2014 年开始在风机种类中新增加空调风机并单独统计,这也是 2014 年离心通风机大幅度下降的主要原因之一。

2014 年,参与统计的风机生产企业中生产离心压缩机的企业有 10 家,其中:沈阳鼓风机集团股份有限公司生产 270 台,陕西鼓风机(集团)有限公司生产 102 台,江苏金通灵流体机械科技股份有限公司生产小型离心压缩机 234 台,上海鼓风机厂有限公司生产 2 台,重庆通用工业(集团)有限责任公司生产 3 台,中航黎明锦西化工机械(集团)有限责任公司生产 8 台,锦州新锦化机械制造有限公司生产 29 台,长沙赛尔透平机械有限公司生产 20 台,安徽科达埃尔压缩机有限责任公司生产 4 台,湖北双剑鼓风机制造有限公司生产 1 台。生产轴流压缩机的企业有 2 家,其中:沈阳鼓风机集团股份有限公司生产 2 台,陕西鼓风机(集团)有限公司生产 51 台。生产能量回收透平机组的企业有 2 家,其中:陕西鼓风机(集团)有限公司生产 33 台,中航黎明锦西化工机械(集团)有限责任公司生产 1 台。此外,生产离心鼓风机的企业有 27 家,生产罗茨鼓风机的企业有 26 家,生产离心通风机的企业有 116 家,生产轴流通风机的企业有 101 家,生产旋涡风机的企业有 2 家,生产空调风机的企业有 6 家。2014 年风机产品产量见表 3。

表 3　2014 年风机产品产量

产品名称	产量(台)	同比增长(%)
合计	9 608 921	-0.9
离心压缩机	673	31.4
轴流压缩机	53	-41.8
能量回收透平机组	34	-53.4
离心鼓风机	5 047	-2.0
罗茨鼓风机	38 893	3.4
离心通风机	964 588	-88.5
轴流通风机	999 816	-1.0
旋涡风机	192 594	4.9
空调风机	7 307 058	
其他风机	100 165	27.2

二、市场及销售

风机行业是为我国重大技术装备项目配套的重要支柱产业,为石油、化工、冶金、电力、矿山、煤炭、纺织、环保和科研等国家重点工程及各经济领域配套的产品有离心压缩机、轴流压缩机、能量回收透平机组、离心鼓风机、罗茨鼓风机、离心通风机、轴流通风机、空调风机、旋涡风机等九大类及部分特殊用途风机,品种达 700 多个系列。

2014 年,参与统计的风机生产企业共完成工业销售产值 4 311 588 万元,比上年增长 5.28%。其中:东北地区完成工业销售产值 1 449 902 万元,比上年增长

11.8%；华北、西北地区完成工业销售产值692 936万元，比上年下降10.2%；华东地区完成工业销售产值1 358 138万元，比上年增长10.2%；华中、华南、西南地区完成工业销售产值810 612万元，比上年增长2%。

2014年，参与统计的风机生产企业实现主营业务收入4 036 631万元，比上年增长5.16%。其中：东北地区主营业务收入1 218 623万元，比上年增长12.3%；华北、西北地区主营业务收入618 616万元，比上年下降13.1%；华东地区主营业务收入1 331 984万元，比上年增长8.3%；华中、华南、西南地区主营业务收入867 408万元，比上年增长6.9%。2014年风机行业主营业务收入前20名企业见表4。

表4　2014年风机行业主营业务收入前20名企业

序号	企业名称	主营业务收入(万元)	同比增长(%)
1	沈阳鼓风机集团股份有限公司	1 077 206	9.00
2	陕西鼓风机(集团)有限公司	518 916	-22.09
3	山东格瑞德集团有限公司	286 800	31.42
4	南阳防爆集团股份有限公司	233 024	-3.22
5	重庆通用工业(集团)有限责任公司	218 742	30.88
6	浙江上风实业股份有限公司	115 630	6.55
7	成都电力机械厂	113 059	23.59
8	上海鼓风机厂有限公司	104 755	13.91
9	江苏金通灵流体机械科技股份有限公司	84 601	21.03
10	浙江亿利达风机股份有限公司	69 021	4.11
11	上虞专用风机有限公司	61 982	2.87
12	山东省章丘鼓风机股份有限公司	54 546	-2.05
13	中航黎明锦西化工机械(集团)有限责任公司	43 988	779.76
14	佛山市南海九洲普惠风机有限公司	42 653	14.80
15	湖北省风机厂有限公司	36 210	4.53
16	南方风机股份有限公司	35 905	-11.89
17	浙江义乌星耀风机有限公司	35 052	4.56
18	湖北双剑鼓风机股份有限公司	32 917	9.04
19	浙江金盾风机股份有限公司	30 894	4.83
20	锦州新锦化机械制造有限公司	28 403	37.44

2014年，参与统计的风机生产企业主营业务成本为3 182 024万元，比上年增长7.9%。其中：东北地区主营业务成本989 264万元，比上年增长14.4%；华北、西北地区主营业务成本471 852万元，比上年下降4.7%；华东地区主营业务成本1 039 471万元，比上年增长7.9%；华中、华南、西南地区主营业务成本681 436万元，比上年增长9.03%。

2014年，风机行业有44家企业产品出口，比上年增加2家，出口量比上年有大幅度上升，出口交货值为196 006万元，比上年增长57.14%。出口交货值占风机行业工业销售产值的4.55%，增幅比上年提高1.5个百分点。其中：东北地区出口交货值56 716万元，比上年增长246.6%；华北、西北地区出口交货值53 276万元，比上年增长119.5%；华东地区出口交货值53 926万元，比上年增长24%；华中、华南、西南地区出口交货值32 088万元，比上年下降21%。2014年风机行业出口交货值前20名企业见表5。

表5　2014年风机行业出口交货值前20名企业

序号	企业名称	出口交货值(万元)	同比增长(%)
1	陕西鼓风机(集团)有限公司	52 715	120.18
2	沈阳鼓风机集团股份有限公司	49 590	274.77

（续）

序号	企业名称	出口交货值(万元)	同比增长(%)
3	广东肇庆德通有限公司	13 671	13.65
4	南阳防爆集团股份有限公司	12 585	-26.74
5	上海鼓风机厂有限公司	8 963	76.33
6	浙江亿利达风机股份有限公司	8 337	29.60
7	浙江格凌实业有限公司	7 416	9.67
8	上海哈龙风机电器有限公司	5 230	4.79
9	张家港市英德利空调风机有限公司	4 347	17.55
10	南通大通宝富风机有限公司	4 250	3002.19
11	锦州新锦化机械制造有限公司	3 127	685.68
12	常熟市鼓风机有限公司	2 829	784.06
13	重庆通用工业(集团)有限责任公司	2 603	62.79
14	四平鼓风机股份有限公司	2 583	95.09
15	浙江兴益风机电器有限公司	2 301	-37.29
16	威海克莱特菲尔风机股份有限公司	2 087	354.68
17	鞍山风机集团有限责任公司	1 416	7.68
18	山东省章丘鼓风机股份有限公司	1 238	1.14
19	江阴市精亚风机有限公司	1 200	-20.00
20	佛山市南海九洲普惠风机有限公司	1 107	-73.97

2014年，参与统计的风机生产企业实现利润总额260 308万元，比上年下降4.9%。其中：东北地区利润总额30 478万元，比上年下降28.9%；华北、西北地区利润总额91 700万元，比上年增长1.3%；华东地区利润总额1 037 672万元，比上年增长15.5%；华中、华南、西南地区利润总额44 433万元，比上年下降24.8%。2014年，风机行业有64家企业利润总额同比下降，占上报企业总数的46%。亏损企业有15家，累计亏损额21 156万元，比上年增长29.1%。2014年风机行业利润总额前20名企业见表6。

表6　2014年风机行业利润总额前20名企业

序号	企业名称	利润总额(万元)	同比增长(%)
1	陕西鼓风机(集团)有限公司	86 777	-19.00
2	沈阳鼓风机集团股份有限公司	37 911	-16.72
3	南阳防爆集团股份有限公司	22 814	-24.23
4	浙江亿利达风机股份有限公司	11 026	-0.05
5	山东格瑞德集团有限公司	9 131	20.08
6	山东省章丘鼓风机股份有限公司	8 628	-6.78
7	浙江上风实业股份有限公司	7 024	92.86
8	重庆通用工业(集团)有限责任公司	6 295	81.78
9	浙江格凌实业有限公司	5 124	24.31
10	浙江金盾风机股份有限公司	5 060	-3.47
11	上虞专用风机有限公司	4 841	-6.24
12	山东中昊控股集团有限公司	4 289	
13	上海通用风机股份有限公司	3 828	-17.77
14	锦州新锦化机械制造有限公司	3 683	348.60
15	成都电力机械厂	3 484	27.95
16	浙江义乌星耀风机有限公司	3 246	4.37
17	鞍山风机集团有限责任公司	3 000	10.42

（续）

序号	企业名称	利润总额（万元）	同比增长（%）
18	百事德机械（江苏）有限公司	2 676	71.87
19	湖北省风机厂有限公司	2 630	110.40
20	湖北双剑鼓风机股份有限公司	2 463	-19.17

2014年，风机行业又一次经受了国内外市场需求不足的严峻考验，在风机产品订货和销售严重下滑、企业利润继续下降的情况下，各企业在困境中积极采取措施，抢抓机遇，坚持以创新求发展、以质量求生存，通过产品结构调整，拓展企业生存空间，度过了极为不平凡的一年。

2014年，沈阳鼓风机集团股份有限公司主动适应经济新形势，经营业绩持续稳步提升。一是紧紧围绕企业经营方针，正确把握国家宏观政策，主动适应新的经济形势，加快技术与管理创新步伐，提高国内外市场占有率，全面提升经济效益和运营质量，努力实现由制造商向系统集成供应商转变，巩固了集团多年来的发展成果，较好地完成了年初确定的各项经营指标和任务。二是全面提升营销管理水平，强化全员客户理念，积极抢占国内和国际市场。2014年，国家在石油石化领域持续削减投资，多个项目停建、缓建。在此背景下，集团以客户为关注焦点，打造适应市场的营销体系，延展成套服务功能，狠抓项目中标率，继续保持在石油化工、煤化工行业的主导地位和天然气储运行业的竞争优势。同时，在空分、冶金等市场也取得了一定的突破，市场总体占有率实现小幅提升。三是狠抓营销过程管理和信息共享。2014年，在集团层面成立了营销中心，增强市场信息搜集、客户关系管理和订货能力。同时，重视营销过程的管控、统筹规划和调度，加强集团范围内全部营销资源的管理，极大地提升了集团营销管理体系的运行效率，并开始运行营销信息共享机制，在多个项目中实现了多个子公司产品的捆绑销售。四是以客户为关注焦点，重视服务功能延展。突出客户关系在市场营销工作中的地位，集团领导率领各级干部走访客户，及时解决现场问题。着手大力拓展服务领域，布局全国各地区服务市场，寻求新的市场突破口；通过强化售后服务现场总代表职责、出台服务需求响应流程及管理办法、启用客户呼叫中心等方式，整体提升现代化服务管理水平，提高客户的满意度。五是大力开拓国际市场，提升国际业务能力。2014年年初，在集团层面成立了国际事业部，对集团进口和出口业务进行整合，建立起适应国际市场的组织架构，为开辟国际业务打造良好平台。同时，通过规范海外市场工作流程、设计标准对接，配备外经贸人员等途径，进一步提升国际市场的应对能力，并在几个海外关键市场取得了突破。六是狠抓国内市场，提高项目中标率。2014年，集团在市场萎缩、竞争加剧等重重压力之下，通过定期开展竞争分析、制定营销策略、狠抓中标率等措施，全力抓住焦炉气制LNG的机会，实现数十套LNG压缩机订货。集团加大空分市场的资源投入，空分市场取得6万m^3/h等级突破；冶金领域实现沈鼓集团首台（套）高炉BPRT产品订货，以及首台（套）BPRT成套设备订货；在大炼化项目停建、缓建的环境下，取得大型炼油、乙烯、油品升级和输气管线方面投建项目的全部订单；大型煤制油、煤制气、MTO和乙二醇等新型煤化工市场实现多个项目的全工艺流程压缩机组产品订货；风洞领域获得世界第三大风洞用轴流产品订货合同；页岩气开发新领域，获得中石化涪陵页岩气管线输送项目和宜宾筠连页岩气集输站LNG项目订单。此外，客户服务领域，非备品备件市场订货呈现持续增长，特别是在技术改造市场订货比2013年增长超过2倍。

陕西鼓风机（集团）有限公司以市场为导向，持续深入进行市场开拓，培育和发展新的业务增长点，满足市场形势变化带来的新的客户需求。2014年，公司在传统重化工提升改造市场取得订货19.3亿元，占同期订货总额的30%；在节能环保减排增效市场取得订货24.32亿元，占同期订货总额的

38%；在新型能源设备和服务市场取得订货20.93亿元，占同期订货总额的32%。2014年，公司与宝钢湛江钢铁有限公司签订了5 050m^3高炉国产化首台(套)鼓风机组成套设备合同，该机组是宝钢湛江钢铁工程的核心装备高炉的关键动力装置，在融合各种尖端技术创新，致力于高效节能、绿色环保的宝钢湛江钢铁工程中将发挥重要作用。当前，该项目的核心产品——全国产化AV100－17高炉鼓风机机组已经顺利完成厂内试车并发往用户现场，试车结果显示，机组的轴承温度等多项指标优于设计要求。在能量转换领域中的节能环保减排增效市场，公司与天津铁厂签订2 800m^3高炉配套TRT改造项目合同，采用合同能源管理模式，实施全新的伺服系统改造方案，改造后的TRT机组于2014年6月份投运，发电量由原来的8 700kW·h增加到12 800kW·h，吨铁发电量由33.2kW·h/t提高到49.8kW·h/t，平均发电功率比优化改造前提高37%，峰值提高超过40%，预计为用户带来年经济效益增加近2 000万元。在新型能源领域中的关键设备和系统服务市场中，多元化能源技术尤其是在来源、采集、转换、储存、传输、耗用等诸多环节的各类新型能源技术的快速发展和推广，改变了传统能源粗放的利用形式，显著提高了能源利用效率，也带来了新的市场机会。2014年，公司与徐州东兴能源有限公司签订了4万m^3/h焦炉煤气制LNG总包项目合同，该项目采用新的节能环保技术与工艺，将煤炭炼焦过程中产生的有毒有害煤气转化为甲烷，并制作成优质、清洁的液化天然气，通过能源利用方式的改造，实现了经济效益和环境效益的共同提升。

上海鼓风机厂有限公司早期对市场进行了市场调研和分析，形成了较为准确的预判，提出了以“聚焦国家战略”为核心的指导思想，坚持贯彻集团提出的“在困难中转型、在转型中发展”的思路，围绕2014年经营目标，在技术开发上体现国家战略，在市场拓展上增强服务含量，在管理上强化适应市场的流程改革，脚踏实地，明确责任，分层落实，确保各项工作全面推进。经过努力构建“三个上鼓”的信念，在逆境中奋进，实现内外两手抓。对外寻找市场突破口和挖掘上升空间，调整市场主攻方向；对内加强管理，通过机构改革，以客户为中心，以市场为先导，电站风机仍是上鼓的主力市场，在电力行业的市场占有率为35%～40%，特别是风机改造项目中，稳中有升。在市场低迷情况下，2014年，公司工业总产值、产品销售收入双双突破10亿元大关。

2014年，重庆通用工业(集团)有限责任公司国内风电叶片出现井喷行情，实现了快速增长，叶片产值同比增长84.95%，销售收入同比增长86.96%，利润同比增长46.57%。叶片全年新增订货同比增长58.89%，为2015年发展奠定了良好基础。在公司快速发展的同时，公司传统产品也有效克服了各种不利因素的影响，筑底回升，实现小幅增长。公司本部实现工业总产值同比增长12.3%，销售收入同比增长16.12%，新增订货同比增长8.37%，其他产品也实现了较快增长。与此同时，传统产品的市场调整和转型也取得一些突破：一是丙烯压缩机获得了首个市场订单；二是出口订单合同大幅增长，而且通风机首次出口到北美地区；三是蒸发冷却市场拓展取得成果。

2014年，江苏金通灵流体机械科技股份有限公司面对国内外复杂多变而严峻的市场环境形势和我国经济发展的新常态，紧紧围绕“调结构、稳增长、提效益”的既定目标，以加快技术进步和转型升级为宗旨，产品结构优化调整与开拓创新并举，稳中求进，取得了较好的发展业绩，各项指标都创历史新高。全年经营业绩稳中有升，压缩机产品与鼓风机产品在订货量上差距明显缩小，提高了压缩机产品的销售能力，千万级的合同达12笔，合同额约2亿元，占全年订货额的22%，其中压缩机最大单笔合同达2 470万元，鼓风机公司最大单笔合同近2 500万元，国际贸易公司的钢铁冷轧项目单笔合同近2 700万元。产品的应用领域得到了进一步拓展，如在化工、医药、环保、食品加工等领域都实现了销售。

四平鼓风机股份有限公司针对2014年严峻的

市场形势，坚持以市场为导向、以销售为中心的思路，狠抓销售工作。一是狠抓任务落实，进一步加强对市场的分析和研究，明确任务目标，并分配到人头。由销售主要领导亲自带队跑市场，及时掌握市场动态，加强市场信息收集和处理，各区域经理及时准确地反馈招投标信息；实行周汇报制度，及时处理售前技术问题，加强投标准备，努力提高合同中标率，避免丢失项目。二是在市场定位方面，全力巩固原有市场，努力开辟新市场。建材、冶金（钢铁）是公司发展的主要领域，也是主攻方向，虽然受大环境影响，项目较少，但对有限的项目要做到全力争取，强化与各总包公司、设计院以及大型钢铁集团和水泥集团的合作，特别是对一些有影响或新项目用风机，更是加大力度运作，并在国内市场需求急剧减少的情况下尽可能争取国外订单。通过努力，公司先后签订了海螺和出口柬埔寨、印度尼西亚等重点项目，再次签订了哈尔滨（华能）第一热电厂脱硫高温风机订单，产品出口交货值同比增长 95.2%。三是坚持把货款回收作为重中之重，全力以赴抓回款。对新合同，主要是做好客户的工作，确保排产之前落实预付款；对完工产品，按照合同要求提前与客户进行沟通和联系，保证剩余货款能够及时支付；对有欠款的用户争取发新货的同时及时清回原有老货款。特别是针对以前年度账龄长的应收账款，不断加大清欠力度，按区域发放应收账目单，由各区域业务经理逐家排查、梳理，并设置专人清收。四是积极克服困难，加强售后服务工作。在人员少、任务重、服务量大的情况下，以各大公司、重点项目为重点，全力确保服务及时、到位，特殊情况选派生产车间优秀员工参与售后服务。全年总计派遣现场服务 300 多人次，确保用户现场安装、调试和反馈的质量问题能够有效解决。

2014 年是长沙鼓风机厂有限责任公司完成与央企中航飞机起落架公司股改重组后推进整体运营和战略发展工作的一个全新起点。面对外部市场竞争冲击和内部过渡转化期各方面的压力，企业主要传统市场普遍下滑，高速离心鼓风机、螺杆鼓风机等新产品在传统风机市场替代的步伐加快，在水处理、环保等应用领域形成较大的冲击。公司经营面临严峻考验，进一步加大了规范管理、整章建制、质量管控、发展规划等工作力度，努力冲刺年度各项目标任务。①强化管理。严把合同审核关，突出以量和规模为重的主导思想；完善销售激励政策，促进销售人员的积极性；做好大客户的开发和维护，稳定市场主导需求；加强应收账款清收的组织管理，将清欠计划指标分解落实到各片网并督促落实。②盯紧项目。强化业务项目管理，关注重点项目，按区域和合同量级落实责任，竭力提高招投标项目的中标率。③开发市场。加强市场调研，积极开发新兴市场，先后推出了离心鼓风机、水蒸气压缩机、高温硫黄风机（石油炼化行业脱硫）、大型煤化工装置变换器鼓风机和液化天然气鼓风机等一系列新产品。④提升服务。以用户为中心做好服务工作，整合售后服务系统，强化服务管理；加强服务人员队伍建设，优化调整人员配备，提升服务意识和服务质量。⑤发展电子商务。根据市场发展新形势，加快信息平台建设，积极探索网络营销新模式，开辟新的营销渠道。通过采取一系列措施，公司 2014 年产品产量和工业总产值同比均有所增长，但销售、订货、利润等指标比企业预期值有所下降，虽未完全达到预期目标，仍较好地保持了企业经营平稳运行，使企业销售逆势而上，扭转了下滑势头，保持了一定的订货规模和相对稳定的销售局面。离心鼓风机市场的介入，为企业进入离心风机市场领域打开了新的突破口。同时，较好地稳固了电力、环保、石化等重点领域的既有市场，把握了重点招投标项目，稳定了招投标项目中标率。

山东省章丘鼓风机股份有限公司产品主要销往电力、化工、水泥、水处理、钢铁冶炼等行业，销售增长幅度较大的是粮油、化工及气体分离行业。从行业分析，2014 年主要得益于电力、环保行业及重大项目的发展，水泥行业继续出现下滑。销售公司年初在市场研究的基础上，预测大型罗茨风机市场会严重萎缩，以透平产品作为收入支撑，加大了通风机的销售力度。为扩大通风机的销售量，提高销售人员的信心和积极性，销售公司调整了部分地区通风机的政策，在政策的刺激及公司正确引导下，通风机产品基本上涵盖各个行业。2014 年，销售公司采取了一系列方法及措施，尤其是化工行业尾气治理方面销售业绩较显著。销售公司针对 2014 年市场形势极其不乐观的情况，在积极做项目的同时，专门安排销售副总负责抓欠款管理，以保证资金的回笼。为此，采取了诸多措施：把原来口头催欠款的习惯改为书面正规化要求，形成格式化的催款函、付款承诺书等标准行文；对不能及时形成对账或超过两年的欠款单位，督促提交法律程序，确保呆坏账不增加；实现了现有应收账款单位每月清对一次，做到每笔欠款都有准确回款时间。为了加大透平公司产品的销售力度，销售公司 2014 年成立了市场二部，专门针对透平机械产品进行服务，明确了职责，细化了分工，提高了服务质量。销售公司每月召集一次“销售沙龙”，所有驻外销售人员都必须参与并发言，对参加人员采取南北搭配、经理和一般工作人员相结合的原则安排，取得了很好的效果。为了提升销售人员的整体能力，销售公司每月整理一份知识通讯，内容主要涉及产品的使用、用户的工艺等，以此提高销售人员的专业知识及素养。公司在做好销售的同时，注重加大企业和产品的宣传力度，提升章鼓形象。2014 年，公司共接待客户 280 余次，对重点客户的相关人员进行了 3 批次的培训，与用户沟通了解的同时，拉近了与用户之间距离，达到巩固用户的目的。

2014 年，浙江金盾风机股份有限公司在深交所成功挂牌上市。公司奉行“敬业负责，协力开拓”的企业精神，脚踏实地，稳扎稳打，实现公司技术、经营、效益再上新台阶，不仅圆满达成全年各项工作指标，还取得了新的突破。2014 年，公司实现销售收入 3.46 亿元，同比增长 6.5%，圆满完成了年初既定的经济效益指标。公司在地铁、隧道行业稳居销售龙头地位，总占比依然保持在 80% 左右，尤其在工民建行业占比呈稳步上升趋势，总占比由 2013 年的 10% 增长到 2014 年的 13%；受造纸行业不景气的影响，该行业销售连续下滑，未能实现年初制订的目标，但销售额还是保持在 1 000 万元以上；核电市场销售较为稳定，销售收入比上年略有增长；船用市场方面，在上年取得较快增长后，2014 年销售金额 200 多万元。2014 年，公司在新客户开发方面取得了不俗的成绩：在地铁领域，开拓了广州、合肥、南宁、苏州几个地区，强化了公司产品在地铁行业中的主导地位；同中铁、武汉瑞德的合作，扩大了公司产品在铁路隧道的市场占有率；公司的军用产品成功申请到“三级保密认证”证书，扩展了更多潜在客户，为公司进军高附加值风机产品奠定了基础。

浙江亿利达风机股份有限公司积极引进和推行先进的管理技术，全面实施 ERP、CPC、CRM、制造物联等系统，实现了财务、采购、营销、生产一体化管理，建立物流和资金流集中统一的运作体系。公司加强产品的质量控制，并采取相应的措施最大限度地满足客户的要求，对主要客户所需产品实行 24h 门对门送货服务，增强了客户对企业的信任度和满意度。中央空调风机产品畅销广东、北京、上海、江苏、浙江等 20 多个省市，并出口美国、东南亚、中东等地区，与江森（约克）、特灵（英格索兰）、艾默生、大金、麦克维尔、格力、美的、天加等 100 多家中央空调企业建立了长期稳定的供货关系。当前，空调风机行业发展趋势良好，国际市场有很大的发展空间，2014 年该产品的国内市场占有率达到 30% 以上。公司开发生产的建筑通风机主要用于大型建筑及地铁隧道的通风，凭借技术、生产、产品配套和性价比等优势较快地在国内占有了一定的市场份额，2014 年公司地铁风机中标广州地铁项目。

2014 年，浙江明新风机有限公司全面把握企业当前发展形势和市场变化趋势，以创新的精神研究新情况，解决新问题。企业以“优异的质量作保证，一流的服务求信誉”为经营理念，围绕“增创优势，增产增收，稳健管理，稳步发展”工作目标，发扬“求实、创新、拼搏、奋进”的企业精神，把冷却用轴流风机、变压器用风机、烟叶烘烤风机作为公司生产和销售的重点，产品销售遍及全国多个省份。公司在国内主要城市设有办事处，充分利用现有的销售网络开发产品市场，有选择地参加全国相关行业展会，组织技术与应用交流会，提高公司知名度，并通过网络加大对产品的宣传。2013年，公司注册了境外商标。2014年，公司完善国贸部，新招2名外贸员，风机销售由原来的国内销售开始向国外发展，开辟了风机新的销售渠道，壮大了公司的经营实力。通过采取一系列措施，确保了企业经济效益稳步增长。2014年，公司产品产量同比增长4.91%，工业总产值同比增长15%，新产品产值同比增长17.18%，工业增加值同比增长11.39%，利润同比增长23.74%。

青岛风机厂有限公司以生产船用通风机为主，自20世纪70年代起生产船用通风机产品，是中船总公司的地方配套企业。2014年，在国际船市不景气、国内大型船厂受到冲击的情况下，公司积极开拓国内市场，参与中小型船厂的配套产品的竞争，弥补大船厂的订货量不足。同时，大力开拓其他民营市场，在电厂风机、化工风机方面做文章，通过宣传和参加竞标，以及内部控制成本、降低消耗等方式，产品销售基本与上年度持平。公司还积极引进新产品，通过试制、消化、吸收和推广，将国内先进的产品转化为公司的产品，达到产品升级的目的，并利用新产品开拓和占领产品销售市场，跟上市场产品变化的步伐，在市场开拓方面有了长足的发展。公司利用经营多年的经验和产品通用性强的优势，通过多种形式和手段，积极开拓市场，在稳定原有客户的基础上，新客户有所增加，产品销售渠道拓宽，基本保持了原有的产品销售量。2014年，公司与日本方面签订了130多万元的购销合同，为日本大西株式会社生产船用通风机93台，由日方返销日本国内。

2014年，威海克莱特菲尔风机股份有限公司对市场、用户、产品进行梳理并进行了选择性调整，放弃不良客户，从而保障一定的毛利率。公司彻底转产离心风机，淘汰效率低的产品，转为生产船用风机、GE能源高端产品以及进行铁路风机维修。公司加大新产品的研发投入力度，开拓新的市场和国外市场，同时进行人员结构优化，通过技能考试，精简人员，提升效率；通过采取与供应商易货的方式将公司的积压物资进行处理，减少了库存资金的占用；采取新的承包责任激励措施，充分授权，搭建平台，调动全员工作积极性，形成“赶、比、超”的竞赛氛围。通过一系列的调整，公司巩固发展了优质客户，成本得到很好的控制，生产效率大幅度提高。2014年，在国家大力发展城际高铁和动车的大背景下，公司轨道交通风机取得了多项CRCC产品认证。公司还接待了南车集团一行40余人的现场考察，充分向客户展示了公司的实力。为了扩展国际市场，公司参加了德国柏林机车展，展示的产品赢得了客户的好评，许多客户到公司进行参观访问。

山东宏烨环境科技有限公司突出主业，致力于工业厂房通风工程项目建设，2013年开发的防爆型屋顶风机、防爆型边墙风机、防爆型箱式离心风机，以及工厂用大容量高效过滤油烟净化器等新产品，采用新工艺旋压成形生产的屋顶风机销路旺盛，提高了2014年新产品销售贡献率。公司以自有业务为主，也在逐步培植大区经销商队伍。自公司成立以来，天津分公司、长春分公司的区域业务拓展以及对公司销售贡献率方面起到很大的作用，总体贡献率水平保持在63%。在北京、成都成立了业务办事机构，新增业务占总销售收入的26%，是销售的主体力量，当地业务人员的贡献率为11%。公司加强与主要供应商的技术合作与业务合作，利润细化，让利促量，保重点带动一般，稳定已有客户，千方百计争取新的客户群。

甘肃省白银风机厂有限责任公司积极主动应对困难局面，跟踪项目签订合同，确保企业正常经营。①以DW系列离心鼓风机销售为基点，产品推向全国市场。通过强化营销渠道，拓展了公司未来市场发展方向。②积极主动参与国内市场竞标。2014年参与国内竞标，中标额在100万元以上的有3家，中标新疆塔城地区汇通有限责任公司粮库烘干风机、宁夏金昱元化工集团有限公司化工除尘风机、大连重工机械设备成套公司煤气净化风机。通过电子商务投标，与内蒙古鄂尔多斯电力冶金股份有限公司国内竞标27次，中标16次；参与内蒙古君正化工网上竞标13次，中标6次。③加强与大客户合作交流，采取“走出去，请进来”的方式，寻找市场新商机。公司通过邀约新疆中泰矿冶有限公司、内蒙古鄂尔多斯电力冶金股份有限公司、宁夏英力特化工股份有限公司、陕西恒源煤电集团电化有限公司、山西阳煤电石化工有限责任公司、四川岷江电化有限公司等企业高层到公司指导、交流，签约了订单，进一步巩固了公司产品市场占有率。④加强政、产、学、研联合，共同开拓市场空间。公司积极联系省市发改委、工信、科技等政府部门，结合企业技术创新与发展战略，争取国家和政府项目补助资金。公司与兰州理工大学通过校企联合解决煤气风机泄漏问题，与省机械研究院联合开发了果蔬生产线干燥风机，与北京中冶设备研究设计总院有限公司签订6－2×39№27F双吸离心风机，在项目投标中风机成套技术解决方案形成竞争优势，也得到设计院的认可。

三、科研成果及新产品

2014年，风机行业生产企业通过自主研制和厂校研究院所联合研发，共完成新产品670种、116 293台，分别比上年增加306种、68 445台。获得国家及部、省、市级科技进步奖、优秀新产品奖等计40项。

2014年，沈阳鼓风机集团股份有限公司围绕集团发展战略和市场急需，加快新产品、新技术开发速度，全力攻关重点科研项目，结合国家重大技术装备需求，组织开展了一系列新产品、新技术的研究，并在多个领域取得了历史性突破，完成多个模型级的开发与试验验证，各项性能指标均达到国际先进水平，新产品产值进一步提高。公司开展标准化、系列化、规范化的“三化”工作，推动了离心压缩机的技术进步，提升了设计效率。2014年试制完成了大型空分装置用全新单缸外置冷却等温型离心压缩机组、连续重整装置28级离心压缩机组、大型硝酸装置用四合一压缩机组、油田配套系统首台国产化离心式原料气压缩机组，经沈阳市科技局组织专家鉴定，均达到国际先进水平。公司的多项产品获得2014年科技成果奖：大型LNG装置用离心压缩机组获得沈阳市科技振兴奖，大型空分装置用全新单缸外置冷却等温型离心压缩机组获得沈阳市科技进步奖一等奖，连续重整装置28级离心压缩机组获得沈阳市科技进步奖一等奖，大型硝酸装置用四合一压缩机组获得沈阳市科技进步奖二等奖，百万吨级乙烯装置用3MCL1506丙烯制冷压缩机组获得辽宁省优秀新产品一等奖，SVK224（空）NKS71/3.2＋CE1402（尾）多轴组装式压缩机组获得辽宁省优秀新产品二等奖，SVK32－5S多高速轴齿轮增速型离心压缩机组获得辽宁省优秀新产品三等奖，大型PTA装置用离心压缩机研制获得辽宁省科技进步奖二等奖，大型甲醇制烯烃装置用离心压缩机研制获得辽宁省科技进步奖二等奖，大型煤基甲醇制烯烃装置用离心压缩机组获得中国机械工业科学技术奖二等奖，4M50－31/23－95BX型新氢压缩机组获得中国机械工业科学技术奖三等奖，60万t/a甲醇制烯烃装置用（MTO）产品气压缩机获得国家重点新产品奖，大型LNG装置用离心压缩机获得国家重点新产品奖，百万吨乙烯装置用丙烯压缩机获得中石化科技进步奖一等奖，百万吨乙烯压缩机机壳的焊接工艺获得国家知识产权局第十六届中国专利优秀奖。

陕西鼓风机（集团）有限公司全力推进研发工作，满足新形势和新环境带来的市场需求。公司从优化技术资源配置入手，转变科研开发思路，向国际先进科研项目管理水平看齐，提升技术标准、技术规范、技术资源平台等基础管理工作，提高技术研发工作效率和技术进步能力。2014年生产完成了大型多级增压轴流压缩机组、等温型离心压缩机组、高效电辅透平发电装置、煤气透平发电装置、真实气体用压缩机组等新产品150余台，经陕西省工信厅鉴定，均达到国内先进水平。

上海鼓风机厂有限公司为山东石岛湾核电站高温气冷堆示范项目提供主氦风机，2014年8月份在上鼓进行的主氦风机工程样机100h热态满功率连续运行试验圆满成功后，11月又完成了主氦风机工程样机500h热态满功率耐久性试验，各项性能指标完全满足国家科技重大专项20万kW级高温气冷堆核电站示范工程的技术要求，标志着世界首套大功率主氦风机工程样机的研制成功。2014年试制完成的新产品16种、35台，其中：高温气冷堆核电站燃料球输送用氦气压缩机组、低温跨超声速风洞压缩机组、630MW电站机组热能回收利用高温风机、G型新传动系统用子午加速静调风机、百万千瓦级电站锅炉二次再热机组送风机技术与成套设备、百万千瓦级电站锅炉二次再热机组一次风机技术与成套设备、百万千瓦级电站锅炉二次再热机组引风机技术与成套设备、煤矿瓦斯高效抽放轴流风机技术、大型煤矿瓦斯高效抽放多级风机设备、燃煤电厂烟气脱硫脱硝技术用配套风机、燃油电厂双级钢叶片高效送风机技术及设备、空气压缩机、污水处理技术配套用单级高速风机设备、高效超临界燃煤发电技术配套用新型风机装备、燃煤发电机组配套专用高效引风机技术、大型燃煤电厂烟气脱硫环保综合利用硫酸生成工艺压缩机关键部件等，均达到国内先进水平。

重庆通用工业（集团）有限责任公司2014年技术创新取得多点突破，全年共开展新产品、新技术研发项目28项，获得专利授权42件。其中，风电叶片项目完成了CGI2.0－51.5A、CGI2.0－57.0A等6个型号的新产品开发，弱风区兆瓦级风电叶片荣获重庆市“重点新产品奖”。冷水机组技术得到了质的提升，ACP1000双级离心压缩机COP值达到6.308，超过国家一级能效标准；机组平均噪声小于80dB，实现了高能效、低噪声、低振动、外形美观、尺寸小、重量轻的要求。大型压缩机项目在开展丙烯压缩机开发的同时，进行多个系列压缩机缸体的新设计，首次运用单缸8级叶轮的设计，解决了结构与转子动力学、轴承等一系列难题，为今后拓展产品范围打下了一定的基础。启动了磁悬浮离心式制冷压缩机、5MW高温水源热泵机组和磁悬浮轴承应用研究，离心式热泵机组用压缩机荣获重庆市科学技术成果证书。全面完成了低压、中压、高压三个系列单级高速离心鼓风机开发，完成了磁悬浮离心鼓风机、MVR蒸汽压缩机图样设计。离心通风机重点开展了机壳模态与刚度分析、高效烧结风机模型级研发等基础研究；完成了6－29、6－39、5－48等8个系列、76个规格风机模块化设计工作，优化了小风机的设计成本。5个型号的通风机通过了国家节能认证，其中4个型号被工信部授予“能效之星”称号，全氢罩式炉退火炉循环风机荣获重庆市科学技术成果证书。在创新体系建设方面，公司与西安交通大学签订了产学研合作协议，双方在人才培养、技术合作上的互动更加紧密，同时与清华大学、中科院的合作也得到加强，技术创新模式更加丰富，增强了公司的创新能力和技术实力。

2014年，江苏金通灵流体机械科技股份有限公司研发了大流量高压比三元流离心鼓风机，新的叶型已经应用在伊泰新疆能源项目中；采用有限元软件进行分析，将大型工业鼓风机静止件厚度进行优化设计；宁煤项目中带循环风机密封机壳通过结构改进和工艺方法的改变，大大节约了生产成本；新型谱双级动调轴流风机的研发与开发，丰富了公司产品系列，扩大了公司产品市场范围，提升了企业的市场竞争力。公司在现有压缩机产品基础上，进一步完善了标准机型的规格，完成了JE36000、JE60000空气压缩机标准机型；完成了JEV3－JEV102蒸汽压缩机系列产品，进一步细化了蒸汽压缩机原材料的制造要求；开发了当前亚洲最大MVR系统的202t/h蒸汽压缩机，一次性试车成功；宝钢湛江项目首台（套）高速三元流单级高速焦炉煤气排送鼓风机一次性试车成功，综合指标完全满足设计指标；高速永磁同步直驱磁悬浮离心鼓风机历经两年多的研发，产品成功上市，磁悬浮高速鼓风机技术已跻身于国际先进水平，打破了该领域国外产品长期垄断的局面；汽轮机完善了国内首台（套）30MW再热式汽轮机的产品设计、工艺编制等工作，完成了第一台向心式透平汽轮机的设计、制造，并进行了试运行；6MW垃圾发电机站用高速汽轮机，相同的蒸汽量下比同类产品多发电260kW，效率提高4%以上；进行200kW轴流式汽轮机的产品设计，该产品结构简单、泄漏量小，且可选用于饱和蒸汽场所。

2014年，南通大通宝富风机有限公司研制生产了多种新产品，其中，DPCB系列单级高速离心鼓风机采用准三元设计，效率比传统设计方法提高5%～10%，多变效率达到81%～83%，并采用进出口导叶可调方式，使风机在45%～100%设计流量范围内高效运行，同时与传统设计相比，叶轮外径减小10%～30%。公司与西安交大流体机械研究所联合成功研制了A110高压头开工鼓风机，适应开工气及氮气两种工况下的高效运行，开创了大通宝富高压头特殊介质鼓风机机组的新业绩，填补煤制乙二醇项目空白。产品密封采用炭环+氮气密封；机壳、进风口等结合面增加O形圈，通过设计测试泄漏量为零；首台（套）壳体为铸造机壳，试验压力达到1.2MPa；风机调节范围50%～100%。公司研制生产了AP1000、CAP1400一体化堆顶组件控制棒驱动机构冷却风机，该产品属国内首台（套），设计寿期60年（易损件和非金属部件等除外），填补了国内一体化堆顶组件控制棒驱动机构冷却风机的空白，经国家能源局、中国机械工业联合会鉴定，主要技术性能指标达到国际领先水平，可完全替代进口产品。与清华大学联合开发了高效新模型7-20№8D风机，经沈阳鼓风机研究所鉴定，样机的全压效率达到国家1级能效等级，噪声比A声级≤20dB。

山东省章丘鼓风机股份有限公司拉长主业、上新创新，多元发展增实力，新产品开发取得多项优秀成果。鼓风机研究所成功开发出车载罗茨鼓风机，已发往美国用户进行测试。罗茨鼓风机产品方面：完成ZSR2A-80V型罗茨真空泵的设计，该真空泵是公司首台墙板逆流结构真空泵；完成RRB-50WNAZ型风机的开发工作，扩大了罗茨鼓风机的应用领域；完成ZG-50BOX型新型密集型机组、TRRG-500VP双级串联干式罗茨真空泵等多项新产品的设计开发工作。透平机械研究所先后开发设计了7种新型号单级高速离心风机，签订12项合同；设计开发了最大型号铸造多级离心鼓风机C950型模型机、4种新型焊接风机、2种新型不锈钢焊接炭环密封风机、42种新性能点的铸造结构多级离心鼓风机、10种大型“量体裁衣”通风机系列产品。列入省市科技计划、技术创新项目：“MLK33型矿渣立磨”列入山东省2014年第一批技术创新项目；“干气密封罗茨鼓风机”列入2014年山东省第二批技术创新项目；“ZH型高压旋转供料器”和“ZGTX型脱硫泵”列入2014年山东省第三批技术创新项目；“TZ型化工泵”“新型铸造结构多级离心鼓风机”“TRK型车载罗茨鼓风机”和“TDC型分路阀”列入2014年山东省第四批技术创新项目。2014年，公司多项新产品通过了鉴定。9月3日，由济南市科技局组织，对公司自主研发的ZW型三叶罗茨鼓风机、大型焊接离心鼓风机、ZR型旋转供料器（旋转阀）3项新产品进行成果鉴定。来自山东大学、青岛农业大学、山东科技大学、中国石油大学、山东建筑大学、山东省设计院、山东省机床及通用机械质量监督检验站等单位的专家教授对3项新产品进行了鉴定，3项成果的主要技术性能指标达到了同类产品国际先进水平。11月20日，章丘市科技局组织山东大学、山东理工大学等专家组成鉴定委员会，对YZ型氧化铝工艺渣浆泵进行了成果鉴定，鉴定委员会认为，该产品的主要技术性能指标达到了国内同类产品领先水平。12月11日，由济南市经济和信息化委员会对公司承担的山东省技术创新项目“铸造结构多级离心鼓风机”进行了验收。来自山东大学、山东建筑大学、山东交通学院、济南大学、山东省机械设计研究院、山东省科学院自动化研究所、山东省机床及通用机械质量监督检验站的专家教授参加了新产品项目鉴定验收会及专项资金验收会。鉴定委员会一致认为，该产品主要技术性能达到了同类产品国内先进水平。2014年，公司“B型单级高速离心鼓风机”荣获山东省机械工业科技进步奖二等奖、章丘市科技进步奖一等奖；“高效耐磨环保TZJST-300大型渣浆泵”荣获济南市科技进步奖三等奖。

长沙鼓风机厂有限责任公司在稳定发展主导产品的同时，加快新产品开发及产品技术升级，集中技术力量，加强特型风机项目的试制，大力发展特型风机、离心风机、真空机组等延伸型产品。公司成立了技术中心“离心鼓风机研究室”，吸纳科技人员进行多级低速离心鼓风机的设计开发及市场推广工作，为公司开辟新的效益增长点。其中：离心鼓风机研制项目，当前已设计试制了 MC150、MC120、MC80 型的离心鼓风机，其中 MC150 风机成功通过试制运行，且已满足设计性能，达到设计要求。特型风机研发项目，开拓了国内多种特型罗茨鼓风机的应用领域。V 系列罗茨水蒸气压缩机实现了小批量投产和试运行，已有多种型号成功投入运行，获得了一定的市场推广。真空机组 2013 年开始试制，当前高真空罗茨真空泵机组成功通过试制并交付用户使用。硫黄回收用高温罗茨鼓风机，广泛应用于石化炼油厂，现已完成试运行，年内已陆续签订了订购合同。氯气风机重点向化工行业进行市场推广，继 2013 年进行首台(套)试制后，当前已签订订购合同，大部分已交付用户使用并投入运行。

四平鼓风机股份有限公司加强新产品开发和“三新”推广应用，努力提高技术管理水平。一是新产品开发。为大力推进新产品开发，满足企业发展需要，公司成立了新产品开发领导小组，以加强组织领导。2014 年，依据销售签订的合同，先后开发设计了 ASV30 和 ASV36 静叶可调轴流风机，并自行完成了叶轮直径 3.6m 的脱硫增压静叶可调轴流风机产品图样设计及工艺文件编制，具备了为环保项目配套大型脱硫风机的能力并取得业绩。同时，还完成了企业首台采用进口南非 GB 公司滑动轴承的大型风机 3550DIBB50－73－17 的图样设计和工艺编制，该风机采用锻造空心轴带法兰盘结构和轮毂板方案。二是新技术、新材料和新工艺推广应用。主要完成了高强度钢 Q690CFD 材料与 HG785 材料对比，对 Q690CFD 材料进行了焊接工艺评定和多个温度段力学性能试验；完成了高温材料 SC460 在不同工况下的焊接及高温试验，达到了预期效果，解决了 600℃以下高温、高强度材料选用问题；完成了耐磨焊丝在钢板面堆焊试验和工艺性试验；实现了喷焊设备在主轴上喷焊修复方面的应用。三是技术管理。公司组织技术骨干编写了《产品设计规范》，经批准后通过 OA 办公系统下发执行。同时，积极开展价值工程，并按照新的设计规定，合理选材和简化产品结构，继续推进轴承箱选用窄系列轴承工作，降低了产品制造成本。

浙江金盾风机股份有限公司根据客户(巴基斯坦 K2/K3 项目)的要求，完成了南通昆仑 CCV(DTF－12.5A)风机的叶轮气动设计及风机结构整体设计，编制了该风机的生产工艺卡片及各相关的工艺规程文件。此外，还设计出具有公司特色的阵列式消声器，成功研制开发了 CCS 箱体式通风机和 HAF3－63－No9.1#堆顶风机，优化 CLH50 双速全船通风机，优化 SP4 四缸机的工艺及图样整体结构设计，设计 JD－468－5#D 电站无蜗壳离心风机。在产品结构分析与叶轮的设计方面，针对客户所提供的各项性能参数需要，专门研发设计了永蓝高速项目中使用的 DTF－21#、22#、25#风机叶轮，天津中材项目的 DTF－24#风机叶轮，越江隧道项目的 DTF－21#、31.5#风机叶轮以及铝叶片三维造型图，并落实其叶片的模具生产制作；在成功研制 HAF3 高压轴流风机系列的基础上，对 MS14 风机叶轮重新进行设计改进；通过对七一九研究所 263 排风机的叶轮进行强度分析，经研究叶片的自身频率后，对其叶轮进行了结构改进，并编制了该风机的生产工艺卡片；产品型号为 4－79－18E 的不锈钢风机叶轮，因原风机叶轮的结构在强度上存在缺陷，对原风机叶轮进行强度计算分析，找出缺陷点后对风机叶轮结构进行更改，增加了叶轮中盘，从而提高了叶轮强度。2014 年，公司研制生产了安全壳循环冷却机组和核电站用空气处理机组，经浙江省技术市场促进会组织鉴定，填补了国内空白，分别达到国际先进水平和国际同类产品水平。

浙江亿利达风机股份有限公司一直致力于节能风机等产品的开发和研究，建有符合美国 AMCA 标准要求的国内一流的风机综合性能测试室，并组建了经省级认定的浙江亿利达风机企业研究院。公司不断加快新产品的研发和改型升级，近年来公司始终关注风机技术的发展动态，以技术创新引领行业发展，研究节能环保风机技术，加快节能低噪空调风机、建筑通风机及配套电动机系列产品的开发，提升产品品质和档次，推进产品智能化和系统化。同时，重视资源综合利用、节能降耗等工作，挖掘降低产品成本的潜力，积极改进产品设计和工艺，降低材料的损耗，并在设计工艺时充分考虑边角料的再利用，提高材料的利用率，实现节能增效的目标。2014 年，公司开发的 SYT15 - 11 空调风机被列入国家火炬计划项目，SYQ630 后向离心风机被认定为浙江省第一批制造精品，开发的机翼型 SYWA 系列无蜗壳风机送新加坡 AMCA 进行认证后，经测试的风机静压效率已达到国际领先水平。公司在 2013 年取得单相单绕组直流无刷电动机国家发明专利的基础上，2014 年风机用无刷直流电动机被列入路桥区重点科技计划项目。另外，包括 YZWR54 - 8 空调室外机直流无刷电动机等多种系列规格电动机也陆续开发成功，满足了客户的不同需求。公司加大了技术人才的引进和储备，引进了 1 名高级工程师和多名硕士研究生、本科生。同时，加大人才培养力度，开展人才培养与职业发展工作，逐步建立了完善的技术人才引进、培养及使用机制。公司参与起草的 GB/T 13467—2013《通风机系统电能平衡测试与计算方法》、JB/T 6411—2014《暖通空调用轴流通风机》标准已发布实施。公司已获得 101 项产品专利（其中发明专利 3 项），2014 年取得各种专利 11 项，其中国际发明专利 1 项，有多项产品能效达到了国家 1 级、2 级标准，被列入了《节能机电设备（产品）推荐目录》。

2014 年，浙江上风实业股份有限公司试制完成了 CAP1000 核电站用安全壳循环冷却机组和 CAP1400 控制棒驱动机构冷却风机，经中国核学会主持国家级科技成果鉴定，均属于国内领先水平，并达到国际先进水平。

2014 年，宁波风机有限公司试制完成了 BGT5 - 2 × 43№22. 9F 焦炉除尘风机、Y6 - 40№26F 高效引风机、Y5 - 36№27F 高效引风机、Y4 - 2 × 73№26F 高效引风机等 4 种新产品，均达到国内先进水平。

2014 年，威海克莱特菲尔风机股份有限公司依托省级技术中心、省院士工作站、威海市轴流风机工程技术研究中心，抓住科技成果转化这条主线，通过项目带动，突出高新技术产品产业化，被认定为山东省首批博士后工作站。公司研发中心同时提出“鼓励创新、敬佩成功、宽容失败”的激励机制，充分发挥技术人员的自主创新能力，加快科技成果转化速度，攻克了一批关键技术难题，成功进行了系列产品的研发。公司的四方国产化项目高铁空调风机通过首检；哈电燃气轮机冷却系统天津临港项目完成装机；开发了燃气轮机冷却系统项目。产品主要供应给 GE、西门子的全球燃气轮机项目，国内已应用于天津临港燃气热电联产项目，并试运行成功。2014 年，公司共申报专利 44 项，其中发明专利 22 项，获得授权发明专利 1 项，实现专利工作的新突破。公司“双铰接零弯矩结构大型轴流叶轮”发明专利获得威海市技术二等奖，列为 2014 年度威海市科技技术项目，并获得 2014 年度威海市节能减排技术创新项目专项资金扶持。

浙江明新风机有限公司每年以不少于销售额的 6% 作为科研经费开展自主研发，公司 2012—2014 年分别投入 981 万元、1 111 万元、1 321 万元作为研发经费。2014 年，公司累计实施科技成果转化项目共 13 项，其中：国家火炬项目 1 项，省级新产品 3 项，上虞市重大科研引导专项 1 项，获授权实用新型专利 2 项，受理实用新型专利 6 项，对主要产品的核心技术拥有自主知识产权。2014 年，公司继续 2013 年立项的 2 项新产品（270 中空机翼型叶轮冷却风机、380 铸铝平板轮毂冷却风机），同时还新开发 3 项新产品，包括 DLZFNo. 8 网罩型冷却用轴流风机、直升机试验用轴流风机、玻璃钢风罩冷却风机，其中直升机试验用轴流风机被列入上虞区重点专项引导项目。截至 2014 年年底，公司共有 38 项授权专利，其中发明专利 1 项、实用新型专利 33 项。

山东宏烨环境科技有限公司以“节能环保、清洁生产、节能未来”为经营方向，坚守“以用户需求为己任，为用户创造竞争力”的治厂方针，专注于工厂化通风设备与净化除尘机组的研制与生产，并取得了多项科技成果与专利技术。2014 年研制生产的 EAF－DE1000－Ex 防爆圆形管道风机、ECF－RE1000－Ex 防爆离心管道风机、EAF－RE1000 节能型屋顶风机经德州市科技局组织的鉴定，达到国内先进水平。

2014 年，常熟市鼓风机有限公司的 SZ 型省能型轴流通风机及 CJK 型节能工艺空调机组重新评定为江苏省高新技术产品。在此基础上，又研制开发了造纸行业用 WDP－C17 屋顶轴流通风机、石化行业用 BCF№ 3.6A 及 4A 两个规格的鼓袋离心通风机，为青岛纺机研发了 FT№ 247 5A 新型输棉风机，完善了印染行业高温气流染色机配套风机，完善扩展了铭斯特 MSF 型№ 18C 高效离心通风机。

2014 年，百事德机械（江苏）有限公司研制生产了 BK 型第三代高效罗茨鼓风机，容积效率≥80%，流量误差≤3%，整机使用寿命≥10 年，适用于污水处理、气力输送、电力、制药、煤炭等行业。2014 年引进韩国技术生产的空气悬浮离心鼓风机为半永久性，100% 无油系统，无振动，低噪声，免维护，流量、压力调节范围广，适用于污水处理、气力输送等行业，已投放市场。

2014 年，湖北省风机厂有限公司完成了单级高速离心鼓风机、城市地铁风机、一种钛板焊接氯气多级离心鼓风机的研制工作。科技成果的投入应用为企业带来了明显的经济效益，新产品销售收入为 1.73 亿元，约占总销售收入的 45%。自 2013 年 1 月至 2014 年 6 月，研制完成了分段吸入式抽真空离心鼓风机项目，2013 年底完成设计研发工作，2014 年 6 月完成终试，并成功投入市场。经湖北省科技厅组织鉴定，分段吸入式抽真空离心鼓风机整体技术处于国际先进水平。磁悬浮高速三元流离心鼓风机项目实施周期为 36 个月（自 2013 年 1 月至 2016 年 1 月），自立项以来，公司与 S2M 公司密切合作，并成立了项目研发小组，于 2013 年年底完成气动设计研发工作，2015 年 3 月前完成整机方案的评审，2015 年 10 月前完成样机试制。样机若试制成功，将完全替代国内小流量的多级低速离心鼓风机和部分齿轮增速的单机高速鼓风机，并大力推进污水处理、气体增压等行业的节能改造。

2014 年，湖北双剑鼓风机制造有限公司自主设计制造 SJ2M456 离心压缩机，在离心压缩机的生产上实现了零的突破。公司研制生产的高效大流量制氧离心鼓风机获得随州市科技进步奖一等奖。

甘肃省白银风机厂有限责任公司以新产品开发为抓手，不断推进企业产品转型升级，走大型化、专业化发展之路。公司研发电石行业密闭式电石炉用 DW 系列煤气离心鼓风机和煤化工行业 MQ 系列煤气风机新产品，形成煤气风机新产品多行业领域的协调互补发展。针对电石行业密闭式电石炉一氧化碳尾气环保除尘及回收利用系统，开发了 DW270 离心鼓风机，使产品逐步由西北地区走向全国市场，占领了电石行业用煤气风机较大的市场份额。同时，带动了其他产品的市场发展，后期延伸开发了 DW140、DW300、DW550 等离心鼓风机，以满足用户的不同需求。DW270、DW550 等新产品通过省级新产品鉴定，其中 DW270 获得甘肃省优秀新产品新技术奖和甘肃省机械工程学会技术进步奖。

2014 年，佛山市南海九洲普惠风机有限公司完成了 HCF 系列 3.6A－8A 单板后倾式风机、HKF 系列 3.6E－9.0E 双进风箱式离心风机等新产品，均达到国内先进水平。新型高效节能型轴流式风机获得广东省高新技术产品奖。

南阳防爆集团股份有限公司研制生产的 FBCDZ№ 42/2×125D 煤矿地面用防爆对旋抽出式主通风机，达到国内先进水平，机号和配套电动机容量均为行业最大，填补了行业空白。公司研制生产的 FBDY№ 63/2×30(s) 智能化局部通风机也达到了国内先进水平。

四、质量及标准

1. 质量管理

截至 2014 年年底，中国通用机械工业协会风机分会 192 家企业会员中，已有 179 家企业通过了 ISO9000 质量管理体系认证，占企业会员的 93.2%。通过实施全面质量管理，企业管理水平和产品质量都得到了不断提升。

沈阳鼓风机集团股份有限公司严把质量关，提升产品质量管理水平。2014 年，集团质量管理体系运行良好。在集团层面确立质量指标，完善各项制度，推广过程控制有效方法，强化了质量指标统计、质量成本分析、现场质量督查、质量责任制考核、异常和8D 管理等工作，切实提高了质量管理水平。集团开展“两个零”工程，狠抓零缺陷、零漏件；开展“两个 100%”活动，力求 100% 按文件执行、100% 把问题解决在企业之内；开展“两个遏制”，有效杜绝和减少了重大质量事故以及重复性质量错误。2014 年，集团获得中国质量协会“全国用户满意企业”称号。

重庆通用工业(集团)有限责任公司 2014 年先后进行了 7 次外部认证、取证的现场审核工作，顺利通过了军民品质量管理体系认证、环境管理体系认证、职业健康安全管理体系认证、武器装备科研生产许可证等认证审核，接受了风机产品节能认证审核和军工保密资格证复查工作。公司首次取得了武器装备承制单位资格证和风机产品节能认证证书，5 个产品通过了节能认证，4 个产品获得“能效之星”称号，为公司持续健康发展提供了重要支撑和保障。在质量管理和质量控制方面，2014 年组织了三次大型的质量培训活动，有效增强了员工的质量意识；对检验人员开展专项技能培训，提升检验的准确性和规范性；开展了 4 次质量管理体系内部审核，强化质量体系有效运行；实行更加严格的产品零部件和环节控制，使产品质量得到稳步提升。在产值同比增长的情况下，全年不合格处置频次同比下降 30%，产品质量损失同比下降 22%。

江苏金通灵流体机械科技股份有限公司 2014 年年初审核制定集团公司质量管理体系实施工作计划，根据 GB/T19001、GB/T24001、GB/T28001 版标准要求，策划了体系文件修订方案，调整管理目标，对体系文件全面换版，修订体系文件、组织机构图、职能分配表、产品实现流程图和相关质量记录。并组织 4 个组开展集中式内审，对所有不合格项进行限期整改，查找类似问题，切实提高纠正措施的有效性，并对整改情况逐一、反复跟踪验证，顺利通过外审。QEO 体系运行得到外审专家的好评。

四平鼓风机股份有限公司严格质量管理，加强质量改进，努力提高产品质量。一是进一步加强质量管理体系建设。不断提高质量管理，以工作质量促进产品质量的提高，2014 年，公司完成了上年度管理评审，并开始同广州中鉴认证有限公司合作，在对企业质量管理体系进行监督审核时，及时发现质量管理体系中存在的问题和不足，有针对性地加强内部质量审核，完成了不合格项和相关问题的整改，确保了质量管理体系运行的符合性、适宜性和有效性。二是不断加强质量检验与控制。在进货检验方面，以轴承、主轴及锻件主轴、膜片联轴器、叶轮用板材、轴承箱和转子组特殊材料等 A 类物资为重点，加强了质量控制和供方评价，对不合格的主轴等物资全部予以拒收、退货处理，轴承箱、联轴器改为大批量从河北某厂家采购成品，大幅度降低了铸件废品率，确保进货物资满足质量要求；在过程与最终检验方面，重点加强叶轮焊接质量和外观质量检验，严格主轴、轴盘和联轴器等关键部位尺寸精度和表面粗糙度控制，强化了对主轴、轴盘、鼓风机叶轮等关键部件的无损检测和叶轮动平衡监控，加大了主轴与叶轮等关键装配过程的控制力度，不定期进行“A 检”、巡检和抽检，严把质量关，促进了产品质量的提高。三是有针对性地加强质量改进工作。从加强进料渠道控制、严格加工工艺等方面入手，改进了叶轮焊接质量；通过严格进厂打压检验与控制、加强供方评价、更换供货厂家、取缔不合格供方等手段，有效解决了轴承箱裂纹、漏水等问题；通过修改工艺、严格检验标准、提高抽检和考核频次，使涂装质量和铆焊件外观质量得到了改进和提高。四是严格质量管理制度，加强质量责任追究。按时组织召开月份质量会，及时通报内外部质量问题，并针对出现的内外部质量问题制定了相应的纠正和预防措施，针对重大和重复发生的质量问题加大了质量追究和处罚力度，提高了职工的质量意识和责任意识。

山东省章丘鼓风机股份有限公司严格按照上市公司的要求规范运作，强化各项决策的科学性和透明度，促进公司的管理升级和体制创新。公司在管理方面锐意进取、持续创新，始终坚持“质量第一”的方针，强化职工的质量意识，在全公司内开展了做“精品工程”的号召，推行“5S 管理”活动，开展“建立学习型组织”、实行“优质优价”即“优质岗”活动，广泛推行群众性 QC 小组活动，运用多种质量改进工具和先进的管理方法，不断完善质量管理体系，推动工作质量和产品质量的提高。公司定期召开质量分析会，对发现的问题制定整改措施，有效地保证了公司产品的质量，提高了公司及品牌的美誉度。

成都电力机械厂“十二五”期间产品质量得到较大提升，主要做法：①制度的完善和执行。根据“人、机、料、法、环”各环节出现有损产品质量的行为，完善了《外协件产品质量管理考核办法》《产品质量考核细则》和《车间标准化作业考核办法》。②制度的表单化。建立了各种零部件检验表单，由操作者进行检验填写，然后由本单位人员互检，最后由质量控制部质检员对质量控制点内容进行专检，并与操作者和互检人员填写数据进行对比，如有差异将互相再检。③员工质量意识培训。实时组织各车间进行标准化作业的培训，强调按照标准作业减少出错的概率。同时，质量控制部加强内部人员产品结构、质量控制点设置的培训，强调正确行使监督和服务职责，通过培训提高了全员的质量意识。④厂外质量信息反馈，逆向查找问题，建立了根据厂外质量信息反馈加强内部质量控制的制度。根据外部反映的问题，有针对性地完善各部门标准化作业。同时，形成质控、技术、生产、装配、仓储等车间部门的交流沟通机制，及时完善图样、工艺、流程以弥补缺失。通过这一逆向工程，及时找到了多起困扰客户现场质量问题的根源。通过以上措施，工厂外部损失年均下降 20% 。

浙江金盾风机股份有限公司不断完善产品质量，在确保产量的同时，产品质量更是精益求精。2014 年，公司设计并改进多种常规产品的工装夹具及模具 50 多套生产工序。其中：压力机拉深用成形压模 26 套，压铸用模具 10 套（叶片压铸模具 8 套），压力机用模具 5 套，风阀橡胶密封垫用成形模十多套；各类设备、工装夹具十多副。同时，还加大了对产品质量的检查力度，按照程序文件及工艺文件要求，对半成品进行严格抽样检查，严防不合格品流入下一道工序。2014 年 4 月 19 日—5 月 19 日，公司开展了质量月活动，对地铁、射流、离心、箱体、轴流等系列产品开展了产品质量审核，通过大量质量问题的图片展览、公示，增强了员工的质量意识，取得了良好的效果，公司的产品质量有了明显进步。

淄博科鸿风机有限公司采用“过手有责”的质量标准，严格控制不合格品的产生。公司的原则：不接受不合格材料，不制造不合格部件，不交付不合格产品。公司采取严格的质量控制措施，原料采购必须经质检员检验合格后方可入库。数控编程员工在接到任务单后，结合用户及图样的要求，进行数控编程，并进行全自动数控下料；各生产小组领取毛料，进行边、角去毛刺处理，再由各生产设备进行分类加工成形，所有风机的进风口全部采用冷旋压或冲压的方式成形，保证风机的外观质量。材料检验、机壳、叶轮、传动安装、叶轮平衡为必检过程，对半成品检验合格后，方可进入风机整体安装。安装后进行第一次风机温升、振动、电流等试验，合格后抽检到风机性能试验室，对风机风量、风压、转速、电动机功率、噪声、能效等风机性能指标进行检验，合格后出具 MGS 性能试验报告，粘贴风机标牌和中国风机能效标识。最后进行出厂前检验，再次检验噪声、性能、标牌、标识等是否符合国标要求，整机合格后交付用户。

2. 标准化工作

全国风机标准化技术委员会 2014 年完成了风机行业各项标准化工作任务。

（1）节能减排标准的制修订工作。为实现国家节能减排、淘汰落后产能的目标，作为“十二五”急需重点项目，全国风机标准化技术委员会组织制定了《一般用途罗茨鼓风机能效限定值及节能评价值》标准（标准计划编号：2013 - 0767T - JB），制定了《煤矿用通风机能效限定值及能效等级》标准

(标准计划编号为:2014－0804T－JB)。

(2)安全标准制修订工作。作为“十二五”规划的重点项目,组织完成了《防爆屋顶通风机》《防爆罗茨鼓风机》《罗茨鼓风机隔声罩》和《消防排烟通风机》等4项标准。其中,《防爆屋顶通风机》《防爆罗茨鼓风机》和《罗茨鼓风机隔声罩》3项标准的立项填补了该专业领域的空白,完善了风机行业安全标准体系。

(3)组织审查了5项行业标准。对JB/T6887《风机用铸铁件技术条件》、JB/T6888《风机用铸钢件技术条件》和JB/T4113《石油化工和气体工业用整体齿轮组装型离心式空气压缩机》征求意见稿进行发函征求意见,标准起草组根据各标准的函审意见进行汇总之后形成送审稿,并于2014年8月对该3项标准进行会议审查。召开标准起草小组工作会议,讨论《隧道轴流通风机》和《隧道射流风机》两项行业标准,经过标准起草小组认真讨论和研究,形成标准的征求意见稿,将在全行业进行征求意见。

(4)组织完成标准的报批及发布情况。2014年出版发布14项风机行业标准:JB/T 8689—2014《通风机振动检测及其限值》、JB/T 8690—2014《工业通风机噪声限值》、JB/T 8940—2014《通风机 产品型号编制方法》、JB/T 9101—2014《通风机转子平衡》、JB/T 9100—2014《矿井局部通风机　技术条件》、JB/T 4364—2014《风机配套消声器　性能试验方法》、JB/T 10213—2014《通风机　焊接质量检验技术条件》、JB/T 10214—2014《通风机　铆焊件技术条件》、JB/T 4359—2014《一般用途轴流式压缩机》、JB/T 8941.1—2014《一般用途罗茨鼓风机　第1部分:技术条件》、JB/T 8941.2—2014《一般用途罗茨鼓风机　第2部分:性能试验方法》、JB/T 9099—2014《冷却塔轴流通风机》、JB/T 10281—2014《消防排烟通风机》和JB/T 11956—2014《防爆屋顶通风机》。

(5)为了加强国际标准化的交流与合作,加快风机行业与国际接轨的步伐,提高我国风机行业参与国际标准的能力,全国风机标准化技术委员会组织参加了2014年国际标准化第29届会议。会议设立大会及5个工作组会议,分别讨论了风机性能标准、实验室方法进行声功率级试验、能源效率等级、系统效应因子和节能控制方法评估等标准。

五、基本建设及技术改造

2014年,风机行业共完成固定资产投资230 665万元,比上年增长14.64%,增幅比上年提高8.66个百分点。其中:设备购置投资143 802万元,比上年增长14.2%。

2014年,沈阳鼓风机集团股份有限公司技术改造在建项目4个。营口透平装备有限公司建设项目,包括大型透平压缩机组研发(实验)中心建设项目、国家能源大型透平压缩机组研发(实验)中心完善及为煤化工配套大型压缩机组研制项目。核电及重大工程用泵能力建设项目,包括核三级泵试验台测控系统改造、试验车间试验冷却水系统改造及输油管线泵试验台改造等。能力建设项目预期目标:建成年产80台(套)军用舰船主辅泵和空压机生产线。CAP1400项目已完成试验台基础的施工和全部设备的招标工作。

由国家能源局、上海电气公司和上海鼓风机厂有限公司共同投资8 600万元的高温气冷堆主氦风机、燃料球输送压缩机技术改造项目,2014年已基本完成并投入运营。

重庆通用工业(集团)有限责任公司项目建设工作高效推进,取得了一定的成果:启动了总投资6亿元的海上风电产业化项目建设工作,预计2016年上半年能够完成建设并投产,项目建成后将成为公司风电产业又一个新的增长点;风电武威基地创造了当年决策投资、当年完成建设、当年实现销售收入的行业奇迹。

山东省章丘鼓风机股份有限公司新型节能罗茨鼓风机、离心鼓风机、气力输送生产(工程)基地及大型磨机车间等技术改造项目,募集和自筹资金18 918万元,新建厂房16 800m²,购置东芝镗铣加工中心、双曲面数控刨床、立式加工中心、卧式加工中心、数控定梁龙门镗铣床和动平衡试验机等设备,对缓解各子公司生产压力、扩大生产规模提供了可靠保障。

长沙鼓风机厂有限责任公司实施搬迁新建工程，自筹资金50 000万元，已经部分完成。

浙江亿利达风机股份有限公司持续推进两化融合工作，加快技术改造力度，实施机器换人项目，先后引进激光切割机、数控压力机、焊接机器人等国内先进的生产检测设备，2014年实施新增75万台节能电机风机项目，加大信息化建设，投入500余万元，实施ERP、CRM、SCM、全面预算等系统，取得了较好的成效。为了提升生产效率和管理透明度，提高质量、标准化管理水平，2013年12月与浙江力太科技有限公司合作，投入150多万元导入了制造物联系统平台，利用专业化、标准化和高水准的制造物联系统平台及解决方案，将企业信息化延伸至生产车间，直达最底层的生产设备、设施，从而构建起数字化透明工厂，持续提升企业的生产能力。

浙江明新风机有限公司"年产万台冷却专用轴流风机"技改项目于2012年10月开始，2014年12月完成，项目总投入6 000万元，由上虞经信局发文立项。项目总用地面积8 360m^2，建筑面积13 000m^2。该项目主要建设内容及规模：主要采用先进的设计软件和中空机翼叶片设计技术或工艺，引进具有国内外先进水平的生产和检测设备，购置数控机床、压力机、空压机、焊接设备、起重机、液压机、精密测量仪、计算机及应用软件等设备。项目建成后形成年产万台冷却专用轴流风机的生产能力，产品具有高效、节能、降噪等特点，实现销售收入10 000万元、利税2 150万元。

青岛风机厂有限公司于2013年新建厂房一栋，占地面积5 700m^2。2014年9月份通过竣工验收和生产环境环保评估，并投入使用，新建成的生产车间作为与日本大西株式会社合作生产船用通风机的生产场地。公司通过引进日本大西株式会社先进的生产技术，学习国际先进的管理和生产模式，从而带动企业其他产品技术质量的提高。

山东宏烨环境科技有限公司投资300万元的总装车间于2014年8月竣工投产，投资175万元的风机系统试验室（多功能风机性能测试中心）已交付使用，投资32万元新增两条屋顶风机部件预装生产线已投产，投资132万元的数控旋压机已调试完毕投入使用。技术改造对公司的产品结构调整、质量控制、提高产能起到积极的作用。

西安交大流体压缩国家工程中心咸阳风机厂自筹资金140万元，完成了机器人焊接数控工装联合夹具和隧道专用对旋通风机降噪技术改造，已投入使用。

2014年，包头市新爱科风机制造有限责任公司投资32万元更换天然气锅炉，接通天然气管道，并已通过市消防支队消防验收、市环境保护局项目环境保护验收、包头市安监局项目"三同时"验收和公司安全生产标准化文件验收。

甘肃省白银风机厂有限责任公司工程技术研究中心建设初具规模，自2013年年底项目确定以来，当前投资30万元完成了JR3－500/400井式回火/退火电阻炉建设，可对4m内铸件、钢结构、风机叶轮进行热处理，满足了大风机、特种风机以及鼓风机加工工艺要求，还购置4m旋压机1台，现已试运行，提高了加工能力。另外，工程技术中心建设还包括通风机性能试验和运转试验自动采集设施1套，总投资80万元。

2014年，湖北双剑鼓风机股份有限公司自筹和银行贷款2 200万元，完成了高效大流量三元流离心鼓风机生产线技术改造。

佛山市南海九洲普惠风机有限公司自筹资金628万元，完成了T35轴流通风机系列铝风叶优化设计、MTF轴流式消防排烟风机系列铝风叶优化设计两种产品的技术改造。

六、企业经营管理及改革

2014年，沈阳鼓风机集团股份有限公司全面开展现代化企业管理，通过导入现代化管理理念和方法、调整组织架构、梳理管理制度和流程、从严绩效考核，提升企业管理水平和经营业绩，突破发展瓶颈，实现发展目标。集团成立了战略管理委员会，在国际知名咨询公司的帮助下，运用先进的战略规划理念和方法，全方位推进企业战略管理。年内陆续开展了市场分析、内外部调研、对标研究、研讨培训等一系列工作，全面编制、修订和完善了《2020年集团公司发展战略规划》等各类规划文件。为推进组织机构调整和管理流程再造，确保企业高效运行，2014年年初，集团以提升企业运行效率为目标，对集团内组织机构进行了适时调整，将透平公司纳入集团直接管理体系，在集团层面设立7个管理职能中心、4个事业部，并调整和理顺了部分职能部门的职能范围，搭建起适合企业自身特点，适应市场发展形势需求，管理有效、协调有序、控制有力的集团组织体系，保证企业高效运行。2014年，集团系统引入项目管理机制，将一般工作项目和产品项目纳入项目管理范畴，探索实施项目经理负责制，制定了集团工作项目管理制度和集团产品项目管理制度，用系统、完整的流程和方法规范管理企业的各项经营活动，按照先进的项目管理模式推进合同执行。在深化企业改革、加快生产性服务业发展进程中，以国家新一轮振兴东北老工业基地为契机，集团结合市场竞争情况和行业发展特点，以全面提升企业竞争力为宗旨，制定了企业改革发展规划，深入推进企业体制机制改革和经营战略转型，其中重点是发展生产性服务业，使其成为企业新的利润增长点。为提升企业信息化水平，实现财务业务一体化目标，2014年年初，集团启动了ERP优化升级项目，并作为年度重点工作来抓。由集团领导挂帅，成立了专业项目团队，按照集团信息化建设总体部署和要求，明确各业务组工作职责，制定了项目章程及相关考核制度，与相关业务部门签订项目实施责任状；完成了项目蓝图规划、软件模块配置和硬件建设方案，实现了人力资源系统模块的上线运行。集团围绕“消除一切浪费”，注重持续改善，整合精益生产和精益供应链管理任务和资源，在全集团范围内开展了“反浪费、降成本、增效益”活动，发动全员查找浪费源，号召全体员工从一点一滴做起，为企业增加效益做贡献。集团成立了20个工作小组，下达降成本、增效益指标和盘活资金指标，由集团领导分工负责，加快各项工作措施的落实。为整合集团资源，完善集中采购模式，2014年年初，集团成立了物流中心，建立了主要物资集中采供模式，完成了集团一体化物资采购管控体系建设。日常工作中，除了继续坚持招标采购、签订框架协议外，还充分利用集团优势，打出降低价格、控制库存、减少资金占用的组合拳，进一步降低采购成本。

2014年，上海鼓风机厂有限公司与北大纵横咨询公司进行管理咨询合作，根据企业实际情况，进行了较大规模的调整，机构设置由原来的22个调整为12个。公司对流程进行较大范围的修正，从而缩短管理流程，提高工作效率；新增经营管理中心，全方位监控企业运行情况，降低了企业运营成本。公司根据上海电气的发展战略，确立了构建“科技高端的上鼓、优质规范的上鼓、整洁和谐的上鼓”的战略定位。转变企业的经营模式：由原来的“单一制造”向“制造 + 服务”转变，通过服务业的延伸，向用户提供设计、制造、安装、调试、维修、保养、备件供应、故障诊断等一条龙式的服务。上鼓新疆“4S”店9月28日在新疆昌吉正式成立，成为风机行业中首家引进“4S”店模式的企业。转变商业模式：坚持“两头在内，中间在外”，低端加工均由外协配套来解决，将重心集中在营销、设计、研发、试验、高附加值零部件加工、主关键部套加工和总装试车，提升高端制造能力和水平。

江苏金通灵流体机械科技股份有限公司2014年年初对集团所属八大公司按市场化运作进行内部经济核算，对鼓风机公司、压缩机公司、国际贸易公司的销售收入界定、销售价格、销售成本、期间费用一一进行明确，这不仅为集团公司的业绩考核提供支撑，也可以更清晰、更完整地了解集团各经济实体的经营情况。一年来，各分公司“自主经营、自主管理、独立核算、自负盈亏”的经营机制运行良好。物资管理坚持“同等价格比质量，同等质量比价格，最大限度为公司节约成本”的工作原则。根据原材料（板材、铸造生铁、锻造钢锭）价格连续下跌的情况，积极与供方进行价格下浮洽谈，严格控制采购成本，核价部参与各分公司新供方开发、组织考察、试用、评审，对新供方的开发、试用及转为合格供方的流程中符合规定程序的予以支持，增强二级单位的自主管理职能，做好服务工作，对老供方的评审过程进行监督。对各分公司同类物资的供方资源进行集中整合，集中对同类物资的供方开展优胜劣汰，确保各个分公司采购流程的正常运行。对同时在几个分公司都有供货的供方，核价部集中监督、协调、管理，保证对供方评价的客观性。信息化管理方面，策划鼓风机公司图文档系统 PDM 的整体解决方案，当前系统使用正常；对计算机及外设等固定资产实行二级管理；不断完善办公 OA 系统，实现知识和制度共享、无纸化办公。

浙江金盾风机股份有限公司健全各项规章制度，进一步提高规范化运作水平，并继续加大对规章制度的管理，结合公司实际，在原有制度的基础上，不断进行改进和完善。2014 年发布车间考勤管理制度，并对制度落实情况进行追踪，取得了一定的成效。2014 年，公司严格执行周例会制度，建立追踪事项，以了解工作进展情况，形成及时汇报机制。公司于 2014 年 12 月 31 日正式挂牌上市，金盾股份证券代码为 300411。在深交所首次公开发行 A 股 2 000 万股，全部为新股，其中网下发行 200 万股，网上发行量为 1800 万股，本次发行，公司募集资金总额为 2.56 亿元。发行股票为企业提供了资金支持，并将以本次股票发行上市为契机，加快对优秀人才尤其是专业技术人才和管理人才的激励和培养。

成都电力机械厂加快完善大客户平台信息化建设，初步形成“4S 店”的服务模式，实现产品全生命周期的跟踪、诊断、评估、维护和检修，借助于状态检修，通过专业、快捷和热诚的服务，赢得顾客的信赖，为顾客创造价值的同时，为企业创造持续稳定的利润增长点。工厂巨大风机的保有量在未来几年将陆续地进入大修期，超过了基建市场的含金量。通过产业链向服务的延伸以及生产制造型企业向服务制造型企业的转型，打造完善的售后服务体系，建立标准化的作业流程，用“专业、快捷和热诚”树立工厂服务的品牌形象。工厂在完成对 TLT 的并购以后，打开了工厂国际化战略的通道，TLT 尖端科技的优势与成都电力机械厂制造的成本优势相结合，形成独一无二的竞争优势。国际化战略不仅是电建集团的要求，更是工厂跨越式发展的战略规划。做好 TLT 与 CPMW 的整合工作，成立技术、市场、供应链对接小组，确保并购后 TLT、CPMW 稳定健康的发展，为海外扩张、海外并购创造有利条件，为行业集团的发展奠定基础。

甘肃省白银风机厂有限责任公司从细节入手，强化质量、安全管理，做好质量提升与安全的管控。①坚持安全教育，筑牢安全思想意识防线。公司成立了由经理任组长的公司安全生产领导小组，进一步抓好安全生产工作。认真贯彻执行《全省监狱系统实行党政领导干部安全生产一岗双责制度实施意见》和《甘肃省监狱消防安全管理规定》，切实加强安全生产管理。以省局举办的安全生产管理培训班为起点，加强安全生产培训工作；认真落实“三级”安全教育，并对管理层（公司经理至车间班组长）进行了不同层次的安全生产培训。②公司建立了标准化安全管理制度，规范安全工作，坚持以制度管人管事。主动邀请和接受白银安监部门和消防机构的专业监督管理，切实加大安全生产监督检查力度；公司从 2012 年开始，根据《冶金等工贸企业安全生产标准化基本规范评分细则》要素要求，建立安全生产标准化体系，采用 PDCA 动态循环的管理模式，以公司自我管理为主，建立起自我约束、持续改进的安全生产管理长效机制。经过两年的努力，通过了安监部门的审核和评审，白银市安全生产监督管理局于 2014 年 5 月底颁发“安全生产标准化三级企业（机械）”证书，标志着公司圆满完成了安全生产标准化的认证工作。③不断加强安全生产应急处置专业队伍建设，提高安全生产事故应急处置的能力。定期开展全员应急救援演练，切实提高各类人员的防范和自救能力；2014 年 6 月“安全月”期间，开展了多项安全演练，包括消防灭火、财产抢救、人员疏散、伤员抢救等，公司各部门全员参加。此次演练提高了全体职工的安全生产意识和应急救援能力，公司的生产安全实力得到进一步提升。④增加安全投资，提升安全保障能力。

多年来,公司按规定足量提取生产安全基金,专款专用,不断投入到改善安全基础设施建设及劳动安全防护中;开展了3个百日安全竞赛活动,发放质量安全奖12.84万元,2012年以来共提取和使用安全生产专项基金69.4万元。公司完善了安全警示标识,畅通安全通道,按期灌装更新灭火器,对车间人员配齐安全帽、防砸鞋、护目镜等劳动防护用品,科室管理人员也都配齐安全帽,做到了应配尽配、应用尽用。

2014年,重庆通用工业(集团)有限责任公司进行了组织结构调整,通过部门职能职责的合并,缩减了10个二级管理部门,有效缩短了管理流程。同时,全年通过引进、优化、调整中层管理人员等,真正实现了人员能进能出、干部能上能下,人力资源管理更加科学、灵活、有效。成飞风电公司成功改制为股份制企业,为在新三板挂牌交易及后续在证券主板市场上市创造了有利条件。

长沙鼓风机厂有限责任公司在完成股改重组后,现有的管理体系和模式、企业的管理秩序均受到一定影响,公司从整合管理职能、完善管理体系、提高管理绩效等多方面采取措施加以改进。重点推进三个工程建设:①核心工程建设——开展党的群众路线教育实践活动,加强企业党组织建设和党员干部队伍的作风建设,增强企业凝聚力和向心力。②素质工程建设——以人为本,强化职业道德教育和素质工程建设,提高企业管理水平和员工队伍整体素质。③温暖工程建设——发挥组织优势,丰富企业文化,营造和谐氛围;做好员工思想政治工作,给予精神温暖;关注员工利益,为他们解难救困,给予生活温暖。在调整管理机构设置、优化管理流程和职能的基础上,重新修订和完善《企业管理制度》和《员工守则》等规章制度,进一步明确各部门及员工的岗位职责和考核细则,通过提升管理绩效来规范和强化公司的基础管理工作;修订《员工手册》,启动关键管理岗位的评价;学习探索薪酬体系改革的路径、思路和方法。实行成本管控:年初制定成本控制方案,设定六大成本控制项目,将分解指标和考核措施具体明确到各责任部门,并通过检查考核与激励机制相结合的办法来保证成本控制实效。公司2014年继续实行经营班子月度重点工作计划评审制度,对高管实行目标管理量化考核,将经营目标与阶段性重点工作按月进行分解落实;对中层干部推行KPI绩效考核制度,促进整体管理绩效和执行力的提升;对现有的承包经营模式进行完善,以精品分公司"事业部"形式为样板,对其他分厂形成示范效应。公司经理班子忠实履行职责,积极推进企业的稳健发展:经理层组织多轮次、大范围的调研和讨论,完成了产业发展规划纲要的编制,董事会对规划进行分析和确认。2014年先后完成了搬迁新建项目可研报告、立项核准、项目能评,以及启动项目投资评审等,有序推进搬迁新建工作的展开。

临沂市风机厂经过股份制改造,2011年更名为山东省临风鼓风机有限公司,2013年11月经省政府批准启用山东临风科技股份有限公司,于2014年7月正式运行。

七、企业节能、降耗、减排情况

沈阳鼓风机集团股份有限公司为贯彻国家、省市关于进一步加强企业节能降耗工作的安排部署及《沈阳市重点用能企业节能管理达标活动实施方案的通知》《2014年节能监察工作安排的通知》等文件精神,有效落实2014年集团公司经营方针,努力实现企业确定的产值目标,进一步强化能源管理,开展节能、降耗、减排工作。集团公司年初制定了2014年节能工作计划,确定了2014年节能工作目标:万元产值耗能低于0.016t标准煤(同比下降5%),万元工业增加值耗能低于0.076t标准煤(同比下降5%)。通过采取一系列的节能措施,节能效果显著。2014年集团万元产值综合能耗为:0.011 2t标准煤,同比下降17.66%,万元增加值能耗为:0.063 3t标准煤,同比下降14.69%。集团受到了省、市各级领导的肯定和好评,荣获"沈阳市节能减排先进企业"称号,"用能系统节能改造"获得沈阳市支持重点产业发展专项补助资金40万元。

成都电力机械厂依靠技术创新,推动节能减排工作,加快节能减排(降噪)设备技改工作,切实用好技术改造资金，使节能减排改造项目起到增效作用。工厂投入14万元对7m、4m工业炉窑及台车炉进行大修，达到节能的目的。为了改善生产区域作业环境，购置了采用变频技术的工业大吊扇，取代高耗能小型工业风扇，在单位时间内节能效果显著。

四平鼓风机股份有限公司加强成本费用控制，制定了车间费用定额考核方案；对Q390C钢材、刃具、低值易耗品等物资通过更换供方或直接从生产厂家、一级批发商进货，使采购价格有较大幅度下降；抓修旧利废，减少损失浪费，对长期积压的整机标件箱、附件箱箱内物资的处理组织召开专题会，并在装配车间的努力下，完成了69台整机标件箱、附件箱箱内物资的除锈和返库。同时，在技术中心和相关部门的努力下，对部分露天存放的库存积压成品进行了解体再利用，减少了损失浪费；铆焊车间针对一些风机型号小、机号较多的情况，进一步加强了套裁下料和边角余料的利用，有效降低了钢材消耗；各生产车间还通过以旧换新、修旧利废等途径严格控制低值易耗品、五金工具、刀具和木材等物资的消耗，节约了费用。

山东省章丘鼓风机股份有限公司紧跟国家节能号召，开发了高效节能产品。铸造结构多级离心鼓风机采用CFD软件优化设计了蜗壳、叶轮型线，降低了进气阻力和噪声，提高了工作效率；设计开发了双油室飞溅式润滑系统和大面积散热铝合金油箱，可有效降低油温，轴承润滑良好，提高了轴承的使用寿命；开发了具有自主知识产权的风机监控系统，具有自动校验、工作状态实时监测、防喘振控制等功能，可根据实际工况自动调节风机风量，降低了能量损耗，与国内同类型多级离心风机相比，节能6.6%，节省材料2 100kg。新开发ZG－290罗茨鼓风机，风机流量71～157m^3/min，升压9.8～98kPa，在高压下不需要水冷却，填补了公司其他系列风机在该性能参数范围内的空白，更利于用户选型；完善了ZG系列风机，提高了产品的通用化程度，便于批量生产，提高了效率，降低了成本。新型集装式ZG－BOX罗茨风机机组采用人性化设计，风机机组的起停、保护、运行情况显示、日常维护等功能都集中在隔声罩外侧面，操作、运行、维护十分方便；采用多项新技术，使风机的运行操作、维护不仅可在罩外完成，同时省去了罩内维护空间，减小了外形尺寸，而且降低了噪声；新颖的设计，使机组安装、搬运、拆卸、维护十分方便；可根据用户需要，配置PLC控制系统、变频调速、压力、温度等传感器，实现系统的智能化控制。

浙江明新风机有限公司注重社会责任，以绿色环保为己任，重视开发节能、降耗、低噪声及环保型新产品。公司开发的烟叶专用烘烤风机在节约铝合金原料的同时可大大节约用电量；开发生产的防疫风机填补了国内军用防疫车防疫风机空白。公司于2012年年初通过了浙江省清洁生产阶段性审核验收，从提高产品质量、降低产品生产成本、加强管理、降低原材料耗用、减少污染物排放、改善工作环境、提高企业的竞争力和经济效益等角度出发，真正把清洁生产审核工作落实到人。2014年9月，公司通过了ISO 19001：2008、ISO 14001：2004和GB/T 28001—2011的“三合一”体系认证复审。公司有37个规格型号通过了“中国节能产品认证”，有28个型号风机通过能效标识备案。

2014年年初，青岛风机厂有限公司制定了节能、降耗、减排目标，计划在年度内节省原材料1%，降低生产用水1%，降低生产用电1%。按照计划安排，在全公司范围内掀起节能降耗的活动。对内部各高耗能部门实行定月度用电量、定月度用水量，并成立节能降耗检查小组，对没有完成定量的部门实行降低奖金的做法，切实做到：设备人走灯灭、较长时间不操作的设备关闭电源、改造生产设备的空载用电负载等措施。在生产用水方面采取循环用水，非生产用水号召“节约每一滴水”活动，更换按压式水阀。在采取了有效的节能措施后，基本达到年初计划的要求，各项考核指标用电量按常年平均数降低0.6%，生产用水量降低0.8%，原材料消耗通过改动加工工艺后，部分原材料（普板3～5mm）降低消耗0.45%，劳动生产率提高0.23%。

2014年，山东宏烨环境科技有限公司减少能耗高的产品生产，改进生产工艺，万元产值综合能耗为0.006 2t标准煤，比2013年下降4.6%，达到了万元产值综合能耗降低2%的预期目标。2014年，在风机生产上突出全铝制与不锈钢、镀锌板风机制品的生产，加强了过程中的表面防护，由原来的喷塑或部分涂装处理，变为裸表，提高了产品的外观质量；生产工艺中取消了废气污染工序，使风机生产油漆排放废气减少100%。2014年8月，公司被山东省工信厅认定为“山东省节能环保示范企业”。

八、企业人力资源管理情况

2014年，沈阳鼓风机集团股份有限公司进一步加强了各类人员培训工作。①中层干部培训。按培训大纲确认本年度的培养方案，并如期组织实施了内部控制与精细化管理、管理沟通、KT问题解决法，全年完成40学时、3个班次的220人次参加了培训。②项目管理培训。依据不同的培训对象，组织开展了两期项目管理培训，完成24学时、170人次培训。③新员工培训。完成2013年入职的96名员工全部基础专业课程（1 260学时），同时按照培养方案组织完成了车间现场实习（2 520学时）、岗位实习两个模块（180学时），并顺利完成新员工答辩。对2014年新入职的新员工进行了分层次、分类别、分阶段的培训，将入职的100余名新员工分成控制、服务、研发设计、技术、泵类、往复机类6个模块，针对不同专业展开不同内容的培训。从基础理论知识（80学时）到分类别的专业模块培训（344学时），扩展到现场实习（430学时），以及进行为期半年的岗位练兵，进一步扩展了新员工培训的内容，强化了培训的针对性。④技术人员培训。按照年初制定的方案，将2013年的培训资料进行汇总，形成档案；对工艺人员培训课程进行充分调研，并按计划开课，采取内外部授课教师相结合的方式，每次培训均有反馈，以期保证培训效果；为了更好地填补2014年及之前新入职的设计、研发人员的专业基础课程内容，对近150名员工开展了为期两个月的交大专业课程（344学时），主要从离心压缩机设计原理、流体力学、工程热力学、传热学、轴流压缩机、汽轮机等企业产品相关方面进行系统、全面的培训。⑤技能培训。按计划对新招聘的83名技能工人进行80学时的机械理论培训和135学时的技能培训，同时还对焊工进行215学时的技能操作培训；杨建华技能大师工作室通过对基层单位的走访、调研等多种形式，拟定了针对高级技师以上人员开展专业理论知识的培训，由工作室牵头组织了全集团6名设计、工艺理论方面的专家、骨干对40多名技师以上级别的高技能人才开展40学时的培训，培训结束后进行了跟踪和反馈；为了提升全集团近年入职的机加工人员的专业基本知识，在2013年的基础上再次组织了机械基础与机械制图培训班，共有35名学员利用业余时间参加为期90学时的培训课程，考核达到了要求的标准，同时也具备了转正定级的资格；按照鉴定所管理规定理顺审批流程，对近百名符合要求的人员办理了审批手续，维护了集团技能工人资格。⑥管理人员培训。按年度培训计划组织第一期办公软件培训，26名学员参加3学时的培训，预期效果很好。⑦营销人员培训。按照年初计划及销售人员实施培养实施方案的要求，针对不同层次的营销人员开展多角度的培训，针对60名销售专员开展了16学时的销售沟通技巧培训，并对全集团90名营销人员开展了16学时的项目型营销管理培训。⑧体系类培训。环境管理关键岗位作业人员培训，聘请8位内部教师分12场次2学时授课，13个环境管理关键岗位的118人参加；测量过程业务培训，对30多个测量体系相关部门领导、技术人员和专、兼职计量员共61人进行了3学时的培训；保密专业培训，对集团中层及以上干部、全体涉密人员共64人进行了2学时的培训；全员安全生产知识培训，对集团公司统一部属，集团本部各部门、各子公司安排组织学习，培训学时最少2学时；进行各类质量体系培训，并配合相关单位进行了体系验收。⑨对外培训。全年完成了合同期内、外的75家用户的465人次培训；同时还完成了赴哈萨克斯坦用户现场培训的任务；完成了大连理工大学、西安交通大学、沈阳理工大学等15家院校的587人次的参观实习工作。⑩其他培训。按照工作流程合理审批外培;按要求完成了转岗、转正定级的培训工作。

江苏金通灵流体机械科技股份有限公司根据公司整体用人安排,合理配置各岗位人员,完成了新老管理层的平稳交接。2014年共参加招聘会近80场,接收简历近1 000份,面试约600人,录用360人。截至2014年12月底,集团技术及研发人员占员工总数的19.41%,硕士及以上学历人员占员工总数的1.97%,本科及大专人员占员工总数的38.42%,中专及以下人员占员工总数的59.61%。全年组织各类培训近50场,培训近400人次,发生培训费用31.86万元;申报高级职称2人、中级职称5人、初级职称21人。对普通车床操作工进行了高级工鉴定考试,有31人获得高级车工证书。刘军、郑晓宗被评为“崇川区科技领军人才”,各获5万元的人才奖励。2014年,公司获得南通市高技能人才培养奖励6.2万元。

四平鼓风机股份有限公司进一步加强人力资源管理,根据公司生产经营需要,先后对物资采购部、储运部和销售公司的中层干部和相关岗位人员进行了调整,对长期旷工人员予以解除劳动合同,对长期病休、事假人员实行集中统一管理。同时,还进一步加强了职工教育培训工作,全年针对新职工入厂教育、特殊工种复审及重新取证、质量检验、装配钳工钻孔和无损检测等共组织各类培训11次,培训94人次、360学时,提高了职工的业务水平。

浙江金盾风机股份有限公司积极开展员工培训工作,不断提高员工素质。2014年年初,公司举办了提升企业形象的礼仪培训,使员工深入了解了专业的商务礼仪规范和实用性常识。7月份举办的“学习消防知识　掌握消防技能”安全培训与演练活动,积极推进了公司安全工作的扎实开展。2014年,多渠道开展人员招聘,加强人才引进及培养工作。公司一方面积极配合和参与上虞区政府组织的“引智强企”招聘活动,另一方面,参与地区人才招聘会、网络招聘、校园招聘等多种方式的招聘。

浙江明新风机有限公司认真落实安全生产责任制,企业与车间、班组层层签订安全生产责任状,责任明确,措施落实到位,严格实行安全生产“一票否决制”。定期开展安全生产教育和培训,职工上岗前、转岗后实行企业、车间、班组(岗位)三级教育。对一线职工职业技能进行培训教育,将叉车工、行车工、电工、电焊工等特殊工种及高级技工送专门培训学校学习和实践,熟悉操作要领,确保持证上岗;定期开展劳动竞赛、合理化建议、技术比武等活动。认真开展“安全生产月”活动,在车间、办公楼醒目位置挂安全警语标识,张贴“安全生产”和“创建平安企业”等宣传画,播放“安全发展,预防为主”电子显示屏,对火灾、触电、机械伤害等安全事故进行现场演习。通过开展安全生产领导小组讨论会议等,分析、解决安全生产中的重大问题。

甘肃省白银风机厂有限责任公司加强了职工管理教育工作。一是做好和兰州理工大学的互帮互学活动,2014年接待理工大学22名学生到公司进行社会实践,开展多方位的技术交流。二是组织职工报名参加技能技术等级考试,以取证工作为契机,力求提高广大员工的综合素质。三是组织职工参加由白银市政府主办的职工职业技术大赛,获得机械加工第一名、第二名及焊工组优秀奖的好成绩。四是教育引导职工爱岗敬业,增进职工对企业的认同感和归属感。每个月到各车间召开职工大会一次,传达监狱文件精神,统一职工思想,倡导职工爱厂敬业、遵规守纪;加强安全教育,强化自身安全防范意识,从多个方面对职工进行有效的教育。

〔撰稿人:中国通用机械工业协会风机分会刘蔷、郭绍华〕

2014年阀门行业概况

一、生产发展情况

据统计,2014年全国阀门企业生产和销售继续增长,规模以上企业(年销售收入2 000万元以上的企业)共计1 750家,资产总额1 915亿元,同比增长8.01%。生产阀门1 031万t,同比增长0.05%,增幅较上年大幅回落。实现主营业务收入2 577亿元,同比增长5.66%,增幅较上年回落7个百分点;实现利润总额183亿元,同比增长4.47%,增幅较上年回落8.33个百分点;应收账款422亿元,同比增长6.73%;完成出口交货值371亿元,同比增长5.3%。

据中国通用机械工业协会阀门分会统计,2014年,参加统计的阀门骨干会员企业有127家,共完成工业总产值364.58亿元,比上年增长2.79%。

2014年,阀门分会127家骨干会员企业中,工业总产值超过5亿元的企业有25家。2014年阀门行业工业总产值前20名企业见表1。

表1　2014年阀门行业工业总产值前20名企业

序号	企业名称	工业总产值（万元）
1	苏州纽威阀门股份有限公司	211 412
2	河南通海流体设备(集团)有限公司	166 329
3	远大阀门集团有限公司	162 018
4	江苏苏盐阀门机械有限公司	112 840
5	中核苏阀科技实业股份有限公司	107 723
6	北京市阀门总厂(集团)有限公司	101 185
7	浙江盾安阀门(集团)有限公司	83 625
8	山东益都阀门集团股份有限公司	82 011
9	大众阀门集团有限公司	79 340
10	五洲阀门有限公司	75 915
11	江南阀门有限公司	75 837
12	河南省高山阀门有限公司	75 611
13	浙江石化阀门有限公司	75 036
14	兰州高压阀门有限公司	74 113
15	上海凯科阀门制造有限公司	72 505

（续）

序号	企业名称	工业总产值（万元）
16	上海美科阀门有限公司	66 850
17	上海开维喜集团股份有限公司	65 795
18	伯特利阀门集团有限公司	62 763
19	良精集团有限公司	60 104
20	陕西航天泵阀科技集团有限公司	59 279

2014年,阀门分会127家骨干会员企业共计实现主营业务收入337.61亿元,比上年下降0.75%;实现利润总额30.82亿元,比上年增长0.4%;完成出口交货值44.81亿元,比上年增长0.79%。2014年阀门行业利润总额前20名企业见表2。

表2　2014年阀门行业利润总额前20名企业

序号	企业名称	利润总额（万元）
1	苏州纽威阀门股份有限公司	55 205
2	河南通海流体设备(集团)有限公司	41 402
3	浙江盾安阀门有限公司	16 935
4	远大阀门集团有限公司	11 703
5	江苏苏盐阀门机械有限公司	11 035
6	大众阀门集团有限公司	8 590
7	上海开维喜集团股份有限公司	8 002
8	中核苏阀科技实业股份有限公司	7 574
9	五洲阀门有限公司	7 346
10	浙江石化阀门有限公司	6 543
11	上海凯科阀门制造有限公司	6 411
12	江苏神通阀门股份有限公司	6 177
13	山东益都阀门集团股份有限公司	5 910
14	河南省高山阀门有限公司	5 871
15	江南阀门有限公司	5 770
16	北京航天石化技术装备工程公司	5 753
17	伯特利阀门集团有限公司	5 055
18	成都乘风阀门控股集团有限公司	4 928
19	陕西航天泵阀科技集团有限公司	4 663
20	上海科科阀门集团有限公司	4 540

二、科技创新及技术进步情况

技术创新是企业发展的核心，阀门行业骨干企业在技术创新方面做了大量工作。

大连大高阀门股份有限公司开发了大量核电阀门新产品，涵盖核一级、核二级、核三级阀门；开发的长输管线高压大口径全焊接阀门及LNG超低温阀门已大量供货；开发的超(超)临界高压疏水阀、高排及抽汽逆止阀、高加三通阀和石油化工及煤化工高温高压阀、耐磨球阀、氧气阀等已开始批量供货。公司加大了技术改造力度，购置了15台全数控机床，增加了全自动焊接设备，新增10t电液锤、操作机、加热设备，增加产品锻造范围，阀体公称通径可达400mm。公司对试验、检验设备进行了大幅度的更新改造，新购置试压设备13台(套)、检验设备38台(套)，增加了一条热处理线，可对公称通径15～800mm的锻压阀门进行试压，对各种材料进行成分、高温力学性能的检验，对高/低温阀门、高压阀门产品性能进行检测。为了提升公司的管理水平，公司购买了SAP管理程序，实现无纸化办公、流程明确、产品管理可跟踪，提高了工作效率和管理水平。为了提高技术开发能力和水平，公司购买了DEFORM等研发软件，提高了研发效率、质量和水平，满足产品设计需求。

中核苏阀科技实业股份有限公司在核电站用关键阀门样机研发方面取得重大突破，多次填补国内空白。在核燃料真空阀及浓缩铀生产关键阀门研发方面，公司的高真空耐压阀、电动/手动鱼雷真空阀、电动/手动转筒真空阀、高真空耐压调节阀等四大类关键阀门已基本实现国产化，产品总体性能达到或超过进口产品水平。在石油化工领域，公司研发的渣油加氢处理装置高压临氢Y型截止阀、乙烯装置高温高压阀门等被中石化组织的国内权威专家鉴定为国际先进水平。此外，公司研发的超(超)临界火电机组用关键阀门样机通过国产化验收。

宣达实业集团有限公司加大科技研发投入，成立了浙江省重点企业研究院“宣达耐腐蚀特种金属材料研究院”，专注于前瞻性、基础性研究，启动5个应用基础研究项目、15个应用技术开发项目，完成60项以上自主知识产权产品的开发，申报专利成果60项。宣达集团着力新材料研究和产品开发，到2014年年底，新材料产品销售收入占总销售收入的20%，特种阀门产品销售收入占总销售收入的40%，常规阀门产品销售收入占总销售收入的30%。宣达集团实现了以特种材料研究为突破，以生产耐腐蚀及耐高温等特殊工况条件阀门为主的转变。

河南开封高压阀门有限公司参与国家能源局组织的“超(超)临界火电机组关键阀门国产化”项目，共完成7台样机的研发任务，包括高加给水液动三通阀(入口)、高加给水液动三通阀(出口)、电动高加入口三通阀、主蒸汽暖管F92整体锻钢闸阀、高排逆止阀、一段抽汽逆止阀和给水泵汽轮机排汽蝶阀。2014年，该项目获得河南省科技进步奖二等奖，多数样机产品已经应用于江苏南通电厂和河南焦作电厂等超(超)临界火电机组，使用状况良好。公司获得8项专利，包括一种高加给水液动三通阀新型内置液压缸、一种节流型疏水阀、一种试压系统高中压水路快换装置、一种卡箍式对开环试压盲板、一种高温高压阀门用组合填料结构、一种新型平行双闸板闸阀导向结构、内缘法兰连接试压工装和高压自密封端盖双件性能测试方法等。

江苏神通阀门股份有限公司建成了江苏省核电阀门工程技术研究中心、江苏省企业技术中心、江苏省核电阀门重点实验室、国家级博士后科研工作站等科技创新平台，先后承担了国家火炬计划项目1项、国家成果转化项目1项、国家创新基金项目1项以及省成果转化项目2项，开发了4个国家重点新产品、34个江苏省高新技术产品，获得国家授权专利142项(其中发明专利7项)，获得12个省、市级科技进步奖。公司的“蝶球”牌商标被国家商标总局认定为“中国驰名商标”，技术中心实验室通过了CNAS认证。公司充分利用产学研合作平台，应用新技术、新材料、新工艺，开展新产品的研发及老产品的更新换代工作，不断优化产品结构，提高产品可靠性，降低生产成本。公司还多渠道地引进、消化、吸收国外先进产品技术,积极参与高端阀门国产化的研发工作。在核电阀门产品领域,公司优势地位突出。在我国核电工程用阀门的一系列国际招标中,获得了这些核电工程已招标核级蝶阀、核级球阀的全部订单,实现了该两类产品的全面国产化。受国家能源局委托研制开发的"第三代核电站用核安全级蝶阀"等系列产品进行了样机技术鉴定,专家组一致认为:江苏神通阀门股份有限公司研制开发的"第三代核电站用核安全级蝶阀"以及与上海核工程研究设计院联合研制开发的"第三代核电站用核安全级球阀"和"第三代核电站用核安全级气动装置"等产品填补了国内空白,并达到国外同类产品先进水平。在冶金阀门产品领域,公司产品主要应用于对冶金企业具有节能、减排及降耗效果的高炉煤气全干法除尘系统、转炉煤气除尘与回收系统和焦炉烟气除尘系统,主要产品市场占有率达70%以上。公司开发的煤化工苛刻工况特种阀门在神华集团、洛阳石化、烟台万华等工程项目中得到了成功应用,开发的超(超)临界火电站给水泵汽轮机排汽蝶阀应用于华能电厂、大唐电厂,开发的罐车专用系列阀门为中集集团南通公司的集装箱阀门实现了国产化,开发的LNG专用阀门为中石化山东LNG接收站的阀门实现了国产化。

五洲阀门有限公司自2010年10月长输管线48in(1 200mm)全焊接高压球阀通过国家验收后,该类产品的国产化取得了大量业绩:在西气东输三线西段的建设中,国产化率就达到近50%,在西气东输三线东段建设中国产化率达到100%,产品性能及技术指标达到国际先进水平。进口产品的报价比国产化前下降50%,在国内、国际市场的竞争中,国产化产品仍能保持30%的价格优势,为国家重点工程建设节约了大量投资。公司该系列产品的国产化市场占有率约60%,为企业发展带来了良好的经济效益。长输管线大口径高压全焊接球阀国产化项目不同于以往产品简单的仿制,在其研发的过程中产生了大量拥有自主知识产权的专利技术,培养了一批专业技术人才,提升了企业的装备技术水平和管理水平,产品性能和技术指标达到甚至超越国际标准。公司充分发挥已有的技术优势,研制成功56in Class900全焊接管线球阀,为今后国家建设世界最大口径和最高压力输气管线的配套产品奠定了基础。

上海电气阀门有限公司完成了股权结构变更,中方收购外方股权取得成功,启动了技术升级改造项目"天然气长输管道关键设备国产化高压大口径全焊接阀体管线球阀形成批量生产能力"技改项目。公司投资近1亿元扩充场地和增添设备,扩建生产面积约5 000m^2,增加大吨位起重设备、数控加工中心、立式车床、满足60in(1 500mm)阀门压力试验需要的4 600t压力试验设备、满足60in(1 500mm)阀门焊接需要的2G位置窄间隙热丝TI焊设备,实现大型阀门零件的自主加工,形成高压大口径全焊接阀体管线球阀批量生产能力。

哈电集团哈尔滨电站阀门有限公司在超(超)临界阀门产品研制方面取得新进展,自主研发的超(超)临界火电机组全量型安全阀、液动(电动)三通阀、抽汽逆止阀、主蒸汽电动闸阀、小汽机排汽电动蝶阀、疏水阀、控制阀等七大类共17个品种的阀门样机通过了国家能源局鉴定。公司成为国内唯一一家全系列、全品种通过国家级权威鉴定的阀门企业。公司承担研发的主蒸汽出入口安全阀、泄放阀、锅炉循环管路调节阀、主给水旁路调节阀、给水泵最小流量阀、汽机高压供汽站压力调节阀、再热器喷水调节阀七大类共8个品种的第三类阀门样机通过了技术鉴定。通过与同行业对标,从材料、重量、成本多个方面对堵阀全系列产品进行优化设计,取得了显著效果。公司完成DN80 - CL150全量型安全阀两个品种的优化设计,解决了回座泄漏问题,节约了热态试验及维修成本。为提高超(超)临界阀门产品的性能,对两类阀门进行了优化设计,完成4个品种的优化。

2014年,上海开维喜集团股份有限公司完成了股份制改制。集团公司在新产品开发方面成绩突出,自主研发的用于连续重整装置的新型催化剂耐磨球阀、用于延迟焦化装置的防结焦球阀、用于油气储运装置的强制密封球阀、用于加氢裂化装置的高压轨道球阀和用于 LNG 装置的超低温上装式球阀,打破了国际品牌在一些装置上关键阀门的垄断局面。集团公司与中国石化燕山分公司联合开发的"S - ZORB 装置关键设备的研制与应用"项目荣获中国石化集团科学技术进步奖二等奖;当前在国内拥有 19 套成熟的整套产品使用业绩,整体技术达到国际先进水平。2014 年年初,集团公司技术中心由区技术中心升级为上海市企业技术中心。2014 年 7 月,集团公司煤化工、硅化工及相关工业用钢制盘阀企业标准通过了全国阀门标准化技术委员会的评审。2014 年 8 月,改造完成了全国首个 $500m^2$ 无脂洁净阀门装配及试验车间并投入使用。2014 年年底,集团公司占地面积 6.3 万 m^2(95 亩)的新三期工程项目投入运营。上海开维喜集团已具备了批量生产可替代进口的耐磨球阀产品的生产加工能力。

三、行业面临的形势分析

我国阀门行业经过连续 10 余年的高速增长,已经站在了全球阀门制造产量第一的高位。但随着我国宏观经济增速放缓,这种连续多年高速发展的状况将改变。

受国内经济增速放缓及后金融危机效应影响,国内外普通阀门市场需求下降,加之国内阀门行业长期处于无序低价竞争状态,市场竞争趋向白热化。同时,由于企业竞争加剧,阀门行业呈现出专业化和规模化并存的竞争模式。阀门行业将呈现两极化特点:一般通用阀门的竞争将更加激烈,高端阀门国产化成为新的经济增长点。当前,高端阀门国产化已经取得了一定成绩,部分高端阀门国产化得到用户的广泛认可,尤其是长输管线阀门、超(超)临界火电阀门和核电阀门国产化将进入快速发展期,国产化率将大大提高,将给相关阀门制造企业开辟广阔的发展空间。

当前,阀门行业产能严重过剩,加快转变经济发展方式是实现可持续发展的必由之路,产业结构转型升级对我国阀门企业来说已迫在眉睫。今后一个时期的重点工作是发展新兴产业配套阀门产品。例如:有些企业开发煤化工阀门,有些企业开发 LNG 超低温阀门,有些企业研发核电阀门和长输管线阀门等。企业必须加大科研投入,提高创新能力。

2014 年,我国阀门行业已从高速向中低速发展,进入中速平稳发展、提质、增效的阶段。行业企业遇到的困难很多,但是只要积极消化过剩产能,提高产品的技术含量,着力开发新产品,产品逐渐从低附加值向高附加值过渡,找准自身企业定位,紧跟国家"一带一路"步伐,开拓国内外两个市场,就能够实现企业的成功转型和行业的健康发展。

〔撰稿人:中国通用机械工业协会阀门分会宋银立〕

2014 年压缩机行业概况

一、行业发展情况

据国家统计局数据显示,2014 年,486 家压缩机(含制冷)企业资产总计 1 425 亿元,同比增长 2.99%;实现主营业务收入 1 852 亿元,同比增长 0.15%;实现利润总额 106 亿元,同比下降 1.39%;完成出口交货值 195 亿元,同比增长 3.21%。249 家企业生产压缩机(含制冷)33 648 万台,同比增长 6.6%。

根据中国通用机械工业协会压缩机分会 76 家会员企业上报数据显示,资产总额 244 亿元,同比增长 7.09%。56 家企业生产压缩机 1 295 772 台,同比下降 1.18%。从业人员人数 24 275 人,同比下降 5.49%。

2014年,76家会员企业共完成工业总产值1 729 912万元,同比下降4.68%;完成工业增加值541 996万元,同比下降7.58%。总产值超亿元的企业有39家,共完成工业总产值160.2亿元,占76家会员企业工业总产值的92.6%。

2014年,76家会员企业完成销售产值1 705 501万元,同比下降3.95%;产品销售率为98.59%,较上年同期提高1.21个百分点。产品累计订货1 964 887万元,同比下降5.22%。其中,41家企业累计订货额比上年下降,只有10家企业累计订货额同比增长20%以上。

2014年,76家会员企业实现主营业务收入1 690 525万元,同比下降3.3%,增速较上年回落6个百分点。76家企业中,主营业务收入比上年增长的企业有37家,比上年下降的企业有39家。2014年压缩机行业主营业务收入前20名企业见表1。

表1 2014年压缩机行业主营业务收入前20名企业

序号	企业名称	主营业务收入(万元)	同比增长(%)
1	开山集团	199 530	22.06
2	苏州通润驱动设备股份有限公司	152 179	7.06
3	红五环集团	118 797	2.87
4	上海汉钟精机股份有限公司	98 794	16.29
5	沈阳远大压缩机股份有限公司	76 340	-1.25
6	沈阳透平机械股份有限公司往复机事业部	75 502	18.93
7	无锡压缩机股份有限公司	70 227	9.11
8	上海飞和实业集团有限公司	69 755	-0.41
9	山东省潍坊生建集团	56 139	-11.66
10	温岭市鑫磊空压机有限公司	45 566	17.61
11	四川金星压缩机制造有限公司	44 821	4.59
12	北京京城压缩机有限公司	43 643	-18.56
13	四川大川压缩机有限责任公司	38 550	-3.95
14	江苏超力机械有限公司	34 293	21.54
15	中国石油集团济柴动力总厂成都压缩机厂	30 409	-26.99
16	博莱特(上海)压缩机有限公司	30 141	-1.55
17	浙江江天电机有限公司	29 150	4.99
18	江苏锡安达防爆股份有限公司	29 146	-16.03
19	安瑞科(蚌埠)压缩机有限公司	26 988	-9.19
20	自贡通达机器制造有限公司	26 124	-62.66

2014年,76家会员企业共完成出口交货值128 292万元,同比增长18.91%。产品出口交货值占全行业销售产值的7.5%。

2014年,76家会员企业实现利润133 012万元,同比下降10.72%,增速较上年同期回落27.2个百分点,企业运行压力不断增大。全行业有亏损企业8户,亏损额为12 378.7万元,企业亏损面10.53%。亏损企业数量较上年同期下降50%,但是亏损额与上年同期基本持平。

2014年,据76家会员企业上报数据显示:企业应收账款持续增长,达到51.64亿元,同比增长9.39%;产成品库存17.45亿元,同比下降3.95%。应收账款总额占主营业务收入的比重高达30.55%,占同期全部流动资产总额的31.24%,说明货款回收过快增长的风险依旧没能得到有效控制。库存虽然同比下降,但是与同期产销的下降幅度相比表现平平,说明去库存也未能取得明显效果。

2014年,76家会员企业经济效益综合指数为231.97%,较上年同期低14个百分点。主营业务利润率为7.87%,较上年同期高0.04个百分点。在评价和考核企业盈利能力的核心指标中,总资产贡献率为8.5%,较上年同期低2.12个百分点,低于国家标准值(10.7%)2.2个百分点;反映企业经营状况、资金利用效果，衡量企业流动资金周转快慢，即再生产速度的流动资产周转率为1.04次，较上年同期低0.11次，低于国家标准值（1.52次）0.48次；反映企业投入的生产成本及费用的经济效益的成本费用利润率为8.24%，较上年同期低0.65个百分点，高于国家标准值（4.51%）3.73个百分点；反映企业经营风险的资产负债率为49.31%，较上年同期低2.76个百分点，低于国家标准值（60%）10.69个百分点，资产负债率是逆指标，数值越低，说明企业经营风险越低；反映企业的资本完整性和保全性及增值情况的资本保值增值率为105.31%，较上年同期低16.41个百分点，低于国家标准值（120%）14.69个百分点。反映企业产品产、销衔接状况的产品销售率为98.59%，较上年同期高1.21个百分点，高于国家标准值（96%）2.59个百分点。各项指标中，只有资产负债率和产品销售率好于国家标准值。

二、科研及产品开发情况

2014年，据76家会员企业上报数据显示：新产品产值达到741 299万元，比上年下降1.83%；新产品产值率为42.85%，较上年提升0.55个百分点。科技研发经费总额58 040万元，比上年增长1.65%。

中国石油集团济柴动力总厂成都压缩机厂自主研发的50MPa高速高压大排量压缩机组DTY355H120×87×75×36在厂内完成负荷试验，测定最高排气压力为51MPa，主机振动值为2～3mm/s（国家标准值18mm/s），噪声等各项性能参数达到设计技术要求，机组运行平稳。该高速高压大排量压缩机组的成功研制，填补了国内空白，拓展了压缩机市场应用领域，在气驱采油、高压注气、气体钻井领域具有广阔的市场前景。

四川金星压缩机制造有限公司成功研制全国首套橇装蒸发结晶装置，该装置作为零排放处理单元的重要组成部分，将生产污水、检修污水、生活污水经生化处理，达到GB/T 18920《城市污水再生利用 城市杂用水水质》规定的水质指标后，回用作厂内绿化用水和场地冲洗，多余水进入零排放处理单元进行蒸发结晶处理。循环冷却水系统排污水和锅炉房排污水等较为清洁的生产废水则进行电渗析处理，生产的淡水用作循环冷却水系统补充水，浓盐水则进行蒸发结晶处理，从而实现零排放。

沈阳透平机械股份有限公司往复机事业部研制的4M150大型活塞式压缩机最大可承受气体力1 500kN，可以满足当前石化行业所有加氢装置的需要，广泛应用于石油化工、煤化工等行业。该产品适用于150万～200万t/a重油加氢、240万～330万t/a加氢裂化、150万～400万t/a渣油加氢等装置，最大轴功率达15 000kW。研制的首台高速橇装往复式压缩机，在厂内经过累计240h连续运转试车成功，各项技术指标均符合设计要求，广泛用于油气田上游开采及CNG站建设两大板块。此台高速橇装往复式压缩机是为中石化西北局塔河油田设计制造的，用于天然气的增压外输。其设计工况为：进口压力0.25～0.65MPa，进口温度30～50℃，排气压力3.0～3.4MPa，气量要求为4 670～10 020N·m^3/h。采用两列两级压缩，电动机驱动，额定转速994r/min，最大轴功率648kW。其中HS2000系列基础件最高设计杆载荷为250kN，单列最高功率为500kW，最高设计转速1 000r/min，并形成系列型谱，列数可选择2列、4列、6列。

由沈阳远大压缩机股份有限公司设计制造的塔河炼化60万t/a连续重整装置国产功率最大压缩机C202AB带负荷试车一次成功。该压缩机为当前国内重整装置最大功率压缩机。C202AB压缩机属于对称平衡型往复式压缩机，六列六缸三级压缩，一级压缩3个气缸，二级压缩2个气缸，三级压缩1个气缸，气缸为双作用，气缸进、排气口均按上进下出布置，功率为5 500kW。

沈阳远大压缩机股份有限公司提供的国内首台中石油山东泰安60万t/a天然气液化（LNG）低温BOG压缩机组开车成功，验证了国产化设备的先进性和可靠性，标志着低温BOG压缩机设计自主化和设备全面国产化的发展进程中取得又一重大突破，不仅填补了国内空白，也打破了天然气关键设备一直由国外压缩机巨头垄断的局面。山东泰安60万t/a LNG装备是当前国家能源局批准的

LNG 技术与装备的国产化工程，是中石油引领国内 LNG 产业国产化、高端化的战略性工程，也是当前国内规模最大的基于双循环混合冷剂液化（DMR）工艺的 LNG 国产化项目。低温 BOG 压缩机是用于 LNG 装置上的关键机组。应用于低温 BOG 压缩机的高镍低温球体材料是沈阳远大压缩机股份有限公司与中国寰球工程公司联合研发的耐低温新型材料，填补了我国超低温（－196℃）铸铁材料领域的空白；活塞杆采用高强度耐低温沉淀硬化不锈钢材料；大型高镍球铁气缸采用隔冷腔结构，有效阻止低温传导；大型曲轴机械密封、刚性胀套联轴器结构以及填料密封环增强膨胀石墨材料研究均是在吸收国外先进技术的基础上改进提高和创新的新技术；应用先进的计算分析软件对机组进行优化设计，使结构设计更合理，为机组长周期安全运行提供有力的技术支持。经过行业内多名专家鉴定，该压缩机整体技术水平已达到国际同类产品先进水平。

上海优耐特斯压缩机有限公司持续走节能减排道路，以技术创新为核心，以品质提升为基石，实现产品结构和营销模式的“双转型”，推动企业实现全面升级。公司持续将每年业务收入的5%作为新产品研发资金，不断开发高技术含量、高附加值的产品，专注细分市场的产品应用开发，生产高度个性化产品，当前产品效率已达到86%，新客户占到总量的30%。2014 年，上海优耐特斯压缩机有限公司专门成立了合同能源管理公司，从系统节能入手，关注直接用户的节能降耗需求，针对不同客户的需求，出厂产品增配不同能量回收装备。为了适应市场需求，公司为纺织化纤行业开发了低压空压机，为持续用气、用气量需求大的用户开发了两级压缩空压机，为医疗、制药、食品等行业提供了无油空压机。

上海优耐特斯压缩机有限公司积极响应国家节能减排政策的号召，将发展节能产品放在首要位置，成功研发了两级压缩螺杆式系列空气压缩机。该产品被认定为上海市高新技术成果转化项目。该项目成功解决了螺杆主机压缩效率提高、制造工艺简化、机组零部件性能优化等技术难题，降低了能耗，延长了整机寿命，产品的输入比功率达到并优于 GB19153 标准中的能效等级一级，顺利通过了 CC 国家节能认证。经上海市专业查新机构水平查新证明：主要技术指标达到国际先进水平。

苏州通润驱动设备股份有限公司立足“高效、节能”理念，加大公司产品的开发和技术储备，开发符合市场需求的永磁节能产品，全力挖掘节能改造的蓝海市场。从产品能效等级、电动机防护等级、产品使用状态等多个方面，对当前产品性能进行再一次提升，实现质的飞跃，更加符合市场的需求。同时，提升产品后市场的服务能力。公司不仅在沈阳、廊坊、成都、佛山和公司总部成立产品服务中心，并利用手机移动终端技术，实现“网上、网下都有服务中心”，全面提升产品的综合竞争力。公司的 TRL－PM 系列永磁产品于 2014 年入围国家《节能产品惠民工程》第六批产品目录。

由合肥通用机械研究院、沈阳透平机械股份有限公司、台州环天机械有限公司和中国石化广州分公司联合开发的“大型往复压缩机流量无级调节系统”，是国内自主研制的首套利用部分行程顶开进气阀技术进行往复压缩机气量自动无级调节的装置，它能够根据工艺流程气量的需求，利用液压动力，主动控制进气阀周期性的开启和关闭。该系统经中国石化广州分公司 2 号重整装置压缩机组 C511A 及天然气制氢装置解析气压缩机 K7001A 上投用后，运行平稳，控制精准，节能效果显著。

宁波鲍斯能源装备股份有限公司在煤层气开发领域开展以螺杆压缩机为主的成套装置的研究，走出了一条产、学、研开发新产品的道路。该公司和煤炭科学研究总院、上海交通大学合作，开发出地面预采螺杆压缩机组、煤层气管道增压输送用螺杆压缩机组和煤矿采空区（煤采空后封存的矿井）煤层气螺杆压缩机组。并研发小型橇装煤层气成套装置，有小型的橇装 CNG 成套装置和小型的橇装 LNG 成套装置。宁波鲍斯能源装备股份有限公司与煤炭科学研究总院还成立了低浓度煤层气提纯制 CNG 和 LNG 工程技术中心，建立了含氧煤层气爆炸性能研究实验室。

经科技部批准、依托合肥通用机械研究院建设的压缩机技术国家重点实验室，于 2014 年全面完成建设目标。压缩机技术国家重点实验室是国家技术创新体系的重要组成部分，是开展行业应用基础研究、聚集和培养优秀科技人才、开展科技交流的重要基地，是发展共性关键技术、增强技术辐射能力、推动产学研合作发展的重要平台。2014 年 12 月，科技部组织专家对该重点实验室进行了验收并批准通过。该实验室围绕压缩机基础技术、压缩机节能减排技术、压缩机寿命与可靠性技术、产品新技术等研究方向，开展了压缩机工作过程热力学与动力学特性、主机节能和系统节能关键技术、整机性能预测、状态监测及故障诊断技术、关键部件失效分析及寿命预测等相关应用基础与关键共性技术研究。与行业骨干企业、研究院所、学校共同承担了国家“973”计划项目“高端压缩机组高效可靠及智能化基础研究”、“973”计划课题“压缩机工作过程数值仿真与节能关键技术研究”、国家“973”计划前期研究专项课题“压缩空气储能系统设计理论及其控制方法研究”，以及国家科技支撑计划项目“大型流体机械节能技术研究与应用”等国家科研攻关项目。

浙江开山压缩机股份有限公司推出首台永磁变频螺杆空气压缩机，该机拥有自主知识产权，在欧美国家已经开始广泛推广使用。新款 VPJ 永磁变频螺杆空压机主机采用新开发的“Y”型线，最高转速 7 600r/min。永磁电动机转子与阳转子实行共轴设计，传动效率 100%；永磁电动机无轴承、中心托架、联轴器等部件，主机及系统结构更紧凑，减少故障点。

温州固耐化机制造有限公司以市场为导向，以技术为龙头，以工艺往复压缩机为主要研发对象，实施研究、中试、工程设计、制造、推广应用的一体化，缩短新产品的开发周期，提升了公司压缩机产品的综合水平，实现了对市场的快速反应。公司为提高自身产品品质，持续加大新产品研发和技改的投资力度。西安交大－温州固耐联合研发中心是国家发展与改革委员会批准成立的以西安交通大学为依托单位的国家级工程研究中心，是世界银行科技发展子项目之一，总资产为世行贷款 368 万美元、国内配套资金 3 050 万元，建设了国内本行业具有领先水平的加工设备与试验台位以及 4 000m^2 的研发大楼。该中心与国内许多重要院所和企业有长期密切的合作关系，并与美国、英国、德国、韩国、新加坡及中国香港、台湾地区的院校及科研机构进行了广泛的科技交流。该中心承担多项国家、省部及国外企业在内的委托研发项目，并取得许多重要成果，获国家科技进步奖及发明奖 9 项，国际博览会、国际发明展览会奖 6 项，省部委奖 41 项，拥有专利 45 项。

阿特拉斯·科普柯推出单轴 RT153 涡轮压缩机及 GA90＋－160 喷油螺杆压缩机系列。单轴 RT153 涡轮压缩机能够为大型空分装置和化肥生产装置提供超过 40 万 m^3/h 的体积流量。RT153 型压缩机体积流量为 31.5 万～42 万 m^3/h，随着效率的增加，它的新目标是空分行业能量敏感过程。GA90＋－160 系列压缩机的转子采用全新的升级设计，相比之前的设计最高可提升性能 5%。GA 系列配备高效冷却器，可在任何苛刻的工况，甚至 55℃的环境温度下稳定运行。通过智能操作系统，压缩机的运行表现和节能降耗得到了进一步优化。GA90＋－160 融合了多项节能技术，包括 IE3 电机、100% 去除冷凝水的内置水分离器、能量回收系统和集成式干燥器。独特的集成式干燥器能提供清洁、干燥的压缩空气，从而提高系统的可靠性，降低能耗；更小的占地面积和一体化的设计，能将安装成本降至最低。

安瑞科（蚌埠）压缩机有限公司自主开发的高速 M 型往复活塞式压缩机，行程为 89mm，设计转速为 1 500r/min，装机功率可达 450kW。整个压缩机组采用一体化橇装设计，以便于设备运输，缩短机组安装施工周期；机组配置降噪箱体，箱体采用工业化设计理念，在满足降噪、防水等基本要求的同时，整体美观、大气，既满足冷却风流速要求，又解决降噪功能。该机在 CNG 母站、标准站及中小型的 LNG 液化工厂、天然气井口增压等方面具有广阔的应用前景。

博莱特(上海)压缩机有限公司推出的 BLX75－100A 系列压缩机及高精度纳米空气过滤器，各项技术指标均达到国际先进水平。公司针对重粉尘环境而特别推出的超高过滤精度、易清洁纳米空气过滤器，不仅能阻止小颗粒(1～3μm)的粉尘进入压缩空气系统，而且有效降低了气体通过空气过滤器时的流阻。其吸附介质的表面处理采用独到的工艺，颗粒拦截能力强，而且特别易于清理，保证了使用的效果，也保证了其他易损件的使用寿命，性能明显优于普通纤维滤纸空气过滤器。

三、基本建设情况

2014 年 2 月，广东正力精密机械有限公司总装车间正式动工建设，该项目投资近 2 000 万元，建筑面积约 15 000m^2。新厂房的投产彻底改变了原有生产布局，作为新的总装车间，不仅为大幅提高产能水平提供了充足的空间，而且为箱板产能的提升释放了空间，也为压力容器项目打下了基础。针对原有的制造体系不完整的问题，其中尤为突出的是箱板配件和压力容器配件的高成本，在考察公司原有场地使用情况、人力资源配备等综合情况后，公司的制造部门启动了箱板项目。自设备安装到出产品仅仅用了 3 个多月的时间，箱板的量产，不仅有效降低了生产成本，保证了供货的及时性，更为新产品的开发提供了保障。在箱板项目完成后，接下来要进行的压力容器项目也正在推进中。通过这些项目的实施，公司将实现全产业链制造，将制造成本控制在最低水平，并且实现低成本制造条件下的高品质。届时，广东正力精密机械有限公司不仅拥有单螺杆空气压缩机、涡旋空气压缩机、水润滑无油单螺杆空气压缩机，还将有电动固定(移动)双螺杆空气压缩机、柴油动力双螺杆空气压缩机、两级压缩双螺杆空气压缩机及永磁变频螺杆空气压缩机等全谱系螺杆空气压缩机产品。

2014 年 5 月，上海信然压缩机有限公司和亚太通用机械股份有限公司共同投资成立的信尔胜机械(江苏)有限公司一期厂房建设基本完工。公司总共占地面积超过 20 万 m^2(300 余亩)，首期建设完工面积约 4 万 m^2。6 月 18 日，部分厂房已经进入规模化生产。设计年生产能力 50 000 余套空压机整机设备。

30～90kW 和大于 90kW 两条精益生产线的正式投产，标志着博莱特(上海)压缩机有限公司完成了全部 3 条精益生产线的改造，同时也意味着今后所有博莱特产品将通过精益的方式来设计、生产和制造。新精益生产线的投入将会大大提高公司的生产力，缩短产品交付时间并显著提高产品质量。不仅如此，新生产线大幅降低了对生产空间的需求，3 条生产线只占用了以前一半的生产空间，生产线长度大幅缩短到不到原来的一半；装配人数也减少将近一半，生产效率大大地提高。另外，经过精益生产的改建，供应商的交货期也缩短近一半。精益生产不仅提高了生产效率，也提高了产品的质量，产品测试首次通过率明显提高。

四、企业重组并购情况

浙江开山压缩机股份有限公司与卧龙电气集团股份有限公司在浙江衢州共同出资设立合资公司。双方以合资公司为主要合作平台，为空压机配套开发永磁高效电动机，开发大中功率低压高效电动机，进一步提高空压机的能效水平。双方还将开发螺杆膨胀发电站亟需的大量大功率发电机，进一步提高螺杆膨胀发电站的发电效率。另外，双方考虑根据开山股份业务发展和产品配套需要开展进一步合作，如防爆电动机等产品的合作。

为提升装配和工程制造效率，上海信然压缩机有限公司决定重组其在国内的压缩机制造业务。上海信然压缩机有限公司在上海的生产工厂于 2014 年 12 月底更改为仓储、售后服务中心，生产基地正式搬迁到江苏省徐州市丰县高新区信然压缩机工业园区内。通过这次重组，公司将进一步提升产品的制造效率，提供更多的创新产品，缩短交货期，使客户获得更好的体验。

阿特拉斯·科普柯已收购新西兰兰卡斯特集团的压缩机分销和服务业务，收购了 Ash Air(新西兰)有限公司、Fox Air 新西兰有限公司及 Ash Air

油气有限公司等企业。这些位于新西兰的企业，2013财年综合收入约为3 000万新西兰元(合1.62亿瑞典克朗)，拥有约120名员工。这些企业为该地区广大客户提供高质量的工业压缩机及相关设备的销售和服务。

五、标准化

根据工业和信息化部〔2014〕第32号公告，由全国压缩机标准化技术委员会归口的5项行业标准批准发布，实施日期为2014年10月1日。

(1)JB/T 11882—2014《一般用喷水单螺杆空气压缩机》。本标准规定了一般用喷水单螺杆空气压缩机的术语和定义、符号、基本参数、要求、试验方法、检验规则、标志、包装及贮存等要求。本标准适用于驱动电动机功率为7.5～250kW，额定排气压力为0.4MPa、0.7MPa、0.8MPa、1.0MPa的一般用固定及其改装的移动单螺杆空压机。其他压力等级的单螺杆空压机可参照本标准执行。

(2)JB/T 11883—2014《CNG母站及子站加气用增压压缩机》。本标准规定了CNG母站及子站加气用增压压缩机的术语、型号和结构形式、要求、试验方法、检验规则、标志、包装及贮存。本标准适用于额定排气压力为25MPa、电动机功率不大于355kW的母站压缩机及电动机功率不大于90kW的子站压缩机。对电动机功率不在此范围的压缩机可参照本标准执行。

(3)JB/T 11884—2014《无润滑二氧化碳回收用中压压缩机》。本标准规定了无润滑二氧化碳回收用中压压缩机的基本参数、技术要求、试验方法、检验规则及标志、包装和贮存。本标准适用于吸气压力为0.002～0.02MPa、额定排气压力为2.0～4.0MPa、驱动电动机功率为90～710kW的压缩机。

(4)JB/T 8935—2014《工艺流程用压缩机安全要求》。本标准规定了工艺流程用压缩机的安全通则、安全装置和防护设备的具体要求。本标准适用于离心、轴流、往复和回转等所有类型的工艺压缩机及其附属设备，包括驱动机、中间冷却器、缓冲器、分离器或净化器、中间连接管路和润滑、密封油及水冷却系统等。本标准不适用于：GB 22207—2008《容积式空气压缩机安全要求》规定的空气压缩机；压缩机零部件的基本机械设计；压缩机相关工艺装置的设计和操作。

(5)JB/T 6430—2014《一般用喷油螺杆空气压缩机》。本标准规定了一般用喷油螺杆空气压缩机的术语、符号、基本参数、要求、试验方法、检验规则、标志、包装及贮存等要求。本标准适用于驱动机功率为2.2～630kW、额定排气压力为0.3MPa、0.5MPa、0.7MPa、0.8MPa、1.0MPa和1.25MPa的一般用固定及其改装的移动螺杆空压机。额定排气压力不大于1.6MPa的其他螺杆空压机亦可参照本标准执行。本标准不适用于一般用变频喷油螺杆空气压缩机。

根据2014年国标委综合〔2014〕67号和〔2014〕89号文，国家标准化管理委员会下达2014年国家标准制修订计划，其中压缩机行业标准制定计划项目4项。2014年压缩机行业国家标准制修订计划见表2。

表2　2014年压缩机行业国家标准制修订计划

计划号	项目名称	制修订	代替标准号	完成年限	主要起草单位
20140862－T－604	容积式压缩机验收试验	修订	GB/T 3853—1998	2016	合肥通用机械研究院
20140863－T－604	压缩机分类	修订	GB/T 4976—1985	2016	合肥通用机械研究院
20142467－T－604	压缩空气过滤器试验方法　第4部分：水	制定		2016	合肥通用机械研究院、行业厂
20142468－T－604	压缩空气过滤器试验方法　第3部分：颗粒	制定		2016	合肥通用机械研究院、行业厂

〔撰稿人：中国通用机械工业协会压缩机分会刘妍〕

2014 年真空设备行业概况

一、生产发展情况

2014 年，在国家宏观经济发展整体放缓的形势下，真空设备行业经济增长较 2013 年有所放缓。真空设备行业面临中低端产品产能过剩、国家固定资产投资增速降低、新项目大幅减少的局面，在这种形势下，如何增强企业的创新能力、增强市场竞争能力成为企业的核心课题。

2014 年，真空设备生产企业发挥各自的优势，调整产品结构，消化吸收国外先进技术，坚持自主创新，提高产品质量，开发国内外市场，加强顾客服务意识，仍然获得了较好的业绩。据中国通用机械工业协会真空设备分会统计，2014 年真空设备分会 17 家会员企业共完成工业总产值 315 993 万元。2014 年真空设备行业工业总产值前 10 名企业见表 1。

表 1　2014 年真空设备行业工业总产值前 10 名企业

序号	企业名称	工业总产值（万元）
1	淄博水环真空泵厂有限公司	78 318
2	广东省佛山水泵厂有限公司	72 226
3	湘潭宏大真空技术股份有限公司	29 857
4	中国科学院沈阳科学仪器股份有限公司	20 148
5	兰州真空设备有限责任公司	19 861
6	川北真空科技（北京）有限公司	18 000
7	辽宁真龙真空设备制造有限公司	15 600
8	浙江杭真能源科技股份有限公司	11 959
9	中山凯旋真空技术工程有限公司	11 645
10	成都南光机器厂有限公司	8 950

2014 年，淄博真空设备厂有限公司先后通过了 ISO9001 质量管理体系认证和国家煤安认证的复审，通过 ISO 14001：2011 环境管理体系和 GB/T 28001—2011 职业健康管理体系的复审，并通过了中石化供应商入网的评审。2014 年 9 月，公司与韩国新井真空正式达成合作协议，并计划于 2015 年成立新的合资子公司。2014 年，公司连续第三年荣膺“中国化工装备百强企业”，通过“国家级高新技术企业”重新认定，共有 4 项专利获得国家审批和授权。公司研制开发的 2EK 节能型双级水环真空泵获得淄博市科学技术进步奖，SKC 型大型锥体式液环泵及机组获得淄博市高新区科学技术奖。2014 年，公司生产各类真空泵 1 513 台（套），一次装配合格率 93.9%。完成工业总产值 7 466 万元，实现利润总额 200 万元、利税 650 万元。

中国科学院沈阳科学仪器股份有限公司以高真空、超高真空、超洁净真空技术为基础，主要研制生产真空应用设备、真空获得设备以及高档真空部件，当前专注于集成电路、LED 等国家战略性新兴产业的发展与应用。公司将“技术创新、管理创新、商业模式创新”作为企业的核心竞争力，确立不可轻易模仿的核心竞争优势，打造细分市场蓝海，在财务、市场、内部运营与成长发展等方面全方位进行提升与完善，确保公司战略目标的实现。公司在加强自身建设的同时，将信息化建设作为技术创新的基础，保证及时、快捷、准确地收集和传递外部最新的市场信息、科研成果及行业动态，提高企业对外部市场的快速反应能力。公司的网络通信设施齐全，产品设计遵循国际标准并通过内部网络系统实行网络化管理，保证了产品与国内外同类装备的配套衔接。公司采用 CAD、PDM、CAPP、ERP 等系统，为产品研发、工艺技术开发及生产经营管理提供了技术信息平台。2014 年，在行业整体不景气的情况下，公司发挥技术优势，主导产品国内市场占有率达 10% ~15%，基本完成了各项经营指标：实现销售收入 15 321 万元，利润总额 781 万元，缴纳税金 546 万元。

山东华成集团的水环真空泵产品是在消化吸收德国先进技术的基础上通过自主创新逐步发展

起来的，当前产销量已连续11年位居国内同行业前茅。公司通过科技创新，自主研制了8种规格的特大型水环真空泵，技术指标处于国际领先水平。产品已成功应用于四川绵阳军事基地飞机风洞试验、西南交通大学高速列车综合性能模拟试验等科技前沿领域。

浙江杭真能源科技股份有限公司始终坚持“科技创新、科学管理、持续改进、顾客满意”的质量方针，一直致力于节能高效真空系统产品的研发，并高度重视核心技术的保护工作。当前，公司拥有已获授权的发明专利3项、实用专利16项，6项发明专利申请已获得受理。2013年，公司注册了杭州泰烨节能科技有限公司，取得浙江省发改委批准的合同能源管理经营资质。2014年，与第二重型机械集团公司和常熟龙腾特殊钢有限公司各签订一套合同能源项目，公司开始由单一的真空设备制造迈向节能项目服务。

2014年，山东精工泵业有限公司面对真空设备行业产品供大于求的结构性矛盾进一步加剧的形势，积极转变企业发展方式，由多年来的规模产量效益型向技术品质效益型转变，注重发展质量，在困境中求得生存和发展。公司积极调整经营工作思路，外拓市场，内抓管理，强化外贸工作，增加销售收入，满足生产经营活动和研发创新的资金需求。公司坚持自主创新，通过积极采取差异化战略，高新技术产品收入稳定增长，占全年销售收入的86%，同比提高6个百分点；全年高新技术产品创收项目10项，同比增加3项。

湘潭宏大真空技术股份有限公司专业从事以大型连续镀膜生产线为主的各类真空镀膜设备及其零部件的研发、设计、生产、销售和技术服务。公司是行业内少数具有镀膜生产线设备整体设计及系统集成能力的企业之一，能够为客户提供整体解决方案，最终实现“交钥匙”工程。公司坚持技术优先的发展理念，始终把技术创新和自主研发作为提高公司核心竞争力的重要举措。2013年，公司实现营业收入2.59亿元、净利润3 720万元，缴纳税金2 299万元。受宏观经济下行和下游行业投资周期波动的叠加影响，2014年经营业绩出现较大幅度的下滑，实现销售收入1.55亿元、净利润1 526万元，缴纳税金2 084万元。

辽宁真龙真空设备制造有限公司主要生产制造真空获得设备，公司始终坚持“以人为本、科学管理”的管理理念、“信誉至上、品牌第一”的经营宗旨以及“精细严谨、品质为先”的质量方针，专门设置了老产品改进核心产品研发队伍，企业自主创新能力不断增强。2014年，公司产品产量4 360台(套)。公司根据市场需求适时调整产品结构，在研制新产品的同时对老产品进行改进，取得很好的成果，提高了现有产品的技术水平。其中，内热式高真空油扩散泵达到国际同类产品水平，填补了国内空白。

沈阳蓝菱真空设备制造公司极为注重产品质量，在生产过程中建立了完善的产品档案，使产品生产过程具有可追溯性，一旦出现质量问题可以根据其产品档案查到装配责任人或责任配套厂家。这一措施不但对提高员工的责任心、提高产品质量起了很大的作用，而且在一定程度上降低了公司的三包成本，为公司挽回了不少损失。公司在对全体员工进行质量教育的基础上，定期对产品质量进行抽查，及时解决市场反馈的问题。

二、市场及销售

2014年，中国科学院沈阳科学仪器股份有限公司继续实施“标准化、产业化、市场化”战略，致力于成为国内领先、国际一流的真空设备企业。公司稳固科研真空仪器设备国内市场领导地位，重视并积极参与国家重大科技基础设施项目建设，聚焦大半导体、先进光电晶体、航空航天、军工等领域工艺装备需求，提供相关领域需求的批量化产品，做强做大干式真空泵、离子泵真空获得产品业务，打造成公司长期稳定的战略级产品；重视技术服务业务开展，积极拓展新的商业发展模式和国际市场销售业务，实现产品多元化发展目标。公司以市场为导向进行业务调整、定位与布局。公司引进吸收先进制造技术，提升产品性能、水平，现有科研真空仪器设备向高端化发展，拉开与国内竞争对手差距；干式真空泵、离子泵业务做好“研发、中式及小批量生产”的整体规划以及配套实施计划落实，重点围绕提升产品质量、降低生产成本，提升市场竞争力开展工作；在坚持发展现有 IC、LED、光伏业务的同时，围绕基础技术平台进行外延，寻求制造有核心竞争能力、相对需求稳定的工业化批量产品。

山东华成集团积极开发市场，并采取了诸多有效的措施：①为适应市场经济的需要，集团打破传统的领导体制，每个子公司都任命多名副总经理抓销售，大大加强市场开发领导力量，提高了对市场的掌控力度和对市场反馈的应对能力，增强了驾驭市场、适应市场的能力。②实行厂家直销，减少中间环节，缩短与市场的距离。公司建立了强大的销售队伍，由懂技术的开发型人才组成面向全国各行各业的市场开发小组，建立了遍布全国的销售网络。③制定科学的销售政策，充分调动销售人员的积极性与主动性。公司承担全部销售费用，不实行销售包干制，全力做好销售人员的后盾。④建立运行有效的市场情报体系。公司每月召开一次董事长与业务员的直接对话会，系统地收集市场情报资料，为企业产品开发、市场开发、货款回收提供决策依据。通过采取以上措施，拓宽了市场，产品销往国内所有省份，并出口到俄罗斯、印度、巴西、印度尼西亚等国家。

浙江杭真能源科技股份有限公司一直坚守“以质量创品牌，以技术创新促发展”的经营宗旨，成为国内专业设计、制造喷射真空泵、真空系统成套、真空精炼成套设备的骨干企业。公司注重品牌意识的培养，实施品牌战略。当前，公司的产品被广泛应用于石油、化工、冶金、航空航天、油脂、制药、轻工、纺织、食品、制糖及制盐等行业。在石油炼制行业，公司已为国内多家千万吨级的常减压装置提供了节能型抽真空系统和高效冷凝器，产品性能达到进口设备同等水平；在航空航天领域，公司为航天科技集团六院设计制造的国内最大的蒸汽喷射泵抽真空系统抽气量达到 540t/h，动力蒸汽耗量达 2 740t/h；在冶金行业，公司为第一重型机械集团公司和第二重型机械集团公司等多家公司设计制造了 600t 等级的超大型 VC 真空浇铸装置，公司新开发的节能型罗茨真空泵真空系统被大量用于真空精炼装置中；在化纤行业，公司为国内 20 万 t 大型连续聚酯装置提供乙二醇喷射泵真空系统和刮板式喷淋冷凝器设备，产品性能达到进口设备的水平。产品出口到乌克兰、南非、伊朗、西班牙、印度、泰国、印度尼西亚、菲律宾、马来西亚、新加坡等国家和中国台湾地区。公司与 VAI TECHNOMETAL 公司、DANIELI 公司、INTECO 公司合作制造真空精炼设备，当前已制造了 18 套真空精炼设备，性能达到外方的技术要求。

2014 年，广东肯富来泵业股份有限公司调整销售政策，鼓励业务员多跑市场、多开拓新客户，多关注小项目；积极探索新的销售政策、模式，大力开拓新兴市场和行业，在国外市场调整并尝试更多合作模式、方法和机制，扩大销售网络建设；加大宣传力度，不断强化客户服务，提升肯富来品牌形象；高度重视每一个项目、每一个机会，采取灵活的销售措施，努力提高获取项目订单的成功率，实现积少成多、以小促大。公司通过努力，在严峻的市场环境下仍然取得较好的业绩：在国内节能改造和环保项目上获得大批订单，同比均有较大幅度的增长。国外市场新增订单也有一定程度的增长，尤其是自主品牌、高技术含量的真空泵出口增长较大，批量出口英国、比利时等欧洲国家。大口径中开泵也赢得欧洲的订单，巩固了公司高端产品在国际市场上的地位。

山东精工泵业有限公司对现行的销售管理制度进行调整和完善，旨在建立对企业营销工作及销售人员的科学合理的动态管理机制，促进公司实现生产经营活动的良性循环和可持续发展。新的销售政策提高了销售人员的积极性，一年来，订货合同量和金额呈平稳、逐步增加态势，并中标超过 300 万元的项目合同。在销售收入同比回落的情况下，货款回收率同比提高 30%，部分拖欠超过两年的货款得到清理，产成品库存量减少 15%。公司自 2010 年获得自营出口权以来，通过积极有效的规范化运作，产品出口业务稳步推进。2014 年，出口各类水环泵 160 台(套)，均为公司近年来研发的高新技术产品，出口交货值达 130 万元。产品出口至东南亚、中亚、中东、非洲以及欧美地区，出口产品中以泵类产品为主，也有非泵类机械产品。在国内外需求降温，通用机械产品出口总量下降的情况下，公司不仅保住了传统出口市场，而且发展了土耳其、美国、加拿大、印度等国家的新用户。有些产品进入发达国家高端市场，应用到重要军事技术领域，如2014年出口至欧洲某国的2台2BE3－60水环真空泵，应用于该国的先进军机风洞实验装置。

爱发科中北真空（沈阳）有限公司生产的新型熔炼炉、连续烧结炉、连续时效炉是生产高性能磁石的保证。2014年，公司销售钕铁硼磁石用连续炉12台。公司2014年开始将成熟的钎焊炉推向汽车配件和换热器行业，主要是汽车油冷却器、钎焊板式换热器、EGR等制品用钎焊炉。公司已同多家国内外汽车配件厂商签订了合同。

2014年，中山凯旋真空技术工程有限公司捕捉市场机遇，攻坚克难，在逆境中谋发展。在电工装备市场总需求大幅萎缩的情况下，积极向其他行业寻出路，与核工业、航天工业和科研院所等用户签订了合同订单。新签合同订单总额下滑较大，但公司的合同数量没有下降，市场占有率稳中有升。真空炉项目是公司在技术成熟后向市场大规模推广的新项目，截至2014年年底，该项目新增合同订单1 215万元。上述成绩的取得得益于销售工作方法的创新，主要做法是：销售部门改变以往等靠、依赖大客户的观念，主动出击，拜访客户，寻找需求信息；邀请客户到公司参观考察；利用互联网了解市场需求信息和招投标信息，及时派人与客户进行沟通，主动上门拜访。

三、科研成果及新产品

中国科学院沈阳科学仪器股份有限公司在科研组织方面，实行“国内机构＋国外专家”的立体合作模式。公司与东北大学、中国科技大学、中科院金属所等科研机构建立了长期稳定的技术合作关系，搭建“基础研究－应用研究－产业应用”的合理渠道，在开发新产品、解决行业基础/共性/关键技术问题及人才队伍建设等方面开展了长期深入的合作，共同推进产品的研究开发、成果转化及产业化工作。

2014年，公司共承担政府科研任务9项，其中比较有代表性的项目有：①国家重大科学仪器设备开发专项项目“耐腐蚀超洁净系列涡旋干式真空泵开发和应用”。该项目拟攻克涡旋干泵的关键技术，通过系统集成，研制形成具有一定功能的耐腐蚀超洁净系列涡旋干式真空泵成套样机；开展涡旋干式真空泵在同步辐射光束线、质谱仪等科学仪器设备以及航天工程等国家重大工程上的应用测试，验证功能和总体性能，形成具有自主知识产权、功能及健全和质量稳定可靠地耐腐蚀超洁净涡旋干泵。②国家科技重大专项项目“防腐真空集成系统研发和示范应用”。该项目针对20－14nm栅刻蚀工艺对真空获得系统提出的特殊要求，拟提供由耐强腐蚀、高精度和快速反应的智能调压真空阀门，高耐腐蚀、高可靠性、节能、安全的小体积、大抽速真空获得及真空检测等设备和零部件组成的智能联动调压防腐真空集成系统，增强国产真空集成系统的配套能力，降低国产化栅刻蚀机设备的核心零部件的采购成本，促进栅刻蚀机产品具备产业化能力及市场竞争力。

2014年，公司共完成3项重大新产品开发：①85kg级蓝宝石晶体生长炉。该产品通过电阻加热将三氧化二铝原料熔化，经过籽晶引导，采用精密上称重技术进行微量提拉生长优质光学级蓝宝石单晶，广泛应用于智能设备、大规模集成电路以及军工等领域，年度实现产品销售35台（套）。②JGH－5000A真空干泵机组。该产品由上泵罗茨干泵和下泵多级干泵组成，攻克了特殊结构设计、表面处理工艺、一体化电机设计、特殊动密封结构等关键技术，是具有同类产品国际先进水平和完全自主知识产权的高速、大抽速真空获得设备。主要应用于光伏PECVD、MOCVD、刻蚀等工艺环境，极具产业化能力及市场竞争力，年度实现产品销售2台（套）。③无油涡旋真空泵。该产品采用泵内无油设计，可获得清洁的真空环境，无需水冷，具有低噪声、耐腐蚀、操作简便、维护费用低廉的特点。主要用于薄膜制备设备、大科学工程与化学分析，半导体封装设备等无油抽气系统的配泵，医疗仪器、生物制品与药品制备等领域，年度实现产品销售68台（套）。公司全年共申请专利17项，获得授权专利9项，全部为发明专利。“一种运动部件位置的真空信号引出装置”荣获沈阳市专利奖三等奖。

2014 年 6 月,山东华成集团研制的核电站用真空机组通过国家能源局、中国机械工业联合会的联合鉴定,产品技术达到国际先进水平,可完全替代进口。2014 年 9 月,公司自主研发的 2BEC150 超大型水环真空泵一次性试验成功,设备单台抽气量达到 3 000m^3/min,配套电动机功率 4 000kW,将应用在国防飞机试验高超项目上。

2014 年,浙江杭真能源科技股份有限公司为国家重点工程航天六院航天动力试验技术研究所的大型推进器高空模拟装置设备制造了一套大型高压空气喷射真空泵系统,动力空气压力为 6.0MPa,抽气量为 166t/h,动力空气耗量为 776t/h。为航天六院航天动力试验技术研究所的大型推进器高空模拟装置设备制造了一套超大型蒸汽喷射真空泵系统,动力蒸汽压力为 1.3MPa,抽气量为 540t/h,动力蒸汽耗量为 2 740t/h。

2014 年,广东肯富来泵业股份有限公司在石油化工行业多个项目上取得了历史性突破:研制出大气量、高排压的串联火炬气压缩机,在洛阳石化顺利投入运行,节能、环保效果显著,成功取代原有的螺杆压缩机。延长石油集团也随即选购该压缩机,并一次投运成功。公司研制的 60m^3/min 大流量、高排压亚硝气压缩机组,在中科合成油公司成功投入运行。公司研制的填补国内空白的大流量 VCM 回收压缩机组,经过新疆天业公司现场运行对比,运行效果优于日本进口的产品。2014 年,公司开展了实验室建设项目,该项目已申报广东省重点实验室,并纳入佛山市创新城市建设重点工程项目。实验室实施的研究开发计划项目共 8 个,其中湿式试验台已投入使用,填补了国内液环泵湿式试验台的空白。公司与华南理工大学合作开展两个产学研项目,取得一定的成效;获得 2 项实用新型专利授权,申请了 2 项发明专利和 1 项国际发明专利。

山东精工泵业有限公司根据用户需求变化和真空设备行业发展方向,积极致力于研发基于计算机嵌入技术的机电一体化水环真空机组和具有优异抗腐蚀性能的水环式真空泵、压缩机,在应用信息技术、新材料技术、机械设备防腐技术等现代新技术改造传统产品方面进行了大胆探索,取得了多项创新成果。公司研发的远程监控智能型水环真空机组应用于化工、电力、冶金、轻工等行业,可实现产品寿命分析及全生命周期信息跟踪和反馈,初步形成系列化、集成化、模块化研发制造能力,技术水平处于国内领先。该机组采用 ARM 微处理器,单独编程,性能先进可靠,且与 DCS 系统及 PLC 等工业控制器相比,具有成本低廉、节约能耗、经济实用的特点。公司针对国内 AC 发泡剂生产的洗涤过滤工艺长期存在的效率低、能耗高、劳动强度大、污染严重等弊端,为 AC 生产企业技术改造研发一种抽气量大、耐腐蚀性能优异的复合材质水环真空机组。这种新型水环真空机组与带式过滤机配套,取代了以洗涤桶配带水喷射泵的 AC 发泡剂洗涤过滤传统工艺,提高了 AC 发泡剂生产效率和产品质量,减少了电力消耗和环境污染,延长了机组的使用寿命,有效降低了 AC 生产成本。公司研发的能够在 350℃高温环境下正常运行并满足工艺要求的核电用水环真空泵,具有较高的技术含量和附加值,产品填补了国内空白,具有国内领先水平。公司研发了专用的超大型瓦斯抽采泵及瓦斯提纯、提浓再利用技术的机电一体化水环真空机组。针对现有煤矿抽采瓦斯气体的特大型水环式真空泵存在的技术问题,通过对泵的相关技术参数进行优化设计,使特大型水环式真空泵提高最大抽气量,增强可靠性,满足煤矿抽采瓦斯气体的需求,成为专用的瓦斯抽送泵(该项研发成果已有授权专利 1 项);针对现有的“恒定水位水封式防爆器”存在的设计缺陷,通过改进优化设备内部结构,增加安全附件,研发一种能够提高设备的安全性能、消除安全隐患、工作稳定可靠的新型煤矿瓦斯防爆器(该项研发成果已有授权专利 1 项)。在已有的远程监控智能型水环真空机组的基础上,通过对现有技术的再创新,研发适用于瓦斯提纯、提浓再利用技术、能耐受多种化学介质长期腐蚀的复合材质水环真空泵/机组系列产品。公司与淄博市“矿山装备技术产业技术创新战略联盟”内企业进行技术合作，以研发的“负压自动放水器”及“新型钢塑复合管路”作为配套装置，形成融入信息技术的机电一体化瓦斯抽采及瓦斯提纯、提浓再利用成套装置，进一步提高了公司高新技术产品的市场竞争力，并在企业联合攻关、集成创新方面进行了有益的探索，为巩固和发展本地区产业技术创新战略联盟迈出了坚实步伐。公司通过产品结构创新、工艺创新和引进技术消化吸收再创新，逐步形成了企业自有知识产权体系。当前，公司已有授权专利16项，其中发明专利2项；研发的高新技术产品中，有2项列入山东省科技计划项目，有2项列入淄博市科技计划项目；2014年申报省、市科技计划项目及技术创新项目4项，其中“耐腐蚀水环真空泵智能机组”已立项，列入2014年度淄博市95项科技发展计划项目中。

湘潭宏大真空技术股份有限公司坚持“技术优先”战略，通过持续不断的技术创新来打造公司核心竞争力。公司拥有省认定企业技术中心，在真空、材料工艺、机械、自动化控制等关键技术领域拥有6项发明专利、26项实用新型专利、3项软件著作权和多项非专利技术。公司的“CIGS薄膜太阳能电池前电极导电玻璃镀膜设备”被认定为国家重点新产品，“大面积连续磁控溅射真空镀膜研发项目”被列入“国家火炬计划”项目和“科技型中小企业技术创新基金创新”项目，并荣获2013年湘潭市科学技术进步奖一等奖。公司的专利成果“大面积抗反射导电膜连续磁控溅射镀膜生产线”获得2013年度湖南省专利奖一等奖、2014年度中国专利优秀奖，科研项目“大面积连续磁控溅射真空镀膜设备关键技术”荣获2014年度湖南省科技进步奖二等奖。

辽宁真龙真空设备制造有限公司生产的KN/KTN系列高真空油扩散泵已获得国家实用新型专利及外观设计专利。其中，KN-630内热式油扩散泵经过两年的研发、测试、验证，对关键节能技术进行了攻关，已完成并通过了沈阳市科技局组织的科技攻关项目验收，并获得了国家实用新型专利证书。该产品投入市场后已经替代了部分进口产品。对高真空油扩散泵加热方式进行改进取得很好的成果，改进后的新产品深受客户欢迎，具有较高的市场占有率。

沈阳蓝菱真空设备制造公司依靠科技进步，实施科技攻关，大力提高企业的技术装备水平。公司针对市场低迷的现状，加大了非标产品的设计，完成了GDQ-630阀门不锈钢方接口的设计、K-630TDA扩散泵的设计调试；完善了GDQ-63阀门的设计，CHF25、QCF40放气阀快卸法兰口等系列非标冷阱的设计。

2014年，中山凯旋真空技术工程有限公司获得了10项实用新型专利，主持制定了JB/T 12010—2014《非晶合金铁心变压器真空注油设备》、JB/T 12011—2014《高压互感器真空干燥注油设备》和JB/T 12012—2014《集成式真空注油设备》3项行业标准。公司获得“广东省工程技术研究中心”“广东省名牌产品”和“质量品牌示范单位”等称号。

〔撰稿人：中国通用机械工业协会真空设备分会苏原〕

2014年干燥设备行业概况

一、生产发展情况

据中国通用机械工业协会干燥设备分会统计，2014年，干燥设备行业22家重点骨干企业共完成工业总产值271 308万元，实现主营业务收入214 844万元，较上年有所下滑，仅少数企业持平或略增长。2014年干燥设备行业22家重点企业工业总产值见表1。2014年干燥设备行业22家重点企业主营业务收入见表2。

表1 2014年干燥设备行业22家重点企业工业总产值

序号	企业名称	工业总产值（万元）
1	石家庄工大化工设备有限公司	61 892
2	天华化工机械及自动化研究设计院有限公司	42 700
3	山东天力干燥股份有限公司	27 105
4	常州市范群干燥设备有限公司	23 658
5	江苏国粮仓储工程有限公司	18 000
6	江苏省范群干燥设备厂有限公司	16 356
7	常州一步干燥设备有限公司	11 500
8	广东弘科农业机械研究开发有限公司	9 542
9	青海三四一九干燥设备有限公司	7 685
10	江苏先锋干燥工程有限公司	6 500
11	哈尔滨东宇农业工程机械有限公司	5 830
12	东台市食品机械厂有限公司	5 574
13	浙江尔乐干燥设备有限公司	5 200
14	江苏宇通干燥工程有限公司	5 000
15	无锡昂益达干燥设备厂有限公司	4 600
16	常州金陵干燥设备有限公司	4 559
17	上海千山远东制药机械有限公司	4 278
18	杭州钱江干燥设备有限公司	3 500
19	四川望昌干燥设备有限公司	2 717
20	苏州市自力化工设备有限公司	2 516
21	常州市统一干燥设备有限公司	2 000
22	成都倍力干燥设备有限公司	596

表2 2014年干燥设备行业22家重点企业主营业务收入

序号	企业名称	主营业务收入（万元）
1	石家庄工大化工设备有限公司	52 033
2	天华化工机械及自动化研究设计院有限公司	27 574
3	山东天力干燥股份有限公司	26 987
4	常州市范群干燥设备有限公司	22 586
5	江苏省范群干燥设备厂有限公司	12 338
6	常州一步干燥设备有限公司	10 500
7	青海三四一九干燥设备有限公司	7 685
8	江苏先锋干燥工程有限公司	6 400
9	哈尔滨东宇农业工程机械有限公司	5 731
10	东台市食品机械厂有限公司	5 549
11	浙江尔乐干燥设备有限公司	5 200
12	江苏宇通干燥工程有限公司	4 595
13	无锡昂益达干燥设备厂有限公司	4 411
14	常州金陵干燥设备有限公司	4 036
15	江苏国粮仓储工程有限公司	3 800
16	杭州钱江干燥设备有限公司	3 400
17	上海千山远东制药机械有限公司	3 076
18	四川望昌干燥设备有限公司	2 222
19	苏州市自力化工设备有限公司	2 136
20	广东弘科农业机械研究开发有限公司	2 000
21	常州市统一干燥设备有限公司	1 989
22	成都倍力干燥设备有限公司	596

山东天力干燥股份有限公司针对各行业遇到的干燥技术难题，持续不断地将具有重要应用前景的科研成果进行系统化、配套化和工程化研究开发，在流化床、蒸汽回转、闪蒸、滚筒等领域形成了有竞争优势的主导产品，面向化工、石化、建材、环保、冶金、电力等行业。公司承担了2 000多项节能减排干燥工程，研发的大型干燥设备部分达到国际水平，替代了进口产品，促进了我国大型干燥设备的国产化。

天华化工机械及自动化研究设计院有限公司（简称“天华院”）隶属国资委的中央企业——中国化工集团公司，原为化工部化工机械研究院和化工部自动化研究所合并成立的部直属科研机构，是原化工部十大重点科研院所之一和三个科技体制改革试点单位之一。天华院成立于1958年，1965年由北京迁至兰州，2000年完成企业化转制和天华化工机械及自动化研究设计院注册工作，2012年改制为天华化工机械及自动化研究设计院有限公司。主要从事化工机器、化学工程及设备、材料及腐蚀、生产过程自动控制、在线分析仪表、放射性检测仪表及环保技术与设备的研究开发、工程设计、产品制造和推广应用工作。天华院于2007年组建国家干燥技术及装备工程技术研究中心，并于2011年9月通过了国家科技部组织的综合评议验收。

干燥工程中心通过不断调整和完善体制建设，跟踪市场发展动态，大力进行研发、试验和产业化设施建设，推进技术成果转化，经济效益逐年增长，现已成为国内一流、国际先进的集新产品和新技术开发、中试孵化、标准化建设、促进自主创新和新成果转化、培养一流工程技术人才及信息交流、行业服务于一体的国家级专业科研和成果转化中心。

2014 年，石家庄工大化工设备有限公司完成工业总产值 61 892 万元，比上年增加 1 318 万元；销售收入 52 635 万元，比上年增加 710 万元；利润总额 5 960 万元，比上年增加 110 万元。

常州市范群干燥设备有限公司生产各类产品共计 388 台(套)，其中：高低温带机 31 台，流化床 15 台，预干燥机、焙烧炉 35 台，非标产品 156 台；完成工业总产值 23 658 万元，比上年增加 1 199 万元；销售收入 22 586 万元，比上年增加 1 224 万元；利润总额 2 500 万元，比上年增加 728 万元。

哈尔滨东宇农业工程机械有限公司随着销售市场不断开拓及业务量的增加，生产任务也逐年递增，原有生产车间已经影响了公司产品的生产加工。2014 年，公司在哈尔滨市宾西经济技术开发区购置了面积为 5.2 万 m^2 的土地，规划建设了生产基地，用于满足公司产品的生产加工。

苏州市自力化工设备有限公司主要生产污泥干燥机、鱼虾粉干燥机和褐煤干燥机。2014 年，公司以打造江苏有影响力的企业为目标，加大研发经费投入，加强技术创新，不断提升企业的自主核心技术研发及产业化开发能力，取得了丰硕的科研成果，获得了多项专利，并将具有自主知识产权的科研成果应用于产品开发，积极探索科研、专利成果产业化的新模式，并呈现了良好的发展势头。

二、市场及销售

企业的生存和发展，必须以市场为导向，市场需求就是企业技术创新的方向。一方面，市场需求促进了企业加强技术创新和科技成果产业化；另一方面，企业依靠技术进步促进产业升级，最大程度地满足市场需求，提高了企业的经济效益。

2014 年，山东天力干燥股份有限公司主要精力放在超重力反应技术、脱硫脱硝一体化技术、超临界萃取、海参干燥及其煮液浓缩技术及装备的研发、超临界水氧化技术、蒸发、结晶方面，取得了阶段性成果，这些技术在有机废水处理、气体净化、热敏性化合物的提取和纯化、纳米粉体制备等领域应用广阔。2014 年，公司实现产品销售收入 26 987 万元。

天华院研发的技术和产品成功应用于石油化工、煤化工、化工、冶金、建材、食品、医药等诸多行业，涵盖绝大多数干燥方式和行业。多项高效、环保、节能、先进的干燥技术及产品，填补国内空白，成为先进高效节能技术改造传统产业的典范，例如：节能减排效益显著的新型蒸汽管煤调湿技术，高效脱除废水中氨氮成分的真空热泵闪蒸汽提脱氨技术，污泥无害化处理技术，电厂、煤化工行业的褐煤提质及水回收技术。另外，PTA 干燥装置应用到比利时、美国、西班牙等地，承担的翔鹭石化 400 万 t/a PTA 干燥机组是当前世界上规格最大的，对提升我国干燥设备行业技术水平及国际影响力意义重大。

石家庄工大化工设备有限公司在巩固现有的销售领域的基础上，深入分析相关行业市场，加大市场开拓力度，成功开拓网络市场，销售业绩增加了新的增长点。2014 年，公司出口额 1 630 万元，盘式干燥机、桨叶干燥机等畅销产品销往印度尼西亚、埃及、法国、美国等国家。另外，公司还积极参加各相关的展览会和行业会议，宣传公司形象和产品，提升公司的知名度。

常州市范群干燥设备有限公司积极开发网络营销，加大网络营销投入，产品先后销售全国 25 个省、自治区、直辖市。公司长期与国内知名院校合作，参加国内外干燥设备展会和各类技术讲座，及时了解干燥技术最前沿的信息，企业每年都有新的产品实施工业化转化，成为企业新的经济增长点。2014 年出口值 4 689 万元，预干燥机、焙烧炉、喷雾干燥机等产品先后出口到德国、波兰、美国、日本、韩国、马来西亚、印度尼西亚、越南、伊朗等 10 多个国家和地区，在国际市场上有着较高的信誉。

江苏先锋干燥工程有限公司 2014 年实现销售

收入6 400万元、利润205万元,公司总资产5 250万元,资产负债67.24%。

2014年,上海千山远东制药机械有限公司各类灭菌式蒸汽真空冷冻干燥机共销售13台(套),比上年减少3台(套);销售额2 029万元,比上年下降24.1%。公司出口各类冻干机9台(套),比上年增加2台(套)。在国内市场萎缩的情况下,国际市场得到了扩展,在传统的越南、俄罗斯市场基础上重点拓展了印度市场,印度市场的成长空间非常巨大。

青海三四一九干燥设备有限公司2014年产品销售合同额7 721万元,除餐厨垃圾专用干燥设备外,新型的污水处理装置也获得市场的认可,销售前景良好。

哈尔滨东宇农业工程机械有限公司承建粮食干燥、种子加工及粮食仓储项目60余项,销售收入近亿元。产品已覆盖新疆、甘肃、贵州、四川、湖南、湖北、陕西、宁夏、安徽、河南、河北、山东、北京、江苏、浙江、内蒙古、广东、海南、吉林、辽宁、黑龙江等省、自治区、直辖市,并远销欧洲、非洲。2014年,公司在稳定原有销售区域的前提下,大力开拓销售市场,产品成功销往贵州、湖北等省,使公司产品的市场占有率进一步扩大。

苏州市自力化工设备有限公司以市场需求为导向,不断开发新技术、新工艺和新产品,采用先进的经营管理方法和组织形式科学地组织生产、销售和服务,取得了良好的社会效益和经济效益。2014年,公司实现销售收入2 136万元、新产品产值765万元。

东台市食品机械厂有限公司产品出口到近30个国家和地区,2014年实现销售收入5 549万元,新产品市场占有率达60%以上。公司一直致力于农副产品深加工技术装备的研究和开发,针对我国薯类资源丰富的特点,开发出资源综合利用率高、产品品质稳定优良、适用面广、性能售价比优于进口设备的薯类全粉生产技术设备,推动了我国薯类综合加工技术的发展,并产生了良好的经济效益和社会效益。开发的薯类全粉生产线中的主关键设备多用途辊筒干燥机广泛应用于a淀粉、三合一速溶营养麦片及各种营养米片(粉)的生产,还广泛适用于其他黏稠状物料的干燥熟化,如粘合剂、啤酒酵母回收、水果和蔬菜以及化学制品。主要客户为国内外薯类全粉生产企业和食品、淀粉生产企业,市场主要立足国内马铃薯、甘薯、木薯等主产区,同时面向东南亚、欧洲等薯类盛产国家。

三、科技成果及新产品

天华院完成了我国90%的石化干燥设备国产化工作,先后承担国家及省部级科研开发课题107项,取得科研成果72项、中国专利104项、美国专利1项(一种增设蒸汽管式干燥降低燃煤电厂煤耗的方法,授权号:US 8661821 B2,授权日2014.03.04)、科技奖励26项(其中国家级科技奖励6项),起草行业标准9项。近年来主要取得“煤气化工程褐煤蒸汽管回转圆筒预干燥技术研究与工程化应用”“新型蒸汽管回转干燥法煤调湿成套技术及装备”“PTA新型压力过滤技术的开发与工业应用”“45万t/a聚丙烯流化床干燥器研制”“SEBS研磨机组国产化”和“PX氧化干燥单元稳产降耗研究”等重大科技创新成果。“热泵闪蒸汽提脱氨法”获得中国化工专利优秀奖,“污泥搅动型间接热干化和复合循环流化床清洁焚烧集成技术”获得国家科技进步奖二等奖,“PTA过滤洗涤预干燥一体化压力过滤技术及装备”获得中国化工科学技术奖一等奖。起草实施的行业标准HG/T 4597—2014《真空连续干燥机》和HG/T 4596—2014《涡轮干燥机》于2014年10月1日开始实施。2014年取得中国专利共25项,其中发明专利10项。2014年天华院获得授权的专利情况见表3。

表3 2014年天华院获得授权的专利情况

序号	专利名称	专利号	授权日期
1	精对苯二甲酸装置氧化单元粗对苯二甲酸的过滤、洗涤、分离的方法	201010571736.6	2014.03.12

（续）

序号	专利名称	专利号	授权日期
2	导风管式填充塔颗粒状煤炭过热蒸汽循环利用干燥/冷却方法及设备	201110144318.3	2014.10.22
3	一种焦炉炼焦气流－填充床煤调湿方法及装置	201110144319.8	2014.01.29
4	精间苯二甲酸装置氧化单元粗间苯二甲酸过滤、洗涤套洗方法	201110278217.5	2014.08.27
5	一种增设热泵的“醋酸＋水”共沸精馏节能降耗方法	201110278219.4	2014.08.27
6	一种连续真空干燥及焙烧组合方法及其装置	201110342443.5	2014.10.22
7	蒸汽管干燥、分选、造粒一体化煤调湿工艺及其专用设备	201210166019.4	2014.06.18
8	一种节能型尾气自惰式循环污泥干燥系统及其应用方法	201310332803.2	2014.10.22
9	一种煤的热载体干馏系统及其方法	201310333329.5	2014.10.22
10	一种煤基油渣的综合利用方法	201310425990.9	2014.11.26
11	煤基油渣萃取残留物中萃取剂的回收设备	201320622245.9	2014.03.26
12	印染污泥干燥设备	201320818519.1	2014.06.18
13	城市污泥干燥设备	201320819515.5	2014.06.18
14	聚乙烯醇中微量有机溶剂的置换设备	201420010602.0	2014.07.16
15	薄膜干燥机	201420010597.3	2014.06.18
16	煤调湿蒸汽管干燥、分级一体化机组	201420079091.8	2014.07.16
17	一种可移动燃气燃烧器	201420154005.5	2014.10.15
18	压力过滤机双驱动结构	201420201461.0	2014.08.27
19	一种卧式热解干馏炉密封结构	201420201480.3	2014.08.27
20	压力过滤机隔离系统压力密封装置	201420256262.X	2014.11.26
21	螺旋锥轴挤压脱水机	201420425712.3	2014.12.31
22	盘式活化炉	201420435573.2	2014.12.31
23	单轴圆盘式污泥干化机	201320327699.3	2014.01.08
24	一种换热管浮动式转动干燥装置	201320426393.3	2014.03.12
25	用于热电联产的节能型印染污泥干燥系统	201320468592.0	2014.01.08

2014 年，石家庄工大化工设备有限公司被评为石家庄市技术创新示范企业，“干燥盘生产的新工艺及装备”项目通过石家庄市科技局组织的专家鉴定，成果水平鉴定为国内领先水平。

常州市范群干燥设备有限公司于 2003 年建立常州市干燥工程技术研究中心，2012 年获得江苏省认定企业技术中心、江苏省高新技术企业称号，2011 年和 2014 年两次获得“中国化工行业技术创新示范企业”称号。2014 年，“制备三元催化剂载体的全自动成套装备”项目获得江苏省科技成果转化资金扶持 1 100 万元，并获得常州市高新技术产品称号，共申报了 16 项专利。近三年来，工程中心先后承担了三元催化剂预干燥器、涂覆干燥装置、三元催化剂焙烧炉、P 板发泡机、安全气囊药剂生产线、高精度混粉系统、空心桨叶干燥机、纳米催化剂制粉系统、磷酸铁锂烧结提纯装置等项目，并依托常州市范群干燥设备有限公司实现量产，增加销售额近 3 亿元。

2014 年，江苏先锋干燥工程有限公司申请的实用新型专利：桨叶干燥机及其桨叶结构获得授权，专利号 ZL 201420248612.8。新产品、新工艺、新技术在研项目共 6 项。

2014 年，上海千山远东制药机械有限公司荣获上海市高新技术企业称号。公司的真空冷冻干燥机系列技术研发项目，申请专利 10 项，当年 5 项专利得到认定。公司研发的冻干机自动进出料系统获得成功，并提供给客户使用。该系统填补国内空白，系统倒瓶率小于万分之一，达到国内领先、国际先进水平。公司研发的 －120℃ 低温真空冷冻干燥机，填补国内空白，达到国际先进水平，研发出工程样机，运行平稳。

青海三四一九干燥设备有限公司研发的 JS－BC 新型污水处理装置 JS－BC 系统是在转盘式生物反应器的基础上改进而成的高效生化处理系统。

该系统可实现一般生化处理工艺无法处理的有机性高浓度废水无稀释处理，且有效解决了除氮、磷和消除恶臭等诸多污水处理难题，是具有划时代意义的污水处理新技术。在餐厨废弃物废水、垃圾渗滤液、医疗废水、生活污水等高有机浓度、高氨氮的废水处理中，结合物化、生化深度处理技术，实现高浓度有机废水的达标处理，避免纯粹的物理处理带来的污水二次污染问题，同时大幅度地降低污水处理的运行成本，该装置广泛用于各类污水处理。2014年，公司餐厨垃圾资源化处理项目获得青海省科技成果，有关项目已通过国家及相关部门的验收，进入规模化生产阶段。在此基础上，企业加快创新步伐，深入开展先进的污水处理装置的研制生产并取得进展。

哈尔滨东宇农业工程机械有限公司2014年研发的封闭式带式输送机、储粮仓可控分粮跌落梯等产品申请了国家实用新型专利，已获得授权。这些专利产品已应用在粮食烘干仓储工程项目中，使用效果良好。封闭式带式输送机的部件被封闭在输送机箱里，确保输送物料在输送过程中不飞溅、不撒落。这样能保证在设备使用过程中现场整洁干净，还具有外形美观、防尘、防水等优点。储粮仓可控分粮跌落梯在跌落梯分粮斗中加设流量控制装置，并实现在仓外（上）可根据需要随意调控，满足了粮食入仓时流经跌落梯、仓内各部分粮食储量一致的仓储要求，可确保谷物入仓时不破碎、不偏仓，有效提高了仓容的利用率和储存的安全性。

苏州市自力化工设备有限公司加强技术创新，不断提升企业的自主核心技术研发及产业化开发能力，获得了多项专利。公司生产的双轴叶片干燥机是一种传导加热型的新型连续干燥机，具有热效率高、干燥强度大、处理适应物料广、体积小、操作维修简便等优点，适用于处理各种膏糊状、粒状、粉状热稳定性好的物质，广泛运用于化工、轻工、食品、医药等行业。污泥干燥机采用传导加热方式，由相互啮合的两根叶片轴、带有夹层的W型壳体机座及传动部分组成。污泥的整个干燥过程在封闭的状态下进行，有机挥发物异味气体及其水分在密闭氛围下通过引风装置送至尾气处理装置，从而避免对环境的污染。加热介质一般选用蒸汽、导热油，加热介质分为两路分别进入干燥机壳体夹层和桨叶轴内腔，将机腔和桨叶轴同时加热，以传导加热方式对污泥进行干化处理。褐煤干燥机是公司完全自主研发制造的大型干燥设备，克服了褐煤干燥机中的诸多问题，集热效率高、处理能量大、运行成本低等优点于一身，是褐煤干燥机行业颇具先进性和技术性的产品。鱼虾粉干燥机是公司的一项独到发明，这是干燥技术运用于食品行业的另一项成功试验，提高了鱼虾粉行业的生产效率。同时，能够有效处理掉鱼虾粉干燥时产生的尾气，避免了对环境的污染。

江苏宇通干燥工程有限公司一直致力于干燥、粉碎、混合、制粒、提取浓缩等设备的开发和生产，重视市场调研，不断开发新产品，并注重科技创新。公司先后与上海、武汉、沈阳等地的各大院、所合作开发了多项新产品，如LPGB系列闭路循环喷雾干燥机、FZGB系列低温高真空干燥机、PGLC系列喷雾干燥机等。现有各类专利57项，其中发明专利15项。公司奉行“科学技术是第一生产力”的宗旨，每年推出2个以上新品，申报5项以上专利，制定2个以上产品标准，深受广大用户的青睐。

东台市食品机械厂有限公司坚持“引消结合、软硬并重”的技术改造方针，不断调整产业结构，延伸产业链条，提升科技含量，着力构建资源节约型、环境友好型、生产安全型为技术特点的企业。公司完成了10多种产品的工艺改造、技术参数的改进等，整体技术水平达到国内领先。①高效薯块脱皮去皮技术。针对传统机械去皮和化学去皮法的不足，巧妙地利用饱和水蒸气进行瞬间的保温蒸煮后迅速释放，使薯块在骤热骤冷中，实现对薯块表皮的快速膨胀与收缩，迫使其表皮与肉质自动分离，达到膨化脱皮的效果。之后再通过干刷输送设备对其翻动搓揉，既干净彻底地对薯块进行高效脱皮去皮，又对肉质不构成损伤。②薯块无撞击连续输送技术。创造性地采用螺旋状单叶片桨、叶片包角≥225°的超大角度，利用单泵叶两面所形成的压力差完成物料输送，物料不与泵叶接触，从根本上解决了叶面对物料的撞击损伤。③高效微剪切薯片制备技术。采用网格叠刀片组，运用切片机的端面旋切和径向圆切两种工作原理，提高切片效率，降低对薯块的损伤。④预蒸煮制泥抗氧化防褐变技术。设计应用预煮机及冷却、蒸煮等专用设备，使薯片熟化充分，蒸煮转化程度均匀；采用漂烫、预蒸煮和高压蒸煮科学协调的制泥工艺，有效破坏薯块中过氧化氢酶和过氧化酶，防止薯片氧化褐变。⑤高黏物料匀膜快速干燥技术。针对物料较为黏稠的特征，优化干燥辊筒、布膜匀膜系统和刮刀装置的结构型式，采用螺旋均料管使高黏稠薯泥均匀布膜布料，在小辊筒上增加刮刀装置和废薯泥剔除装置，从而使物料在大、小辊筒的转动压碾下均匀成膜，均匀受热干燥，突破了高黏物料难以均匀干燥的技术难题。⑥颗粒全粉回填工艺技术。采用回填或多次回填和部分复水，使全粉细胞壁更加坚固，复水效果非常好，能全面保持薯类的营养成分。

四、企业管理情况

天华院重视新型节能设备开发，坚持以节能降耗、安全、环保、重大技术装备开发和国产化攻关研制为主题，以基础理论和放大研究为基础开展技术研究工作，通过现有开放、联合、竞争的产学研联盟机制，推动技术成果的工程化、成果转化和成果推广，完善管理制度，完善自我良性循环发展机制。

石家庄工大化工设备有限公司在2013年年底制定了新的战略规划，以成为国际先进的过程技术服务与装备供应商为愿景，以持续开发优良过程技术与装备、促进资源的循环利用、为改善人类生存环境做出贡献作为公司发展的使命。公司自2014年开始进行全面战略部署。公司现有5个全资或控股子公司：河北工大太阳能设备有限公司、河北工大化工机械有限公司、石家庄工大科技开发有限公司、天津衡创工大现代塔器技术有限公司和河北翔宇电气设备有限公司。

江苏先锋干燥工程有限公司以国家和省市的产业政策和市场为导向，以提高企业经济效益为中心，以创新发展为主线，完善技术创新管理体系，加强产学研合作，加大科技投入，注重科技人才培养，加速科技成果转化，推动产业结构优化升级，增强企业自主创新能力，提高企业核心竞争力，促进企业可持续、快速、健康发展。

上海千山远东制药机械有限公司推行6S生产现场管理，通过严格监督和执行，公司生产现场管理得到明显改善。通过研发、设计、生产、销售、客户、售后服务一系列环节有机结合，各类信息及时汇总、传递、处理，推高冻干机质量，产品深受客户好评。2014年，公司加快转型发展步伐，抓住机遇，继续保持自主创新优良传统，做出“三个统一，一个战略”发展部署，整合千山总部和上海千山远东优质资源，剥离弱项，产品结构布局更加突出，通过战略调整使企业优势扩大，实现跨越式发展。

2014年，青海三四一九干燥设备有限公司入驻青海装备制造产业园孵化基地，进一步完善企业组织结构，立足青海省、面向全国开展装备制造领域的各项业务，主要产品仍然以干燥设备及环保设备为主，但面向市场需求及企业发展需要在其他相关领域寻求发展，同时针对青海盐湖集团等大型企业的发展过程中对装备制造的需求开展业务。根据企业发展的需要，公司多次组织各层次的人员进行不同的培训学习，如管理人员职业培训、销售人员业务培训、专业技术人员的进修及技术工人的等级培训考核。

东台市食品机械厂有限公司强化安全管理，落实安全责任，建立以制度管理为基础、以思想教育为先导、以技术管理为支撑、以人才管理为目标的安全管理长效机制。公司加强资金管理，强化风险意识，正确处理和平衡销售增长与应收账款管理，防止出现坏账风险。公司坚持科技创新，加大新产品试制、开发力度。一方面提升全粉加工领域，另一方面专研薯条的生产工艺，优化技术指标，完成新产品研发任务2～3个。公司建立了系统的质量控制、监测和保障体系，通过了ISO9001质量管理体系认证。在质量管理体系持续改进过程中，加强采购和物资检验管理，通过严把主要原辅材料质量关，杜绝了不合格原材料流入生产环节，从源头上确保了原材料质量。在生产过程控制方面，理顺管理思路，夯实基础管理，要求各职能部门完善规章制度，规范管理流程，加大现场监督检查力度，提高服务保障能力。各生产车间优化工艺技术条件，修订设备操作规程，引导职工严格按照操作规程操作、精准执行，减少了人为因素对产品质量的影响。公司始终遵循"以技术为基础，以质量为根本，以人才为核心"的原则，尽力谋求与国内外有关企业、院校进一步合作，促进资产、技术、人才等方面的流动与融合，保持企业活力，促进企业发展。一是放手培养技术骨干。公司总经理、生产副总亲自参与研发工程，公司研究设计人员、工艺设计人员倾力合作，相互提高，不断加强自身建设，个人综合能力明显提高。同时对产学研合作方的科研人员发挥传、帮、带的纽带作用，让他们学有所用、学以致用。二是抓研发队伍的壮大。在普遍提高研发团队素质的基础上，公司还加大了人才引进力度，先后从高校毕业生中招聘录用了 29 名人员，通过车间实习后，直接安排到技术部门，参与产品研发。三是抓人力资源的优化整合。将部分专业素质好、业务能力强、在外安装调试的人员充实到研发队伍中来。

〔撰稿人：中国通用机械工业协会干燥设备分会高书燕〕

2014 年气体分离设备行业概况

2014 年，我国经济发展进入新常态，经济增速从高速增长转向中高速增长。钢铁、化肥、石化、煤化工、建材等行业产能依旧严重过剩，国际市场也未有明显改善，市场持续低迷，加之气体分离设备行业近几年投资扩大的产能到了集中释放期，供需矛盾更显突出，市场竞争更加激烈。2014 年，气体分离设备行业产销增速继续下降，降幅有所缩小，利润同比大幅下降，整体经济效益下滑。尽管如此，行业企业通过不断创新，调整产品结构，加快企业转型升级，拓展产业链条，挖掘传统低温空分设备市场潜力，开拓新型煤化工、LNG 等新兴产业市场，产销获得了有力支撑，行业仍然保持了较强活力。在市场倒逼机制作用下，企业适应市场变化的能力得到提升，内生发展动力有所增强。

一、生产发展情况

2014 年，据中国通用机械工业协会气体分离设备分会统计：参与统计的 14 家会员企业完成工业总产值 192.87 亿元，同比下降 2.41%；实现营业收入 188 亿元，同比下降 3.49%；实现利润总额 9.11 亿元，同比下降 23.7%。产销指标在绝对量上继 2012 年达到历史最高水平后连续两年回调，财务费用、管理费用增加明显。

2014 年，行业中不少企业工业总产值实现了增长，如苏州制氧机有限责任公司、杭州福斯达实业集团有限公司和四川空分设备（集团）有限责任公司等企业、液化空气（杭州）有限公司、开封黄河空分集团有限公司和开封东京空分集团有限公司等企业，工业总产值增长幅度最高的超过 20%。营业收入实现增长的企业有：苏州制氧机有限责任公司、杭州福斯达实业集团有限公司、四川空分设备（集团）有限责任公司、液化空气（杭州）有限公司、开封东京空分集团有限公司和上海启元空分技术发展股份有限公司。利润实现增长的企业有：苏州制氧机有限责任公司、杭州福斯达实业集团有限公司、开封东京空分集团有限公司和上海启元空分技术发展股份有限公司。

2014 年，全行业共生产空分设备 166 套，比上年减少 46 套，其中生产 10 000m^3/h 以上空分设备 57 套。全部设备折合制氧总容量 292.94 万 m^3/h，同比下降 4.33%。2014 年，生产 3 万 m^3/h 及以上等级空分设备36台，设备制氧容量236.56万m^3/h；生产6万m^3/h及以上等级空分设备18套，设备制氧容量162.45万m^3/h。

2014年，行业内各企业积极开发新产品，延伸服务领域，生产发展呈现如下特点：

(1)企业主要产品由单一的空分设备转向空分设备与天然气液化装置、其他气体分离与液化设备。其中，以四川空分设备(集团)有限责任公司、成都深冷液化设备股份有限公司、杭州福斯达实业集团有限公司为代表的一些企业，其非空分设备产品的产值已超过或接近总产值的50%，且取得较好的经济效益。2014年，行业内各企业几乎都在承接液化天然气产业链中的设备，有中小型的液化天然气装置、LNG加气站、大型贮槽及贮罐等。

(2)不少设备制造企业向设备总包EPC转型。杭州制氧机集团有限公司自2010年起组建工程公司，向用户提供包括工程设计、土建安装、成套调试等一条龙服务，取得良好的经济效益和社会效益。杭州制氧机集团有限公司、四川空分设备(集团)有限责任公司、开封空分集团有限公司、中国空分设备有限公司、杭州福斯达实业集团有限公司等主要成套企业均能为用户提供EPC总包服务，其工业服务产值占比已上升到15%以上。制造商的自主总承包、总集成，不仅确保了建设质量和周期，控制了建设成本，保证空分设备安全可靠营运，且有助于气体分离设备行业企业从单纯的设备制造商到工程承包商的转型升级。

(3)制造业转型向工业服务业的市场发展迅速。当前，杭州制氧机集团有限公司、四川空分设备(集团)有限责任公司、陕西鼓风机(集团)有限公司、开封黄河空分集团有限公司、开封东京空分集团有限公司、河南开元空分集团有限公司、杭州福斯达实业集团有限公司、上海启元空分技术发展股份有限公司、北京北大先锋科技有限公司、上海瑞气气体设备有限公司等设备制造企业均有气体投资项目。尤其是杭州制氧机集团有限公司，充分发挥其在设备制造领域的优势，以上市为契机大力发展气体业务，至2014年年底投资的气体公司已有27家，总制氧容量达100万m^3/h，投产的气体项目年工业产值已突破27亿元，达到了与制造板块同步的水平。

(4)加快新产品、特色产品的开发力度，加强内部管理，降低生产制造成本，成为行业各企业的基本理念。如：苏州制氧机有限责任公司开发的撬装式LNG装置，上海启元空分技术发展股份有限公司开发的高纯氪氙提取装置，开封空分集团有限公司、杭州福斯达实业集团有限公司开发的绕管式换热器，杭州制氧机集团有限公司、四川空分设备(集团)有限责任公司、苏州三川换热器有限公司开发的高压板翅式换热器等，形成了一批特色新产品，取得了较好的经济效益。

二、出口情况

2014年，气体分离设备分会参与统计的会员企业完成出口交货值8.35亿元，同比下降21.87%。2014年，杭州制氧机集团有限公司出口1套1 600m^3/h空分设备；四川空分设备(集团)有限责任公司出口1套13 000m^3/h空分设备、1套42 000m^3/h空分设备、56台低温储槽；苏州制氧机有限责任公司出口1套10 000m^3/h空分设备、2套小型空分设备、1套制氢设备、2套高纯氮设备；开封东京空分集团有限公司出口1套5 000m^3/h空分设备；河南开元空分集团有限公司出口1套VPSA－1800/93变压吸附制氧设备；杭州福斯达实业集团有限公司出口3套小型空分设备；邯郸制氧机厂出口10套小型空分设备。

2014年，行业出口产品的订货有所上升。其中，杭州制氧机集团有限公司取得印度60 000m^3/h、30 000m^3/h空分设备订单，四川空分设备(集团)有限责任公司取得土尔其42 000m^3/h空分设备合同以及中小型空分设备、天然气液化装置等合同。特别是30 000m^3/h以上大型空分设备订单数量较多，必将带来下一年度出口额的增长。

三、行业产品发展现状

1. 冷能利用空分设备实现国产化

随着我国LNG接收站建设逐渐增多，LNG冷能利用空分设备因具有优良的节能性且有较好的经济效益，获得了行业企业的重视。

2014年6月20日，杭州制氧机集团有限公司旗下江苏杭氧润华气体有限公司自主研发的国内首套LNG冷能利用空分设备试车成功。该项目可年产工业用、民用以及医用液氧、液氮和液氩20万t，填补了国内企业在该领域的空白。由四川空分设备（集团）有限责任公司投资设计制造的全国产化的唐山曹妃甸LNG接收站冷能利用空分设备2015年进入调试阶段。该项目利用中石油唐山LNG接收站的冷量，预计投产后，每天能生产液氧540t、液氮150t、液氩26t、高纯液氧7t。此前，国内LNG项目冷能利用空分设备均为美国气体化工产品有限公司制造。

2. 大型、特大型空分设备形成竞争新格局

近三年来，8万～12万m^3/h等级空分设备成为新的竞争焦点。杭州制氧机集团有限公司和林德公司于2013年年初各取得神华宁煤400万t/a煤制油项目的6套10万m^3/h等级空分设备合同，标志着杭州制氧机集团有限公司开始与林德公司、液化空气（杭州）有限公司、美国气体化工产品有限公司在8万～12万m^3/h空分设备市场上进行同台竞争。

当前，8万～12万m^3/h特大型空分设备主要在林德公司、液化空气（杭州）有限公司、美国气体化工产品有限公司、杭州制氧机集团有限公司之间进行角逐，开封空分集团有限公司、四川空分设备（集团）有限责任公司、杭州福斯达实业集团有限公司在6万m^3/h等级空分设备上获得了突破，均取得了订单。

2014年3月，杭州制氧机集团有限公司与北京能源集团公司签订两套90 000m^3/h空分设备和一套后备系统的设计、供货和服务合同，填补了杭州制氧机集团有限公司9万m^3/h等级空分设备的空白。2014年12月10日，杭州制氧机集团有限公司负责生产的神华宁煤空分项目5号空分冷箱顺利封顶，提前20天完成了神华宁煤项目建设指挥部制定的2014年度目标。

2014年6月，开封空分集团有限公司为池州盈德气体有限公司设计制造安装的6万m^3/h空分设备氩产品产量、纯度达标，该设备一次性开车成功，经过几个月的稳定运行，产品已经完全达到客户要求。该空分设备是开封空分集团有限公司承接的首套6万m^3/h空分设备。

2013年1月，杭州福斯达实业集团有限公司承接阳煤集团一套6万m^3/h空分设备，2014年年初又获得乌兰集团3套6.3万m^3/h空分设备合同。

2014年7月，四川空分设备（集团）有限责任公司与黑龙江宝泰隆煤化工股份有限公司签订了一套63 000m^3/h空分成套设备的设计、供货和服务合同，这是该公司承接的首套6万m^3/h等级空分设备。

3. 大型、特大型空分装置配套设备及低温分离技术获重要突破

我国大型、特大型空分设备技术不断提高，表现在3万m^3/h等级及以上空分流程计算、成套技术与国际品牌公司相当，实际运行的电耗、氧提取率指标均与进口的同类型产品接近。在成套技术取得进步的同时，大型空分设备的关键配套部机的研制取得了重大突破。

陕西鼓风机（集团）有限公司研制出为6万m^3/h、8万m^3/h、10万m^3/h特大型空分装置配套的大型空气压缩机组，其中，6万m^3/h空分压缩机已在2014年投入运行，8万m^3/h、10万m^3/h空分压缩机分别在2014年3月、11月在厂内完成机械试车。沈阳鼓风机集团股份有限公司2014年研制出国内最大的为10万m^3/h空分装置配套的轴流+离心式空气压缩机组，处理气量60万m^3/h，增压机出口压力6.0MPa，为国内首创，开创了10万m^3/h等级特大型空分压缩机组国产化的先河。

杭州制氧机集团有限公司成功研制出撬装压缩机组，代表了传统空分压缩机产品的主要发展方向。公司开发了15 000m^3/h单轴低泄漏型氮气增压机、高效率齿轮式氮压机（流量13 000～35 000m^3/h，压力3.7MPa）和高效率齿轮式增压机（流量12 500～60 000m^3/h，压力4.2MPa），掌握了LNG冷剂压缩机研制技术、大空透叶轮高效直接铣

制技术、单轴转子和齿轮式转子的高速动平衡以及联轴器法兰盘的液压连接技术等。公司开发的高转速油润滑轴承膨胀机，设计转速为62 700r/min，为当前转速最高的油润滑轴承膨胀机产品，产品配套印度尼西亚用户；开发的膨胀机叶轮直径240mm、300mm、360mm系列中压膨胀机，配套国内5万～10万m^3/h等级空分及液化设备，开发的450mm直径的膨胀机，可配套8万～9万m^3/h等级空分装置。公司开发的上、下塔用大流量工艺氧流程泵，流量为400m^3/h，扬程为80m，已成功运行于8万m^3/h等级空分设备中；8.7MPa高压液体泵成功通过72h低温连续运行；空分设备后备系统中压离心泵，流量为10～40m^3/h，扬程为240～320m；LNG用潜液泵流量为18m^3/h，扬程为240m，为拓展相关低温领域做好了技术储备。

此外，开封空分集团有限公司、杭州福斯达实业集团有限公司开发了大型天然气液化装置、大型石化装置配套用绕管式换热器。杭州福斯达实业集团有限公司已生产低温甲醇洗用绕管换热器30多套，其中最大规格为：直径3.2m、长度30m。杭州制氧机集团有限公司、四川空分设备（集团）有限责任公司等企业开发了分子筛切换系统用三杆阀系列（公称通径600～1 400mm），成功应用到2万～12万m^3/h空分设备分子筛系统；开发了中高压氧用阀（包括$PN40$～$PN150$中高压氧用调节阀、安全阀、截止阀、止回阀等）、低温多级降压调节阀、LNG装置用波纹管调节阀和氪氙装置用特殊波纹管调节阀等系列产品。行业内众多企业不仅在大型的液氧、液氮低温液体贮槽单台容量上突破1 000m^3、2 000m^3、3 000m^3贮槽的研制、开发，在液化天然气贮槽应用方面，中国空分设备有限公司、四川空分设备（集团）有限责任公司分别研制开发了5万～6万m^3的LNG低温液体贮罐，并有了3万m^3贮槽的业绩。

4. 天然气液化装备发展迅速

2014年，我国天然气消费量增长迅速，液化天然气装备产业得到了快速发展，气体分离设备行业作为天然气装备产业的主体，天然气液化装置及储运设备年产值超过50亿元，占行业工业总产值的比例从2012年的15%上升到20%。行业代表性生产企业有：四川空分设备（集团）有限责任公司、杭州福斯达实业集团有限公司、成都深冷液化设备股份有限公司、杭州制氧机集团有限公司、中国空分设备有限公司、开封空分集团有限公司、苏州制氧机有限责任公司和开封黄河空分集团有限公司等。

四川空分设备（集团）有限责任公司是气体分离设备行业最早开发天然气领域市场的企业之一，在天然气液化装置流程工艺、产品制造等方面拥有成熟的技术和丰富的经验，占有较大的市场份额。2014年10月13日，四川空分设备（集团）有限责任公司设计制造的内蒙古兴圣天然气有限责任公司200万m^3/d天然气液化成套装置实现一次开车成功。该装置由四川空分集团EPC总包，采用MRC混合冷剂制冷工艺技术，技术含量高、工艺成熟、生产稳定，综合能耗和生产成本在国内最低。2014年12月24日，四川空分设备（集团）有限责任公司与博爱三峡益众新能源有限公司签订的60万m^3/d天然气液化EPC项目成功产出合格的LNG产品，该套装置一次性开车成功。

2014年6月28日，开封东京空分集团有限公司与新疆昊通百圣能源科技有限公司签订50万m^3/d LNG设备供货合同，标志着该公司进入天然气液化领域取得实质性进展。

此外，开封空分集团有限公司完成了90万m^3/d天然气液化装置的设计工作以及与其配套的BOG压缩机、天然气膨胀机的设计工作；河南开元空分集团有限公司同中国科学院合作开发出焦炉煤气制LNG装备，把经过净化后的焦炉煤气通过分离和液化的工艺生产LNG；苏州制氧机有限责任公司生产了一套6.7万m^3/d LNG液化设备。

气体分离设备行业利用在低温、分离方面的技术和制造优势，将产业链从传统制氧、制氮拓展至天然气液化等更为广泛的深冷低温领域，有利于企业的转型升级。但也应该看到，中集集团、查特公司、富瑞特装公司及中石油、中石化等单位加入到液化天然气装备制造行业，加剧了气体分离设备行业的竞争局面。

四、科研成果及新产品

杭州制氧机集团有限公司积极开展科研工作，进行了空分基础技术研究、12 万 m^3/h 等级化工型大型空分设备研制、LNG 冷能利用空分设备研发、武钢氪氙精提取装置的研究、3～5 溢流型/环流型筛板的研制开发、变压吸附分离技术研究、复杂空气分离类成套装备超大型化等关键技术研究、8 万 m^3/h 等级化工型大型空分设备研制、吉林长岭日处理 10 万 m^3 液化天然气相关技术开发、PDH 成套项目国产化研制、移动式撬装液化天然气装置研发、高度热耦合空气分离流程开发、采用填料下塔及卧式双层主冷的特大型节能空分设备研制、高效低阻力大截面高压换热器的研制、10 万 m^3/h 等级煤化工特大型空分设备研制、大型液体空分设备研制、高纯氧塔组合具有提取贫氪氙能力的新型空分设备、CO/H_2 分离装置研制、带氮塔内压缩空分设备的研制、煤制芳烃项目甲烷深冷分离装置研制、混合烷烃脱氢项目冷箱分离系统成套国产化研制、铝合金自动焊接技术及设备研发、国产特大型空分群的仪表及自动化控制系统研究等课题研究，获得重要研究成果。

2014 年，开封空分集团有限公司加快新产品研发，新技术、新产品、新工艺研发项目 21 项，其中 13 项已基本结题并逐渐推向应用。公司开展 CO－H_2 分离冷箱研制项目，通过对不同的工艺流程进行模拟计算，进行能耗、投资、提取率等方面的比较后，采用前端预净化和冷箱内单塔精馏流程使 CO 和氢气的回收率提高，指标达到国际先进水平。公司完成了全液体膨胀机厂内机械运转试验及用户的现场安装工作，完成了 20 000m^3/h 多平行轴齿轮增速型中压氮气离心压缩机的图样设计工作，完成了配套 60 万 t/a 合成氨低温液氮洗工艺包的设计工作，完成了 90 万 m^3/d 天然气液化装置的设计工作以及与其配套的 BOG 压缩机、天然气膨胀机的设计工作，完成配套 2 万 m^3/h 空分立式径向流分子筛吸附器的图样设计工作。此外，大型迷宫式氧气压缩机的研制工作进入关键零部件的试制加工阶段，大型 LNG 铝制绕管换热器研制项目当前已完成大量实验及小型 LNG 铝制绕管换热器样机试制，待实验室测试。

河南开元空分集团有限公司同中国科学院合作开展焦炉煤气生产液化天然气装置研究开发项目，把经过净化后的焦炉煤气通过分离和液化的工艺生产 LNG。公司的甲醇尾气制 LNG 研究开发项目，通过对甲醇尾气中甲烷中 CO_2、有机硫、无机硫、水、重烃进行脱除净化，进入天然气回收装置，在冷箱内再采用氮气膨胀制冷循环，产生液体产品。公司还开展了新型节能型制氮工艺的研发、高合金钢冶炼工艺型节能空分设备研发项目。

此外，四川空分设备(集团)有限责任公司开展了低成本富氧燃烧用新型空分装置研究开发及示范、200 万 m^3/d 天然气液化成套设备创新研制、30 000m^3LNG 低温液体贮槽研制等项目的研发工作，获得诸多成果。开封东京空分集团有限公司开展了利用离心力脱除压缩空气中游离水装置的研发、真空绝热低温液体储槽的研发、4 500m^3/h 四级离心式空气压缩机的研发、6 500m^3/h 三级离心式空气压缩机的研发、化工冷箱中高效气液分离器的研发等项目，获得重要成果。杭州福斯达实业集团有限公司的煤化工型大型空分设备(4 万 m^3/h 等级以上)研制项目已完成 4 万 m^3/h 等级、6 万 m^3/h 等级空分设备的设计；特大型电动机的软起动装置已基本完成；利用蒸汽轮机驱动的高效节能型日产 50 万 m^3 液化天然气装置当前已完成 90%。邯郸制氧机厂开发出 YA－300Y 型液化及冷量回收塔、KZON－100/100 制氧设备等新产品。苏州制氧机有限责任公司开展了 KDON－2800/2000、KDON－6500/4000、KDON－4500/3200 空分设备的研发和 KDON－3000/200Y 制氢设备的研发。上海启元空分技术发展股份有限公司开展高纯氪氙提取设备、KDONAR－3000/3000/100 型空分设备及天然气液化设备的研发，获得重要成果。

五、企业管理及改革

当前，气体分离设备行业绝大多数企业都进行了股份制改制，建立起现代企业管理制度，并不断规范化。企业管理更加注重质量管理，结合先进的ERP软件，建立起高效的产销存和风险控制系统。

企业和资本市场结合程度逐渐紧密，行业内已有杭州杭氧股份有限公司、四川天一科技股份有限公司、杭州中泰深冷技术股份有限公司等几家企业在A股市场上市，苏州制氧机有限责任公司、上海启元空分技术发展股份有限公司等企业提出了上市计划。焦作环宇石化装备科技有限公司已于2014年在新三板成功挂牌，开封东京空分集团有限公司为在新三板挂牌做了准备工作。

杭州制氧机集团有限公司在“十一五”末期提出了“重两头、拓横向、做精品”的战略实施方案，并大力开拓气体市场，通过几年的发展，逐步实现预定的战略目标。公司从2013年开始实施“找问题、强管理、求效益”精细化管理工作，并一直把它列为年度的重点工作之一，由各职能部门和各子公司的主要负责人贯彻落实。这项工作的开展，使得一些长期在企业经营管理工作中被忽视的问题逐渐被发现、被纠正，使得企业的运行质量得到了一定改善。为了配合精细化管理工作的要求，公司推广SAP－ERP系统，实现物流、资金流、信息流、人力资源流的整合。由于空分产品属于大件小批量，与其他行业的产品存在着很大的差异，对于ERP信息系统确实仍然在适应的过程中。公司应用其他系统(如BI、九恒星资金管理等)强化了公司在信息管理方面的不足。在质量体系运行和持续改进过程中，公司坚持技术领先、质量可靠、服务优良、诚信经营、持续改进的质量方针，大力推进卓越绩效模式，持续开展技术创新、管理创新和精品工程，以优质产品和优质服务实现顾客的持续满意。针对空分设备的生产特点，公司编制了“质量管理经济责任制实施细则”，每季度对各部门的产品质量和工作质量进行考核。在质量考核的同时，公司设立质量奖励基金，按月组织优质产品评选，按季度组织质量标兵和质量信得过班组评选，定期评定优秀检验员、优秀质管员、质量优胜个人，还随时对产品质量和工作质量提高做出贡献的员工进行质量奖励。通过考核和奖励，增强了各部门提高工作质量和产品质量的自觉性，建立了人人重视质量的良好氛围。公司还通过定期质量分析会、专题质量分析会、工艺纪律检查、部门质量目标检查、质量体系内部审核和专项审核、压力容器质量体系审核、产品质量审核等活动，确保质量体系的有效运行。

四川空分设备(集团)有限责任公司的企业经营管理工作着重以下几个方面：①加强生产经营目标计划管理。组织总部各部门、事业部和各控股子公司分解、落实“2014年度工作纲要”的各项工作任务；加强总部各部门、事业部和各当地控股子公司组织绩效考核，与各单位签订年度考核经济责任书；加强干部任期目标管理，签订中层、高层干部岗位目标责任书。②加强财务管理。做好OA办公系统财务模块建设工作，完善公司财务信息化管理，提升企业财务管理水平，推动企业强化内部约束和财务管控。③加强生产管理。扎实开展设备管理工作，根据公司2014年度生产工作任务，做好“重、大、精、稀”设备预防性检修，保障了全年生产任务的完成；抓好专兼职安全员的培训教育，为全年无一例特重大安全事故提供了保障，营造了良好的安全文明生产氛围。④加强采购管理。通过OA办公系统规范采购计划的制定，加强采购过程管理，保证采购工作顺利进行。同时，完善OA办公采购供方数据库，做好供应商管理。⑤加强员工培训，提升员工素质。加强技术人员的培养，充分发挥老工程技术人员的传帮带作用，帮助年轻工程技术人员成长；加强各类工种的培训考核，开展多种形式的技能比拼活动，促使技术工人在比拼中学习、在比拼中提高。⑥加强市场销售管理。为扩大企业影响力，参加2014年第七届中国(上海)国际流体机械展览会，第十六届中国国际气体技术、设备与应用展览会，北京第十五届国际天然气汽车、加气站设备展览会，通过与业内人士交流，更深入地了解市场，更好地适应市场。继续扩大与国内外公司或代理人的合作模式，积极拼抢国内外的LNG、LPG、空分设备以及空分设备配件市场。⑦加快信息化建设。公司积极开发OA协同办公系统，改善了办公条件和办公环境,改变了传统办公观念及手段,初步实现了办公管理自动化,提高了日常管理工作的运作效率。

2014年,开封空分集团有限公司提出了"主业做强、多业并举,加快产品产业结构调整,培育新的经济增长点"的战略发展思路。结合自身优势,先后成立了矿用空调事业部、LNG事业部,着力开发矿用产品、天然气液化装置等新领域,同时进一步巩固和大力拓展环保产业、气体产品、高压绕管换热器、化工设备产业产品等市场领域,积极培育新的经济增长点。公司全年签订成套空分装置12套,承揽高压绕管换热器近30台,承接了首套脱硫脱硝工程,明确了产业、产品结构调整方向并初步奠定了基础。面对经济下行、价格下滑的压力,公司开展了降本增效项目带动活动,从生产成本、供销成本、管理成本以及生产方式和管理模式优化等方面,全方位加大降本增效力度,形成了降本增效常抓不懈的工作机制。公司按照"全方位、全覆盖、全过程"的控制目标,进一步做好产品成本核算工作,将各单位产品逐一和市场价进行对标分析,充分挖掘降本增效空间,查找内部管理短板。各生产厂在订单少的情况下,以质量换数量,以成本管控促效益提升,取得了较好的效益。公司坚持"质量第一,为用户提供满意的产品和优质的服务"的质量方针,以质量双基为主线,以质量双基为抓手,全面提升质量管理水平,树立企业品牌的新形象。通过制定《质量事故分级管理办法》,完善《质量奖罚条例》,对造成产品质量事故的责任单位和责任人追究做到有法可依,对考核奖罚处理更加严格清晰。公司颁布实施《压力容器检验规程》,为压力容器检验提供了技术支持,提高了检验人员的专业素质,保证产品质量不断提高。公司顺利通过压力容器产品制造许可证换证审查、ISO9001质量管理体系年度审核和ASME换证工作,保证了公司压力容器制造许可证资质的有效性和连续性。

2014年,中国空分设备有限公司加强企业经营管理工作,取得了一定的成效。①制定和完善企业管理制度,提升基础管控水平。公司结合党的群众路线教育实践活动的开展,起草、修订并发布了《经营激励考核奖励计算办法(暂行)》《基本财务制度》和《预算管理办法》等10余项规章制度,通过新增和修订完善一批制度规范,与国机集团、浦发公司颁布的制度规定形成了有效承接。②梳理公司内部组织架构。根据公司战略发展需要,按照"市场导向、责权清晰、分工合理、管理高效、协作顺畅"的原则,先后对业务部门组织架构进行了优化和职责调整,成立了销售中心、技术中心和项目中心,同时对业务部门人力资源进行了优化整合。③扎实推进科技创新。公司重点提高系统及关键设备的自主设计能力和水平,并积极探索低温技术在新领域的应用,启动新型储能技术、新能源回收利用技术的研究,并通过合作、引进、自主研发积极探索新的环境保护技术。2014年公司市级研发中心的验收准备已顺利通过专家组验收;公司省级研发中心日常实施工作及跟踪财政补助也已到位。公司知识产权和专利申报又取得新进展,公司2项技术研发成果获国家知识产权局授予的实用新型专利,2项计算机软件开发成果获国家版权局授予的计算机软件著作权登记证书。④健全内控机制,加强资金管理。2014年,公司进一步完善内控制度建设,严格按照预算管理使用资金,加强对资金的监控力度,有计划地安排资金,提高资金使用效率。同时积极做好筹融资管理,创新融资方式,在加强短期融资的同时,积极落实杭州研发大楼项目长期融资工作,满足公司经营、建设资金的需求,确保公司资金链安全。公司加强合同评审和审计工作,有效防范了项目经营风险和法律风险。⑤加强经营资质的申报和管理。2014年公司重点加强工程设计资质升级、环保专项设计资质延续的申报和管理。当前,公司顺利通过了国家住房和城乡建设部评审,化工、石化、医药行业(化工工程、石油及化工产品储运)资质由乙级升级为甲级。工程设计资质的升级,打破了公司难以承揽大型工程的瓶颈,提高了公司参与市场竞争的能力。⑥安全生产管理保持平稳态势。2014年,公司积极推行落实安全生产责任制,公司与各部门负责人签订年度安全生产责任书。对外要求所有分包单位均须签订安全协议,明确各级安全生产责任,生产项目现场和公司研发大楼工地严格执行安全生产、文明生产等规章制度,并在现场、办公区、局域网上采取多种形式进行安全生产教育,增强公司员工和现场工作人员的安全意识。公司完成整套安全生产标准化管理体系文件,组织落实安全生产标准化工作,同时严格按照三合一体系及安标要求,对公司质量与安全生产进行有效管理,研发大楼迎接集团公司安全生产大检查,取得较好效果。⑦加快转型人才队伍建设。公司坚持"用好现有人才,稳定关键人才,引进急需人才,培养未来人才"的指导思想,2014 年引进关键技术骨干和各岗位员工共 9 名。针对转型发展面临的认识和能力问题开展系列人才培养、培训工作,不断提升员工的专业素养和综合素质,不断强化干部队伍建设,选拔优秀青年干部担任主要部门负责人,优化干部队伍结构。2014 年,公司顺利通过了环境和职业健康安全管理体系的换证审核和质量体系的监督审核。

开封东京空分集团有限公司按照新的经营理念,进行以质量求生存的内部审查,找出问题,提出整改要求并限期落实。公司全面修订整改了三类压力容器制造质保体系,取得了三类压力容器制造许可证;完善内部质量管理体系,推行全员、全过程管理,并制定了一些内部质量奖惩办法。

杭州福斯达实业集团有限公司不断向国际先进公司学习,通过参观、交流、授课等方式学习适用于公司发展的方式方法;专门成立了程序中心,进行公司的制度、流程建设和程序管理;倡导"学习提升管理",针对管理层推出读书活动、管理者培训、走访交流等活动;落实《产品质量奖罚制度》,有效改善产品质量;实施内部飞行检查机制,完善和改进质量保证体系。

〔撰稿人:中国通用机械工业协会气体分离设备分会徐建平、王世超〕

高端访谈

坚持科技创新 引领行业技术进步

——访四川空分设备（集团）有限责任公司董事长单金铭

《中国通用机械工业年鉴》编辑部 魏素芳 陈美萍

四川空分设备（集团）有限责任公司董事长单金铭

1944年生，河南永城人，高级经济师，教授级高级工程师，享受国务院政府特殊津贴专家。1968年毕业于华中科技大学，1984年6月加入中国共产党。现任四川空分设备（集团）有限责任公司董事长、总经理、党委书记，兼任中国通用机械工业协会副会长、中国通用机械工业协会气体分离设备分会副理事长，以及华中科技大学、西安交通大学兼职教授。曾获“全国五一劳动奖章”，获得过“全国劳动模范”“全国机械工业劳动模范”“新中国成立60年来四川省最具影响力劳动模范”“全国机械工业优秀企业家”“四川省劳动模范”“四川省有突出贡献的优秀专家”“四川省优秀企业家”“四川省首届杰出企业家”“四川省杰出创新人才”和“四川省优秀党务工作者”等多项殊荣。

四川空分设备（集团）有限责任公司（简称四川空分）创建于1966年，系全国大型一档企业、机械行业骨干企业、国家火炬计划重点高新技术企业、我国深冷设备主要研发设计制造基地之一，是四川省具有自主知识产权的高新技术企业、四川省重大装备制造行业重点骨干企业之一。公司先后投资组建了多个实体经营公司，目前，公司拥有控股子公司17个、参股企业7个。公司现已形成“四条主线（成套空分设备、天然气成套设备、低温液体贮运设备及工业气体），多足发展”的产品格局。

《通机年鉴》： 历经近50年的发展，四川空分从一家老牌企业发展成为气体分离设备行业的领军企业。请介绍一下四川空分目前的产业结构情况及在同行业中的竞争优势。

单金铭： 从总体看，四川空分的产品品种多样、种类齐全，包括两大类：设备类和工业气体类。又可以进一步划分为空分设备、天然气液化设备、低温液体贮运设备、工业气体产品四大类以及相关、配套的上千个品种、规格的产品。这些产品都有着悠久的发展历史和成熟的技术，是能够满足用户所需的制造能力以及让用户满意的工程产品，而且适用面广，所服务的领域涵盖冶金、石化、能源、化工、机械、电子、轻工、国防、航空航天、卫生等部门，加上我们成熟完善的国内国际营销和服务网络，以及众多的气体投资企业和生产基地，基本上可以说是“东西南北中，处处有川空”。通过近50年的发展，四川空分形成了完善的产业结构，这也是四川空分能够成为行业领军企业的原因之一。

四川空分与国能新兴能源集团10万m^3/h空分设备签约仪式

企业的竞争优势取决于企业的核心竞争力。四川空分具有的三大优势形成了自己的核心竞争力：人文优势、技术优势和体制优势。

川空以人为本，这人文优势是我们最引以为豪的。四川空分经过近50年的发展，形成了自己特有的企业精神和企业文化——“团结诚信，决战决胜”，在这种精神和文化的引领下，我们拥有了一支敢打硬仗、能打硬仗、善打硬仗的高素质员工队伍，支撑着四川空分企业核心竞争力不断强大。

技术优势。四川空分长期以来坚持技术创新、管理创新，瞄准最先进水平，以研发带开发，储备技术，培养人才，正是凭着这种创新驱动力，四川空分生产的空分设备、天然气液化设备、低温贮运设备以及配套的膨胀机、换热器、阀门、低温泵等产品的技术都处于国内领先水平。并且从工艺、装备上跟进，目前四川空分拥有一大批在国内甚至国际上具有领先水平的设备和设施，以及一大批具有成熟技术技能的生产工人，为我们的研发成果转化为稳定、可靠、先进的产品奠定了坚实基础。

体制优势。四川空分由国有大型企业转制为全民营企业后，具有了民营企业灵活自主的经营优势和治理结构，同时又保留着国有企业传统、正规的管理体系。不管体制如何变，四川空分始终坚持“让国家满意，让社会满意，让用户满意，让员工满意”的发展理念从来没有改变，经过几十年的打拼，四川空分的空分设备、低温液体储运设备等连续 20 余年保持了四川省名牌产品称号，在广大用户中树立了良好的“川空”品牌形象和口碑。

兴圣联合天然气液化工厂

30 000m^3 LNG 贮槽

《通机年鉴》： 四川空分拥有良好的品牌效应，这与贵公司向用户提供优质的产品和服务密不可分，四川空分是如何打造一流产品与服务的?

单金铭： 企业要发展，品牌很关键，形成品牌效应的根基是优质的产品和服务。打造一流的产品与服务是一项综合性的系统工程，包含的内容很多，涉及面很广，不仅有技术的、管理的因素，更覆盖了生产、质量、销售服务等环节。品牌要靠精品来建设，精品离不开先进的装备，四川空分为生产出能够创出品牌效应的精品，加大了技术改造力度，近十年间新建了一大批新厂房，引进了一批先进设备，公司现有五坐标数控加工中心、10m 真空钎焊炉、4000t 油压机和带码头的重型车间等，生产组织上具有完善的流程和管理模式。长期以来，四川空分十分重视产品质量控制，公司先后通过了 ISO9000 质量体系审查，一、二、三类压力容器设计制造资格审查，美国机械工程师协会 ASME 联检及授权钢印以及国家 3E 认证等。公司提出精品战略，在严格质量控制的同时，广泛开展 QC 小组活动，每年都要举办数十项员工培训，提高员工的技能水平。在销售服务环节，公司明确把“一切为了用户，一切为了发展”作为企业精神，这不只是停留在口头上，更落实到实际工作中，与用户保持密切联系，听取用户意见，满足用户需求，把用户的需求当成自己的首要工作，真正做到了全心全意为用户服务。

浙江大川码头

浙江大川

《通机年鉴》： 四川空分作为行业内较早开发天然气领域市场的企业，在天然气液化装备制造及储运方面拥有成熟的技术和丰富的经验，请介绍一下公司在该领域取得的成绩和典型应用案例。

单金铭： 的确，四川空分早在 20 世纪 70 年代就进军天然气领域，这在空分行业是最早的。在天然气液化装备及储运方面拥有成熟的技术，目前能专业从事天然气、煤层气、煤制气、焦炉尾气、各类化工尾气的净化、分离及液化等工程总承包，具有化工乙级工程设计资质，并以 EPC 总包方式承接了从 10 万 m^3/d 等级到 200 万 m^3/d 等级混合冷剂大型天然气液化设备 30 余套，带动了 LNG 系列产品的技术发展，取得了丰富的经验和丰硕的成果。

现在回头看四川空分的天然气液化技术发展历程，我们认为：创新是根本。可以这样说，四川空分的发展就是一部创新史，在天然气领域也不例外。

20 世纪 80 年代，四川空分就设计制造出了 50 万 m^3/d 天然气（油田气）分离成套设备，并在 1992 年获得国家科技进步奖二等奖、国家质量金奖和四川省科技进步奖一等奖。进入 21 世纪，四川空分与中海油联合开发的 260 万 m^3/d 天然气液化工艺流程获得国内外专家的一致肯定。在天然气行业内，四川空分的产品也一直受到用户好评。在设备大型化方面，四川空分与内蒙古鄂尔多斯杭锦旗新圣天然气公司合作的兴圣 200 万 m^3/d 天然气液化设备顺利开车，这是国内最大型的天然气液化装置之一。

胜利油田 50 万 m^3/d 油田气分离装置

国家质量奖审定委员会批准荣获

金质奖章特发此证书

国家质量金奖

四川空分始终坚持为用户提供技术先进的天然气产品。其中，黑龙江建龙化工有限责任公司 20 000m^3/h 提氢解吸气深加工制 LNG 综合利用工程项目，实现一次开车成功并生产出合格 LNG 产品，最大日生产 LNG 可达到 200t 以上。该项目采用“MRC 混合冷剂 + 氮循环”制冷工艺技术，装置技术先进、生产稳定、操作弹性高，对原料气中 CH_4 组分含量的较大变化具有很强的适应能力。由中石油京唐液化天然气有限公司和四川空分联合研发的国内首台开架式海水气化器（ORV），在唐山 LNG 接收站顺利通过工业性试验并投料运行成功，标志着国产首台开架式海水气化器（ORV）成功实现国产化。2014 年 12 月 24 日，四川空分与博爱三峡益众新能源有限公司签订的 60 万 m^3/d 天然气液化项目成功产出合格的 LNG 产品。该项目于 2014 年 2 月 10 日签订合同，仅用了 10 个月的时间，实现了装置的顺利投产，一举打破了国内 LNG 项目建设周期的最短纪录，创造了“博爱奇迹”，震撼了天然气液化领域。2015 年年初，国内首套采用中海油与四川空分联合申请专利的具有自主知识产权的 LNG 冷能空分装置——中海油宁波 LNG 冷能空分项目一次开车成功，空分装置生产出的液氧、液氮、液氩产品的产量、纯度及能耗均达到设计要求，标志着中海油和四川空分成功地将自主专利技术转化为成熟的工业化产品，打破了发达国家长期的技术封锁。

《通机年鉴》： 四川空分历来重视科研开发，请介绍一下四川空分开展产学研合作的情况，以及今后产品研发的重点方向和目标。

单金铭： 在科研开发中，四川空分十分重视产学研的结合。公司与华中科技大学、西安交通大学、浙江大学等重点大学都有很多科研合作，这些学校在不同专业也各有所长，我们根据不同的实际需要与他们开展合作，公司的很多科研项目都是在与他们合作的基础上开展的。我们公司也是很多大学的实习基地，华中科技大学、西安交通大学、四川大学、兰州理工大学等学校每年都有学生来公司实习。就在 2015 年 7 月份，四川空分与华中科技大学共建的“国家级工程实践教育中心”在公司挂牌。

四川空分低温技术研究院

国家级工程教育实践中心挂牌仪式

对于企业而言，进行产品的科研开发是以市场为基础的。四川空分近期的科研开发是以空分设备的大型化和节能性、天然气产品的大型化和多样性为目标，力求产品性能的先进性。这是我们开展研发工作的总体目标和重点方向。

《通机年鉴》：四川空分建立了怎样的人才管理机制？如何吸引优秀人才的加入？

单金铭： 可以说，四川空分建立了一套有效的人才管理机制。虽然四川空分地处西南内陆地区，没有沿海地区的地理优势，但是，我们是行业内几个重点企业中人才流失最少的企业，这就很能说明问题。在人才管理上，我们立足能吸引来、留得住、用得好。我们吸引人才的原则首先是要有对企业的忠诚和感情，这是建立在对企业文化的认同、建立在人才与企业共同成长和发展基础上的，这是一个长期的过程，所以，我们不主动去别的企业挖人，而是从学校招聘学生到企业，通过长期的磨合培养，形成稳固的劳动关系。特别是在人才培养方面，公司内有很好的培养机制和传帮带传统，为各类员工提供了一个很好的成长环境。人才流动是难免的，也是正常的，但是大部分人才通过长期的磨合，认同了企业的文化和管理，成为公司发展的中流砥柱。公司非常重视人才技能的培养和特长的发挥，注重各类人才梯队的形成，也非常重视人才的待遇提升和晋升渠道，包括工资、住房、工作条件、生活环境以及工作平台等方面，让他们能减少后顾之忧，安心工作，以事业留人，以文化留人，以情感留人，四川空分就是一个重情重义、温暖友善的大家庭！

集团拓展活动

《通机年鉴》： 面对国内外激烈的市场竞争，四川空分如何保持持续的竞争力？请介绍一下公司“十三五”期间的工作重点。

单金铭： 关于如何保持持续的竞争力，我们认为，首要问题还是市场与用户。要满足市场和用户，关键是产品（包括服务）。要有好的、用户满意的产品或者说是精品，还要立足技术的先进性、质量的可靠性、服务的优质性和价格的公道性，其本质还是科技与管理。因此，科技和管理仍然是我们今后长期坚持并不断改进的重点与方向。

目前，公司的业务结构已逐渐呈现出低温工程、装备制造和气体生产三大产业板块。“十三五”期间，我们将根据国家政策导向，进一步发展高端产业链——现代生产性服务业和开发高端产品，进行结构调整和转型升级，实现单纯的设备成套向工程承包转变；实现由中低档产品向高端产品的转变；实现单件生产向批量化和流水线（准流水线）生产方式转变；实现由粗放型管理向信息化管理、精细化管理的转变；实现经营模式、融资方式及管理理念的再造。到 2020 年末，形成低温工程、设备制造、气体产业三足鼎立协同发展格局，为打造四川空分的“百年老店”奠定更加坚实的基础。

锐意改革 持续创新 争做一流的气体供应商

——访莱芜天元气体有限公司执行董事、经理齐登业

《中国通用机械工业年鉴》编辑部　魏素芳　陈美萍

莱芜天元气体有限公司执行董事、经理齐登业

齐登业，男，1967年6月出生，山东沂源人，1990年6月加入中国共产党，1991年7月毕业于山东工业大学，硕士学位。历任山东工业大学机械系辅导员、办公室副主任、党总支书记；山东莱芜钢铁股份有限公司轧钢厂团委书记、党委副书记、纪委书记、副厂长；山东莱芜钢铁股份有限公司热电厂厂长、党委副书记；山东钢铁股份有限公司莱芜分公司能源动力厂厂长、党委副书记；莱芜天元气体有限公司执行董事、经理。

齐登业身为山东钢铁股份有限公司莱芜分公司煤气、冷风、蒸汽、电力、水力、工业气体等六大动力能源生产供应的领头人，在他身上，时刻闪耀着新时代共产党员对事业、对企业无限忠诚的可贵品质，他在用信念和责任做企业。在他的带领下，企业先后荣获中国优秀企业形象单位、山东省文明单位、富民兴鲁劳动奖状等多项荣誉。个人也先后荣获全国冶金行业绿化先进个人、山东省富民兴鲁劳动奖章、依靠职工办企业优秀个人、冶金系统优秀纪检干部、冶金系统生产经贸工作先进工作者等多项称号，先后当选共青团山东省委第十届代表、莱芜市第十五届人大代表，有20余篇管理技术论文在省级以上刊物发表。

《通机年鉴》： 天元气体公司经过10余年的历练，成为工业气体领域一家颇具活力的企业，请介绍一下企业发展情况及当前企业的生产经营现状。

齐登业： 莱芜天元气体有限公司（以下简称天元气体公司）于2002年10月29日在莱芜市工商管理局依法注册，注册总资本8 000万元，同年11月8日挂牌创立。经过2003年、2004年和2006年三次增资扩股，注册资本增加到50 581万元。

制氧生产主厂房

天元气体公司是工业危化品生产企业，现有9套制氧机组，设计氧气产能18.7万 m^3/h；1套气体液化装置，设计产能4 000m^3/h。天元气体公司目前是华东地区较大的气体生产企业，生产经营工业用氧气、氮气、氩气、液氧、液氮、液氩和各类瓶装气体以及医用液氧、气氧等产品，主要保供莱钢冶炼生产，同时面向社会经营销售气体产品和液体产品，销往江苏、上海、浙江、河北、天津等地。2014年生产保供氧气、氮气、氩气分别为9.84亿 m^3、9.7亿 m^3、431.64万 m^3，瓶装气体37 877瓶；外销液氧、液氮、液氩、氪氙混合液72990.44t，实现主营业务收入8.02亿元，其中外销利润3 043万元。2015年1—6月份累计销售液氧11 788.4t、液氮2 583.44t、液氩12 434.02t、粗氪氙708.2t、粗氖氦25 177m^3，保供热线检修瓶装气体17 079瓶，实现主营业务收入3.48亿元，其中外销利润1 386万元。

液体氧、氮、氩外销充装现场

《通机年鉴》： 面对激烈的市场竞争，天元气体公司如何提高企业的竞争力？在经营管理方面有哪些独到之处？

齐登业： 天元气体公司客户主要有莱钢集团公司、山钢股份莱芜分公司、莱芜粉末冶金公司和山东省内外社会客户。

世亚德机械工程（杭州）有限公司总经理 黄建人

欧洲品质 服务全球

——访世亚德机械工程（杭州）有限公司总经理黄建人

《中国通用机械工业年鉴》编辑部 魏素芳 陈美萍

700 多年前，意大利商人马可波罗沿着“丝绸之路”将中国的东方文化带回欧洲，激起了欧洲人对中国的向往；而今天，来自意大利的 SIAD（世亚德）集团循着前人的足迹重返中国，在中国杭州建立了“工程中心”和“制造基地”，把欧洲品质的空分装置从意大利带到了中国。

在 SIAD（世亚德）成立 88 周年之际，《中国通用机械工业年鉴》来到 SIAD（世亚德）在中国的分公司—— 世亚德机械工程（杭州）有限公司 [简称世亚德（杭州）]，在这个完全欧式化管理的企业，与世亚德（杭州）的总经理黄建人对话，交流 SIAD（世亚德）的重返中国之旅。

一、植根中国市场

“SIAD 一直在关注中国市场，一直把中国市场作为我们的战略点，一直想在中国市场生根发芽。而我们中国公司的 Logo，整体采用圆形，如太阳一般，就是因为它代表了 SIAD 近一个世纪的发展历史，而这个 Logo 曾是 SIAD 的第一个 Logo，如今用在中国公司就是表达 SIAD 对中国市场充满了希望。”黄总的开白场如是说。

黄总娓娓道来，意大利 SIAD 集团成立于 1927 年，是欧洲重要的工业集团之一。主要业务涉及工业气体、工程与制造、焊接机器人、工业产品、医疗保健及服务等领域。当前，SIAD 集团在中国设有两家子公司，一个是 1997 年在上海成立的西亚特机械设备商贸（上海）有限公司，主要负责压缩机的销售和售后服务，目前已经成为国内优质、节能往复式压缩机的重要供应商；另一个就是 2012 年在杭州成立的世亚德机械工程（杭州）有限公司，主要负责空气分离装置和其他气体分离装置的销售、设计、制造和服务。

世亚德（杭州）是 SIAD 集团在中国注册成立的唯一工程公司，也是 SIAD 集团全球两大工程中心之一。公司主要致力于为中国和亚洲客户提供拥有 SIAD 先进技术与欧洲高品质的空分装置，同时为 SIAD 集团的全球业务提供工程技术和设备制造服务。

1997 年，SIAD 在上海成立了贸易公司，正式进入中国市场，销售到中国的第一套“SIAD”牌空分装置也于 2002 年在中国常州投运。由于 SIAD 内部全球市场划分的原因，在这后面的很长时间，SIAD 没有继续在中国进行空分装置的成套销售，但 SIAD 一直努力在中国建立自己的制造基地。

2006 年，SIAD 尝试在中国进行空分装置的设计和制造，当时的制造工厂位于上海，以委托加工的方式，先后在 2006 年和 2008 年生产制造了 2 套销往海外的空分装置。

2010 年，出于全球战略布局的需要，SIAD 重新在中国建立空分装置的设计和制造基地，当时选址浙江宁波，并在宁波的制造工厂生产和出口了 2 套空分装置。

2012 年，为了进一步实现空分装置在中国的最大本土化设计和本土化制造，并便于就近管理，SIAD 将“工程中心”移到杭州，并将宁波的“制造基地”移到浙江德清（杭州以北），该制造基地也是 SIAD 的全球两大空分装置制造基地之一。之所以选择将工程中心移到浙江杭州，一是中国的传统工业与煤化工等工业对空分设备有巨大的需求潜能；二是实现空分装置在中国的本土化设计和本土化制造，以中国市场的价格，为中国和世界的客户提供欧洲品质的空分装置及卓越的服务；三是杭州的空分设备设计和制造氛围浓烈；四是杭州的交通便利，水陆运输都极为方便，能为用户提供更好、更快捷的服务。

2015 年年初，为了满足日益增加的工程业务需求，SIAD 正式完成了浙江德清工厂的厂房购置手续。新购置厂房面积是原先租赁厂房的 3 倍，大幅提高了车间生产和制造能力，便于长期为客户就近提供售后服务，更为落实 SIAD 集团公司长期看好中国市场的战略和计划提供了坚实基础。

二、发展传统优势业务

关于公司业务，黄总介绍：目前 SIAD 集团旗下设有两大业务板块，一块是主要活跃于欧洲气体投资市场的“SIAD GAS（世亚德气体）”——即气体业务事业部；另一块是主要致力于技术研发、工程业务、设备制造和技术服务的“SIAD Macchine Impianti（世亚德机械工程）”——即工程业务事业部。

而 SIAD 提供的工程业务则主要包括工程装置、机械产品和技术服务。其中，工程装置主要有空气分离装置、二氧化碳装置、工业燃烧系统等；机械产品主要有压缩机、自动焊接机器人和自动切割机器人；技术服务则是指提供与上述工程装置和机械产品配套的全方位技术服务。当前，世亚德（杭州）在中国开展的业务主要专注于工程领域。

高品质的空分装置和高性能的压缩机，是 SIAD 的两大主要产品线，作为一家国际化的高科技集团，SIAD 在机械工程行业特别是在两大主体产品线上，都拥有先进的设备技术和丰富的工程经验。自 1927 年 SIAD 制造出首台 API618 压缩机，目前已有超过 5 000 多台“SIAD”牌压缩机售往全球；自 1953 年 SIAD 制造出首套空气分离装置，目前已有超过 500 套“SIAD”牌空气分离装置在全球投产。

为了帮助曾经依赖于钢铁、石油、煤化工等行业配套的空分设备产液的中小气体供应商和终端用户用最少的时间、最高的性价比投资建立自己的液体装置，SIAD 针对目前的市场状况特别推出了智能液体装置“Smart Liquid Plant”。该液体装置专门针对液体市场的需求，生产液氧、液氮产品。基于 SIAD 对客户的深度需求分析，根据液体产品的大小，目前研发了 5 种不同的产品系列，分别为 SL30（30TPD）、SL50（50TPD）、SL75（75TPD）、SL120(120TPD)、SL190(190TPD)。客户可以根据自己的需求和企业的资金状况来选择不同型号的液体产品。除此之外，该装置的设计理念为模块化设计，总共分为 5 大模块，各模块（包括整体冷箱）以撬装式提供，模块之间只需要简单的管道连接安装即可。这样设计的好处在于，一方面可以将不同系统的功能集成化，另一方面也减少了现场施工的时间和费用。

置；川空以空分设备和天然气液化装置为主，福斯达比川空又多了高压绕管式换热器。另外，福斯达还生产低温化工冷箱。可以说，福斯达是国内同行业中产品系列最齐全的企业，这也大大提高了公司的抗风险能力，面对目前的困境，能够保持基本平稳的发展。

福斯达近年来在空分设备、天然气液化装置和大型石化装置等方面都取得了骄人的业绩。2013 年签订的阳煤太化 6 万 m^3/h 和山东墨龙机械 4 万 m^3/h 空分设备分别完工和投产，整个过程一致获得用户好评，这也标志着福斯达已进入我国特大型空分设备领域；在 LNG 领域福斯达研制开发了天然气液化装置，典型业绩有昆仑能源山东泰安 15 万 m^3 液化天然气设备、深圳燃气安徽宣城 30 万 m^3 液化天然气设备、北京燃气北京西集 30 万 m^3 液化天然气设备、山西国新寿阳 50 万 m^3 液化天然气设备、重庆天伦凯达 60 万 m^3 液化天然气设备等近 30 多套 LNG 装置，均获得用户好评；福斯达同时具备大型石化装置和大中型液化天然气用绕管式换热器的制造实力，已经生产用于低温甲醇洗的绕管式换热器 30 多套，其中最大的换热器规格为直径 3.2m、长度 30m；另外福斯达还研制生产了乙烯冷箱、液氮洗冷箱、$CO-H_2$ 冷箱等低温化工冷箱产品。

山东墨龙机械 4 万 m^3/h 空分设备

中国山西国新能源 50 万 LNG 项目

国内外市场均衡发展 服务全球用户

《通机年鉴》： 为了提振国内经济，国家提出了“一带一路”发展战略，号召装备企业“走出去”，这为我国装备制造企业带来了极大的发展机遇。贵公司国外市场开拓已经取得了不俗的业绩，如何抓住“一带一路”发展机遇实现更大的发展？

葛浩俊： 与国内同行业相比，福斯达的最大特点就是国内、国际市场发展更加均衡。福斯达重视国外市场的开发，企业发展初期就制定了国际化发展战略，即为国际知名企业配套产品，这就使公司站在了更高的起点上。福斯达在成功为中国石油化工集团、中国石油天然气集团、国家核电集团、宝钢集团、北京燃气集团等一大批国内用户提供成套设备的同时，也成为德国林德集团、美国空气化工（APCI）、美国普莱克斯、德国梅塞尔集团、英国派发特公司、法国德希尼布、意大利达涅利伊朗国家石化等国外知名企业的优秀深冷系统解决方案合作伙伴，并与德国林德集团、德国西门子等国际知名企业结成战略合作伙伴关系。

值得自豪的是，公司生产的大型空分设备除在国内市场广泛使用外，也成功销往国际市场，如东南亚、中东、北非、中美洲、中亚、欧洲等。另外，由梅塞尔、空气化工（AP）、普莱克斯、林德、法液空等外资企业在我国境内投资工业气体项目时，也会选用福斯达生产的空分设备，充分说明福斯达公司提供空分设备的技术性能完全能够满足国外客户要求，福斯达的技术、质量体系、安全和项目管理等水平得到了国际客户的认可。

所以，目前福斯达完全具备服务全球客户的实力，也为公司更好地向国际化发展奠定了坚实的基础。

广纳英才 打造一流专业化团队

《通机年鉴》： 现代企业的竞争最终是人才的竞争。贵公司在人力资源建设方面有哪些独到之处？

葛浩俊： 公司重视高素质人才队伍建设，通过自主培养及引进高级管理人员、销售与技术核心人才，为提升公司的核心竞争力、实现公司的快速发展奠定了坚实的基础。福斯达先后聘请了 2 名在国内空分设备行业内受到高度认可、拥有国有大型空分设备制造企业总工程师级别工作经验的人员担任公司的高级管理人员。这 2 名高级管理人员正值人生的巅峰之时，年富力强，是他们事业发展的黄金时期，这也为福斯达公司的快速稳定发展锦上添花。同时，公司还引进了在林德、法液空、杭氧、川空、开封等国内外知名深冷企业的优秀人才，充实公司的技术团队。在引进人才的同时，福斯达也非常重视自主培养人才，选拔技术骨干重点进行培养。福斯达通过多种方式吸纳人才，打造出一流的专业化技术团队，大大提升了企业自主研发、技术创新的能力，为公司发展奠定了坚实的基础。

精湛技术 + 精细化管理 打造“福斯达”精品

《通机年鉴》： 优质的产品是企业创造品牌、开拓市场的有力保证，杭州福斯达是如何加强产品质量控制的？

葛浩俊： 可以说，过硬的产品质量和卓有成效的项目管理是福斯达的核心竞争力之一。通过跟国内外同行业的交流合作，我认为：我国空分设备企业从大的技术上与国外知名企业相比，已经没有太多的差距，主要差距体现在细节上，包括生产制造的细节、设计技术的细节及安全标准和过程管理的细节等，要提高企业的经营业绩，打造精品，就必须在各个细节上下功夫。我们公司的口号是：从每个细节关系我们的客户。

为此，公司引进5S管理系统，导入精益生产管理模式，在生产现场中对人员、机器、材料、方法、环境等生产要素进行有效的管理，加大精细化管理的力度，使公司生产的特大型空分设备的节能性、可靠性、安全性等方面都有较大幅度的提高，能够达到国际品牌公司同类产品的水平。公司重视产品质量，加强质量保证体系建设，公司的ISO 9001:2008质量管理保证体系、ISO 14001:2004环境管理体系、OHSAS 18001:2007职业健康与安全管理体系的通过了美国SGS公司最严格认证，实现“三证合一”，切实加强了产品生产的过程控制，确保产品质量。

福斯达已成功为德国林德、美国空气化工、美国普莱克斯等世界排名前4位的国际同行设计和生产深冷空分产品，并成为他们的战略合作伙伴。通过项目的合作，福斯达在设计、制造、安全和项目管理等方面，一点一滴的认真学习。“向先进学习”一直是福斯达的发展理念，尤其是向国际先进学习。福斯达企业的发展目标就定位在“成为全球领先的深冷系统解决方案提供商”。和国际先进的同行合作帮助了福斯达、成就了今天的福斯达，也将更加助力明天的福斯达；同时，经过近9年的磨练，也充分说明了福斯达公司的产品质量已达到或接近国际同类产品的技术水平，得到国际同行和国外用户的认可。

做精现有产品——转型升级的关键所在

《通机年鉴》：国家提出《中国制造2025》，鼓励企业转型升级发展。您对此是如何认识理解的？贵公司如何实现企业的转型升级？

葛浩俊：国家公布了《中国制造2025》，大力提倡两化融合，促进我国装备制造业转型升级，这是提升我国装备制造业核心竞争力的重大举措，企业应该积极响应。但同时也应该看到，在实现智能制造、两化融合的过程中，会有许多环节需要企业加大投入，这无疑会加大企业的运营成本。另外，我国的原材料价格、劳动力成本、土地资源占用费等不断上涨，加之人民币国际化必将持续升值，这些都将造成我国产品失去价格优势。这时如果企业不在产品质量、管理上下功夫，提高产品的性价比势必会失去与国外知名品牌的竞争优势。所以，我理解：企业的转型升级不是一件简单的、一蹴而就的事，不应该是炒作概念，企业不应该不对自己的业务和产品进行认真的规划和研究而盲目跟风，导致投入了大量资金而将企业带入经营困境。要实现企业的转型升级，最重要的是要把企业现有的产品做精，做出特色。只有踏踏实实地做好现有产品，才有能力和实力为企业的转型升级提供强有力的支撑，才能实现真正的转型升级。

服务通全球 福“气”达天下

《通机年鉴》：最后，请您介绍一下杭州福斯的发展愿景以及“十三五”发展规划。

葛浩俊：福斯达经过多年的快速发展，已成为国内、国际知名的空分设备、液化天然气装置和低温化工设备成套企业，能够服务于全球客户，为全球客户提供最优质的产品和最优化的深冷系统解决方案。“十三五”期间，福斯达要不断适应国内、国际经济发展形势，调整产业结构、夯实基础，练好内功，采取多元化的发展模式，成就福斯达的国际化品牌。

公司“十三五”发展规划：

企业愿景——成为中国公认的提供最好、最受信赖以及最具竞争力的空气分离装置、液化天然气装置和低温化工装备设计、制造及成套企业。

企业发展目标——全球前5名的深冷系统解决方案提供商。

业务发展目标：空分设备——研制生产8～10万m^3/h等级空分设备；

液化天然气装置——500万m^3 LNG项目，LNG小型撬块化产品；绕管换热器——大型石化装置、煤化工配套、大型LNG装置的绕管换热器；

低温化工设备——乙烯冷箱、液氮洗冷箱、$CO-H_2$冷箱、PDH冷箱等。

杭州福斯达大事件：

1984：公司前身“余杭县气体设备安装维修厂”；

1987：成立余杭制氧机厂；

1993：生产第一套空分设备；

2000：成立“杭州福斯达气体设备有限公司”；

2002：取得ISO体系认证；

2005：组建“浙江福斯达气体设备有限公司”；

2006：与德国林德合作，成为其中国国内唯一合作伙伴；

2007：浙江福斯达气体设备有限公司－德清生产基地投用；

2007：取得美国ASME认证；

2007：国内第一套全国产化LNG装置泰安深燃15万m^3/d液化然气设备；

2008：国家火炬计划重点高新技术企业；

2008：成立“杭州福斯达实业集团有限公司”；

2009：与美国空气化工公司的合作；

2009：提出“福斯达发展战略”；

2010：公司“福斯达”商标被评为“浙江省著名商标”；

2010：成为国家核电合格供应商；

2010：被评为“省级高新技术企业研究开发中心”；

2011：与美国普莱克斯的合作；

2012：成为德西尼布和派发特工程公司合格供应商；

2013：签订阳煤太化6万m^3/h等级空分设备，进入特大型空分设备领域；

2014：杭州余杭生产基地投入使用；

2015：导入5S管理系统，启动“三证合一”，引入卓越绩效管理体系。

源自欧洲 走向世界
——专访液化空气（杭州）有限公司总经理敖明轩先生

《中国通用机械工业年鉴》编辑部 任智惠 陈美萍

液化空气（杭州）有限公司总经理敖明轩

敖明轩（Olivier MICHEL）先生，法国人，毕业于Mines Paris–Tech，并取得工程硕士学位。自1997年以来，敖明轩先生一直效力于液化空气集团的全球工程与制造事业部，曾在不同国家的多个岗位担任过重要职务，涉及技术、产品开发、报价及项目管理等领域，积累了丰富的工作和管理经验。自2015年2月起，他开始担任液化空气（杭州）有限公司总经理

《通机年鉴》：液化空气（杭州）有限公司（以下简称液空杭州）依托液化空气集团的深厚背景，自成立以来取得了骄人的业绩。请您介绍一下液化空气集团及其全球工程技术中心的情况。

敖明轩：液化空气集团是全球工业与医疗保健气体、技术和服务领域的领导者，业务遍及80个国家，员工逾50 000人，为超过200万名客户与患者提供服务。自1902年成立以来，集团始终将氧气、氮气和氢气作为核心业务，其宏伟目标是成为实现长期业绩并履行企业责任的行业领导者。液化空气集团预见未来市场的挑战，在当地和全球范围内进行投资，并为客户、患者及科研机构提供优质解决方案。

液化空气集团的创新技术广泛应用于减少污染排放、降低工业能耗、自然资源的回收和再利用以及未来新能源的开发，如氢气、生物燃料或光伏能源以及用于医院、家庭护理和治疗疾病感染的氧气产品等。液化空气集团将多种产品和技术相结合，不仅为客户提供有价值的应用和服务，而且也用来造福于社会。

液化空气集团是一个可长期合作的伙伴，集团的可持续发展和有竞争力的增长有赖于员工的敬业、客户的信任和股东的支持。液化空气集团的团队、业务、市场和地域分布的多元化为其可持续发展奠定了坚实的基础，增强了超越自我，开拓新业务和开创未来的能力。

液化空气集团不断探求气体在保护生命方面所能发挥的最佳作用，坚持履行企业社会责任和可持续发展的道路。2014年，液化空气集团的销售额达154亿欧元，其中保护生命与环境的解决方案销售份额所占比例超过40%。液化空气集团在巴黎泛欧证券交易市场上市（A

类），同时是法国指股 CAC 40 指数及道琼斯欧元区斯托克 50 指数的成员企业。

液化空气全球工程技术中心（简称技术中心）是液化空气集团旗下从事工程与制造业务的事业部。作为液化空气集团首选的技术合作伙伴，技术中心为集团提供工程、制造和采购领域的专业技术、先进的气体工艺装置及其相关的基础设施。同时，凭借丰富的技术组合（拥有超过 1 600 项专利），技术中心也为全球各行各业的客户提供量身定制的解决方案。

技术中心的技术涵盖低温和吸附解决方案、氢气与合成气的生产和处理、气化及其相关技术、碳捕捉、硫管理、天然气的处理和液化、甲醇及其甲醇衍生物技术，以及合成燃料的生产、石油化工的应用、生物柴油、油脂化学品及油料种子提炼技术。

技术中心的团队在设计、工程、项目管理以及运行领域拥有丰富的经验，积极为客户创造价值。通过遍布世界各地的工程与制造中心，技术中心不仅具备全球化的实力，也可以为客户提供强大的本地化解决方案，从而助力技术中心的客户应对各种复杂挑战。

液化空气集团工程与制造事业部在全球拥有 15 个工程中心、3 个制造工厂，员工逾 4 000 人。技术中心凭借在项目管理与执行领域的深厚经验以及行而有效的风险管理手段，将是您值得信赖的合作伙伴。

《通机年鉴》：请您简要介绍一下液化空气（杭州）有限公司的情况。

敖明轩：作为液化空气集团全球工程与制造事业部的一员，液空杭州成立于 1995 年，是中国空分设备市场领先

的工程技术供应商。液空杭州的核心业务是制造用以生产氧气、氮气、氩气和其他特种气体的空气分离设备和气体提纯装置，制一氧化碳装置以及制氢装置。

《通机年鉴》：您能概括下液空杭州的主营业务吗?

敖明轩：液空杭州为各种工业气体用户提供先进的解决方案，以最佳的方式满足用户要求。在整个项目执行过程中，以用户满意度为导向，实现项目的各个目标。与此同时，我们为客户提供各种售后服务。除此之外，液空杭州还为液化空气集团的其他业务线提供支持。

得益于全球领先的专利技术、强大的制造能力以及先进的制造装备，液空杭州目前具有设计和制造产氧量 15 万 m^3/h 的超大型空分装置的能力。液空杭州已在全球范围内交付了 100 多套大型空气分离装置和 200 多套标准装置（包括 APSA, TCN, EOX 等）。在中国，除了为液化空气集团建造了数十套装置，用作为各类客户提供工业气体外，还为中石化、神华、宝钢、鞍钢、首钢等巨型企业，以及伊泰、华鲁恒升、灵谷化工等行业内的优秀企业提供了安全、可靠、高效的装置。

《通机年鉴》：请问贵公司的竞争优势有哪些?

敖明轩：首先，液空杭州始终致力于确保人员安全、控制工业风险、推进环境保护并取得了出色的成绩。在健康、安全和环境方面的持续努力对于液空杭州的成功至关重要。

其次，通过采用全球领先的设计工具和所需的专利技术来设计、制造和建造各种装置，液空杭州能为客户创造最优价值，包含提供最前沿的技术以及广泛而有针对性的产品组合方案。

液空杭州提供全方位的产品，包括根据客户的需求而量身定制的日产氧量达 15 万 m^3/h 的空分装置；标准空分装置，即规格标准化的制氧和制氮装置；以及各种设备，例如冷箱、塔体、吸附器、填料和分配器等。

液空杭州拥有集团最大的制造车间，配备了先进的生产工具和设备。我们的制造中心位于长江三角洲的核心地带，距离上海约 200km，在京杭大运河边拥有 2 个自备码头，最大起吊能力可达 1 000t。

公司的发展有赖于员工的能力和积极性。通过灵活有效的人力资源管理，公司致力于为每位员工提供充满活力的职业生涯。

《通机年鉴》：贵公司最近取得了哪些商业成功?

敖明轩：对于第三方销售，2015 年，液空杭州与华鲁恒升签订了 2 套日产氧量达 3 500t 的空分设备合同，与河南晋开化工集团签署了日产氧量达 2 000t 的空分设备合同，并向韩国高丽亚铅公司出口了 1 套日产氧量为 1 730t 的空分设备。液空杭州在合成气纯化装置、标准产品以及一些重大的低温服务（搬迁项目）上也取得了商业成功。

打造电力装备优质品牌 加快推进企业转型升级

——专访郑州电力机械厂厂长杨德柱

《中国通用机械工业年鉴》编辑部　魏素芳　陈美萍

郑州电力机械厂厂长杨德柱

杨德柱，男，汉族，1963年8月出生，中共党员，硕士研究生，现任中国电建集团公司郑州电力机械厂厂长。他坚持企业发展为第一要务，大胆改革，强化管理，带领企业“立足河南、辐射全国、走出国门”，企业业务遍布全国29个省、直辖市、自治区及“一带一路”经济走廊沿线国家，质量效益持续增长，已发展成为集研发销售、设备制造、技术服务、电力安装、工程成套等为一体的电力装备制造企业。他以高新技术应用为突破口，加大科技投入，狠抓产品研发和结构调整，主持研发的多项科技成果获得“国际流体机械展览会金奖”等奖项20余次。他始终立足于企业长远发展战略，采用卓越绩效管理模式实现企业卓越的经营和管理绩效，带领郑州电力机械厂步入科学发展的新阶段。

《通机年鉴》： 经过近50年的发展，郑州电力机械厂成为国内电站辅机设备重点生产企业。请介绍一下贵厂的主要业务情况。

杨德柱： 郑州电力机械厂始建于1966年5月1日，其前身是水电部郑州阀门修配厂，1972年划归河南省电力工业局，1974年更名为郑州电力修配厂，1981年更名为郑州电力机械厂。1998年，经河南省电力公司核定出资金额，成为河南省电力公司的全资子公司。2011年9月底，我厂划归中国电力建设集团有限公司，是集团装备制造板块骨干企业，现已发展成为集研发销售、设备制造、技术服务、电力安装、工程成套等为一体的电力装备制造企业，国内电站辅机设备重点生产厂家，河南省高新技术企业。我厂产品在电站辅机设备、基础设施工程、太阳能光伏、海水淡化、管道输油等产业领域有较高的市场占有率和美誉度。我厂致力于建设国际一流的装备研发、销售、制造、安装、检修、服务基地。

●**企业经营范围**。从事火力发电厂锅炉给水泵、凝结水泵、循环水泵、热网水泵、烟气脱硫浆液循环泵、化工用泵、电站阀门、电站备品配件、高压变频调速装置、电网类产品的生产与销售；太阳能光伏发电设备的设计与安装；从事货物和技术的进出口业务；电力安装，城市及道路照明工程、销售安装公路声屏障。电站辅机成套设备批发零售，电站辅机节能改造；销售生产加工公路桥梁支座及伸缩装置系列。

●**企业主要荣誉**。我厂为河南省一级先进企业、河南省文明单位、河南省高新技术企业、河南省质量信用AAA级工业企业、河南省优质产品生产企业、中国设备管理信用体系AAA级制造企业、河南省重合同守信用企业、河南省安全标准化企业、河南省卫生先进单位、郑州市“五一”劳动奖企业及河南省最佳企业等。

●**企业主要资质**。我厂是中国通用机械工业协会泵业分会会员单位。拥有全国工业产品生产许可证（AAA级资质）、货物和技术的进出口贸易经营权、泵产品CE证书、FROME原产地注册/备案登记，企业为4A级标准化良好行为企业。我厂是石油和化工行业采购服务平台首批泵行业合格供应商，电力工程火电机组主要辅助设备推荐供应商，具有电力工程安装承装三级、承修三级、承试五级资质，送变电工程专业三级承包资质等。

●**科技创新成果**。拥有中国电建装备研究院郑州流体机械研究所、河南省企业技术中心、河南省创新示范岗，荣获中国电建集团公司科技进步奖、优质产品奖及国际流体机械展览会产品金奖、河南省环保科技进步奖、区长质量奖，产品为河南省名牌产品、河南省优质产品、河南省市场“质量稳定、售后服务满意”产品。我厂多项核心技术获国家发明专利和实用新型专利。

●**主要业务领域**。一是主导板块。配套1 000MW及以下机组锅炉给水泵、凝结水泵、循环水泵、脱硫系统浆液循环泵、热网循环泵以及多系列海水淡化系统流程泵、管线输油系统流程泵、电厂备件、耐磨件、电力电器等。产品主要销往电力、石油、化工、冶金、煤碳等系统的火力发电厂以及大型企业自备电厂和地方电厂，在高效环保机组、循环流化床电站工程、热电联产、脱硫改造、生物质发电、钢厂余热发电等领域有较好市场业绩。产品遍布全国29个省、市、自治区，远销土耳其、古巴、叙利亚、泰国、印度、印尼、巴基斯坦等国家和地区，是国内电站辅机设备重点生产厂家。二是新兴产业板块。包括燃气电站余热锅炉给水泵、海水淡化设备、管道输油设备。三是基础设施板块。涉及110kV及以下城农网改造、住宅小区用户供配电工程、道路景观照明安装、地铁电力安装及照明工程，水务工程，桥梁伸缩装置、桥梁支座、声屏障等装备制品。

《通机年鉴》： 面对激烈的市场竞争，贵厂如何保持竞争优势?

杨德柱： 面对国内电力市场的萎缩，行业内市场竞争更趋激烈。在市场营销方面，企业坚持“立足主业，多元拓展”，全力开展市场营销。围绕“一带一路”，重点开拓火电、电网、节能环保、城市基础设施等市场项目。关口前移，从单纯跟踪设备采购转变为关注项目的招标方式，延长装备制造业务的产业链条，培育发展产品配套集成能力。注重高端营销，收集整理各类信息，市场营销向上、向前延伸，超前谋划，为投标方提供好设备信息和技术支撑，做好售前、售中、售后服务，提前进入供应商名单。密切跟踪国家已批准的电力建设项目，全力以赴保合同、保订单。加大350MW、600MW超临界机组项目的市场开拓，提高300MW以下机组中标质量。积极向用户推广燃气电站余热锅炉给水泵、管道输油泵、海水淡化泵的国产化优势，争取更多市场业绩。

在135～350MW机组领域，我厂电动给水泵的最大技术优势和亮点是，采用自主知识产权的国际领先的高抗汽蚀诱导轮专利技术，去掉了国内外大机组电动给水泵组都具有的前置泵，大大简化了给水泵组系统，提高了给水泵组的运行效率和安全可靠性。该产品具有参数合理、结构简单、材质优良、运行稳定、高效可靠、节能降耗、维修方便等特点，为世界领先水平。其中，135～200MW机组内置诱导轮的给水泵国内市场占有率达到70%以上，深受用户好评。该产品有“ZL200520143705.5”“ZL201020613613.X”“ZL201120367515.7”等多项国家专利技术，获得了“第六届中国（上海）国际流体机械展览会”金奖、“中国电力建设集团有限公司科学技术进步奖一等奖”等多项奖励。

在12～100MW机组领域，我厂的中高压给水泵具有高效节能的突出特点。同时，根据国家节能降耗、清洁环保的能源政策，开发了针对生物质发电厂的高效变频调速给水泵。以上产品技术先进、结构合理、质量稳定、高效可靠、参数系列齐全，在国内同类产品的市场占有率中名列前茅，并远销国外十余个国家和地区。另外，我厂研制的为余热锅炉配套的给水泵，根据余热锅炉给水泵需要频繁启停、负荷波动较大的使用特性，优化设计了给水泵的转子结构，提高了转子的刚性和耐冲击能力；轴承为自动调节的四油楔径向轴承，保证了泵能够长时间安全运行；选用先进新型的不锈钢+特种耐热氟橡胶的密封结构和密封材料，消除了密封面、结合面不严而导致的漏水现象；安全可靠的平衡机构保证了复杂工况下转子的运行稳定性。该型产品具有结构合理、性能可靠、拆装方便、运行经济的特点，是燃气电站余热锅炉给水泵较好的进口替代产品。

在135～600MW机组凝结水泵领域，我厂的产品也有独特的优点，在电站市场中占有一席之地。我厂凝结水泵采用立式、双壳体芯包式筒型结构，内壳有多级节段式和导流壳两种结构，该型泵还可用作百万千瓦级核电站常规岛凝结泵。凝结水泵采用诱导轮+首级叶轮或双吸首级叶轮两种抗汽蚀形式，抗汽蚀性能好；采用平衡鼓+推力瓦块轴承结构，可完全承受凝结水泵的轴向力，不需要电动机承受轴向力；采用油浴式滑动轴承结构，寿命和可靠性大大高于滚动轴承。该产品具有技术先进、结构紧凑、运行稳定、高效可靠、维修方便等特点，达到国内先进水平。

《通机年鉴》： 优质的产品是企业创造品牌、开拓市场的有力保证，贵厂是如何加强产品质量管理的?

杨德柱： 我厂的质量方针明确提出“以顾客需求为关注焦点，加强企业的产品开发和质量管理工作，专业而高效地为顾客提供质量管理解决方案，培育企业质量文化，建设企业质量战略，以增强企业的核心竞争力。”

（1）加强企业质量文化的建设。 始终坚持“精益求精，打造行业精品”的企业质量理念，以质取信，以信立誉。把产品质量的提升和创造优质的品牌作为企业的立业之道、兴业之本。建立一把手责任制，坚持“质量第一”的原则，加强企业高层对企业质量文化建设的认识，从而使各部门领导充分认识到加强企业质量文化建设对增强企业核心竞争力、提升“郑电”品牌效应的意义，并在企业各级领导中形成共识。加强员工的质量文化培训，提高员工对企业质量文化建设重要性的认识。坚持“诚信为本，服务永恒”的精神，通过不断培育诚信服务文化，树立了“郑电”品牌良好的社会信誉度，有力地促进了企业快速发展。

（2）提高质量管理体系的管理和运行水平。 我厂于1999年通过ISO9001:2000质量体系认证。2008年，通过质量、环境、职业健康安全管理“三标一体化”体系认证，在生产过程中有效实施。并按照质量、环境、职业健康安全管理体系的要求，每年邀请有资质的认证机构进行监督审核，于2015年9月完成了管理体系的最近一次审核。目前，我厂的GB/T19001—2008《质量管理体系 要求》、GB/T24001—2004《环境管理体系 要求及使用指南》、GB/T28001—2011《职业健康安全管理体系 要求》三个标准体系持续有效运行。2013年企业通过4A级标准化良好行为认证，2014年企业产品通过国际标准采标认证。

（3）完善监视和测量设备，保障产品质量的提高。 企业设有中心计量室、光谱化验室及水泵试验中心等一系列实验室。质量检验设备齐全，拥有德国斯派克多频道直读光谱仪、火花光谱分析仪、上海申克CAB803动平衡机等多套先进的试验设备和具备国内先进的出厂试验和型式试验条件的水泵试验台。企业检验和试验手段先进、种类多样，设备齐全，同时监视和测量设备全部按国家标准规定要求，按周期送技术监督局进行鉴定。企业获有郑州市质量技术监督局颁发的计量合格确认书。这些监视

结语

2014年，通用机械装备制造企业大力推进结构调整、技术创新和节能减排，依托自主创新开发新产品，取得了积极进展。一批核心技术取得了突破，高技术含量、高附加值产品产量增速加快，高端产品对全行业利润贡献率稳步提高，传统产业转型升级成效明显。

大企业凭借现有实力，表现出强劲的创新动力，下大力量进行符合产业发展需要的产品研发和生产，在市场上站稳了脚跟；规模较小的企业同样积极进行自主创新，走专业化发展道路，大力开发新产品，以配套的角色参与大型装备制造，也取得了不俗的成绩。

作为行业企业成长的“鉴”证者，《中国通用机械工业年鉴》推出“高端访谈”专栏，从不同视角关注行业企业的发展历程，总结成功案例，分享成功经验，充分发挥其示范引领作用，以期待通用机械装备制造业取得更大的成绩。

企业概况

介绍部分企业的经营理念和成功经验，为管理者成功决策助力

综述
专文
行业概况
企业概况
统计资料
产品与项目
大事记
附录

企业概况

专注所长 追求卓越

——湖南耐普泵业有限公司

一、企业概况

湖南耐普泵业有限公司成立于2000年，是一家集水泵设计、制造、服务于一体的高新技术企业，主要从事泵组成套供应，泵系统节能改造，水泵维护、检修以及泵站工程建设等全面服务，长期专注于为石化、电力、钢铁、市政等行业客户提供高品质产品及全程服务，拥有外贸进出口自营权，是湖南省高新技术企业、长沙市立式长轴泵工程技术研究中心，是《立式长轴泵》和《立式斜流泵》行业标准的起草单位，拥有专利技术和自有技术30余项。

公司主要产品有立式长轴泵、立式斜流泵、电动柴油机消防（应急）泵组、水平中开泵、无泄漏耐腐蚀泵、潜液式海水电泵、无密封液下排污泵、气液混输泵、端吸流程泵及冷凝泵等。产品服务于石化、电力、钢铁、市政等行业及港口码头、海洋平台等工程，销往全国并出口中东、南美、东南亚和非洲等地区。公司专长于高效节能泵产品的研制，近三年累计实施泵系统节能技术改造40余项，效益显著。

公司从2001年开始在全国设立销售网点，已形成遍及全国主要区域的营销网络及售后服务体系，能及时为客户提供技术支持和售后服务。同时，通过电子商务平台增强市场推广和拓展海外市场。

经过15年的技术创新和积累，公司生产的立式长轴泵、立式斜流泵系列产品已处于国内技术领先的地位，并在实践中不断得到应用创新。“立式长轴双相钢海水泵”为国内首台替代进口的国产双相钢海水泵，技术水平达国际先进，被认定为“国家重点新产品”，在国内LNG接收站中得到广泛应用，得到用户一致好评。

二、发展历程

1999年，长沙通菱水泵厂购买雨花区圭塘8 000m^2（12亩）土地作为创业基地；2000年7月与瑞籍华人王燕民博士共同投资，成立长沙耐普泵业有限公司，公司性质为中外合资企业。同年，开展圭塘基地建设。

2001年，圭塘基地建成，长沙耐普泵业有限公司开始运营，以市政行业为主要市场，以中小型泵为主要产品。

2003年，公司调整产品战略，以立式长轴泵为主导产品进入钢铁、市政等行业。公司研制成功XBC型柴油机消防（应急）泵组，填补省内空白，并成为迄今为止公司第二大主销产品。由此，钢铁行业业务迅速发展起来。

2004年，为满足企业发展需求，公司在长沙市经济技术开发区购买星沙生产场地，并成立了湖南耐普泵业有限公司。同年，旅日华人赵建华女士参股耐普。

2006年，星沙基地开工。以湖南耐普泵业有限公司为主要编制单位的中国城镇建设行业标准《立式长轴泵》发布并实施。

2007年，公司建成国内一流的水力测试中心，可测试最大叶轮直径为3m、最大流量为20m^3/s的泵组。形成以星沙基地为主要经营生产场地的格局。同年，以湖南耐普泵业有限公司为主要编制单位的机械行业标准《立式斜流泵》发布并实施。

2008年，湖南耐普泵业有限公司吸收合并长沙耐普，长沙耐普注销登记。中石化茂名石化立式斜流泵项目、上海石化立式长轴海水泵项目、宝山钢铁能源部水平中开泵项目产品实测效率达到国内先进水平，标志着公司主导产品日趋成熟。

2009年，公司调整市场营销战略，以石化、电力行业为主攻市场。公司被评为湖南省“高新技术企业”和长沙市“企业技术中心”。同年，宁波大榭岛电厂、上海宝钢罗泾电厂、金山石化热电厂、华能汕头电厂的立式斜流泵投入运行，标志着湖南耐普泵业有限公司进入电厂循环水泵市场。

2010 年，公司年订货额首次突破亿元大关，达到1.21 亿元，石化、电力行业成为主要市场。中电投鲁阳电厂项目产品液下长度超过23m，实测震动考核值优于技术标准值，深受用户好评。

2011 年，公司增资至4 000 万元，年产值突破亿元。LNG 接收站立式长轴海水泵样机通过国家级产品鉴定，达到国际先进水平。电力规划总院组织公司 LB/LK 型立式斜流泵技术评审，并专题下文在电力行业推荐使用耐普循环水泵；大型雨水、污水泵被列为电力工程300MW、600MW、1 000MW火电机组主要辅助设备推荐产品名录；湖南耐普泵业有限公司成为中石化水泵设备前六名供应商。

2012 年，LNG 接收站立式长轴海水泵被国家四部委评为“国家重点新产品”；12 月，海水泵首台(套)新产品通过由国家能源局组织的产品鉴定，该批产品用于中石油唐山 LNG 接收站，并在新建LNG 接收站推广应用。

2013 年，公司设立国内首家立式长轴泵/斜流泵工程技术研究中心。首批 LNG 接收站海水泵在唐山现场通过验收，标志着该国产化项目取得成功。公司连续中标两个海洋平台立式长轴海水泵项目，在高端海水泵市场接连获得突破。

2014 年，工业经济形势整体下滑，水泵行业面临产业结构调整。在激烈的市场竞争中，公司继续在 LNG 海水泵、海洋平台市场和潜液式海水泵、无泄漏化工泵、浮船泵组等新产品研发方面取得新突破，在聚焦战略的指导下，优质客户和拳头产品的优势进一步显现。与此同时，公司制定了“2014—2020 发展规划”，从市场、技术、管理、人力资源、企业文化等方面规划了企业未来发展的蓝图。11月，长沙通菱企业管理有限公司回购株洲南方阀门股份有限公司全部股权，成为耐普泵业最大股东，并拟引进新的战略投资者，以上市公司标准规范企业管理，迈向新征程。

三、核心能力建设

湖南耐普泵业有限公司拥有一支由国家级专家、教授、归国学者领衔的30 多人的研发团队。其中，享受国务院特殊津贴专家2 人、博士2 人，具备高级工程师资质人员10 人。近年来，公司在国家及行业标准制定、专利申请、具有国际水平的新产品研发等方面取得了大量成果，并与华南理工大学、江苏大学、中南林业科技大学、上海宝山钢铁集团测绘中心等院校和企业建立了长期的合作关系，从事泵产品的科研开发和技术改进。

公司技术中心引进了先进的三维 CAD 软件进行设计绘图，应用 PDM 进行产品数据管理，用有限元分析软件和临界转速计算软件进行结构优化设计，用三维流场分析软件进行水力部件优化分析，从而大大提高了产品设计质量和工作效率。

公司配备了各类先进的生产加工和检测设备，并建有国内一流的水力测试中心，地下水池容积6 300m^3，高位水池容积400m^3，配备先进的测试软件和测试仪器。可测试直径3m 的水泵，最大测试流量20m^3/s，最大测试功率8 000kW，测试电压有10kV、6kV、3kV、380V。自主研发的可视化智能测试系统可以实时、直观地反映测试过程，自动生成测试结果。

公司具备国内一流的泵组工厂测试能力，并通过德国莱茵技术监护公司的ISO 9001:2008 质量管理体系认证、中国质量认证中心 ISO14001 环境管理体系认证和 OHSAS18001 职业健康安全管理体系认证，美国 FM 认证、欧盟 CE 认证、中国船级社颁发的海上固定设施产品检验证书、电能(北京)产品认证中心的认证及国家消防产品质量认证等国际国内权威体系认证，形成了强大的集研发、制造、测试、安装调试、售后服务一体化的质量保障体系。

四、企业文化建设

湖南耐普泵业有限公司坚持“以人为本，务实高效”的管理理念。公司高度重视员工，科学激励员工，有效凝聚员工，全面发展员工；让想干事的人有机会，能干事的人有舞台，干成事的人有地位；把员工个人进步和企业发展融为一体，不断增强员工对企业的关切度和归属感。公司坚持实事求是和效率优先原则，从实际出发制定工作标准和工作流程，完善管理制度，让制度成为员工行为规范的模式，使企业管理高效有序运行。

公司坚持“品德优先、人尽其才、公平公正、兼容并蓄”的用人理念，把合适的人放在合适的岗位，发挥员工最大的潜力，为人才成长和竞争提供公平、公正的环境机制。公司重视员工个人的价值体现，注重员工与企业的共同成长，把企业不断做大、做强，为员工搭建更大的舞台，让员工在为企业工作的同时，事业有所成就。

质量是企业生存的必要条件，也是湖南耐普泵业有限公司诚信经营的底线。公司提供的每一个产品和服务都要使顾客满意，用户反映的每一个问题都要给予认真的回复和有效处理。用心做好产品生产和服务的每一个环节，用精美的产品和服务使顾客受益满意，赢得信任。公司坚持“市场为本，用户至上”的服务宗旨，真诚、快速、高效、周到地为用户提供优良的产品和优质的服务。

勇于承担责任，为用户创造价值，是公司对市场的庄重承诺；做大做强、追求卓越、兴业报国、回报社会是公司的神圣使命。

湖南耐普泵业有限公司本着推动经济持续发展的科学发展观和对员工、对股东、对社会的高度责任感，致力于提供高效节能的绿色高品质产品，真诚服务客户，理性追求企业经营价值，精心构建国内泵行业一流生产企业。

秉承优势　打造智慧节能泵品牌

——湖南凯利特泵业有限公司

湖南凯利特泵业有限公司（简称凯利特泵业）是一家具有50多年历史渊源，以可靠、节能及智能化为特色的大型专业性泵业公司。公司的前身可追溯至1961年成立的长沙工业泵总厂，是在其改制基础上由原长沙工业泵总厂的核心技术人员与管理骨干组建而成。2010年5月，公司新址落户长株潭腹地——国家级九华经济技术开发区。公司所处的长株潭自主创新示范区荟萃了全国颇富经验的泵行业专家、完整的泵产业链和优秀的行业技术人才。公司九华制造基地占地面积超过38 000m^2，拥有员工200余人。当前，公司已成为中国泵行业智慧节能泵领先品牌。

一、科技与创新是企业之源

“致力于推动中国泵业的发展和产品结构调整，为社会提供最节能、最可靠、最智能的泵类产品”是所有凯利特人的共同愿景。多年来，凯利特泵业坚持产学研相结合，用先进科技武装自己。公司长期与清华大学、华中科技大学、中国农业大学、江苏大学、兰州理工大学、中南林业科技大学等国内知名院校合作，共同研发高性能的水力模型，定向培养专业人才。同时，与国际知名的制泵企业建立和保持了良好的合作关系，共同在中国泵业市场进行产品的研发、加工、组装和测试。当前，公司自主研发的新产品效率达到92%以上，各项性能指标处于国内领先、国际先进水平。

作为国家高新技术企业，公司每年将销售总额的8%用于技术创新和新产品研发，2015年公司新产品研发投入将占销售总额的8.5%～9%。据相关统计分析，在国内经济萎缩的大环境下，国际泵业市场产值年均增长率为10%，长沙作为中国的泵城，泵总产值和产量占全国的1/3以上，在泵类产品发展日新月异的今天，高新技术和特种泵产品不断投放市场。为迎合市场，在保证泵的可靠性和寿命的前提下，公司将在产品结构、产品档次、智能自控及应用领域方面实现新的突破。

国家出台了一系列扶持外贸出口的政策措施，为我国机电产品出口创造了良好的外部环境。“一带一路”的发展思路、亚投行的成立以及大规模基础设施项目的兴起，为我国机电产品创造出更大的市场机遇。凯利特泵业积极响应并把握当前这一千载难逢的良机，在抓好老产品的提高和发展的同时，加快各类新产品的研发，以更好地提高企业的综合技术水平和管理水平，使企业取得更大的经济效益。在发展国内泵业市场的同时，积极实施“走出国门”和市场多元化战略，加快发展，实现上质量、上水平。

二、人才和装备是强大保障

在凯利特泵业“全心做好泵、信赖到永远”企业使命的感召下，“泵城”长沙的行业内技术、生产、管理人才先后汇聚加盟公司，形成了公司强大的技术及品质保障能力。当前，公司65%的员工具有大专以上学历，其中生产技术人员100余人，形成了具备持续创新力的梯队人才结构。公司先后通过了质量、环境和职业健康安全管理体系“三体系”认证、节能产品认证以及矿用产品安全资格认证等，形成了健全与完善的管理体系网。公司生产装备有立式车床、大型镗床、高精车床、铣床及其他机加工设备数百台(套)，具有成熟完备的模具制作、铸造、钣金、焊后处理、热处理、大型机械加工和装配能力，并且建有国内为数不多的最大可测泵入口直径2 500mm、功率2 800kW的二级精度大型水泵测试中心。当前，公司九华制造基地可实现年产各类型的工业泵5 000余台。

三、节能与可靠是王牌优势

为响应国家节能减排的政策，各行各业正在积极开展和推进各项节能减排工作，也包括量大面广、节能潜力巨大的各类泵的节能改造。凯利特泵业从设计、选型、制造、安装、运行、操作、维护保养等多方面综合考虑，为客户提供全方位的系统解决方案。公司以“持续改进、精益求精”为理念，严格按ISO 9001:2008质量管理体系进行生产制造，主导产品共22个系列、1 000多种型号，主要有全新研发设计的CPS型高效节能双吸泵系列、HB/HK型立式斜流泵系列、CPLC型立式长轴泵系列、CPLN/N型凝结水泵系列、IS/IR/IY型端吸泵系列、D/DF/DY型多级节段式离心泵系列、D(P)/MD(P)/DF(P)/DY(P)型矿用自平衡多级节段式离心泵系列、DG型中低压锅炉给水泵系列以及KDY/CPE/CPA型石化流程泵系列。

四、智慧与物联，迈入工业4.0

凯利特人始终牢记“凯泽四方、利人达己、特立不凡”的企业文化，面对中国及全球在能源生产与能源消费模式上正在发生的重大变革，面对节能减排的巨大社会责任和发展机遇，面对环境污染及雾霾治理的新需求，以“智慧泵站”为核心理念的智能化产品综合解决方案，应用最新的互联网技术，结合现代高效水泵、节能技术、智能控制，打造现代物联网；与用户单位联合记录运行的各项指标，长期跟踪、监测和记录，打造大数据系统，作为泵研发和性能完善的依据。为客户提供整体解决方案——智能化工业4.0新时代产品，实现无人值守、远程监控及自动报警、智能诊断、智慧节能，帮助客户实现节能环保、降低运营成本、提高管理效率。

五、与客户共赢是永恒追求

始于专业，见于细微。凯利特泵业非常注重服务与技术、服务与业务相结合，打造性能可靠的泵类精品。为更好地满足客户需求和业务拓展需求，实现增值服务，公司在全球范围内建立了广泛的销售、服务网络，自始至终为客户着想，满足客户个性化的需求。公司的产品广泛应用于电力电站、钢铁、矿山冶金、石油化工、市政水务等诸多领域，远销东南亚、中东、拉美、欧洲等40多个国家和地区。

凯利特泵业愿与各界朋友精诚合作，互惠共赢，为打造成为世界一流的工业泵制造商而不懈努力！

以科技引领企业发展

——宣达实业集团有限公司

宣达实业集团有限公司(简称宣达集团)创建于1990年，是一家集研发、设计、生产、销售、服务于一体的国家级无区域集团公司。企业专注于防腐材料和防腐泵阀、设备、环保工程的设计开发与生产，致力于振兴中国耐腐蚀金属材料、泵阀、装备制造和环保工程高端技术民族工业，现已形成以浙江省宣达耐腐蚀特种金属材料研究院为依托的工业泵阀、化工设备、特种金属材料以及环保工程总包等四大产业板块。先后获得国家重点高新技术企业、浙江省重点企业研究院、浙江省技术中心、浙江名牌、浙江省著名商标以及全国防腐蚀行业二十强、世界温商十大阀门品牌等荣誉。

2014年，宣达集团继续以特种金属材料研发来推动高端阀门的研发和制造，在“两大一精”——大市场、大技术、精生产的总体战略引领下，在市场、研发和专业制造等方面均取得优异业绩，继续荣膺年度地方“纳税大户”和“功勋企业”，成为浙江省专利示范企业，在入列中石油、中石化、中海油一级供应网络成员的基础上，新获中核集团合格供应商资格。全年顺利通过“三合一”管理体系认证、PCCC认证、TS换证及增项认证等各项评审认证工作，全年达成各项年度经营目标，在企业经营管理和市场开拓等各方面稳健发展。

当前，宣达集团有10多家子公司，主要产品仍然是阀门，另外也有成套的流程装备，拥有一些极具特色的技术和解决方案。宣达集团的子公司上海奥格利环保工程有限公司拥有制硫酸专有技术——低温余热回收，也使得公司成为世界上第二家掌握这项技术的公司。另一家子公司江苏奥祺晨特种金属材料有限公司主营业务是特种金属材料表面处理加工、特种防腐金属材料研发及其技术转化、化工专用设备生产以及特种金属材料销售。

宣达集团当前主要的工业阀门产品包括常规的通用阀门，如闸阀、截止阀、球阀、蝶阀、旋塞阀、隔膜阀、节流阀、调节阀，以及石油、石化、硫酸、冶炼、电站、钢厂、煤化工等系统工况中的专用阀门，还有一些极具特色的金属衬塑阀门及特种金属材料阀门。在国内市场，宣达集团的客户主要是中石油、中石化、中海油等大型用户，同时也涉足一部分电力和核电用户，以及市政工程。此外，冶金、化工和煤化工也是长期在服务的行业。在工业阀门领域，产品类型比较齐全，包括常规的闸阀、截止阀、球阀、蝶阀以及衬里阀门。在特色衬里阀门方面，宣达集团和日本、韩国的一些知名企业合作，并获得这些企业的青睐。特色衬里阀门的特点主要是耐腐蚀，可以分为金属耐腐蚀和非金属耐腐蚀。在一些高端的电子行业，采用如聚四氟乙烯等氟塑料之类的材质作为阀门内衬层。此外，衬里阀门还应用在精细化工和炼油炼化领域。

宣达集团一直坚持科技引领未来，在行业内率先建立首个民营耐腐蚀特种金属材料研究院（浙江省宣达耐腐蚀特种金属材料研究院）。该材料研究院于2013年12月被省科技厅提升为重点企业研究院，并与清华大学、浙江大学、北京科技大学以及日本材料和环境试验公司、世界腐蚀协会等国内外高校、科研院所开展长期合作，确保产品技术领先，推动企业创新，构筑企业核心竞争力。材料研究院瞄准三大研究方向：耐腐蚀、耐高温和耐磨损，利用自主研发的特殊材料来做特种合金阀门也将成为企业以后发展的方向。

值得一提的是，宣达集团先后研发出多种耐高温、耐磨、耐腐蚀金属新材料和近百种泵阀与环保设备新产品，极好地解决了用于石油、石化、化工及电力等行业苛刻工况的材料和设备，宣达（XDS）镍基、高硅、六钼、双向、铁素体等系列特种不锈钢的成功研发填补了国内空白，达到国际领先水平。

以材料研究为主线，来进一步支持高端阀门产品的研发，也是宣达集团在阀门产品研发方面的一大策略。宣达集团研发的D941GXPO－10超大型（公称通径4.2m）衬里蝶阀，用于河南中原黄金冶炼有限公司升级改造项目——环境体烟脱硫增压风机出口处，是当前国内最大的衬里蝶阀，也是最先采用衬里工艺制作的超大型蝶阀。该阀门采用国内外先进的设计理念，为用户解决了传统使用的玻璃钢蝶阀的缺陷和弊端，并为用户节省了成本。该阀门选用进口高性能原料和合理配方，采用国际先进的热滚衬工艺，使塑料与钢基体做热熔结合，使整个防腐衬里具有无搭接缝，钢塑一体化；结构设计先进，阀门开启灵活，操作方便，使用寿命长，具有耐强腐蚀、耐冲击、耐热化、耐正负压、表面平滑等特点，市场前景看好。

近年来，宣达集团持续稳步发展，跻身浙江省首批系统流程装备产业技术创新综合试点企业，并获省重点企业研究院、省著名商标（复审）、浙江区域品牌、市专利示范企业、县功勋企业等殊荣。在技术创新方面稳步前进，先后研制成功长轴超高温浓硫酸液下泵、耐海水蝶阀等新产品。当前，宣达集团拥有6项国家级新产品、12项省级新产品，有76项国家专利产品，有3项国家火炬计划项目、2项国家创新基金项目，多项产品获省级科技进步奖。设计完成具有世界先进水平、拥有自主知识产权的中国第一套低温余热回收系统，标志着中国硫酸制造设备成套化和硫酸工程设计跻身国际先进水平。另外，宣达集团研发的国家核电重大专项RCS真空喷射器样机顺利通过专家组鉴定，国家重大专项堆芯仪表套管组件安装工具项目通过验收。

面对当前国内市场萎缩和竞争激烈的市场环境，宣达集团将通过"信息化、智能化、成套化"武装传统的泵阀产业，构筑新的产品优势，拓展全新的市场空间。今后，宣达集团将继续加强与国内外高校、科研院所的合作，加快企业转型升级，提升企业的核心竞争力。

新型家用泵市场的领军者

——君禾泵业股份有限公司

一、企业概况

君禾泵业股份有限公司(简称君禾泵业)前身是宁波君禾泵业有限公司,成立于2003年,专业生产各类新型家用水泵,是鄞州区“50强企业”。公司于2011年9月进行了股份制改造,被区政府确定为拟上市企业。

君禾泵业下属的宁波君禾电机有限公司、宁波君禾铝业有限公司、芜湖君禾电线电缆有限公司等共有员工近千人,现已形成四大系列、800多种型号、年产400万台以上新型家用泵的生产能力,年销售额达6亿元,是当前国内规模较大的新型家用泵生产企业之一。

公司秉承“以人为本、以质取胜”的经营理念,从2003年起拓展国际市场,通过10余年的迅速发展,产品远销美国、德国、法国、瑞士等国以及东南亚地区。公司的国际大客户多数为安海、OBI、凯驰等世界500强企业,现逐渐以ODM转型为主,极大地带动了企业在国际家用泵行业的制造设计影响力。公司在继续稳固国际市场的同时,2012年启动国内市场战略,致力于国内市场的开拓,积极扩大企业品牌在国内市场的影响力。公司以其合理的价格、可靠的质量和优良的服务深得客户的好评。“品质、服务、信誉”是公司企业文化建设的基础,“务实、创新、卓越”是企业长期追求的目标。公司通过了ISO 9001:2008国际质量管理体系认证以及ISO 14001:2004和GS、CE、EMS、UL等多个国际认证。

公司在实现“规模、质量、效益”同步增长的同时,建立健全现代企业制度,通过加强企业文化、职工凝聚力工程建设,积极参与各项公益活动回报社会。近年来,公司创建成为宁波市平安企业,并先后获得高新技术企业、国家二级安全质量标准化企业、浙江省工商企业信用AA级守合同重信用单位、浙江省出口名牌、浙江省专利示范企业及浙江省著名商标等诸多荣誉。

二、经营管理情况

1. 产学研合作

君禾泵业不断加强产学研合作,提高企业科研实力和人才竞争力。自2006年开始,公司先后与北京航空航天大学、浙江大学宁波理工学院等建立交流合作关系,2013年成功创建“省级高新技术企业研究开发中心”,促进公司在家用泵行业的技术进步、节能降耗和可持续发展。2014年,公司与浙江大学宁波理工学院合作设计研发“小型多功能家用低吸水泵”,与浙江大学合作设计研发“高性能家用泵”。公司注重产品研发设计和试验检测能力,组建了经国内外权威机构认可的德国莱茵TüV制造商现场测试实验室,拥有自行出具认可范围内测试报告的能力,已形成了一系列包括发明专利在内的自主知识产权核心竞争能力,并逐渐掌握国际高端家用水泵市场信息和销售渠道,与欧美KARCHER、OBI、EINHELL等国际知名品牌经销商建立长期的伙伴关系,提高了君禾泵业在国际市场上的竞争力。

2. 工贸一体化

君禾泵业确定了“制造立企,贸易强企”的战略,以多年的工厂生产制造经验和资源为基础,强化了市场经济下商业流通环节的重要性和必要性。多年来不断加强企业的产品设计创新、制造生产、企业综合管理能力,加大企业技术改造的力度,打造先进的家用泵制造水平,并在行业内确立了良好的品牌优势。公司依托现有的先进制造能力(包括设计开发能力),巩固和扩大客户资源,重视技术支持、重视产品质量与售后服务,稳定并发展客户;积极建立现代化营销模式，以订单式的经营服务模式，减少产品库存，缩短生产经营周期，快速满足客户对产品个性化的需求。此外，公司还成立销售公司，通过接单、外贸中介、客户介绍等多种方式，实现了订单的稳定发展。当前，公司掌握市场发展趋势，了解客户综合情况，还建立了与营销量、售后服务满意率挂钩的考核制度，形成了信息、研发、执行、服务一体化的营销体系。公司近两年自行研发的水泵自动流转装配线，贯彻"机器换人"的技术改造理念，将原来需要16个人完成的一条流水线，变为4人完成，大大提升了劳动生产率。公司专辟独立的车间，提供个性化、私密化服务，使"君禾"成为国内外家用水泵生产制造行业最好的"符号"，用户满意率在95%以上。

公司由原来的纯制造型企业转型为工贸一体化的企业，实现了君禾制造的品牌影响力。公司通过工贸一体化优势的加强，在提高企业利润的同时，加大企业研发生产、企业文化、品牌建设、员工福利等投入，实现了企业持续发展。

3. ODM经营模式

君禾泵业的家用水泵产量和销量均居行业领先水平，是国内小型家用水泵行业中屈指可数的主要采用ODM经营模式的厂商。根据客户的要求，公司自主设计所需水泵产品，设计和开发所需的模具，制定相应的生产工艺，并进行严格的质量管理。公司通过与国内外贸公司签订购销合同，销售本公司产品外，还通过参加广交会、德国科隆园林工具展览会、美国拉斯维加斯五金展和迪拜国际五金、工具展览会等水泵行业相关展览会，积极开发国外新客户和新市场。国外客户通过验厂、质量认证、试用、小批量订货、大批量采购等环节与公司建立稳定的购销关系。在合作过程中，公司根据客户需求自行开发和设计产品，产品开发完成后供客户选择或根据其要求对设计的产品进行小的改动，再根据客户选择后的订单情况进行生产。

4. 转型升级，延伸产业链

君禾泵业先后在宁波、芜湖等地扩大生产规模，延伸产业链，涵盖水泵电机、注塑件、铝制配件、电缆线以及水泵产品组装和检测。其中，宁波君禾铝业有限公司（塑料和铝压铸零部件）、宁波君禾电机有限公司（核心部件电机）、芜湖君禾电线电缆有限公司（线缆）三家全资子公司提供了水泵产业链中主要的系列零部件产品。该产业链的建立，使公司在物流上处于主动的地位，能及时供货，且减少成本，创造更多的利润。

5. 信息化建设

近年来，君禾泵业使用ERP系统，结合其他信息软件，对公司进行信息化管理。ERP的引入，使公司从采购、物流、生产、业务、人力、财务形成一条线，能及时获知各方消息并进行处理，同时也能使工作透明化，及时进行纠正，提高工作的效率及准确度。信息化软件的引进使企业便于了解市场导向，也便于企业与客户、供应商、消费者进行联系，解决问题，促成订单经济模式的形成。公司还开通400热线，便于对客户提供服务。

三、科研开发情况

2014年，君禾泵业投入1 572万元研发经费，共申请了108项专利，其中，发明专利3项、涉外专利52项，已获授权专利98项。2015年，2项发明专利已获授权，还有多项专利已经申请。在新产品研发方面，2014年，5个研发项目被列入宁波市市级新产品，且这5个项目取得了相应的专利，当前已将这些产品应用到公司的家用泵产品中。2015年计划进行7个研发项目。

公司采用新型节能注塑设备，产品生产过程中噪声低，成型稳定，并配有自动化机械手，提高生产效率和安全性。在小型水泵的装配过程中，装配及检测效率是关键环节。公司从2011年开始，通过对水泵加工技术的研究，2012年成功地开发出水泵自动环形流转装配线，并获得发明专利，2014年对该流水线进一步改进，简化程序，减少人力投入。2015年，公司还自行研发出一款自动绕嵌一体机，计划申请发明专利。

公司在硬件方面也进行了改革，在现有的场地基础上，进一步整合利用，使现有研发场地收益最大化。公司购置超声波焊接机、影像测量仪等设备,以提高企业的研发实力。

四、创新发展见成效

君禾泵业积极推广品牌战略,在业内树立"信用"招牌,使公司取得良好的社会效益和经济效益。公司于2004年注册了商标,近几年先后在德国、意大利、俄罗斯、法国、比利时、荷兰、卢森堡等国和中国香港地区注册了"君禾"商标。公司在商标注册完成以后,成立商标管理领导小组,规范商标使用和管理,使"君禾"商标一直处于规范、严谨、诚信的体系之中。公司还十分重视品牌及形象的推广工作,借助电视台、报纸、栎社国际机场及高速路旁广告等各种传播媒体,积极推广"君禾"商标。此外,公司还重视商标管理,打假维权,使公司在国内、国际市场拥有良好的信用形象。近几年,企业先后获得浙江省名牌产品、浙江省专利示范企业、浙江省著名商标、宁波市信用管理示范企业等荣誉,2014年申报"中国驰名商标"。

公司开通了400热线电话,定期开展客户满意度调查、跟踪回访等;在内部管理方面,采用绩效管理,建立合理的组织体系等;在金融合作方面,为了减少经营风险,公司制定信用管理制度,实行信息化跟踪、建立坏账处理制度。盲目的销售可能造成销售量过大、坏账多、逾期账款多,或者造成销售量小,市场畏缩,收益减小。因此,公司制定企业的信用政策,认真贯彻执行企业的大政方针和各种管理措施,建立防范机制。近几年,公司银行资信等级被评为"AAA"级。企业引进ERP及其他信息化软件,进行信息化管理,在行业内的竞争优势显著增强。

君禾泵业通过近几年的创新发展,在进行体系创新的同时,带动了企业经济效益和社会效益的增长,逐渐发展成为国内新型家用泵行业的领军企业。

坚持品质为本　开创节能新时代

——上海荏本制泵有限公司

上海荏本制泵有限公司成立于2003年,是一家研制闭式冷却塔、蒸发式冷凝器专用的大流量、低扬程水循环泵的企业。10多年来,公司始终坚持"品质为本、科技领先、持续改进、诚信服务、顾客满意、惠泽家园"的经营理念,以坚实可靠的技术水平和良好的产品信誉为基础,依托上海理工大学、上海交通大学等科研院校的优势,进行节能水泵的研制,在满足用户广泛需求的同时,企业自身也在不断地发展壮大。

2005年,公司成功研发了应用在闭式冷却塔、喷淋塔、蒸发式冷凝器上的节能环保型LP系列冷却塔专用泵,开创了水循环泵的节能新时代。

上海荏本制泵有限公司开展节能水泵的研制工作,着重于以下几个方面:

第一,实行设备标准化。公司的理念是品质为本常态化、标准化。从产品设计之初,为提高生产制造效率,工厂就有"7个"标准,如设计时充分考虑与国内外知名品牌电动机通用性、零部件全球采购前瞻性。公司的水泵产品已远销亚洲、欧洲、非洲等地,水泵的易损件也可以在当地采购,确保水泵长期安全运行的有效性。从用户的角度考虑,公司希望通过标准化能满足客户的个性化需求。

第二,重视自主技术研发。公司作为一家科技创新型企业,利用上海理工大学、上海交通大学等高校资源,把自主研发、科技领先写入公司的口号,当前拥有专利3项。2008年,公司针对北方地区水泵在冬季泵体易冻裂的问题而研发了LZ系列冷却塔循环泵,采用全新下进水设计,使得泵腔内液体不滞留，在确保不会造成泵体因冻裂而影响使用的同时，又增加了进水吸程，提高了水泵效能，填补了国内空白。2014 年初，公司针对冷却塔水泵并联使用时，2 台电机接线口方向一致造成占用空间大、多设一管路阀门等情况，研发了水泵出口 180°任意旋转安装的 LH 系列冷却塔专用泵，大大缓解了水泵安装的局限性。而且可直接从冷却塔水箱中拉出出口对接即可，大大减少了管路弯头连接配件和安装时间，既快捷省时、方便安装，又可节省部分管路阀门材料，起到了控制成本的作用。

2015 年，公司按照 GB19762《清水离心泵能效限定及节能评价值》国家标准，不断持续改进企业方针，为研制出革新的水泵及其系统，以符合高效、安全和节能的需求，并满足新兴产业、食品冷链等客户的需要，不懈地致力于新材料的开发和新工艺的研究。公司启动了叶轮设计的"三元流动理论"，已推出 LE 系列高效节能型离心泵，该产品应用前景广阔。

第三，以市场为导向，强化绿色设计和产品结构调整。公司彻底打破传统的设计理念，采用射流－尾迹三元流理论和 3D 技术设计水泵叶轮，与普通水泵叶轮相比，其节能率可达 30%～70%。实现水泵叶轮内部无限分割，三元流叶片凹凸立体瞬时加速水流流量，三元流叶片在空间上是扭曲的，与气体的实际流动更相适应，其效率更高。对加工工艺进行了改善，叶片由原来的铸造＋精加工工艺，转为三元流叶片的整体一次性静压工艺，保证了流道轨迹光滑，使得出水更畅通。继续提高产品的技术先进性是公司产品结构调整的主攻方向，为此，公司一方面强化产品的设计开发，另一方面加快了设备的技改投入。

第四，在做深做专的同时，制定 5 年发展规划，技术储备满足 5 年后的需求。①加快产品结构调整。按照绿色设计的理念，在水泵的选材上，从环保、节能、新工艺、新材料等方面考量，集中体现水泵设计制造的先进性。②树立"降低能源、减少资源消耗"的绿色设计理念。对水泵的配方设计、工艺设计和制造过程控制进行全面研究，在产品的销售、储存、运输环节，做到"安全、便装、节能、耐磨"。从 2015 年开始，公司优化储存环境，改善运输条件，逐步实现水泵产品的包装为再生木料，水泵标识从不锈钢铁皮铭牌改为不干胶条形码，减少了相关材料的使用。

公司采用创新的商业模式，利用互联网新媒体等为客户提供总集成网络。一方面，用户可以通过互联网越来越多地参与到企业产品的研发和设计环节，为企业决策做支撑。另一方面，用户通过互联网将自身在使用过程中的体验以及建议进行反馈，从而为企业进一步优化服务提供支撑。由公司投资建设水泵售后服务中心，对每一台水泵进行身份跟踪。水泵总集成网络平台已进入试运行状态，不久将在行业内推广使用。此外，通过微博/微信移动营销、媒体营销、社会化营销等传播渠道，对产品信息进行广泛宣传，做到"在合适的时间、把合适的信息、以合适的形式、通过合适的媒介、传递给合适的人"。

上海茬本制泵有限公司始终奉行"为二十一世纪环保产业提供先进技术装备和优良服务"这一宗旨，开发更加适合市场需求的产品，为广大用户提供更加优质的产品和服务，努力为国家的发展建设贡献力量。

坚持校企合作创成果

——上海金日冷却设备有限公司

上海金日冷却设备有限公司（简称金日公司）成立于 1993 年，是一家冷却塔专业生产企业。20

多年来,公司始终坚持以技术创新求发展,走在了冷却塔行业的前列。

金日公司于2003年组建了大型冷却塔试验基地,配备现代化的测试设备,可以进行循环水量达1 000m^3/h的整塔热性能验证。公司拥有完整的逆流、横流填料自动采集测试装置和直径达3 000mm的轴流风机测试装置,可满足冷却塔内流场、温度场的测试验证需求等,为冷却塔设计制造提供支撑。公司先后与上海交通大学、上海理工大学、扬州大学等高校组建了冷却设备联合研发中心,与各高校的科研组结成校企合作的产学研团队。多项研究成果已成功应用到公司的产品中。

金日公司与高校的合作研发由理论模拟引导、实验测试验证,在节能、低噪、高效率的冷却塔研究方面不断取得突破。2006年,公司研发的KSD-LN系列超低噪声冷却塔,通过国家玻璃钢制品质量监督检验中心的检测,除了噪声满足超低噪声冷却塔标准的要求外,耗电比达到0.03kW/(m^3/h),优于国家标准中耗电比≤0.035kW/(m^3/h)的要求。KSD-LN系列高效超低噪声冷却塔在许多高校、国家行政机关及标志性工程上得到应用。

为开发超低噪声冷却塔,满足客户的需求,金日公司专门成立了低噪声风机研发课题组,与上海交通大学合作进行研发,从风机型线设计、工艺制作以及后期的平衡和振动等方面精心把握,开发拥有自主知识产权的核心部件——高效低噪声FRP风机。通过在风洞测试装置上测试,效率提升近10%,噪声明显低于同类产品4~6dB,并申请国家专利保护。优良的产品同样离不开制作工艺,为保证每一片成型后的风叶相同、每一片风叶可以互换,团队成员在工艺和模具上制作规程和标准,让每一片成型后的风叶如同注塑机的产品,并研发了玻璃钢风机专用刻度机,使得每一片风叶的角度安装一致,安装和运行维护也更便捷,该设备申请了国家发明专利(专利号ZL201010220777.0);为减少振动,对平衡工艺加以改善,引进了金日冷却塔风机专用的动平衡机、独特的冷却塔自振频率测试仪和频谱分析仪。为确保生产出优良的产品,在产品制造环节中做到每一个环节不留隐患,把关每一处细节是对用户的产品保证和信誉承诺。

大型风机测试

风量风压测试

闭式塔的优点主要是管内循环液体不会受到外界的污染,不会蒸发损耗,不会有气味挥发和泄漏。如果是附加值高的液体更需要选择闭式塔。因此,闭式塔越来越被市场看好,越来越受到企业的青睐,市场占有量与日俱增,大力发展闭式塔已是大趋势。但是,不管是开放式塔还是闭式塔,都需要解决冬天结冰的问题。针对我国北方冬天里冷却塔易结冰的问题,金日公司与上海理工大学合作开发高效横流闭式冷却塔,公司派出技术骨干和上海理工大学的专家潜心研究,经过多次试验和多次调整方案,经过一年的合作,冷却塔防冻结的问题被解决。

在解决和攻克闭式塔冬天结冰问题的过程中,同时研究解决盘管结垢问题。金日公司通过校企

板金塔实样

合作开发，经过无数次实验，应用于盘管自我洁净技术研发成功。这两项科研成果都获得了国家专利保护。金日公司联合高校共同研发具有攻关项目的新课题，对闭式塔盘管的布置间距、层距，管壁的厚度与填料间隔大小进行试验研究，研究的成果“高效节能冷却塔关键部件的研发”项目获得2011年上海市科学技术奖二等奖。

闭式塔性能测试

近年来，金日公司先后获得20多项专利，其中1/4为发明专利。2012年，公司被上海市政府评为高新技术企业。今后，金日公司将继续坚持“以技术为基础，以市场为导向，解决存在的问题，研发适销新产品”的宗旨，利用校企结合的产学研平台，走技术创新发展之路。

传承品质　志臻完美

——益美高公司

一、革新创新，不断发展

益美高公司（EVAPCO）于1976年成立于美国马里兰州的巴尔的摩市，致力于向商业及工业市场提供优质的换热设备。经过30多年的努力，公司迅速发展，主要产品有蓄冰设备、蒸发式冷凝器、闭式冷却塔、开式冷却塔、工业冷风机、循环泵组、制冷剂输送系统、热交换器和压力容器等，至此，益美高公司已经能够提供工业制冷系统中所有主要的换热部件。当前益美高公司已在10个国家开设了20家工厂，在51个国家设立了170多个销售部，全球总部位于美国马里兰州的塔尼镇。

益美高公司的成功及持续发展的关键是公司强有力的财政支持和对研发的大力投入。位于美国马里兰州塔尼镇的益美高研发中心拥有超过6 000m^2的热力分析和产品研发实验室，是制冷空调行业中先进的超大型研究中心之一，包括可控环境实验室、低温环境实验室、水分析实验室、AMCA通风机测试实验室，蓄冰系统试验台，以及用于研究空气冷却式冷凝热交换器（ACC）的风洞等。益美高凭借杰出的工程专业技术成功地对各种系列产品进行了创新，随着测试、研究和开发项目的持续进行，公司在热交换领域（蒸发式冷却和显热冷却）新产品开发及产品创新方面成为行业中的佼佼者。

二、立足中国，面向亚太

益美高公司在中国的发展始于1995年，先后在上海和北京建立了全外资生产厂，主要生产开式冷却塔、闭式冷却塔、蓄冰盘管和蒸发式冷凝器。

2006 年 1 月,益美高公司在上海宝山工业园区内投资新建的现代化工厂正式运营,同时益美高亚太地区总部也搬迁至此。

当前,益美高在中国拥有两家独资工厂,分别为益美高(上海)制冷设备有限公司和北京益美高制冷设备有限公司。中国工厂配置了益美高全球工厂中最先进的生产设备,采用美国总部统一的生产图样,制造益美高全球质量统一的优质产品。

益美高上海工厂通过了 ISO9001 质量管理体系认证、ISO14001 环境体系认证以及 ASME 认证,产品拥有 CTI 认证、FM 认证和 IBC 认证。从 2006 年上海新工厂建厂至今已经历多次扩建,当前上海工厂正进行 4 期扩建,将以更大的生产能力、更丰富的产品系列服务于市场。2014 年 6 月,益美高北京工厂迎来乔迁之喜,新工厂占地面积 8 227m^2,厂房建筑面积 4 670m^2,为公司生产制造创造了一个更为良好的环境。

益美高中国工厂为整个中国及亚太地区客户提供高质量的产品和一流的服务。公司所有员工时刻准备着迎接来自市场的挑战,他们的丰富经验和公司对优质产品的承诺使得产品不断完善,以满足客户的需求。

三、开拓市场,实现可持续发展

益美高公司的产品广泛应用于商业空调、工艺加工、工业制冷、区域供冷、电力行业等领域。益美高冷却塔以其高效稳定、节能环保的特点在诸多行业获得广泛认可,以下为部分应用:

1. 轨道交通

在城市轨道交通中,暖通空调系统作为直接影响乘客舒适度的重要环节以及耗能大户有着很大的改进提升空间,同时作为系统组成部分之一的冷却塔对于周边环境的影响也必须纳入考虑范围之中。益美高冷却塔不仅在可靠性、热力性能、维护性、能耗、漂水控制方面处于先进水平,而且很好地解决了噪声扰民和冷却塔放置区域受限的问题。益美高 UT 超静音冷却塔在上海地铁 2 号线、12 号线和 13 号线被大量使用,它的降噪效果非常明显,令客户非常满意。LPT 和 LSTE 单面进风、离心风机的冷却塔塔体噪声本身比较低,适合放置在室内,不占用外部空间,工程完工后,在附近居民家进行了不同时段、不同区域的相关测试,完全消除了冷却塔对附近居民的影响,解决了以前采用其他冷却塔导致的居民投诉问题。益美高冷却塔以其独有的技术优势获得了上海地铁、南京地铁、宁波地铁、成都地铁、香港地铁运行方的满意。

2. 数据中心

随着信息化社会的发展,数据集中是管理集约化的必然要求,而数据中心建设则成为数据集中趋势下的必然产物。如今中国数据中心建设进入一个快速发展阶段,也为应用于数据中心中的 HVAC 业务带来了可观的市场。

通常数据中心的建设都会引入 PUE 的概念,PUE 是数据中心总能耗与 IT 设备能耗的比值,是评价数据中心能源效率的指标,PUE 值越小,表示数据中心的能源利用率越高,该数据中心越符合低碳、节能的标准。制冷系统一般占总能耗的 30%,仅次于 IT 设备 50% 的能源消耗量,所以对制冷系统的优化节能对于降低数据中心最终的 PUE 值有着重大的意义。而冷却塔的冬季免费制冷(不使用制冷主机,由冷却塔的冷却水直接或间接为系统供冷)运行能显著提高能源使用效率,大幅度降低能耗,降低 PUE 值。以北京某数据中心为例,压缩式冷水机组一般每制造 1RT 的冷量需要耗电 0.6kW,COP 值为 5.8,而每台冷却塔要求冬季免费制冷量为 1 950kW,进水温度为 13.5℃,出水温度为 8.5℃,湿球温度为 3.0℃。选择某型号 AT 冷却塔,每制造 1RT 的冷量,仅需耗电 0.04kW,COP 值达到 88,是冷水机组的 15 倍。由此可见,在冬季冷却塔免费制冷的确能给数据机房带来显著的节能效率。免费制冷最理想的应用区域是在寒冷地区甚至是严寒地区,因此冷却塔免费制冷运行的同时也存在结冰的隐患,而冷却塔冬季免费制冷的关键在于防冻,如果机组内部或机组上过度结冰,就会造成机组排热能力大幅降低,严重时还可能引起设备故障。益美高 AT 冷却塔相比其他厂家的产品具有突出的冬季防结冰能力。益美高公司为世纪互联宽带数据中心、亚太中立数据中心、百度、国家电网、中国电信等诸多数据中心提供了相应的设备。

3. 区域供冷

区域供冷近几年在中国发展较快，它通过设置集中的制冷站，再由循环水管道系统输送冷冻水，向各座建筑提供空调冷量。这样各座建筑内不必单独设置空调冷源，从而避免到处设置冷却塔。

上海虹桥商务核心区是继上海2010年世博会后的城市重点发展区域，其核心区将作为服务虹桥综合枢纽及周边产业区的专项职能中心和商务社区。此项目是当前上海地区最大的区域能源中心，为100万m^2的商务区提供冷热电三联供。鉴于冷却塔对能源站的重要性（冷却塔换热性能和防火性能），且冷却塔单体体量巨大，布置区域面积小，经过多方商讨，确立了选用CTI认证钢制冷却塔的设计思路。本项目冷却塔设计中还有一个很重要的特点，就是所有电制冷主机冷却塔自身不带水盘，冷却塔放置在混凝土水池之上，这样有利于水力平衡分配。最终，益美高公司为上海虹桥能源中心提供39台AT系列冷却塔，共计113个单元模块。

四、服务创造价值，客户满意是终极目标

一个优秀的服务团队在产品销售中有时能起到决定性作用，用户关注的除了产品本身，还有售后服务。益美高公司非常重视售后服务，所倡导的理念就是让客户的满意度达到100%，也就是说客户满意是益美高所有工作的最终目标。纵观益美高公司的服务体系，售后服务中心遍布全国各地，每个中心对区域内客户进行及时的服务，并对服务响应时间有着严格的规章制度。在益美高公司的服务体系中，对售后服务范围的理解十分广泛，除了设备的维修，还可以对非益美高公司的产品做基础的检查，这是益美高公司在服务中最大的特色。对于益美高公司来说，唯有了解客户需求，才能真正做到“服务创造价值”。

统计资料

2014 年通用机械行业主要经济指标完成情况

行业名称	企业数(家)	亏损企业		亏损额		流动资产合计		应收账款		存货	
		企业数(家)	同比增长(%)	本年累计(亿元)	同比增长(%)	本年累计(亿元)	同比增长(%)	本年累计(亿元)	同比增长(%)	本年累计(亿元)	同比增长(%)
全行业合计	5 309	471	15.16	25	36.30	4 567	5.88	1 574	7.10	1 110	6.57
泵及真空设备	1 306	118	14.56	6	43.72	910	4.43	308	5.36	245	9.86
风机	456	39	-2.50	2	-16.00	653	9.20	243	9.31	136	17.02
压缩机	486	52	1.96	5	5.82	870	3.35	291	5.59	224	-0.28
阀门	1 750	133	33.00	5	88.21	1 179	6.15	422	6.73	274	4.62
气体分离及液化设备	457	45	32.35	3	76.47	489	5.64	166	8.04	104	5.61
其他通用机械	854	84	3.70	4	37.50	466	8.71	144	10.38	127	8.21

行业名称	产成品		资产总计		负债总计		主营业务收入		主营业务成本		主营业务税金及附加	
	本年累计(亿元)	同比增长(%)	本年累计(亿元)	同比增长(%)	本年累计(亿元)	同比增长(%)	本年累计(亿元)	同比增长(%)	本年累计(亿元)	同比增长(%)	本年累计(亿元)	同比增长(%)
全行业合计	450	14.46	7 560	8.69	3 752	5.70	9 384	5.62	7 815	6.34	60	14.04
泵及真空设备	89	19.49	1 607	10.36	746	4.70	2 141	7.86	1 752	9.39	15	16.45
风机	52	43.90	985	14.84	535	12.17	909	9.88	746	12.35	6	1.25
压缩机	115	6.47	1 425	2.99	756	-1.48	1 852	0.15	1 567	-0.71	9	7.86
阀门	110	7.38	1 915	8.00	880	7.39	2 577	5.66	2 148	6.47	18	25.43
气体分离及液化设备	44	12.10	822	9.63	446	6.14	782	1.67	641	1.27	6	7.17
其他通用机械	40	21.38	806	9.63	389	10.17	1 123	10.58	960	12.43	6	7.93

行业名称	销售费用		管理费用		财务费用		利息支出		利润总额		应交增值税	
	本年累计(亿元)	同比增长(%)	本年累计(亿元)	同比增长(%)	本年累计(亿元)	同比增长(%)	本年累计(亿元)	同比增长(%)	本年累计(亿元)	同比增长(%)	本年累计(亿元)	同比增长(%)
全行业合计	313	4.49	507	6.66	78	1.92	68	5.51	631	1.31	265	4.79
泵及真空设备	82	6.45	123	8.78	18	-0.05	17	7.30	153	1.67	63	6.60
风机	30	4.58	56	0.87	6	12.09	5	3.20	65	6.87	29	-3.04
压缩机	57	-3.13	105	4.22	10	-12.93	10	-1.65	106	-1.39	48	11.23
阀门	85	2.19	124	7.93	25	0.20	21	4.77	183	4.47	74	8.64
气体分离及液化设备	29	15.13	48	10.97	8	5.25	7	0.60	57	-6.81	24	-13.46
其他通用机械	29	13.09	51	6.57	10	22.59	9	19.75	66	-1.05	28	8.05

（续）

名称	出口交货值		主营业务利润率(%)		资产负债率(%)		成本费用利润率(%)	
	本年累计（亿元）	同比增长（%）	本年	上年	本年	上年	本年	上年
全行业合计	1 020	6.97	6.72	7.01	49.63	51.04	7.24	7.59
泵及真空设备	254	10.20	7.13	7.56	46.41	48.92	7.72	8.29
风机	61	11.14	7.19	7.39	54.32	55.62	7.79	8.11
压缩机	195	3.21	5.73	5.82	53.06	55.47	6.10	6.15
阀门	371	5.30	7.11	7.19	45.96	46.23	7.69	7.82
气体分离及液化设备	73	1.01	7.33	7.99	54.25	56.03	7.89	8.67
其他通用机械	66	20.81	5.90	6.59	48.29	48.05	6.30	7.15

注:表中数据经四舍五入,分项之和与总项略有出入。

〔供稿单位:中国通用机械工业协会〕

2014年通用机械行业固定资产投资完成情况

行业名称	计划总投资		自开始建设累计完成投资		自年初累计完成投资		其中:住宅投资	
	本年累计（亿元）	同比增长（%）	本年累计（亿元）	同比增长（%）	本年累计（亿元）	同比增长（%）	本年累计（亿元）	同比增长（%）
全行业合计	3 779.51	17.37	2 931.27	22.69	2 194.28	25.75	1.43	-32.06
泵及真空设备	847.84	34.36	646.23	33.06	492.74	29.22	0.63	2.69
风机	343.33	-10.19	279.03	3.68	209.40	14.76	0.32	189.98
压缩机	394.36	-3.66	296.07	-1.43	189.42	-9.34	0.41	462.50
阀门	751.80	14.90	575.56	19.66	421.74	26.44		
气体分离及液化设备	258.36	9.77	207.19	22.16	141.73	6.39		
其他通用机械	1 183.81	30.38	927.21	35.70	739.25	46.26	0.08	-93.71

行业名称	建筑工程		安装工程		设备工器具购置		其中:购置旧设备	
	本年累计（亿元）	同比增长（%）	本年累计（亿元）	同比增长（%）	本年累计（亿元）	同比增长（%）	本年累计（亿元）	同比增长（%）
全行业合计	1 010.97	25.65	156.55	31.55	858.30	26.01	3.40	4.09
泵及真空设备	234.00	31.02	34.99	24.29	184.05	28.49	0.46	-15.51
风机	84.88	12.99	11.97	-10.07	97.99	22.37	0.04	-60.00
压缩机	82.61	-17.12	13.77	4.38	81.21	-0.95	0.09	-72.32
阀门	202.54	33.61	24.86	44.12	158.02	16.52	0.97	93.72
气体分离及液化设备	60.43	-3.48	11.74	37.74	62.94	21.28	0.57	83.88
其他通用机械	346.51	46.23	59.23	53.50	274.09	45.57	1.28	-14.93

行业名称	其中:用于更新的设备		其他费用		其中:旧建筑物购置费		其中:土地购置费	
	本年累计（亿元）	同比增长（%）	本年累计（亿元）	同比增长（%）	本年累计（亿元）	同比增长（%）	本年累计（亿元）	同比增长（%）
全行业合计	146.39	16.13	168.47	20.13	2.82	68.84	86.73	14.57
泵及真空设备	33.84	6.46	39.71	26.73	0.49	148.93	20.55	32.59
风机	14.31	37.43	14.57	4.39	0.18	416.86	10.97	7.69
压缩机	9.10	-47.04	11.82	-15.97	0.25	109.33	7.18	-5.29
阀门	29.50	49.25	36.33	24.79	0.83	124.92	19.85	27.71
气体分离及液化设备	10.72	7.61	6.61	-35.11	0.13	538.00	3.59	-34.10
其他通用机械	48.92	32.41	59.42	42.94	0.94	1.01	24.57	14.68

（续）

行业名称	本年新增固定资产		本年施工房屋面积		其中：住宅		本年竣工房屋面积	
	本年累计（亿元）	同比增长（%）	本年累计（万 m^2）	同比增长（%）	本年累计（万 m^2）	同比增长（%）	本年累计（万 m^2）	同比增长（%）
全行业合计	1 734.99	39.08	2 978.06	1.51	11.84	0.41	997.28	21.99
泵及真空设备	428.55	51.14	618.00	19.32	5.13	140.57	210.84	13.77
风机	160.12	30.68	332.90	40.77	1.86	-39.63	102.09	14.92
压缩机	111.30	-15.36	318.09	-5.66	1.90	566.67	104.51	88.47
阀门	354.09	43.41	659.30	-21.00	0.01	-97.87	207.65	-4.50
气体分离及液化设备	121.06	34.23	183.30	-12.98			51.93	-6.74
其他通用机械	559.86	50.18	866.46	8.72	2.95	-31.20	320.26	49.12

行业名称	其中：住宅		施工项目资金		其中：本年新开工资金		本年投产项目资金	
	本年累计（万 m^2）	同比增长（%）	本年累计（亿元）	同比增长（%）	本年累计（亿元）	同比增长（%）	本年累计（亿元）	同比增长（%）
全行业合计	5.26	-6.80	3531.00	12.06	2 593.00	13.33	2 483.00	21.60
泵及真空设备	2.03	2.94	774.00	11.85	555.00	6.32	535.00	18.10
风机	1.03	103.98	307.00	18.53	235.00	14.63	225.00	38.04
压缩机	1.90	5 328.57	250.00	4.60	169.00	2.42	153.00	10.07
阀门	0.01	0.00	882.00	6.14	621.00	11.69	612.00	19.53
气体分离及液化设备			235.00	3.98	152.00	-4.40	163.00	14.79
其他通用机械	0.30	-90.43	1083.00	19.80	861.00	26.43	795.00	25.59

行业名称	本年实际到位资金		1. 上年末节余资金		2. 本年实际到位资金		（1）国家预算资金	
	本年累计（亿元）	同比增长（%）	本年累计（亿元）	同比增长（%）	本年累计（亿元）	同比增长（%）	本年累计（亿元）	同比增长（%）
全行业合计	2 266.20	24.72	58.76	101.67	2 207.44	23.47	3.28	164.09
泵及真空设备	524.12	30.86	17.77	87.44	506.34	29.49	0.18	67.20
风机	217.21	15.23	4.89	27.20	212.32	14.98		
压缩机	197.88	-7.52	13.22	295.07	184.66	-12.33		
阀门	428.60	22.47	9.69	58.57	418.91	21.83	2.80	409.36
气体分离及液化设备	151.64	10.07	1.32	119.80	150.32	9.59		
其他通用机械	746.75	41.89	11.86	106.32	734.89	41.18	0.31	-29.59

行业名称	（2）国内贷款		（3）利用外资		其中：外商直接投资		（4）自筹资金	
	本年累计（亿元）	同比增长（%）	本年累计（亿元）	同比增长（%）	本年累计（亿元）	同比增长（%）	本年累计（亿元）	同比增长（%）
全行业合计	172.24	21.17	42.80	169.37	8.63	0.50	1 959.85	22.31
泵及真空设备	48.98	38.93	5.45	31.91	2.27	84.00	439.66	27.21
风机	14.40	13.46	0.35	-37.76			195.80	15.97
压缩机	20.55	27.71	3.94	237.17	2.54	0.00	159.13	-16.16
阀门	17.88	19.69	10.51	148.43	1.11	-68.49	382.74	18.80
气体分离及液化设备	12.18	10.74	11.43	2 026.62			125.93	1.10
其他通用机械	58.25	11.65	11.11	111.54	2.71	-16.45	656.59	45.48

（续）

	其中:企业事业单位自有资金		(5)其他资金来源		各项应付款		其中:工程款	
	本年累计（亿元）	同比增长（%）	本年累计（亿元）	同比增长（%）	本年累计（亿元）	同比增长（%）	本年累计（亿元）	同比增长（%）
全行业合计	615.75	14.74	29.28	11.28	105.51	11.54	31.26	74.65
泵及真空设备	143.41	8.29	12.07	104.02	15.11	26.76	5.92	32.26
风机	54.35	4.69	1.77	-31.14	20.12	20.10	1.83	37.48
压缩机	57.20	42.76	1.02	-70.64	10.42	-62.34	3.13	71.79
阀门	129.79	4.23	4.99	153.19	16.57	18.94	3.69	6.04
气体分离及液化设备	45.65	-5.11	0.78	-21.10	2.17	-1.68	1.38	22.65
其他通用机械	185.35	32.79	8.64	-24.03	41.12	85.95	15.31	170.34

注:表中数据经四舍五入,分项之和与总项略有出入。

〔供稿单位:中国通用机械工业协会〕

2014年通用机械主要产品进口情况

商品税号	商品名称	进口量单位	进口量	进口金额（美元）	比上年增长(%)
84131100	分装燃料或润滑油的计量泵,加油站或车库用	台	2 451	4 954 783	49.56
84131900	其他装有或可装计量装置的液体泵	台	2 061 001	194 439 999	8.71
84132000	手泵,但装有或可装计量装置者除外	台	86 215 960	31 973 669	3.32
84133029	其他活塞式内燃发动机用燃油泵	台	5 320 140	346 680 696	5.58
84134000	混凝土泵	台	1 117	9 591 678	-30.12
84135010	气动往复式排液泵	台	238 621	62 534 745	8.03
84135020	电动往复式排液泵	台	10 068 437	331 128 318	29.98
84135031	液压往复式柱塞泵	台	596 963	258 541 754	47.23
84135039	其他液压往复式排液泵	台	400 872	171 490 471	-3.74
84135090	未列名往复式排液泵	台	1 843 343	72 571 400	-36.87
84136021	电动回转式齿轮泵	台	2 437 170	257 942 465	14.23
84136022	液压回转式齿轮泵	台	230 580	52 960 615	-9.08
84136029	其他回转式齿轮泵	台	1 406 944	120 487 637	5.89
84136031	电动回转式叶片泵	台	485 747	37 385 524	-6.49
84136032	液压回转式叶片泵	台	79 314	21 918 462	71.82
84136039	其他回转式叶片泵	台	956 775	70 690 716	54.09
84136040	回转式螺杆泵	台	34 117	63 427 235	17.93

（续）

商品税号	商品名称	进口量单位	进口量	进口金额（美元）	比上年增长(%)
84136050	回转式径向柱塞泵	台	6 375	8 440 454	26.23
84136060	回转式轴向柱塞泵	台	79 194	109 911 189	-15.89
84136090	其他回转式排液泵	台	1 748 380	101 041 504	-13.67
84137010	转速在 10 000r/min 及以上的离心泵	台	1 015 093	41 198 786	13.42
84137091	转速在 10 000r/min 以下离心电动潜油泵及潜水电泵	台	77 153	66 685 976	-6.42
84137099	转速在 10 000r/min 以下的其他离心泵	台	3 926 116	837 421 882	-7.12
84138100	未列名液体泵	台	3 679 631	318 327 773	23.20
84138200	液体提升机	台	7 405	12 655 938	57.19
84139100	液体泵零件	kg	26 853 339	660 990 151	-6.74
84139200	液体提升机零件	kg	27 584	760 619	98.71
84141000	真空泵	台	2 253 292	528 579 324	3.79
84142000	手动或脚踏式空气泵	台	1 371 863	5 122 333	-21.45
84143011	冷藏、冷冻箱压缩机，电动机功率 $P \leqslant 0.4$kW	台	3 771 071	171 709 972	-7.21
84143012	0.4kW < $P \leqslant$ 5kW 的冷藏或冷冻箱用压缩机	台	600 340	50 130 058	3.82
84143013	0.4kW < $P \leqslant$ 5kW 的空气调节器用压缩机	台	3 421 522	239 983 679	-8.05
84143014	P > 5kW 的空气调节器用压缩机	台	329 047	153 703 907	-3.00
84143015	P > 5kW 的冷藏或冷冻箱用压缩机	台	32 987	76 643 124	44.03
84143019	电动机驱动的其他制冷设备用压缩机	台	946 948	125 875 322	16.03
84143090	非电动机驱动的制冷设备用压缩机	台	2 877 446	346 429 262	3.36
84144000	装在拖车底盘上的空气压缩机	台	637	8 311 367	-34.69
84145930	离心通风机	台	2 962 442	218 722 040	-4.69
84145990	其他风机、风扇	台	174 862 061	869 552 739	5.21
84148020	二氧化碳压缩机	台	57 738	14 927 944	-58.74
84148090	其他空气泵，气体压缩机，通风罩、循环气罩	台	24 612 710	1 481 530 663	-16.81
84149011	84143011 ~ 84143014、84143090 压缩机进、排气阀片	kg	597 205	12 443 745	14.56
84149019	84143011 ~ 84143014、84143090 其他零件	kg	32 622 182	352 133 794	4.11
84193100	农产品干燥器	台	240	14505516	66.37
84193200	木材、纸浆、纸或纸板干燥器	台	402	66 621 275	0.62
84193910	微空气流动陶瓷坯件干燥器	台	19	1 793 516	-28.70
84193990	其他干燥器	台	83 881	290 311 727	0.89
84196019	其他制氧机	台	9 133	6 080 987	239.57
84196090	未列名液化空气或其他气体的机器	台	290	127 675 084	37.53

（续）

商品税号	商品名称	进口量单位	进口量	进口金额（美元）	比上年增长（%）
84211910	脱水机	台	476	30 933 202	-6.85
84211920	固液分离机	台	2 521	98 438 435	-33.00
84211990	其他未列名离心机，包括离心干燥机	台	52 047	253 973 165	-4.19
84212110	家用型水的过滤、净化机器及装置	台	5 675 895	65 515 190	109.97
84212200	过滤或净化饮料的机器及装置	台	7 949	5 262 125	-11.37
84212300	内燃发动机的燃油过滤器	台	43 846 670	249 599 350	-1.57
84212910	压滤机	台	251	43 018 913	-37.89
84212990	未列名液体过滤、净化机器及装置	台	74 524 811	933 270 174	17.44
84213100	内燃发动机的进气过滤器	台	3 084 933	56 885 967	1.33
84213921	工业用静电除尘器	台	4 820	15 431 987	5.43
84213922	工业用袋式除尘器	台	2 577	12 774 982	-45.08
84213923	工业用旋风式除尘器	台	10 776	11 152 953	-20.37
84213929	其他工业用除尘器	台	56 554	45 461 589	-9.74
84213930	内燃发动机的排气过滤及净化装置	台	1 576 036	185 319 005	10.86
84213990	其他非家用型气体的过滤、净化机器及装置	台	94 759 742	526 739 049	-0.62
84811000	减压阀	台	35 867 699	396 245 934	2.61
84812010	油压传动阀	台	78 324 292	849 518 004	0.38
84812020	气压传动阀	台	14 046 530	503 807 582	9.09
84813000	止回阀	台	257 863 487	395 760 605	1.81
84814000	安全阀或溢流阀	台	78 578 485	411 751 205	1.83
84818090	龙头、旋塞及类似装置	台	42 283 895	233 812 463	-6.10
84819010	阀门零件	kg	30 419 618	1 119 353 428	10.14
84819090	龙头、旋塞及类似装置的零件	kg	5 612 022	154 601 388	-0.06
84834020	行星齿轮减速器	台	543 747	352 369 600	11.63
84834090	齿轮及其他变速传动装置；滚珠螺杆传动轴	台	360 525 719	1 581 298 434	10.98

〔供稿单位：机械工业信息中心〕

2014年通用机械主要产品出口情况

商品税号	商品名称	出口量单位	出口量	出口金额（美元）	比上年增长（%）
84131100	分装燃料或润滑油的计量泵，加油站或车库用	台	236 640	87 703 419	-5.79

（续）

商品税号	商品名称	出口量单位	出口量	出口金额（美元）	比上年增长（%）
84131900	其他装有或可装计量装置的液体泵	台	1 218 393	86 336 606	41.72
84132000	手泵，但装有或可装计量装置者除外	台	1 922 655 654	241 766 170	33.43
84133029	其他活塞式内燃发动机用燃油泵	台	29 058 506	521 717 547	46.42
84134000	混凝土泵	台	2 551	64 936 836	-7.10
84135010	气动往复式排液泵	台	919 068	65 115 315	23.55
84135020	电动往复式排液泵	台	16 111 440	206 075 378	16.70
84135031	液压往复式柱塞泵	台	960 556	83 961 709	35.10
84135039	其他液压往复式排液泵	台	692 463	36 086 580	12.79
84135090	未列名往复式排液泵	台	2 219 358	169 827 796	42.52
84136021	电动回转式齿轮泵	台	845 904	22 996 901	21.01
84136022	液压回转式齿轮泵	台	411 204	42 140 750	17.74
84136029	其他回转式齿轮泵	台	372 397	26 643 920	9.34
84136031	电动回转式叶片泵	台	18 052 128	172 477 132	18.56
84136032	液压回转式叶片泵	台	478 585	20 180 145	32.42
84136039	其他回转式叶片泵	台	1 984 105	38 149 810	12.94
84136040	回转式螺杆泵	台	297 728	30 685 420	19.21
84136050	回转式径向柱塞泵	台	36 438	2 763 020	57.86
84136060	回转式轴向柱塞泵	台	1 329 529	51 993 158	221.53
84136090	其他回转式排液泵	台	23 577 249	626 114 700	14.56
84137010	转速在 10 000r/min 及以上的离心泵	台	12 499 871	58 872 888	27.27
84137091	转速在 10 000r/min 以下离心电动潜油泵及潜水电泵	台	29 723 690	699 729 709	6.43
84137099	转速在 10 000r/min 以下的其他离心泵	台	32 365 117	1 357 154 839	13.08
84138100	未列名液体泵	台	26 507 999	388 556 046	-2.96
84138200	液体提升机	台	28 178	3 173 999	-11.34
84139100	液体泵零件	kg	257 683 259	1 641 739 387	9.98
84139200	液体提升机零件	kg	2 147 584	20 605 129	11.23
84141000	真空泵	台	4 043 948	195 510 890	12.39
84142000	手动或脚踏式空气泵	台	154 240 100	267 173 626	16.90
84143011	冷藏、冷冻箱压缩机，电动机功率 $P \leq 0.4$kW	台	34 491 310	1 013 618 279	7.79
84143012	0.4kW $< P \leq 5$kW 的冷藏或冷冻箱用压缩机	台	929 923	74 082 967	4.36
84143013	0.4kW $< P \leq 5$kW 的空气调节器用压缩机	台	23 499 311	1 383 455 380	5.20
84143014	$P > 5$kW 的空气调节器用压缩机	台	291 133	157 819 984	20.18
84143015	$P > 5$kW 的冷藏或冷冻箱用压缩机	台	17 558	21 015 431	31.89
84143019	电动机驱动的其他制冷设备用压缩机	台	3 403 471	163 414 564	3.57
84143090	非电动机驱动的制冷设备用压缩机	台	5 081 909	448 565 610	0.88

（续）

商品税号	商品名称	出口量单位	出口量	出口金额（美元）	比上年增长（%）
84144000	装在拖车底盘上的空气压缩机	台	117 408	126 903 569	11.53
84145930	离心通风机	台	19 254 143	332 636 003	17.33
84145990	其他风机、风扇	台	359 816 715	1 374 962 632	12.45
84148020	二氧化碳压缩机	台	502 354	73 328 403	65.15
84148090	其他空气泵，气体压缩机，通风罩、循环气罩	台	97 531 886	2 039 833 805	17.46
84149011	84143011～84143014、84143090压缩机进、排气阀片	kg	658 619	7 062 533	7.84
84149019	84143011～84143014、84143090其他零件	kg	42 581 400	196 470 460	18.54
84193100	农产品干燥器	台	1 691	16 397 944	-30.86
84193200	木材、纸浆、纸或纸板干燥器	台	3 749	46 433 614	30.10
84193910	微空气流动陶瓷坯件干燥器	台	3 082	1 388 528	154.20
84193990	其他干燥器	台	1 167 037	299 214 513	19.94
84196011	制氧量≥15 000m^3/h及以上的制氧机	台	561	31 902 271	-22.83
84196019	其他制氧机	台	6 983	69 166 181	-37.79
84196090	未列名液化空气或其他气体的机器	台	2 208	189 717 904	131.31
84211910	脱水机	台	190 610	22 369 146	-18.12
84211920	固液分离机	台	19 523	92 339 676	11.64
84211990	其他未列名离心机，包括离心干燥机	台	304 115	101 847 532	21.40
84212110	家用型水的过滤、净化机器及装置	台	19 080 352	203 892 060	10.76
84212200	过滤或净化饮料的机器及装置	台	429 143	3 393 422	155.01
84212300	内燃发动机的燃油过滤器	台	389 157 739	717 853 477	5.70
84212910	压滤机	台	1 979	81 220 439	51.89
84212990	未列名液体过滤、净化机器及装置	台	101 840 456	564 150 191	24.18
84213100	内燃发动机的进气过滤器	台	96 702 498	275 408 416	28.37
84213921	工业用静电除尘器	台	3 665	68 401 060	30.44
84213922	工业用袋式除尘器	台	192 064	185 766 530	45.35
84213923	工业用旋风式除尘器	台	7 829	9 053 349	-16.20
84213929	其他工业用除尘器	台	68 741	77 048 130	111.25
84213930	内燃发动机的排气过滤及净化装置	台	4 744 726	159 733 203	126.66
84213990	其他非家用型气体的过滤、净化机器及装置	台	332 597 314	484 983 550	37.05
84811000	减压阀	台	47 030 151	220 959 824	13.93
84812010	油压传动阀	台	7 856 479	77 030 733	3.24
84812020	气压传动阀	台	11 877 335	127 754 199	50.07
84813000	止回阀	台	1 924 744 725	426 367 648	8.09
84814000	安全阀或溢流阀	台	46 730 043	161 649 607	44.79
84818090	龙头、旋塞及类似装置	台	612 171 762	4 258 698 321	5.51

（续）

商品税号	商品名称	出口量单位	出口量	出口金额（美元）	比上年增长（%）
84819010	阀门零件	kg	360 607 602	2 397 828 366	7.26
84819090	龙头、旋塞及类似装置的零件	kg	103 354 947	1 285 160 585	5.55
84834020	行星齿轮减速器	台	4 600 086	162 076 353	7.92
84834090	齿轮及其他变速传动装置;滚珠螺杆传动轴	台	255 073 268	1 820 359 896	18.13

〔供稿单位:机械工业信息中心〕

2014 年通用机械产品主要进口国家(地区)量值表

税号	设备名称	主要进口国家（地区）	进口量单位	进口量	进口额（万美元）
84131100	分装燃料或润滑油的计量泵,加油站或车库用	新加坡	台	7	165.65
		荷兰	台	6	92.40
		德国	台	293	65.81
		英国	台	13	52.60
		美国	台	337	42.46
84131900	其他装有或可装计量装置的液体泵	德国	台	1 711 649	8 260.18
		法国	台	72 416	2 492.39
		美国	台	63 436	2 418.99
		日本	台	7 697	1 778.39
		英国	台	4 975	774.86
84132000	手泵,但装有或可装计量装置者除外	日本	台	5 006 405	563.89
		法国	台	48 054 501	477.28
		美国	台	1 126 954	345.47
		荷兰	台	14 644 451	312.17
		德国	台	1 535 958	280.86
84133029	其他活塞式内燃发动机用燃油泵	德国	台	1 828 801	11 797.85
		捷克	台	516 858	5 336.26
		意大利	台	251 357	4 978.15
		日本	台	863 073	4 363.44
		美国	台	385 654	2 069.12
84134000	混凝土泵	德国	台	222	781.11
		英国	台	17	53.51

（续）

税号	设备名称	主要进口国家（地区）	进口量单位	进口量	进口额（万美元）
		美国	台	24	35.87
		瑞士	台	6	23.53
		韩国	台	21	21.41
84135010	气动往复式排液泵	美国	台	29 655	2 474.79
		韩国	台	1 537	1 093.32
		德国	台	3 115	643.75
		日本	台	7 463	509.27
84135020	电动往复式排液泵	德国	台	33 535	8 608.81
		美国	台	133 129	6 799.61
		意大利	台	3 887 673	3 270.40
		法国	台	48 387	2 318.95
84135031	液压往复式柱塞泵	美国	台	18 320	8 407.33
		德国	台	10 472	7 745.87
		日本	台	53 372	4 192.48
		意大利	台	308 357	2 084.76
84135039	其他液压往复式排液泵	日本	台	89 784	6 253.27
		德国	台	38 229	3 244.43
		美国	台	14 539	2 007.62
		荷兰	台	45	1 964.14
		意大利	台	49 250	977.63
84135090	未列名往复式排液泵	日本	台	236 854	2 128.16
		韩国	台	13 862	1 617.09
		德国	台	130 343	1 507.44
		美国	台	1 849	745.48
		意大利	台	965 453	636.62
84136021	电动回转式齿轮泵	日本	台	274 084	6 828.13
		法国	台	380 072	6 528.21
		德国	台	149 502	3 811.06
		意大利	台	750 312	2 843.95
		美国	台	107 889	2 762.27
84136022	液压回转式齿轮泵	德国	台	56 764	2 239.85
		日本	台	48 621	795.11
		韩国	台	16 388	441.21
		意大利	台	22 055	423.72
		美国	台	6 170	390.75

（续）

税号	设备名称	主要进口国家（地区）	进口量单位	进口量	进口额（万美元）
84136029	其他回转式齿轮泵	韩国	台	1 176 735	6 021.55
		德国	台	167 013	3 774.86
		美国	台	18 825	910.44
		日本	台	18 334	457.83
84136031	电动回转式叶片泵	法国	台	34 485	757.02
		日本	台	79 571	725.31
		德国	台	18 161	483.64
		美国	台	3 517	451.03
		韩国	台	190 035	247.32
84136032	液压回转式叶片泵	美国	台	43 389	828.05
		德国	台	8 786	509.91
		日本	台	8 947	289.58
84136039	其他回转式叶片泵	日本	台	328 378	2 641.87
		德国	台	352 069	2 427.96
		韩国	台	224 376	789.02
84136040	回转式螺杆泵	德国	台	3 806	1 749.76
		意大利	台	19 505	770.86
		美国	台	1 000	585.68
		瑞典	台	1 937	561.70
84136050	回转式径向柱塞泵	日本	台	3 668	301.11
		德国	台	1 238	263.32
		美国	台	279	125.70
		意大利	台	636	71.09
84136060	回转式轴向柱塞泵	日本	台	37 871	3 299.96
		美国	台	2 528	630.54
		意大利	台	7 735	548.66
		韩国	台	6 543	414.51
84136090	其他回转式排液泵	德国	台	47 515	2 063.84
		日本	台	136 352	1 691.99
		韩国	台	515 862	1 456.04
		美国	台	16 052	939.68
		法国	台	22 294	786.68
84137010	转速 10 000r/min 及以上的离心泵	美国	台	1 315	2 211.35
		德国	台	1 508	463.59
		日本	台	345 363	353.28

（续）

税号	设备名称	主要进口国家（地区）	进口量单位	进口量	进口额（万美元）
84137091	转速 10 000r/min 以下的离心电动潜油泵及潜水电泵	瑞典	台	308	176.08
		德国	台	25 492	2 645.80
		美国	台	5 577	1 860.16
		新加坡	台	898	562.94
		匈牙利	台	10 377	499.54
84137099	转速在 10000r/min 以下的其他离心泵	德国	台	337 928	18 765.18
		美国	台	35 443	13 492.42
		日本	台	657 915	12 055.06
		法国	台	575 838	7 229.17
		意大利	台	235 447	4 587.24
84138100	未列名液体泵	德国	台	94 823	5 229.29
		日本	台	741 210	4 938.15
		美国	台	12 919	4 357.01
		捷克	台	336 981	4 290.85
84138200	液体提升机	德国	台	893	986.16
		美国	台	358	68.32
		巴西	台	1031	60.99
84141000	真空泵	德国	台	1 123 705	15 455.97
		日本	台	612 605	10 336.84
		韩国	台	43 684	9 893.93
		美国	台	58 038	3 607.52
		捷克	台	22 799	2 924.59
		瑞士	台	27 951	2 152.24
84142000	手动或脚踏式空气泵	中国台湾	台	952 332	133.80
		德国	台	8 347	69.96
		日本	台	204 161	69.08
84143011	冷藏、冷冻箱压缩机，电动机功率≤0.4kW	韩国	台	1 589 070	5 791.14
		巴西	台	624 906	4 096.39
		新加坡	台	868 943	3 815.79
		斯洛伐克	台	276 184	1 651.05
84143012	功率为 0.4～5kW 的冷藏或冷冻箱用压缩机	斯洛伐克	台	183 484	1 702.98
		泰国	台	220 475	1 367.52
		法国	台	41 797	804.26
		巴西	台	125 496	573.49
84143013	功率为 0.4～5kW 的空气调节器用压缩机	泰国	台	914 192	10 359.92

（续）

税号	设备名称	主要进口国家（地区）	进口量单位	进口量	进口额（万美元）
		中华人民共和国	台	1 561 292	6 351.68
		韩国	台	550 749	3 268.12
		日本	台	142 163	1 735.13
84143014	功率大于5kW的空气调节器用压缩机	日本	台	83 517	5 686.52
		中国台湾	台	87 009	3 729.71
		泰国	台	106 233	3 019.18
		美国	台	13 702	1 506.49
84143015	功率大于5kW的冷藏或冷冻箱用压缩机	德国	台	4 758	2 475.90
		日本	台	592	2 219.90
		意大利	台	4 476	629.71
		中国台湾	台	2 018	530.36
84143019	电动机驱动的其他制冷设备用压缩机	美国	台	6 013	2 880.91
		泰国	台	35 636	2 121.42
		中华人民共和国	台	721 088	1 933.81
		德国	台	2 282	1 416.71
		日本	台	7 853	1 096.44
84143090	非电动机驱动的制冷设备用压缩机	日本	台	835 805	12 408.44
		韩国	台	1 254 333	10 269.93
		泰国	台	250 621	2 591.09
		德国	台	111 574	2 468.57
		美国	台	96 734	2 327.17
84144000	装在拖车底盘上的空气压缩机	比利时	台	46	353.19
		美国	台	85	282.91
		日本	台	38	77.30
		德国	台	98	67.72
84145930	离心通风机	德国	台	267 348	10 998.78
		日本	台	77 481	2 990.04
		美国	台	8 153	1 138.72
		韩国	台	36 927	1 035.71
84193100	农产品干燥器	韩国	台	77	544.43
		中国台湾	台	97	354.31
		荷兰	台	2	217.81
		日本	台	12	81.09
		德国	台	5	77.43
84193200	木材、纸浆、纸或纸板干燥器	意大利	台	33	2 359.08

（续）

税号	设备名称	主要进口国家（地区）	进口量单位	进口量	进口额（万美元）
		奥地利	台	10	1 431.50
		匈牙利	台	5	896.23
		瑞典	台	19	825.35
		德国	台	11	398.35
84193910	微空气流动陶瓷坯件干燥器	德国	台	12	177.37
		中国台湾	台	1	1.82
		日本	台	6	0.17
84193990	其他干燥器	德国	台	1519	10 365.93
		日本	台	21 084	3 369.99
		意大利	台	920	2 975.93
		美国	台	4 717	2 377.18
		韩国	台	34 762	2 300.40
84211910	脱水机	意大利	台	81	862.55
		澳大利亚	台	33	488.41
		德国	台	45	483.65
		荷兰	台	7	279.25
		日本	台	23	278.95
84211920	固液分离机	德国	台	468	5 550.01
		美国	台	498	988.11
		瑞士	台	22	752.90
		日本	台	250	607.59
84211990	其他未列名离心机，包括离心干燥机	德国	台	14 058	8 347.63
		美国	台	8 080	5 521.59
		日本	台	5 835	2 101.24
		瑞典	台	1 830	1 928.57
		中华人民共和国	台	1 704	1 818.89
84212910	压滤机	德国	台	33	1 094.01
		瑞典	台	6	716.00
		中国台湾	台	49	385.14
		韩国	台	12	360.22
84811000	减压阀	德国	台	6 977 949	10 490.60
		美国	台	5 564 036	6 585.87
		意大利	台	1601907	5 342.14
		日本	台	5 538 828	5 158.72
		韩国	台	6 956 527	2 242.69

（续）

税号	设备名称	主要进口国家（地区）	进口量单位	进口量	进口额（万美元）
84812010	油压传动阀	日本	台	5 993 963	25 543.87
		德国	台	2 750 609	15 063.74
		韩国	台	54 685 579	13 568.67
		美国	台	12 184 689	13 228.80
		意大利	台	599 417	4 255.83
84812020	气压传动阀	日本	台	4 646 185	12 894.45
		德国	台	3 164 899	11 968.00
		美国	台	2 368 749	7 374.56
		英国	台	90 513	3 102.74
		瑞士	台	88 307	2 486.02
84813000	止回阀	德国	台	28 156 827	10 737.63
		美国	台	30 194 950	6 904.87
		日本	台	84 610 448	4 029.72
		意大利	台	5 959 989	3 200.29
		英国	台	3 008 433	2 784.83
84814000	安全阀或溢流阀	美国	台	7 203 547	14 170.22
		德国	台	6 364 059	9 442.31
		日本	台	5 082 762	3 017.97
		意大利	台	3 119 686	2 417.60
		韩国	台	44 148 779	1 951.23
84834020	行星齿轮减速器	德国	台	30 625	10 857.85
		意大利	台	52 706	8 626.98
		日本	台	98 570	6 113.58
		韩国	台	28 727	2 173.98
84834090	齿轮及其他变速传动装置;滚珠螺杆传动轴	德国	台	19 127 554	45 255.29
		美国	台	7 710 634	26 574.64
		日本	台	96 147 167	25 423.12
		中国台湾	台	33 902 843	15 765.92

〔供稿单位:机械工业信息中心〕

2014年通用机械产品主要出口国家(地区)量值表

税号	设备名称	主要出口国家（地区）	出口量单位	出口量	出口额（万美元）
84131100	分装燃料或润滑油的计量泵，加油站或车库用	尼日利亚	台	11 851	1 651. 30
		菲律宾	台	8 485	554. 55
		印度	台	5 830	501. 20
		加纳	台	1 924	419. 57
		肯尼亚	台	1 583	313. 65
		沙特阿拉伯	台	3 620	308. 37
84131900	其他装有或可装计量装置的液体泵	中国香港	台	17 766	1 049. 55
		美国	台	132 825	812. 98
		伊朗	台	53 797	562. 96
		德国	台	33 447	442. 35
84132000	手泵，但装有或可装计量装置者除外	美国	台	395 808 894	6 778. 06
		德国	台	87 042 160	1 083. 20
		俄罗斯联邦	台	108 756 022	997. 00
		韩国	台	73 546 585	959. 06
84135010	气动往复式排液泵	美国	台	104 445	1 313. 48
		新加坡	台	30 439	819. 25
		英国	台	428 034	564. 67
		比利时	台	23 916	494. 79
84135020	电动往复式排液泵	美国	台	755 079	7 330. 82
		中国香港	台	8 497 407	3 984. 54
		印度	台	2 043 935	2 105. 59
84135031	液压往复式柱塞泵	美国	台	485 952	3 585. 06
		巴西	台	190 993	626. 28
		加拿大	台	5 336	495. 48
		印度尼西亚	台	7 752	372. 01
84135039	其他液压往复式排液泵	马来西亚	台	178 510	621. 28
		美国	台	71 687	351. 57
		哈萨克斯坦	台	42 562	288. 86
		澳大利亚	台	1 927	256. 87
84135090	未列名往复式排液泵	美国	台	970 766	8 649. 26

（续）

税号	设备名称	主要出口国家（地区）	出口量单位	出口量	出口额（万美元）
		加拿大	台	73 339	1 767.35
		俄罗斯联邦	台	32 970	928.46
		日本	台	128 634	790.27
84136021	电动回转式齿轮泵	日本	台	629 561	479.71
		中国台湾	台	583	206.61
		丹麦	台	1 589	190.93
		韩国	台	824	126.21
		泰国	台	30 153	93.98
84136022	液压回转式齿轮泵	美国	台	270 393	2 039.50
		印度	台	21 099	387.34
		泰国	台	14 513	240.51
		巴西	台	11 219	191.64
84136031	电动回转式叶片泵	美国	台	7 771 849	6 159.31
		德国	台	486 525	1 953.36
		日本	台	935 186	981.44
		俄罗斯联邦	台	921 569	879.34
84136032	液压回转式叶片泵	土耳其	台	153 261	513.69
		美国	台	123 232	508.44
		印度	台	111 645	332.15
84136039	其他回转式叶片泵	美国	台	133 7513	1 308.51
		阿拉伯联合酋长国	台	20 681	240.74
		印度尼西亚	台	31 258	215.15
		伊拉克	台	24 200	201.81
84136040	回转式螺杆泵	日本	台	3 436	445.28
		哈萨克斯坦	台	4 852	418.81
		委内瑞拉	台	22	337.55
84136050	回转式径向柱塞泵	印度	台	11	68.08
		韩国	台	4 804	62.44
		新西兰	台	852	23.34
84136060	回转式轴向柱塞泵	印度尼西亚	台	320 698	1 224.19
		美国	台	405 485	1 189.92
		马来西亚	台	199 260	612.21
		印度	台	106 326	439.75
84136090	其他回转式排液泵	美国	台	1 577 805	8 454.56
		德国	台	1 305 498	4 781.81

（续）

税号	设备名称	主要出口国家（地区）	出口量单位	出口量	出口额（万美元）
		阿拉伯联合酋长国	台	961 418	3 534. 23
		俄罗斯联邦	台	879 143	3 003. 13
84137010	转速10 000r/min及以上的离心泵	委内瑞拉	台	5 859	1 226. 93
		美国	台	2 319 704	555. 78
		韩国	台	3 580 344	548. 90
		越南	台	20 767	306. 08
84137091	转速10 000r/min以下的离心电动潜油泵及潜水电泵	美国	台	5 210 010	10 626. 16
		俄罗斯联邦	台	1 753 166	5 707. 49
		尼日利亚	台	476 835	4 110. 01
		日本	台	1 889 636	2 587. 17
84137099	转速10 000r/min以下的其他离心泵	印度尼西亚	台	797 518	8 712. 68
		伊朗	台	1 082 360	8 552. 07
		美国	台	2 180 229	6 490. 93
		泰国	台	1 549 979	5 577. 90
		俄罗斯联邦	台	3 198 411	5 536. 41
84138100	未列名液体泵	美国	台	4 808 080	7 217. 80
		伊拉克	台	116 490	3 148. 86
		中国香港	台	6 542 435	1 987. 51
		德国	台	3 867 550	1 727. 36
		加拿大	台	192 074	1 510. 09
84138200	液体提升机	德国	台	2 836	33. 07
		法国	台	3 080	28. 46
		俄罗斯联邦	台	2 602	27. 10
		英国	台	915	20. 81
		沙特阿拉伯	台	209	17. 72
		拉脱维亚	台	1 569	16. 59
		乌兹别克斯坦	台	4	13. 53
		荷兰	台	986	10. 44
84141000	真空泵	美国	台	1 641 436	6 317. 07
		日本	台	754 347	1 497. 10
		印度	台	52 980	1 200. 86
84142000	手动或脚踏式空气泵	印度	台	16 065 350	4 735. 60
		美国	台	21 197 097	3 337. 19
		德国	台	6 735 437	1 309. 28
		日本	台	7 267 413	1 129. 82

（续）

税号	设备名称	主要出口国家（地区）	出口量单位	出口量	出口额（万美元）
		印度尼西亚	台	4 947 593	1 015.07
84143011	冷藏、冷冻箱压缩机，电动机功率≤0.4kW	土耳其	台	3 993 363	11 525.72
		印度尼西亚	台	3 299 531	8 259.41
		泰国	台	2 790 818	8 259.11
		俄罗斯联邦	台	2 997 146	7 844.27
		印度	台	3 003 655	7 180.18
84143012	功率0.4~5kW的冷藏或冷冻箱用压缩机	斯洛伐克	台	175 401	1 118.37
		丹麦	台	113 099	860.30
		俄罗斯联邦	台	86 519	586.49
		智利	台	22 288	571.63
84143013	功率0.4~5kW的空气调节器用压缩机	泰国	台	3 947 538	22 752.00
		印度	台	3 527 004	20 493.90
		日本	台	2 204 791	20 135.15
		巴西	台	2 565 173	14 038.32
84143014	功率>5kW的空气调节器用压缩机	韩国	台	70 411	2 908.35
		美国	台	24 258	2 229.97
		法国	台	32 113	1 666.92
		印度	台	25 488	1 372.27
		日本	台	27 293	1 313.16
84143015	功率>5kW的冷藏或冷冻箱用压缩机	韩国	台	6 370	901.59
		日本	台	5 879	574.88
		美国	台	1 640	151.27
		泰国	台	498	74.66
84143019	电动机驱动的其他制冷设备用压缩机	韩国	台	1 329 466	4 681.36
		中国香港	台	651 575	1 842.73
		马来西亚	台	18 249	1 330.50
		法国	台	7 826	1 319.81
		日本	台	294 473	1 220.83
84143090	非电动机驱动的制冷设备用压缩机	美国	台	1 903 955	14 602.47
		中国台湾	台	343 616	3 492.18
		日本	台	286 302	3 436.69
		韩国	台	344 350	2 976.26
		伊朗	台	308 204	2 948.65
84144000	装在拖车底盘上的空气压缩机	韩国	台	564	2 286.05
		中国香港	台	314	1 552.25

（续）

税号	设备名称	主要出口国家（地区）	出口量单位	出口量	出口额（万美元）
		阿拉伯联合酋长国	台	14 235	1 011.61
		沙特阿拉伯	台	1 538	1 007.11
84145930	离心通风机	美国	台	1 209 970	4 803.72
		中国香港	台	7 243 878	3 784.85
		印度尼西亚	台	104 192	2 544.46
		伊朗	台	409 257	1 984.10
84148020	二氧化碳压缩机	日本	台	329 297	4 502.05
		墨西哥	台	86 182	801.40
		伊朗	台	29	641.35
		乌兹别克斯坦	台	47	471.28
84193100	农产品干燥器	菲律宾	台	65	152.46
		印度尼西亚	台	34	151.56
		缅甸	台	31	123.01
		柬埔寨	台	79	120.16
84193200	木材、纸浆、纸或纸板干燥器	越南	台	348	1 358.40
		俄罗斯联邦	台	434	780.56
		印度尼西亚	台	134	348.20
		日本	台	76	284.84
84193910	微空气流动陶瓷坯件干燥器	伊朗	台	278	100.69
		尼日利亚	台	1	13.10
		新加坡	台	1	7.53
		埃及	台	2	4.71
84193990	其他干燥器	美国	台	347 711	3 450.05
		印度尼西亚	台	9 768	2 408.18
		印度	台	8 057	2 355.19
		日本	台	38 297	1 730.98
84196011	制氧量≥15 000m^3/h 的制氧机	印度尼西亚	台	1	1 784.28
		阿根廷	台	1	1 380.88
		越南	台	1	12.05
84196019	其他制氧机	中国台湾	台	195	1 610.14
		俄罗斯联邦	台	24	828.62
		印度尼西亚	台	62	721.79
		泰国	台	308	386.15
84196090	未列名液化空气或其他气体的机器	澳大利亚	台	17	10 286.72
		印度	台	9	2 387.83

（续）

税号	设备名称	主要出口国家（地区）	出口量单位	出口量	出口额（万美元）
		美国	台	64	1 055.50
		比利时	台	4	649.47
84211910	脱水机	马来西亚	台	101	200.27
		越南	台	149	191.19
		菲律宾	台	52 093	152.80
		韩国	台	40 164	127.98
84211920	固液分离机	伊朗	台	55	1 244.48
		美国	台	8 029	730.93
		法国	台	189	690.79
		印度	台	638	684.75
84212910	压滤机	白俄罗斯	台	5	2 852.61
		印度尼西亚	台	331	606.49
		越南	台	177	419.71
		美国	台	70	404.02
84811000	减压阀	美国	台	7 896 947	6 004.98
		日本	台	1 860 283	2 749.97
		韩国	台	638 565	1 165.05
		中国香港	台	3 806 367	1 145.06
84812010	油压传动阀	美国	台	598 264	1 265.26
		韩国	台	2 478 647	956.56
		日本	台	2 059 465	895.72
		巴西	台	39 916	771.70
		比利时	台	4 113	704.86
84812020	气压传动阀	美国	台	1 668 239	2 971.80
		日本	台	933 888	1 717.35
		德国	台	791 234	1 443.23
		马来西亚	台	500 685	644.51
84813000	止回阀	美国	台	292 584 539	8 898.14
		印度尼西亚	台	193 877 960	3 031.48
		韩国	台	45 650 154	1 981.41
		泰国	台	126 029 077	1 642.87
84814000	安全阀或溢流阀	美国	台	1 811 552	4 220.15
		越南	台	1 198 776	1 823.66
		日本	台	1 086 408	970.01
		阿拉伯联合酋长国	台	618 579	676.72

（续）

税号	设备名称	主要出口国家（地区）	出口量单位	出口量	出口额（万美元）
84834020	行星齿轮减速器	日本	台	210 685	3 177.38
		美国	台	95 424	2 918.75
		意大利	台	39 273	2 100.32
		越南	台	22 630	1 299.32
84834090	齿轮及其他变速传动装置;滚珠螺杆传动轴	美国	台	23 380 450	66 242.94
		印度	台	23 502 911	13 355.38
		意大利	台	6 664 170	7 706.98
		德国	台	6 745 970	7 327.87

〔供稿单位:机械工业信息中心〕

（本栏目编辑:任智惠）

产品与项目

公布通用机械行业获奖项目、名牌产品，推荐行业企业新产品、节能产品

产品与项目

2014 年通用机械行业“中国机械工业科学技术奖”获奖项目简介

一、1 000MW 核电机组核二级泵组关键技术及装备研制

荣获一等奖，完成单位：沈阳鼓风机集团股份有限公司、沈阳鼓风机集团核电泵业有限公司。

项目介绍：

核电作为一种安全、清洁、高效的能源被广泛应用。当前，全世界共有 440 台核电机组在运行，总装机容量为 3.71 亿 kW。预计到 2050 年，核电站总数将达到 1 000 座，核发电量将占总发电量的约 1/3。

而我国核电技术在电力中所占比例甚小，远远低于国际水平。国家“十一五”核电中长期发展规划提出，到 2020 年发展到装机容量 9 000 万 kW。

国家未来核电中长期发展规划提出，到 2020 年发展到装机容量 9 000 万 kW。国外较发达国家，如：美国、英国、德国、瑞士、日本、法国、俄罗斯、乌克兰等，已经完成了核二级泵的研究工作。而我国在核二级泵产品的设计制造和研发手段上与国外先进企业相比有较大差距。为此，《国务院关于加快振兴装备制造业的若干意见》中，已将发展核电装备作为振兴装备制造业优先发展的重大专项之一。

为承担起我国核电事业发展的重任，沈阳鼓风机集团与中广核工程有限公司将核电重要装备核二级泵（主要包括安全壳喷淋泵、低压安注泵、上充泵、余热排出泵、电动辅助给水泵 5 种泵类产品）研制列入攻关目标，并以国家重点工程项目为依托，通过产学研合作与自主开发相结合，突破了水力模型研究试验、材料研究、模型级开发等核二级泵研制过程中的技术瓶颈，完成了国内首台（套）1 000 MW 核电机组核二级泵系列产品研制，并使产品达到国际同类产品先进水平。

该系列泵组研制成功，经国家能源局组织 1 000MW 核电机组核二级泵组关键技术及装备研制鉴定：技术水平达到国家先进水平。成果获得实用新型专利 5 项，公开实用新型专利 1 项，发表论文 9 篇，为企业新增产值 216 400 万元，新增利税 23 100 万元；制定核泵标准 11 项。

核二级泵的研制成功，开创了我国百万千瓦核二级泵设计制造的历史，解决了我国核电市场长期以来依赖进口的历史，促进了我国核电事业的进步和发展，使我国核二级泵研发水平跻身于世界前列。

二、精密减速机

荣获二等奖，完成单位：山东华成中德传动设备有限公司。

项目介绍：

精密减速机项目通过了山东省科技厅的科技成果鉴定，鉴定委员会一致认为，该项目在高精密减速机的关键技术方面取得了多项创新，产品综合性能指标完全达到国外同类产品的水平，可完全替代进口产品。

产品从设计理念、生产工艺及产品适应性方面不断突破创新：

（1）设计理念上：①采用了模块化设计理念，开发数字化设计软件平台，对齿轮、箱体等实现系列化、模块化。②实现了轻量化设计，与国内同类产

品相比，重量减轻 15% 以上。③对齿轮、箱体、轴、轴承等零件和整机进行了动力学和静力学分析，通过结构优化和合理选材，提高了部件和整机的运行可靠性。④采用多种独特密封结构，密封可靠。⑤采用有利于提高支撑刚性的轴承布置，提高了承载能力。⑥产品的安装方式多样，出轴方向灵活，利于客户选用。

（2）齿轮强度计算采用 ISO 6336、DIN 3990 标准，参照 AGMA 标准校核。齿轮精度按照 ISO 1328 标准 5 级精度设计。

（3）齿轮采用最先进的热处理工艺，渗碳淬火，齿面硬度高达 58 ~ 62HRC。

（4）在齿轮加工中，采用修形和磨削工艺，有利于齿轮载荷均布，提高了承载能力，降低了振动和噪声。

（5）在冷却润滑及可选择附件方面：①可根据需要采用浸油润滑、喷油润滑，可外带风扇、冷却盘管、水油冷却器以及风油冷却器来实现对齿轮和轴承的润滑和冷却。②可选配辅助传动系统和逆止器等部件，满足不同场合的需要。③能够实现对油的温度、压力进行监控显示，提高使用可靠性。

该系列产品的研制成功，能够满足国内外市场对高端减速机产品的需求，产业化效果明显，社会效益和经济效益巨大，可替代进口产品使用。已在山东能源、山西晋煤集团、兖州煤业等企业得到了广泛应用，产品性能受到用户的一致认可。

三、高温高压复合阀关键技术研究

荣获二等奖，完成单位：湖南鸿远高压阀门有限公司、长沙理工大学。

项目介绍：

高温高压阀门在电力、石油、化工等行业中使用广泛。其工况条件恶劣（如高温、高压、杂质、颗粒及其综合作用），极易出现内漏，从而造成阀门快速失效、企业蒙受巨大经济损失以及形成极大安全隐患。然而，当前国内外已有的阀门，无论是旋转式还是升降式，始终没有摆脱传统结构中单阀座、单密封的影响。而且，阀门密封件所用的材料过硬或者过软都抵抗不了大压差的冲刷。

该项目通过对国内外球阀、截止阀、调节阀等内漏原因分析与研究，创造性地设计并开发出了高温高压复合阀。

（1）针对传统的单阀杆、单密封高温高压阀门内漏问题，该复合阀打破传统设计理念，采用了独创的双阀杆、双阀芯、双阀座的复合密封结构。旋转硬密封与升降硬密封形成的组合密封除了保证密封严密性能外，还具有相互保护作用，极大地延长了阀门的使用寿命。

（2）针对传统阀门电动控制过程中，由于阀门关闭过紧会使电动头力矩不够而无法再次打开阀门，以及由于调试过程中人为设置电动头行程容易造成阀门关闭不严这一突出矛盾，本复合阀采用了独特的预紧力密封结构，通过蝶簧预紧力保证了阀门的紧密密封，达到彻底零泄漏的目的。

（3）针对传统阀门阀座在堆焊工艺中易使阀体和阀座密封面产生不规则变形从而导致泄漏的弊端，该复合阀采用了独创的笼套式活动复合阀阀座的独立结构设计，解决了阀座随阀体变形的这一根本问题。

该项目获授权发明专利 1 项、实用新型专利 8 项。

高温高压复合阀具有截止阀、止回阀、节流阀等多种阀门功能，适用于电力、石油化工、冶金、食品、医药等行业的高温高压蒸汽输送及控制系统使用。主要设计参数：公称压力为 10MPa、16MPa、25MPa、40MPa，公称通径为 10～100mm，适用介质为蒸汽，介质温度为 0～650℃。

自 2008 年开展高温高压复合阀研究以来，已先后在大唐首阳山发电厂、张家口电厂进行了应用试验，并在大唐珲春发电厂、神头第二发电厂、国电铜陵发电有限公司等国内多家火电厂推广应用。实际使用效果证明了该复合阀具有关断严密、耐冲刷性强、使用寿命远超进口阀门等特点，累计创造 5 亿元（利润）的经济效益，在节能、减排、降耗方面发挥了重要作用。

四、大型煤基甲醇制烯烃装置用压缩机组研制

荣获二等奖，完成单位：沈阳鼓风机集团股份有限公司、沈阳透平机械股份有限公司。

项目介绍：

我国是一个“缺油、少气、富煤”的国家，其能源资源特点决定了煤炭在一次能源中的重要地位。随着我国石油和天然气对外依存度的不断提高，能源安全问题凸显。为了利用煤炭资源优势解决我国能源供需矛盾与安全，国家将新型煤化工技术开发及装备研制列入《国家中长期科技发展规划纲要（2006—2020）》等一系列规划之中。

通过煤气化、液化和焦化可实现煤制烯烃、煤制甲醇、煤制天然气和煤制化肥等。甲醇制烯烃（MTO）工艺是以煤基或天然气基合成的甲醇为原料，生产低碳烯烃的化工工艺技术，是以煤替代石油生产乙烯、丙烯等产品的核心技术。传统的乙烯、丙烯的制取路线主要是通过石脑油裂解生产，其缺点是过分依赖石油。甲醇制烯烃技术的发展，开辟了由煤炭经气化生产基础有机化工原料的新工艺路线。

由于煤制烯烃装置用压缩机工作环境极度恶劣，并具有高温、高压等特点，其研制涉及流体力学、转子动力学、机械设计与制造、材料学等多种学科。此前，国际上掌握该项技术的只有美国 GE、德国曼透平、日本日立、德国西门子四家大公司，他们对我国实行技术封锁，在沈阳鼓风机集团生产之前，该类装备全部依赖进口。

项目组开展了一系列的攻关，突破了煤制烯烃装置用压缩机整机设计制造技术和压缩机动态运行数字化试验技术等多项关键技术难题。特别是针对该压缩机组工艺介质含 26 种组分的情况，采用自主开发的先进专业热力计算软件对压缩机设计方案进行优化设计，开发了压缩机段入口定压力、定流量、定温度的压缩机新设计方法，并考虑注水、注油后整机气动性能的变化，满足整机多个操作工况的设计要求，保证了压缩机具有宽广的流量调节范围。该压缩机工艺介质中含有乙酸，选用了适用于复杂环境的沉淀硬化不锈钢高效三元叶轮，首次采用机壳内部整体喷涂不锈钢工艺，提高压缩机防腐蚀性能，确保了压缩机在复杂工作环境下的安全性。攻克了 C4－C6 易结焦组分压缩机级间注水系统、注油系统设计等技术难题。成功开发了压缩机动态运行数字化试验技术，实现了压缩机运行中的类工作态模拟、压缩机运行数据和安全保护系统的检验等，并建立了我国煤基甲醇制烯烃（MTO）装置用离心压缩机技术标准体系框架。

国内首台大型煤基甲醇制烯烃（MTO）装置用离心压缩机研制成功，成果应用在中原石化唐山唐钢气体公司等 20 多家 MTO 项目中，仅中原石化 60 万 t/a 甲醇制烯烃项目，为其年创产值 25 亿元，实现利税 2.5 亿元。该类机组研制成功，累计为沈阳鼓风机集团实现销售收入 176 658 万元，实现利税 17 601 万元。由于国内装备价格是国外的 40%～70%，直接为国家节省设备投资约 140 000 万元。

该成果获发明专利 2 项、实用新型专利 2 项，发表论文 2 篇；修订国家标准 2 项，制定企业标准 5 项。“十二”五期间，需要该类压缩机约 200 台左右，市场潜力巨大，发展应用前景广阔。

五、核安全级耐高压智能蝶阀

荣获二等奖，完成单位：江苏神通阀门股份有限公司。

项目介绍：

核安全级耐高压智能蝶阀主要应用于AP1000（第三代）核电站反应堆冷却水系统，其作用是在正常工况下保证反应堆的安全运行，而异常及事故工况下，则要保护反应堆和安全壳的完整，有效防止放射性物质的外泄，是确保核电站安全运行的关键设备之一。

核安全级耐高压智能蝶阀创新地采用浮动式加弹性补偿双功能的阀座结构，实现10MPa高压双向密封隔离；采用四层碟簧弹性载荷，确保事故工况下填料零泄漏；采用阀体支架一体式结构，提高整体抗震性能，满足设计寿命60年；采用自研非金属材料配方，满足耐辐照要求；产品核心技术已获3项授权专利，于2012年11月通过科技成果鉴定，专家一致认为该产品填补了国内空白，主要技术指标达国内领先、国际同类产品先进水平。

产品技术指标如下：

公称尺寸：2～40in（50～1 000mm）；工作压力：1.35～10MPa；适用温度：≤315℃；地震加速度：*X*、*Z*和*Y*方向均为6g；抗震要求：5次OBE、1次SSE；耐辐照累积剂量：4.85×10^5Gy；设计寿命：60年；诊断测试要求：扫描频率10 000次/s，精度1%。

产品经南通市质量监督检验所检测，该项目产品符合Q320681JEK31—2012《核安全级耐高压智能蝶阀》标准规定的要求。经中国核动力研究设计院的地震静力试验、西北核技术研究所（西安辐射研究中心）的辐射老化试验，试验结果满足技术规格书的要求。

由于国内尚无同类产品，该产品的成功开发、研制、销售，打破了国外产品的垄断，实现以国代进，对于国内阀门行业的科技进步起到了一定的推动作用。第三代核电技术是当前世界上最先进的技术，我国的第三代核电站建设正在按计划进行中，在国际核电建设中的竞争力也不断增强，向巴基斯坦等国的核电技术出口项目将大幅增长。因此，核安全级耐高压智能蝶阀市场前景十分广阔。

六、氪、氙稀有气体分离提取技术和装备的研发及应用

荣获二等奖，完成单位：上海启元空分技术发展股份有限公司。

该项目历时三年时间，攻克了分离、提取氪氙气体设备制造的技术难关，成功开发了国内首套从液氧中提取高纯氪、高纯氙的分离装置，为空分行业制造氪、氙稀有气体分离提取技术和装备开创了先河，打破国际垄断、填补国内空白，具有良好的产业化市场前景。

该项目关键制造技术主要创新内容如下：

项目主要创新内容为利用低温工程技术特点，研究分析空气分离制取高纯氪、氙稀有气体的方法、技术、工艺及其品质，以及高纯气体中各种杂质气体对纯度的影响，开发、掌握去除杂质气体中危险气体安全的有效方法，为低温工程技术提取高纯氪、氙气体提供必要的基础参数（深冷温度、压力下的气体分离、纯度、气液两相共存特性等）。

（1）采用多次精馏和氪、氙精馏纯化的技术提取高纯氪、高纯氙。将提取的液氧经过贮槽收集后进入分馏塔系统，并通过分馏塔系统中设置的多级精馏塔及氮洗塔除去液氧中的杂质气体，并通过精馏纯化技术工艺提取高品质的氪、氙产品。该发明技术提取的氪、氙产品纯度大于99.999 5%，超过国外同类产品的技术标准和国家标准，同时氪、氙回收率分别达90%以上。

（2）将原料及惰性气体引入精馏塔，采用专用吸附剂吸收、分离掉低沸点组分（O_2、Ar、N_2、H_2）、碳氢化合物（CH_4、C_2H_6、C_3H_8、C_2H_4）和氟化物

(CF_4、C_2F_6、SF_6),高纯氪、氙的品质纯度大于99.999 55%,并防止出现安全问题,消除甲烷与氧气燃烧反应不彻底带来的安全隐患(甲烷、氪、氙都属于高沸点的物质,难以彻底分离)。

(3)首次采用国际上高效率的 Sulzer 实验室规整填料及无尘化洁净装配工艺技术、新型生产工艺流程技术,确保该设备高效、安全、连续运行。

该项目共计申请专利 23 项(其中 8 项发明专利已获授权、10 项实用新型专利已获授权),在全国性专业期刊发表论文 2 篇。

七、一种新型的 VS4 型液下泵(LH GG 系列)

荣获二等奖,完成单位:大耐泵业有限公司。

项目介绍:

LH GG 系列液下泵是 API610 标准中一种新的 VS4 泵型。常规的 VS4 型液下泵适用温度在 150℃ 以下,工作压力通常在 2MPa 以下。对于一些特殊使用工况,以及在高扬程的要求下,常规的 VS4 型泵却难以胜任。而大耐泵业有限公司最新研制的这种 LH GG 系列新型的紧凑结构蜗壳式液下泵,由于采取了总体紧凑型结构设计、两级蜗壳式水力模型的设计及制造、适应于各种复杂化学液体的轴封设计等独特的结构和水力设计,使得这种泵具有更广的适用范围,其技术指标都远远超过了常规的 VS4 型泵。其典型的优势在于介质输送温度可达 450℃,扬程可达 300m。而普通 VS4 型泵难以解决超过 150℃ 高温和扬程超过 200m 的液体的输送。

主要技术指标:流量 2 600m^3/h,扬程 300m,温度 450℃,工作压力 5MPa。

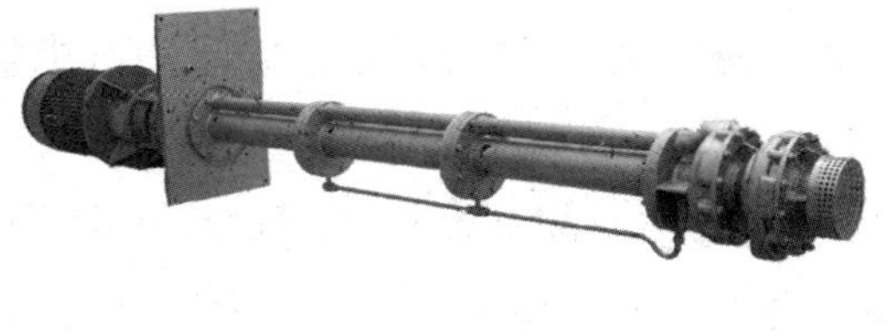

该项目泵已经实现了产业化,带来了较大的经济效益,尤其在一些特殊的行业,比如己内酰胺装置中输送环己酮肟的泵,LH GG 系列泵已成为行业的首选产品。自研制成功以来,在各种化工项目中已投入几百套产品,销售收入 4 000 多万元,市场份额可占 50% 左右,在某些特殊的行业,如己内酰胺装置、高温熔盐装置等,市场份额可达到 80% 以上,经济效益显著。从产生的社会效益角度来看,该产品替代了进口,填补了国内空白,为用户节省了大量的采购及售后服务成本。实现了两级复杂蜗壳的设计和高温工况的结构设计等关键技术方面较大的突破,由于其较小的占地空间,完全可以替代常规的 VS4 型液下泵的使用,成为 VS4 型液下泵的更新换代产品。

八、超大型快速真空插板阀(DN3000)

荣获三等奖,完成单位:川北真空科技(北京)有限公司、四川九天真空科技股份有限公司。

项目介绍:

超大型真空插板阀是航天航空风洞实验装备的关键部件,此类产品主要依靠进口,一直被国外少数厂家所垄断,其价格十分昂贵,而且供货周期长,影响了设备开发应用的时间及成本。为满足我国航天航空技术快速发展的需求,开发研制大型真空插板阀不仅迫在眉睫,而且具有国家级的战略意义。

为了力促阀门国产化,在国务院下达的《关于加快振兴装备制造业的若干意见》后,国家有关部门根据国家重大装备国产化的要求,先后做出了一系列重大部署。各地都在为促进阀门制造业转型升级做着巨大的努力。我国阀门行业未来替代进口趋势明显,并且有望走出国门加入到国际市场的竞争中,投资前景十分广阔。

公司以此为契机,以十年专业制造真空阀门的技术工艺积淀,高起点切入研发此产品,成功开发出国内第一台 3m 通径、具有承载反向压力功能的快速开关真空插板阀。该阀门涉及相关技术概括为:阀体结构设计及分析技术、可调密封压缩量的设计、反向支撑环支撑结构、大型零件加工精度及焊接的控制和变频调速及直流制动技术。

通过此产品的成功研制,掌握了大型插板阀的核心技术。经专家鉴定评审表明:其主要技术指标与国际先进水平相当,部分技术处于国内领先,核心技术填补了该领域多项国家空白,并已获得相关

技术专利。

借助公司较强的制造加工能力，已经具备了批量生产该产品的能力。不管从产品所达到的性能指标、产品质量、制造成本到供货周期均具有和国外同类产品相竞争的明显优势。公司利用现有销售渠道与经营网络，并依托国内外代理商，在广泛的市场范围内有针对性地开展推广与应用，已取得了巨大成效。该产品有着良好的应用前景和市场空间，为大型阀门国产化起到了积极的推动作用，其社会、经济效益不可估量。

九、渣油加氢处理装置高压临氢Y型截止阀

荣获三等奖，完成单位：中核苏阀科技实业股份有限公司、中石化洛阳工程有限公司和中国石油化工股份有限公司长岭分公司。

项目介绍：

渣油加氢处理装置高压临氢Y型截止阀研制是中国石化集团公司2011年立项的技术开发项目（项目编号：W11001），由中石化洛阳工程有限公司、中核苏阀科技实业股份有限公司、中国石油化工股份有限公司长岭分公司共同完成。

渣油加氢处理装置高压临氢Y型截止阀的使用工况为：高温高压和临氢及硫化氢等交变影响的恶劣工况。

为使高压临氢Y型截止阀能够在上述恶劣工况下可靠工作，实现总体性能达到国外同类引进产品技术水平，实现以国代进的目标，项目进行了阀门整体可靠性技术攻关：①建立加氢阀门技术规范，确定先进的技术要求。②结构方面采用先进创新的结构设计形式。③铸件质量攻关，严格控制主体零件材料的质量，规定了硫、磷含量，控制非金属夹杂物。④有限元分析攻关，对阀门重要零件进行有限元分析，优化产品结构，提高产品性能。⑤专用加工设备攻关，提高阀门密封性能。

经过一系列的攻关研制，并严格按API600、BS1873、API598、ASME、NACE等国际先进标准规范进行设计、制造、检测和验收的渣油加氢处理装置高压临氢Y型截止阀，满足了加氢装置恶劣工况的工艺要求，鉴定委员会一致认为该项目技术水平达到国际先进水平。本项目已经在国内多套加氢装置上得到应用和推广。

该项目彻底改变渣油加氢处理装置高压临氢Y型截止阀全部依赖进口的局面，做到该类阀门自主设计、制造、安装和运行，并解决阀门维修备件供应和技术支持比较困难的问题，实现了国家制定的以国代进的目标。

该项目可以节省高压阀门的采购费用约45%以上，缩短高压阀门采购周期约50%左右，降低业主的阀门维护周期与费用，经济效益十分可观。并且可以有效打破国外厂家在该领域的垄断地位，在加氢装置高端阀门领域形成良好的市场竞争局面，从而推动国内加氢工业健康快速发展。

十、雨污水泵站节能关键技术研究

荣获三等奖，完成单位：江苏大学、宁波巨神制泵实业有限公司、江苏国泉泵业制造有限公司、新界泵业集团股份有限公司和上海东方泵业（集团）有限公司。

项目介绍：

随着社会经济高速发展，雨污水泵站的应用领域越来越广。在市政、污水处理、环保、轻工、矿山、造纸、水利、化工等行业的许多工业流程、生活污水、工业废水等的排放中都需要输送含有纤维状悬浮物或固体颗粒悬浮物液体的泵站。随着我国构建资源节约型和环境友好型和谐社会的不断深入，对新一代高效节能产品的需求量也将不断上升，所以该项目研究成果将具有更加广阔的应用前景。针对现有雨污水泵站效率偏低、易堵塞及可靠性不高等问题，该项目在以下几个方面作改进：

在理论方面：建立了雨污水泵站不等扬程及多工况点水力设计方法，并完善了滑移系数的计算方法；提出以泵站的能量损失最小为目标函数，以叶轮叶片出口宽度、叶片进口安放角和出口安放角为设计变量的优化计算方法；总结和借鉴了螺旋离心泵、诱导轮、固液两相流泵和轴流泵等水力设计资料，建立了螺旋轴流泵的水力设计方法。在具体产品方面：研制出国内首台(套)新型移动泵站、斜拉式泵站研制、大型潜水排污泵站研制、移动型潜水电泵站研制、移动螺旋轴流泵站研制、自带切刀刃的螺旋离心泵站及带流线型刀头磨碎装置等雨污水泵站，填补了此类产品的国内空白。在过程控制方面：研制出具有独特专利技术的缓冲室中的空气外部加压保压技术、温度的检测、空气缓冲室、轴承腔体进水的检测及振动信号的检测装置。在辅助设备方面：研制出自由双侧翻拍门、弓形拍门、大型液压变速浮箱拍门、高防护等级的电缆接线箱及电缆干式出线装置等辅助设备。在安装方面：提出了一种大型移动型泵站的安装方法。

该项目所研制的新产品具有节能环保、无堵塞性能好、使用寿命长、质量轻、结构合理、运行可靠、振动小、噪声低、便于安装与维修等优点，同时满足占地面积小、开泵即可加压送水的条件，可应用在电力、冶金、市政排水、污水处理、船坞升降水位、煤炭、建材和化工等行业。经机械工业排灌机械产品质量检测中心(镇江)检测，该项目所研制的产品各项性能参数均符合国家标准，部分产品的效率超过国家标准 5% ~10%，达到国内领先、国际先进水平。

十一、60 万 t/a 天然气液化项目超低温阀门

荣获三等奖，完成单位：苏州纽威阀门股份有限公司、国家能源液化天然气技术研发中心和山东泰安昆仑能源有限公司。

项目介绍：

根据国家能源局加快推进大型天然气液化技术装备自主化的精神和中国石油天然气股份有限公司办公会议纪要 21 号文件的要求，决定以山东泰安 60 万 t/a 天然气液化项目为国产化依托工程，从而逐步推进天然气技术装备的国产化。

针对 LNG 领域用超低温阀门使用特点以及山东泰安 60 万 t/a 天然气液化项目国产化具体要求，开展了超低温球阀、超低温止回阀和超低温截止阀的产品研究及优化，解决了上述各类超低温阀种在超低温下阀座内漏和阀门外漏不稳定、异常压力泄压不可靠、加长阀杆操作稳定性不足、超低温及压力共同作用下的壳体变形等技术难题，完成了上述各类超低温阀种结构设计优化、生产工艺研究和性能试验验证等相关研究任务，实现了山东泰安 60 万 t/a 天然气液化项目中指定规格的超低温球阀、超低温止回阀和超低温截止阀产品的国产化。

该项目的成功研制打破了国外低温阀门的垄断，实现了国内超低温阀门的首次国产化，全面掌握了低温阀门的设计、生产、检验及试验技术，并具备天然气液化项目低温阀门的配套能力。研制的产品成功应用到山东泰安 LNG 项目，取得了显著的经济效益和社会效益，对国家液化天然气技术的发展及关键设备的国产化进程具有重要意义。

十二、ZWX(1 000 ~1 800)大型蒸发循环泵

荣获三等奖，完成单位：四川省自贡工业泵有限责任公司。

项目介绍：

项目属于 2011 年国家创新基金指南优先支持的通用机械的技术装备重点支持范畴。ZWX(1 000 ~1 800)大型蒸发循环泵主要用于制盐、制碱、制硝、氧化铝、造纸废渣回收利用以及烟气脱硫等各种工业生产装置中，属不可缺少的关键配套设备。长期以来，国内市场所需的该类设备主要依赖进口，且价格昂贵、维护成本高。该项目的实施，有助于取代同类产品的进口和扩大出口创汇。

主要科技内容：

（1）水力模型设计：项目在引进、消化、吸收的基础上，采用升力法模型，计算流体力学理论，成功地开发出了具有自己特点的水力模型，并经过 CFD 分析及修正，提高了水力效率。

（2）采用可调式叶片结构设计，扩大了高效区范围，能更好地适应蒸发负荷的波动。

（3）悬挂式循环泵的热补偿技术：该项目在国内大型蒸发装置上，率先使用了悬挂式循环泵的热补偿技术，成功地取消了蒸发器上昂贵的波形膨胀节，降低了成本，提高了使用性能。

（4）低碳不锈钢与高碳钢的对焊技术：在国内大型循环泵轴上，率先采用了低碳不锈钢与高碳钢的对焊技术，兼顾了介质端耐腐蚀和轴承端强度、硬度高的要求。

（5）循环泵采用的减速箱加万向节的传动方式，确保了循环泵运行的平稳可靠。

该产品技术指标：口径 1 000 ~ 1 800mm，流量 9 000 ~ 42 000m^3/h，扬程 1.5 ~ 8m，效率≥70%；综合性能处于国内同类产品的领先水平；达产后形成年产 200 台（套）大型蒸发循环泵的能力。

该产品成为公司的主导产品，公司产品的技术含量得到升级，2013 年实现销售收入 7 180 万元、利润 662 万元，使公司在金融危机下保持了经济的较快增长。同时，带动行业技术革新以及科技的研发，逐步代替进口产品，为用户节约大量购置成本和维护成本。

该项目产品的技术处于国内领先水平，引领同行业技术发展趋势和潮流，从而进一步提升企业的整体竞争力，进而实现公司规模化、集约化和高新技术化的发展，成为国内水泵行业的骨干企业，带动全省水泵制造业的发展，也对促进国内水泵制造业的发展起到积极作用。

十三、高炉冶炼喷煤球阀研发与应用

荣获三等奖，完成单位：上海理工大学、凯泰阀门（集团）有限公司。

项目介绍：

在校企联合自主研发的基础上，引进和借鉴国外先进技术，并与国内大型钢铁企业密切合作，所研制的高炉冶炼专用喷煤球阀密封可靠、结构紧凑、启闭轻松、经济实用，运行和使用寿命提高三倍左右。

项目关键技术和主要创新点：

（1）首次在高炉喷煤球阀改进设计中应用基于知识库的智能数模与试验耦合分析方法，通过知识库的推理分析，指导优化搜索方向，加快收敛速度，获得可信赖的优化解，使喷煤球阀关键结构和工艺设计更趋合理。通过模拟喷煤球阀在实际运行启闭力矩条件下，以不增大球阀结构或削弱球体强度为前提，合理改进关键结构设计参数，有效降低局部接触应变，并在阀门出口端采取三维流线型设计，全面改善了高速介质对密封面的冲击与侵蚀，提高了球体和密封等关键结构的抗冲击和抗侵蚀性能，并大大延长了运行和使用寿命。

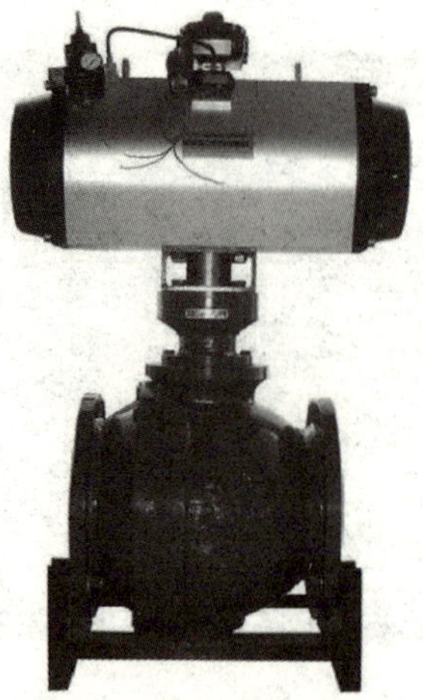

（2）国内首创在高炉冶炼专用喷煤球阀中应用柔性加载密封结构设计，阀座具有浮动补偿作用，高温热膨胀被弹簧吸收，同时应用表面硬化处理工艺改善了密封面硬度和耐磨、耐冲击性能，而高精度研磨工艺和检测技术的应用，大大提高了球体精度与表面质量。创新性柔性密封结构设计与表面硬化处理及先进制造和检测技术相结合，保证了阀门在高温下不发生涨死或失灵现象，进一步提高了设备整体运行和使用寿命（国家实用新型专利：ZL20082015746.8）。

经上海市质量监督检验技术研究院检测，各项技术性能指标达到标准设计要求，当前已投入批量生产并逐步替代进口产品。2011 年 12 月通过项目验收，该项技术成果具有自主创新技术，提高了设备的可靠性和寿命，降低了系统运行成本 30% ~ 40%，改善了冶炼工艺和生产效率，满足了冶金行业高速发展需求，增强了企业在国内外市场的核心竞争力，大大促进了行业科技进步，具有极为广阔的推广前景与应用价值，其综合技术处于国内领先水平。随着该项技术成果的逐步推广应用，企业近三年新增销售额 4 365 万元，取得了良好的社会效益与经济效益。

十四、化工和制药生产过程高效回收溶媒技术与装备

荣获三等奖，完成单位：广东省佛山水泵厂有限公司。

项目介绍：

化工和制药生产过程高效回收溶媒技术与装备采用液环泵为主机，利用溶媒作为液环泵的工作液，集成了气液分离、排出口串联除沫和高分子膜分离尾气回收等技术，提高溶媒回收率，项目成果综合技术处于国际先进水平。并入选 2010 年国家鼓励发展的环保产业设备目录。

当前该装置已大量应用于化工和制药行业，其中乙酸乙酯、乙醇、甲醇、甲苯等回收装置在技术上已十分成熟，充分克服了传统技术的缺点。既可以提高回收溶媒的质量和减小溶媒消耗，又可以降低电耗，减少污染，受到了用户的一致好评，并获得了用户的重复订单。产品填补了国内技术空白，具有广泛的适用性，项目设备降低了化工和制药企业的生产成本，保护生态环境，拥有巨大的市场和经济潜力，市场前景非常可观。

十五、4M50 - 31/23 - 95 - BX 型新氢压缩机组研制

荣获三等奖，完成单位：沈阳鼓风机集团股份有限公司、沈阳透平机械股份有限公司。

项目介绍：

4M50 - 31/23 - 95 - BX 型新氢压缩机是国内自主研制的首套 200 万 t/a 汽柴油加氢装置核心单元，压缩机采用对称平衡往复式，四列二级压缩，气缸水冷、压力循环润滑、电动机驱动，各列气缸水平布置并分布在曲轴两侧，具有动平衡性好、操作检修方便等优点；对于气、水、油、压力、温度，设有指示仪表和自动监控仪表装置，能在危险工况下发出报警信号和停机联锁保护，并设置气体超压安全泄放装置。

由于工艺气体中氢气体积百分含量达 92.896 2%，为易燃易爆介质，考虑安全性要求，曲轴箱上配置了防止压力迅速升高的防爆阀，防爆阀具有隔焰和快速关闭功能。

压缩机工艺气流量波动范围较大，有 0%、50%、100%、89% 及抽气量 3 230 ~ 3 550m^3/h 工况，为此分别采用了压开吸气阀、余隙阀及自动调节阀组回路进行气量调节。并且压缩机气量在 89% 工况与 100%、抽气量 3 230 ~ 3 550m^3/h 工况频繁切换，这就要求在一级气缸上设置的余隙阀迅速可靠打开和关闭，对余隙阀的响应速度及可靠性提出了更高要求，而传统的余隙阀密封结构为线密封，其密封面为锥形结构，进行配研密封时费时费力，也达不到密封可靠性要求，而且还需要非常大的开启卸荷力，需要的卸荷活塞直径将达到 500mm，将导致摩擦力大幅度提高，使得运动密封件过早磨损。对此，采用了新型的余隙阀结构，将传统的线密封改为面密封结构，其密封面为小面积平面，配研密封可以轻松实现，密封性能可靠，并且大大降低了开启卸荷力，卸荷活塞直径只需要 180mm，运动密封副安全可靠、寿命高。

主要技术创新如下：

（1）在机组研制过程中，采用新开发的整机优化设计软件，对压缩机设计方案进行了优化设计，满足了整机 89%、100% 等 5 个负荷工况的设计要求。

（2）自主研发了新型余隙阀结构，保证了压缩机在 89% 负荷工况与 100% 负荷工况切换时具有更高的响应速度，并且提高了密封性能和使用寿命，节能效果显著；曲轴箱上配置了防止压力迅速升高的防爆阀，具有隔焰和快速关闭功能，进一步提升了机组的安全性。

(3)机组是在消化、吸收、引进技术基础上进一步提高技术水平的新产品,具有设计先进、结构合理、性能可靠、噪声低、振动小、易损件寿命长等特点。该机组经厂内新产品型式试验、用户工业运转试验结果证明,各项技术指标满足合同要求。

该机组是国内自主研制的首套200万t/a汽柴油加氢装置核心单元,是我国大型活塞式压缩机设计制造技术的重大突破,其主要性能和关键技术指标达到了国际先进水平。4M50-31/23-95-BX型新氢压缩机可替代进口产品,可直接降低企业采购成本,节约国家外汇,并且进口压缩机的维护费用高昂,压缩机的国产化是企业的理想选择。

十六、2BEY系列高压水环压缩机

荣获三等奖,完成单位:淄博水环真空泵厂有限公司。

项目介绍:

高压水环压缩机是一种输送和压缩气体的机械容积式压缩机,属于流体机械领域。

由于以水为工作液,水环压缩机非常适合输送和压缩易燃易爆气体,具有排压高、气量大、运行平稳、安全可靠等优点。广泛应用于氯碱、化工、石化、煤矿瓦斯和城市煤气等行业的易燃易爆气体的压缩、输送、回收等工艺流程。当前国内外现有的水环压缩机虽种类较多,但排气压力普遍较低,仅达到0.3~0.4MPa,气量较小。该项目开发排气压力0.6~0.8MPa的高压水环压缩机,抽气量为3~100m^3/min,效率为50%~55%。

主要创新点:

(1)根据压缩机在高排出压力下的工作机理,建立了新的压缩机的力学模型和节能型结构。利用优化设计理论对叶轮、叶片的型线及分配板各几何角度尺寸进行了优化设计,保证在排出压力为0.6~0.8MPa时有较高的气量。

(2)采用双级结构,在高压腔与低压腔之间用特殊设计的中间壁,这种结构使压缩机的轴向尺寸大大缩短,结构紧凑,装配维修方便,并对其密封圈的尺寸和成分进行改进,采用了新型材料,用压缩机自身的工作液密封。

(3)排压端采用柔性排气阀结构,从而避免了低压时出现过压缩现象,保证排气压力在要求的范围内,保证压缩机始终工作在最佳效率点上。

(4)采用最优的级间压缩比及合理的叶轮线速度,提高了效率,改进了高压级叶轮在轴上的紧固方式,其更加牢固可靠,采用集装式机械密封,有效保证了被压缩介质的完全无泄漏,提高了可靠性。

该产品通过省级科技成果鉴定,获得国家授权实用新型专利(专利号ZL201020577392.5)。

经过内蒙古君正化工、陕西北元化工、新疆圣雄能源、成都华西工业气体等国内上百家公司应用证明,该产品性能稳定、效率高,完全替代进口产品。该项目技术达到国际先进水平,为我国化工行业快速发展做出了积极贡献,推动了压缩机行业的科技进步,对提升我国装备制造业国际竞争力具有重要意义。

十七、高效节能复合型蒸发式冷却冷凝装备技术

荣获三等奖,完成单位:洛阳隆华传热节能股份有限公司、西安交通大学。

项目介绍:

高效节能复合型蒸发式冷却冷凝装备技术项目被中国氮肥工业协会确定为氮肥行业成熟的振兴支撑技术,被工信部列为17个重点行业清洁生产推广技术,被中国机械工程学会评为“节能及绿色工业科研成果奖”,被国家发改委收入国家《重点节能技术推广目录》(第五批),被列为国家科技部重点推广节能技术，被中国石油和化学工业联合会、中国化工环保协会确定为环境保护、清洁生产重点支撑技术，被工信部、水利部、全国节水办列入《国家鼓励的工业节水工艺、技术和装备目录》（第一批）。

当前，我国工业发展势头强劲，但在能源和水资源消耗方面的问题相当严重。据不完全统计，当前我国工业万元产值用水量约为70t。每年全国工业用水量达1 400亿m^3，其中换热设备所消耗的冷却用水占70%～80%。

根据国家"十二五"规划和国务院节能减排"十二五"规划所提出的要求，针对我国石油、化工、电力、冶金、制冷等国民经济支柱产业领域中换热装备在节能、节水和环境保护方面存在的突出问题，公司运用自有技术，开发了高效节能复合型蒸发式冷却（凝）系列装备，实现换热设备节水达50%以上，节约水泵能耗60%以上，实现对国家传统支柱行业设备的换代升级。通过项目的实施和多项关键技术及共性技术的突破来推动并实现其产业化，促进工业传热领域的节能降耗。

主要科技内容：以全新相变潜热换热机理实现技术突破，代替传统显热换热的粗放方式。研制系列化、模块化、标准化可灵活配置的节能、高效系列一体机换热设备。

该产品与传统的水冷、空冷换热方案相比，可节水40%～70%、节电30%～60%。产品经多家用户使用，反映良好，节水、节能效果明显。该产品经济效益和社会效益显著，应用范围广泛。

产品经合肥通用机电产品检测院检验，性能指标符合Q/LYLH－218－2008《复合型（变频）蒸发式冷却（凝）器》标准和设计要求。

冷却（凝）设备广泛应用于煤化工、石油化工、冶金、电力、制冷等行业，这些行业对冷却（凝）设备的需求具体主要包括两个方面：一方面是扩大产能、产业整合升级等新增固定资产投资带来的新增设备的需求；另一方面是受国家节能减排等政策推动，实施节能节水改造，进行设备更新的需求。预计到2015年，该技术可在石化、煤化工等行业推广到70%，可形成年节能能力达25万t标准煤。

十八、液相循环油泵

荣获三等奖，完成单位：沈阳工业泵制造有限公司。

项目介绍：

中石化洛阳工程有限公司（LPEC）开发的柴油液相循环加氢技术（SRH）是中国石化"十条龙"攻关项目，该技术取消了传统加氢工艺的氢气循环系统，只设置进料加热炉、加氢反应器、氢气混合器等高压设备。它利用液相循环时携带的溶解氢完成加氢反应，在不增加运行成本的基础上实现油品质量升级。该技术具有催化剂利用率高、高压设备少和热量损失小等优点，与传统滴流床加氢技术相比，可降低装置能耗50%以上。该装置中最关键的动设备之一就是循环油泵，该泵工作温度为390～420℃，泵进口压力10MPa，该泵有两种选择：一是采用进口屏蔽泵，一是采用国产化循环油泵。而进口屏蔽泵效率低、价格昂贵、产品周期、售后服务、配件采购均受制于人，不利于企业又好又快的发展，而国产循环油泵则克服了这一系列不足。

主要科技内容：

（1）合理选材。针对原料柴油含腐蚀性气体硫化氢、易闪蒸轻烃以及残留固体颗粒等特点，公司经过分析、论证，选用满足介质使用条件并符合美国ASME标准的奥氏体不锈钢材料。

（2）水力设计。为了选择优秀、高效的水力模型，公司委托兰州理工大学进行了优化水力模型设计。

（3）结构设计。该泵入口压力10MPa，最高温度420℃，属于高温高压状态运行，对材料、结构要求苛刻。第一，在轴封设计上采用了LPEC专利技术，确保轴封运行安全、无泄漏。第二，采用了适合产品热变形结构，对介质所含部分固体颗粒采用了过流部件抗研磨结构设计。考虑到驱动电动机以及管线的连接，对安装后热变形位移方向进行了限制。第三，为了减少焊接过程中可能引起的不利因素，在设计过程中取消了泵的进出口短管，使进出口管路直接连接到泵体上,这种设计能抵御数倍于API610所规定的管道力。

液相循环油泵的研制成功,不仅为沈阳工业泵制造有限公司带来可观的经济效益,可以完全取代进口产品,节约大量外汇和实现利税,甚至实现出口,同时也可以为国内炼油企业节约成本。

当前国内已经成功运行了3套装置,液相循环油泵全部达到设计要求,生产出升级后的柴油产品,柴油指标均全部达到设计要求,产品质量达到了国Ⅳ标准。成功检验了该工艺流程和配套的动力设备安全、成熟、可靠。今后,随着对炼油企业油品升级的要求以及更多的炼油企业更新装置,经济实惠、取代进口产品的液相循环油泵将会发挥更大的作用。

该种泵型的研制成功,表明了沈阳工业泵制造有限公司在制造方面掌握柴油液相循环加氢装置用泵的核心技术和关键工艺,提升了我国石化行业用泵的制造水平,培养了一批优秀的专业技术人才,为石化关键设备的研发奠定了坚实的基础。

〔供稿单位:机械工业信息研究院技术管理研究所〕

2014年风机行业名牌产品

序号	企业名称	商标	产品名称	获奖等级
1	沈阳鼓风机集团股份有限公司	沈鼓	MCL、BCL、PCL系列离心压缩机,DH系列离心压缩机,VK系列离心压缩机,MCO系列离心压缩机	中国名牌产品
2	沈阳鼓风机集团股份有限公司	沈鼓	D、M系列压缩机	辽宁省名牌产品
3	四平鼓风机股份有限公司	四风	水泥用高温离心通风机	吉林省名牌产品
4	甘肃省白银风机厂有限责任公司	金扇	离心风机	甘肃省名牌产品
5	江苏金通灵流体机械科技股份有限公司	金通灵	鼓风机、通风机	江苏省名牌产品
6	宁波风机有限公司	宁风	MF№8D 循环风机 MF№6C 物料输送专用风机	宁波市名牌产品
7	浙江明新风机有限公司	MINXIN/明新	轴流通风机	浙江省名牌产品
8	威海威力风机有限公司	天福	离心鼓风机	山东省名牌产品
9	湖北省风机厂有限公司	三峰	离心鼓风机	湖北省名牌产品
10	湖北双剑鼓风机股份有限公司	双剑	离心鼓风机	湖北省名牌产品
11	长沙鼓风机厂有限责任公司	长风	罗茨鼓风机	湖南省名牌产品

〔供稿单位:中国通用机械工业协会风机分会〕

2014 年风机行业获奖项目

序号	企业名称	项目名称	奖励名称
1	沈阳鼓风机集团股份有限公司	百万吨级乙烯装置用 3MCL1506 丙烯制冷压缩机组	第十届辽宁省优秀新产品一等奖
2	沈阳鼓风机集团股份有限公司	核电站用 HPL500－150 安全壳喷淋泵	第十届辽宁省优秀新产品二等奖
3	沈阳鼓风机集团股份有限公司	SVK224（空）NKS71/3.2＋CE1402（尾）多轴组装式压缩机组	第十届辽宁省优秀新产品二等奖
4	沈阳鼓风机集团股份有限公司	SVK32－5S 多高速轴齿轮增速型离心压缩机组	第十届辽宁省优秀新产品三等奖
5	沈阳鼓风机集团股份有限公司	4DGTS－8 高压锅炉给水泵	第十届辽宁省优秀新产品三等奖
6	沈阳鼓风机集团股份有限公司	1 000MW 核电机组核二级泵组关键技术及装备研制	中国机械工业科学技术奖一等奖
7	沈阳鼓风机集团股份有限公司	大型煤基甲醇制烯烃装置用离心压缩机组	中国机械工业科学技术奖二等奖
8	沈阳鼓风机集团股份有限公司	沈鼓集团核泵国产化研发生产基地建设	中国机械工业科学技术奖二等奖
9	沈阳鼓风机集团股份有限公司	4M50－31/23－95BX 型新氢压缩机组	中国机械工业科学技术奖三等奖
10	沈阳鼓风机集团股份有限公司	大型 PTA 装置用离心压缩机研制	辽宁省科技进步奖二等奖
11	沈阳鼓风机集团股份有限公司	大型甲醇制烯烃装置用离心压缩机研制	辽宁省科技进步奖二等奖
12	沈阳鼓风机集团股份有限公司	基于系统工程的产品综合设计理论与方法及应用	辽宁省科技进步奖二等奖
13	沈阳鼓风机集团股份有限公司	大型 LNG 装置用离心压缩机组	沈阳市科技振兴奖
14	沈阳鼓风机集团股份有限公司	大型空分装置用全新单缸外置冷却等温型离心压缩组	沈阳市科技进步奖一等奖
15	沈阳鼓风机集团股份有限公司	连续重整装置 28 级离心压缩机组	沈阳市科技进步奖一等奖
16	沈阳鼓风机集团股份有限公司	大型硝酸装置用四合一压缩机组	沈阳市科技进步奖二等奖
17	沈阳鼓风机集团股份有限公司	百万千瓦机组核电站核二级余热排出泵	沈阳市科技进步奖三等奖
18	沈阳鼓风机集团股份有限公司	百万千瓦超超临界燃煤机组全容量凝结水泵	沈阳市科技进步奖三等奖
19	沈阳鼓风机集团股份有限公司	百万千瓦核电站常规岛用海水循环泵	沈阳市科技进步奖三等奖
20	沈阳鼓风机集团股份有限公司	60 万 t 甲醇制烯烃装置用（MTO）产品气压缩机	国家重点新产品
21	沈阳鼓风机集团股份有限公司	大型 LNG 装置用离心压缩机	国家重点新产品
22	沈阳鼓风机集团股份有限公司	百万吨乙烯装置用丙烯压缩机	中石化科技进步奖一等奖

（续）

序号	企业名称	项目名称	奖励名称
23	沈阳鼓风机集团股份有限公司	百万吨乙烯压缩机机壳的焊接工艺	第十六届中国专利优秀奖
24	西安陕鼓动力股份有限公司	大型能量回收机组的钢结构基础整体橇装技术研究及其应用	陕西省科学技术奖
25	西安陕鼓动力股份有限公司	一种数控铣削轴流压缩机叶片过切问题的加工前判定方法	西安市科技进步奖
26	西安陕鼓动力股份有限公司	一种耐高污染电液伺服阀的驱动装置	西安市科技进步奖
27	西安陕鼓动力股份有限公司	一种炼铁高炉与烧结能量回收联合发电机组	西安市科技进步奖
28	西安陕鼓动力股份有限公司	陕鼓陕化气体项目系统关键技术研究	西安市科技进步奖
29	南通大通宝富风机有限公司	AP1000、CAP1400型一体化堆顶组件控制棒驱动机构冷却风机模块的研发及产业化项目	科技成果转化项目
30	南通大通宝富风机有限公司	一体化堆顶组件控制棒驱动机构冷却风机	江苏省高新技术产品
31	南通大通宝富风机有限公司	核安全级调节阀	江苏省高新技术产品
32	南通大通宝富风机有限公司	核安全级隔离阀	江苏省高新技术产品
33	江苏金通灵流体机械科技股份有限公司	JE15000－5－5.6新型高效离心压缩机	江苏省高新技术产品
34	江苏金通灵流体机械科技股份有限公司	特殊气体用多级离心鼓风机	江苏省高新技术产品
35	浙江金盾风机股份有限公司	安全壳循环冷却机组	上虞区科技奖
36	山东省章丘鼓风机股份有限公司	B型单级高速离心鼓风机	山东省机械工业科技进步奖二等奖
37	山东省章丘鼓风机股份有限公司	高效耐磨环保TZJST－300大型渣浆泵	济南市科技进步奖三等奖
38	山东省章丘鼓风机股份有限公司	B型单级高速离心鼓风机	章丘市科学技术进步奖一等奖
39	威海威力风机有限公司	木料输送专用离心鼓风机	文登市科学技术奖
40	湖北省风机厂有限公司	AS系列静叶可调脱硫增压轴流研究与开发	随州市科技进步奖
41	湖北双剑鼓风机股份有限公司	高效大流量制氧离心鼓风机的研制	随州市科技进步奖一等奖
42	佛山市南海九洲普惠风机有限公司	新型高效节能型轴流式风机	广东省高新技术产品
43	重庆通用工业（集团）有限责任公司	弱风区兆瓦级风电叶片	重庆市重点新产品
44	重庆通用工业（集团）有限责任公司	风电叶片CGI93/2.0MW	国家重点新产品

〔供稿单位：中国通用机械工业协会风机分会〕

2014 年风机行业节能新产品

序号	企业名称	产品名称	产品主要特点	主要应用领域
1	沈阳鼓风机集团股份有限公司	双级静叶可调轴流风机	风机的可调范围广,高效区宽,风机的全压效率 86%	火电机组锅炉引风机、增压风机
2	四平鼓风机股份有限公司	脱硫增压风机	效率高、低噪声	冶金、电力
3	西安陕鼓动力股份有限公司	5 000m^3 以上高炉用能量回收装置	不消耗任何燃料,同时回收能量相当于高炉鼓风所需能量的 30%;替代减压阀组高精度顶压控制;提高煤气品质;无污染,低噪声	冶金企业高炉煤气管道中用于回收高炉煤气所具有的热能及压力能,驱动发电机发电
4	西安陕鼓动力股份有限公司	水蒸气压缩机	该技术充分回收二次蒸汽的余热,通过消耗少量的高品位电能提高低品位二次蒸汽的热能,以实现二次蒸汽的循环利用。它可以有效提高重化工企业高浓废水(液)处理过程的能源利用效率,提高劳动生产率,在系统节能及改善环境方面起到不可替代的作用,将使高浓废水(液)蒸发结晶处理综合能耗大大下降,促进整个废水污染行业节能减排目标的顺利实现	污水处理、化工、食品、制药和发酵、制酒、制奶、制盐以及油田采油行业
5	西安交大流体压缩国家工程中心咸阳风机厂	隧道专用对旋通风机	该产品叶轮一次模压成型,效率较前大有提高,运行噪声≤75dB	隧道施工
6	西安交大流体压缩国家工程中心咸阳风机厂	隧道专用串联风机	该产品吸收国外风机优点,结合产品降噪优势,对长、大隧道施工通风效果明显好转	隧道
7	西安交大流体压缩国家工程中心咸阳风机厂	矿用防爆对旋局部通风机	该产品叶轮一次模压成型,选用新材质,具有抗静电、老化、防腐等优势	煤矿通风
8	西安交大流体压缩国家工程中心咸阳风机厂	动车高速电机冷却风机	该产品代替日本进口风机,已在北车集团机车大量使用,工艺完全按照日本旋压完成	机车电机冷却
9	石家庄市风机厂有限责任公司	GY6 - 51、GY5 - 51 锅炉离心通、引风机	高强度耐磨叶轮,高效、工况范围宽,稳定性好,噪声低	锅炉送引风机排尘通风系统

（续）

序号	企业名称	产品名称	产品主要特点	主要应用领域
10	上海鼓风机厂有限公司	SAF37.5－22.4－1、PAF21.1－12.5－2电站动叶可调轴流风机	风机在运行中液压动叶可调，性能范围宽广，最高效率高，高效率区域大，变工况效率变化小，平均运行效率高，调峰工况时节能效果明显，技术经济性好。噪声低，达到环保要求	大型火电机组
11	上海鼓风机厂有限公司	RAF38.5－22.4－1电站动叶可调脱硫增压轴流风机	适应脱硫工艺要求的大流量系数、低压力系数的新叶型，效率高，适应性广；改进了大型风机节能环保要求的主关键零部配套件，提升了各工况下风机的运行效率，降低风机耗电量	大型火电机组脱硫装置
12	南通大通宝富风机有限公司	离心通风机（压力系数为0.5和0.6的系列产品）	风机为后向圆弧或后向直板，压力系数为0.5和0.6，风机曲线比较平坦，性能稳定、效率达到二级能效	电力、冶金、化工行业
13	江苏金通灵流体机械科技股份有限公司	通风机	不带前缀为一般通风换气离心通风机、Y为锅炉引风机、G为锅炉通风机、M为煤粉吹风机、W为高温气体输送风机。F式传动为叶轮装在风机主轴中间，主轴一端装联轴器，电机动力通过联轴器传递至风机主轴；F式传动方式为带进气箱结构	冶金、建材、电力、石化行业
14	百事德机械（江苏）有限公司	BK第三代高效罗茨风机	容积效率≥80%，流量误差≤3%，整机使用寿命≥10年	污水处理、气力输送、电力、制药、煤炭等行业
15	百事德机械（江苏）有限公司	空气悬浮离心鼓风机	半永久性，100%无油系统，无振动，低噪声，免维护，流量、压力调节范围广	污水处理、气力输送等行业
16	宁波风机有限公司	C200－1.7/6多级离心鼓风机	效率高，能耗低，噪声低，运行平稳，振动小，调节轻便灵活，维护检修拆装方便，使用寿命长，设备成套性高	污水处理厂专用鼓风机
17	浙江明新风机有限公司	烟叶烘烤风机系列	叶片可以自由调节，安装和调节方便；风筒采用单边喇叭口和直角法兰设计，避免了缩口现象，减少了风机进出口的阻力，达到了节约能源的效果，而且还从改变轮毂结构及叶型角度出发对风机重新进行了设计	烟草烘烤加工、中药材烘干加工、木材烘干加工及香菇等其他农作物烘干加工等
18	浙江明新风机有限公司	冷却用轴流风机系列	导风筒采用一次旋压或液压成型，外形美观，并与其他部件均先可以进行喷塑、热浸锌涂装等表面处理，具有很好的防腐作用；从改变轮毂结构及叶型角度出发对风机重新进行设计，叶轮采用铝合金高压铸造成型，具有良好的导流作用；叶片还具有耐高温、耐腐蚀性等特点	冷库工程、空调工程及化工设备、冶金设备、医药设备、电力设备、通风制冷设备、空冷器、冷却塔、热泵机组冷却装置设备等

（续）

序号	企业名称	产品名称	产品主要特点	主要应用领域
19	浙江明新风机有限公司	变压器用风机系列	导风筒采用一次旋压或液压成型，外形美观，并与其他部件均先进行镀锌处理，具有很好的防腐作用；从改变轮毂结构及叶型角度出发对风机重新进行了设计，具有良好的导流作用	电器设备、电力局、核电站、变压器厂、大中型变压器的冷却系统等
20	浙江金盾风机股份有限公司	地铁隧道轴流风机	高效节能；防喘振作用显著；耐高温性能优良；智能控制；排热风机的叶片材料采用ZL114A，具有强度高等优点，确保间歇性运转的安全可靠，叶型经过全新优化模拟设计并经试验证明整机效率可提高2~4个百分点	地铁、隧道
21	浙江亿利达风机股份有限公司	SYD355～900、SYT9－7～30－20、SYQ560～1400风机	风机采用前向多翼叶轮，叶片窄而向前弯曲，数量较多风机结构简单美观加工方便，使用维护便捷，风量使用范围广，与其他风机相比，同压力、同转速时稳定和噪声低，适合大流量、中等压力应用	柜式中央空调组合式空调器、管道式机组及其他暖通空调净化通风设备的配套产品
22	山东省章丘鼓风机股份有限公司	铸造结构多级离心鼓风机	该风机采用CFD软件优化设计蜗壳、叶轮型线，降低了进气阻力和噪声，提高了工作效率；设计开发了双油室飞溅式润滑系统和大面积散热铝合金油箱，可有效降低油温，轴承润滑良好，提高了轴承的使用寿命；开发具有自主知识产权的风机监控系统，具有自动校验、工作状态实时监测、防喘振控制等功能，可根据实际工况自动调节风机风量，降低了能量损耗。与国内同类型多级离心风机相比，节能6.6%，节省材料费2 100kg	污水处理、电力、石化、铸造、核电等行业
23	山东省章丘鼓风机股份有限公司	ZG－BOX新型集装式罗茨风机机组	风机机组的启停、保护、运行情况显示、日常维护等功能都集中在隔声罩外侧面，操作、运行、维护十分方便；采用多项新技术，使风机的运行操作、维护不仅可在罩外完成，同时省去了罩内维护空间，减小了外形尺寸，而且降低了噪声；新颖的设计，使机组安装、搬运、拆卸、维护十分方便；可根据用户需要，配置PLC控制系统、变频调速、压力、温度等传感器，实现系统的智能化控制	污水处理行业
24	山东宏烨环境科技有限公司	节能型屋顶风机	全铝制，质轻驱动力小，结构紧凑体积小重量轻、路径风损失小，能效比高	工业厂房的送排风与换气
25	威海威力风机有限公司	木料输送专用离心鼓风机	减轻叶轮重量，提高叶轮抗磨性，节省5%的耗电量	木料生产
26	威海克莱特菲尔风机股份有限公司	JZL－GD－6.3轴流风机	能效等级达到二级，属于节能惠民工程	

（续）

序号	企业名称	产品名称	产品主要特点	主要应用领域
27	威海克莱特菲尔风机股份有限公司	JZL－ZF－12.5轴流风机	能效等级达到二级，属于节能惠民工程	
28	威海克莱特菲尔风机股份有限公司	JZL/DZ4.5轴流风机	能效等级达到二级，属于节能惠民工程	
29	湖北省风机厂有限公司	4－73、5－55系列离心通、引风机	效率高，性能曲线平坦，应用范围广	钢铁、冶金、电力、环保行业除尘、脱硫系统
30	湖北双剑鼓风机股份有限公司	SD400－2.9/0.9、AII（M）1250－1.07/0.79、S1900－1.42/0.97	效率高，功耗低	钢铁、化工行业
31	长沙鼓风机厂有限责任公司	V系列罗茨水蒸气压缩机	选用（不锈钢）材质，（四机械密封）防泄漏，循环冷却降温，三叶降噪，耐高温，PLC自动系统监控	电力、石油、化工、冶金、钢铁、化肥、建材、核废液等领域
32	长沙鼓风机厂有限责任公司	氯气循环压缩机	氯气输送设备技术及应用；循环冷却降温技术；密封防泄漏技术；材质适用性技术；设备自动控制保护系统技术；氯气处理安全可靠技术	石油、化工、制药、医疗等行业
33	长沙鼓风机厂有限责任公司	离心鼓风机	材质适用性技术、特型加工技术、耐高温技术、机械运行可靠性技术、降噪技术	电力、石油、化工、冶金、钢铁、化肥、建材等行业
34	重庆通用工业（集团）有限责任公司	BCD100～BCD600系列单级高速离心式鼓风机	技术先进，效率高；可靠性高，寿命长；先进的结构设计；先进的微电脑系统；占地面积小，运输安装方便；满负荷出厂测试；完善的系统保护	电厂脱硫及氧化工艺、污水处理曝气、冶炼高炉鼓风、化工制药等用空气作为介质的工艺流程
35	南阳防爆集团股份有限公司	煤矿地面用防爆抽出式对旋轴流通风机	符合GB 19761—2009中机号≥№10，0.55≤轮毂比＜0.75，最高全压效率≥79%，轴流式通风机二级能效标准	煤炭
36	南阳防爆集团股份有限公司	矿用防爆对旋入式塑料叶轮局部通风机	符合GB 19761—2009中№5≤机号＜№10，0.55≤轮毂比＜0.75，最高全压效率≥70%，轴流式通风机一级能效标准	煤炭
37	佛山市南海九洲普惠风机有限公司	DFF系列大风量静音风机	风机采用双电机结构，搭配前倾式双层离心叶轮，体积小，高效高压，噪声低	写字楼、酒店、商场等民用住宅通风换气
38	佛山市南海九洲普惠风机有限公司	HKF22进风箱式离心风机	风机壳用箱体组成，噪声低，叶轮采用单板后倾弧形设计	厨房抽油烟和配油烟净化器，用于大型送风

〔供稿单位：中国通用机械工业协会风机分会〕

中国通用机械工业年鉴2015

大事记

记载2014年通用机械行业重大事件

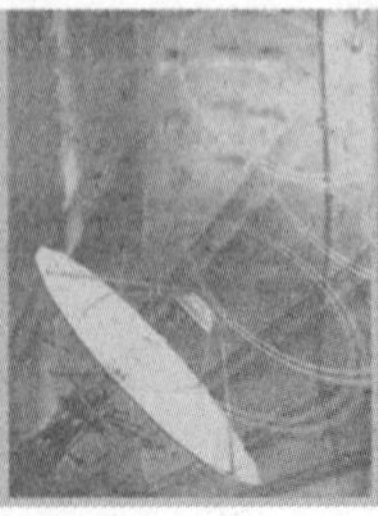

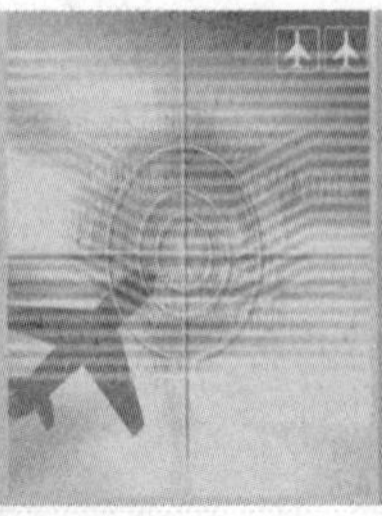

大事记

2014年中国通用机械行业大事记

1月

5日 沈阳鼓风机集团股份有限公司(简称沈鼓)为中石化湖北化肥分公司提供的20万t/a合成气制乙二醇项目循环气压缩机(国家级工业示范工程)在用户现场试车成功。

6日 湖北省团委书记张桂华到湖北省风机厂有限公司参观指导工作,公司董事长熊俊杰、总经理助理周涛出席接待。张书记一行参观了公司车间,听取了熊俊杰董事长对公司发展情况的介绍,并对该公司给予了很大肯定。

9日 由湖北省科技厅组织的"湖北省风机厂有限公司两项成果鉴定会"在武汉召开。参加鉴定的两项成果是:磁悬浮高速三元流离心鼓风机和分段吸入式抽真空离心鼓风机。鉴定委员会专家审阅了该公司提交的两项产品的相关材料,一致认为:分段吸入式抽真空离心鼓风机整体技术处于国际先进水平,磁悬浮高速三元流离心鼓风机整体技术处于国内领先水平。

★ 湖北省风机厂有限公司董事长熊俊杰被广水市授予第二届"十大经济人物"荣誉称号。

11日 济柴成都压缩机厂自主研发的50MPa高速高压大排量压缩机组完成负荷试验,测定最高排气压力51MPa,主机振动值2~3mm/s(国家标准值18mm/s),噪声等各项性能参数达到设计技术要求,机组运行平稳。这标志着济柴成都压缩机厂为油气田实施注气采油提高采收率迈出了坚实的一步。

14日 吉林省四平市铁东区区长郭志勇在相关局领导的陪同下到四平鼓风机股份有限公司进行春节走访慰问,感谢企业一年来为铁东区经济发展做出的贡献。总经理贺双君向郭区长一行介绍了公司生产经营情况,公司常务副总经理焦书平、副总经理毕世平和综合办副主任卢洪忱参加了接待。

14—16日 中国通用机械工业协会风机分会(简称风机分会)第一届技术发展工作委员会第三次会议在深圳召开,有26个委员单位的35名代表到会。会上,技术发展工作委员会主任委员、沈鼓集团总工程师王学军做了题为"科技创新,引领风机行业稳步发展"的工作报告,提出了2014年工作计划。沈鼓集团、陕西鼓风机(集团)有限公司(简称陕鼓)、上海鼓风机厂有限公司等8家单位进行了技术交流。风机分会秘书长陈凤义总结了风机分会技术发展工作委员会2013年的工作情况,并对2014的工作提出了希望。

17日 吉林省四平市政协副主席孙立忠到四平鼓风机股份有限公司就项目开发、招商引资问题与公司董事长迟世杰、总经理贺双君进行了沟通和交流。公司副总经理毕世平、副总经理娄长海、工会主席李长山、综合办主任姜凤成、副主任卢洪忱参加了接待。

20日 山东省章丘鼓风机股份有限公司(简称山东章鼓)被济南市经信委认证为济南市智慧工业示范企业。

月内 沈鼓集团与神华宁煤集团签署了10万m^3/h空分装置首台国产化压缩机组合同,成为继西门子、曼透平之后,世界上少数几个能够研制10万m^3/h空分设备压缩机的企业。

2月

7日 沈鼓集团召开2014年经济工作会议暨

第一届五次职工代表大会，确定了沈鼓集团2014年经营方针和主要经济技术指标。

9日 沈鼓集团召开ERP优化升级项目启动会。

16日 沈鼓集团首次在伊朗成功举办了大型"中国制造"推介会，这是国内通用机械行业首次在海外（伊朗市场）组织的大型推介会。

26日 中国机械工业联合会和中海油惠州炼化分公司在沈鼓集团召开"120万t/a乙烯装置用乙烯压缩机组国产化专家论证会"。

28日 宝钢湛江钢铁有限公司与陕鼓动力股份有限公司正式签订了宝钢湛江钢铁工程5 050m^3高炉国产化首台（套）鼓风机组成套设备合同。该项目的签约标志着国产首台（套）5 000m^3级高炉鼓风系统从研发阶段进入了正式实施阶段，更标志着陕鼓动力股份有限公司已经具备了5 000m^3以上大型高炉鼓风机的研发制造能力。

3月

1日 在"章丘市工业经济及信息化工作会议"上，山东章鼓被章丘市委、市政府授予"2013年度工业经济十大龙头企业""2013年度最佳效益企业""2013年度科技创新优秀企业"荣誉称号，公司董事长方润刚被授予"2013年度优秀企业家"荣誉称号。

6日 杭州制氧机集团有限公司与北京能源集团公司签订了"锡林郭勒盟东乌旗褐煤提质项目空分装置成套设备设计、供货和服务"合同。合同约定，由杭州制氧机集团有限公司向内蒙古京能锡林煤化有限责任公司提供2套制氧能力为9万m^3/h的空分设备和1套后备系统的空分装置成套设备的设计、供货和服务。合同金额为5.42亿元。

这一特大型空分设备合同项目吸引了国内外5家著名的空分设备制造商参与竞争，杭氧依靠过硬的技术水平、较高的性价比、周到的服务和良好的信誉，得到了用户的认可。

13日 首套国产化8万m^3/h等级空分装置配套的离心压缩机在陕鼓动力试车成功。这是陕鼓动力继自主研发制造6万m^3/h等级空分装置配套压缩机组后，国产化大型离心空压机组研制的又一次突破，推进了重大装备国产化的进程，为实现国产化自主生产8万m^3/h等级空分设备配套离心压缩机组，打破国外垄断迈出了一大步。

26日 "中国机械工业联合会四届一次会员大会暨全国机械工业劳动模范表彰大会"在北京京西宾馆召开。会上，沈鼓集团定子车间荣获"全国机械工业先进集体"，四平鼓风机股份有限公司副总经理毕世平、沈鼓集团副总经理兼总工程师张勇及结构车间焊工李喜涛荣获"全国机械工业劳动模范"荣誉称号。

月内 沈鼓集团荣获首届"辽宁工业大奖"。

4月

10日 上海核工程设计研究院（简称上海核工院）与浙江上风实业股份有限公司和上虞专用风机有限公司联合研发的"CAP1400控制棒驱动机构冷却风机样机"科技成果鉴定会召开。鉴定会由中国核能行业协会组织并主持，鉴定委员由叶奇蓁、谢钟毓、杜圣华等9名知名专家担任。上海核工院副院长顾国兴、副总工程师景益等参加了本次鉴定会议。

鉴定委员会听取了技术研究报告，审阅了研制单位的鉴定文件和相关资料，并且在现场见证了工程样机的气动性能试验和高温运转试验。经鉴定委员会充分讨论，一致同意该成果通过鉴定，并认为该成果属国内领先，达到国际先进水平，具有良好的社会效益、经济效益和推广应用价值。该风机依据非能动核电站的实际应用需求，结合了研制双方的核电工程经验，实现了CAP1400控制棒驱动机构冷却风机样机的国产化研制，填补了国内在该技术领域的空白。

18日 沈阳鼓风机研究所组织的第七届《风机技术》杂志编委会二次会议在桂林召开，来自风机企业、大专院校、工程公司、配套企业的编委和专家共47人出席了会议。

21日 中共中央政治局常委、中央书记处书记刘云山视察了沈鼓集团，看望了生产一线员工和劳模代表。辽宁省委书记王珉、省长陈政高陪同视察。

透平公司转子车间是沈鼓集团核心部件的生产车间。刘云山来到转子车间，听取了集团董事长、党委书记苏永强关于企业创新发展、生产经营情况的汇报，对沈鼓集团近年来取得的重大技术装备国产化成果给予了充分肯定。

刘云山还听取了苏永强关于企业开展党的群众路线教育实践活动、企业党建、思想政治工作及企业文化建设的情况汇报。

在听取企业生产经营情况汇报后，刘云山指出，工业是国民经济的基石，企业是经济发展的主体，要以全面深化改革为动力，创新体制机制，实现转型升级，切实增强企业发展的活力和竞争力。要以教育实践活动为契机，抓党建、改作风，更好地发挥党组织的战斗堡垒作用和党员干部的先锋模范作用，不断开创企业改革发展新局面。

23日 沈鼓集团董事长苏永强被沈阳市企业家协会、企业联合会授予“沈阳市杰出企业家”荣誉称号，并当选沈阳市企业家协会、企业联合会名誉会长。

25日 四川省科学技术厅组织专家对四川金星压缩机有限公司实施完成的“天然气净化撬装模块式自动化工厂成套装备”项目进行成果鉴定。鉴定会遵照科技成果鉴定要求，成立了由7位专家共同组成的鉴定委员会，西南石油大学教授梁政任鉴定会的主任委员，四川省机械工程设计院高级工程师王承陵为副主任委员。

鉴定委员会听取了研制工作总结和技术总结报告，审阅了相关资料，经质询讨论，给予该项目极高的评价。

26日 风机分会在山东省淄博市召开第七届理事会第四次会议，有30个理事单位的43名代表到会。会上，风机分会理事长、沈鼓集团董事长苏永强作了题为“坚持科技创新，引领风机行业稳步发展”的工作报告，全面总结了风机分会2013年的工作、风机行业2013年经济运行情况和自主创新取得的显著成果，提出了2014—2015年工作计划；秘书长陈凤义介绍了风机分会“2014第七届中国国际流体机械展览会”工作计划和招展工作进展情况，同时介绍了风机行业“十三五”发展规划编制工作方案，提出了规划的编写内容和完成时间。

★ 中国通用机械工业协会压缩机分会六届五次理事会在山东省淄博市召开。中国通用机械工业协会名誉会长隋永滨、国家能源局能源节约与科技装备司副司长黄鹂、中国通用机械工业协会执行副会长兼秘书长张雨豹应邀出席会议。压缩机分会李晓峰理事长主持会议，来自理事长单位、理事单位及部分会员单位的代表50余人参加了会议。会议就2013年国内压缩机行业发展情况进行了总结分析；通报了“2014第七届中国(上海)国际流体机械展览会”压缩机馆的招展情况；分析了压缩机分会2013年年报和2014年第一季度季报；汇报了压缩机分会网站运行情况和会刊《压缩机世界》的编辑出版情况。

5月

17日 “第三届中国工业大奖表彰大会”在人民大会堂隆重举行。第十届全国政协副主席徐匡迪出席表彰大会。中国工业大奖审定委员会主任、中国工业经济联合会会长李毅中讲话。中国工业大奖审定委员会副主任、中国工业大奖工作委员会主任、中国工业经济联合会执行副会长王秦平主持会议。中国工业经济联合会执行副会长路耀华宣读了《关于第三届中国工业大奖的表彰决定》。来自23个省区市、12个行业的41家企业和24个项目荣获表彰。海尔集团公司、神华集团有限责任公司及陕西延长石油(集团)有限责任公司代表第三届中国工业大奖获奖单位发言，亨通集团有限公司和风神轮胎股份有限公司分别代表第三届中国工业大奖表彰奖及提名奖获奖单位发言。

22日 由工业和信息化部指导、中国工业经济联合会支持、中国工业报社主办的“2013 年度中国工业企业品牌竞争力评价活动”中，沈鼓集团被评为“中国工业企业品牌竞争力 2013 年度前百名”。

27 日 受国家能源局委托，中国机械工业联合会在江苏靖江组织召开了由上海核工院与江苏海狮泵业制造有限公司联合研发的“CAP1400 化容补水泵样机”鉴定会及“CAP1400 起动给水泵样机”设计方案评审会。

CAP1400 化容补水泵样机通过鉴定及 CAP1400 起动给水泵样机设计方案通过评审，实现了重大专项核电泵、阀相关科研课题关键节点目标，标志着三代非能动核电泵类设备国产化能力的进一步提升，为 CAP1400 示范工程提供了支撑，对核电设计自主化、设备国产化起到了积极的推动作用。

28 日 在北京召开的“中国机械工业百强企业、中国汽车工业三十强企业信息发布暨十年发展回顾”大会上，沈鼓集团荣获“中国机械工业百强企业”，苏永强董事长应邀在会上做了题为“十年铸就大国重器”的报告。

月内 沈鼓集团董事长、党委书记苏永强登上人民大会堂领奖台，接受了第三届中国工业大奖表彰大会授予沈鼓集团的“中国工业大奖”奖牌、奖杯和证书。沈鼓集团是通用装备制造业唯一获此殊荣的企业。

6 月

11 日 世界第一大水泥集团拉法基高级副总裁米歇尔来访并考察山东章鼓，洽谈双方在罗茨鼓风机等产品方面的长期战略合作。拉法基在全球 64 个国家拥有 260 多家工厂，业务领域涉及水泥、骨料和混凝土。章鼓公司的 ZG 系列罗茨鼓风机已经成功销售到拉法基的部分工厂，替代了其原用的欧洲品牌罗茨鼓风机。

18 日 沈鼓集团荣获 2013 年度全国“安康杯”竞赛优胜单位。

19 日 沈鼓集团与中石油管道公司和上海电机厂联合研制的油气管道输油泵机组国产化项目产品样机顺利通过出厂验收。

26 日 由国家能源局、中国通用机械工业协会阀门分会联合组织的超超临界火电机组关键设备国产化阶段验收总结会在华电句容电厂召开。中电建集团上海电力修造总厂有限公司作为华电句容电厂的主要电站辅机装备供应商，其自主研发的国内首台百万千瓦火电超超临界机组锅炉给水泵实现了国产化。

在国内已经投运及在建的近百台百万千瓦火电机组中，机组配套的锅炉给水泵芯包全部依赖于进口。对于电厂而言，进口百万千瓦火电机组锅炉给水泵价格昂贵、交货周期长、售后服务不及时，在很大程度上制约了我国电力事业的快速发展。

上海电力修造总厂有限公司自 1977 年开始研发调速型锅炉给水泵组设备，自 2009 年 1 月开始，立项启动百万千瓦超超临界火电机组锅炉给水泵国产化自主研制，完成了技术准备、方案论证、模型研制、结构设计、材料确定、设计输出、样机生产与测试等重大技术攻关工作。

7 月

3 日 湖北省委农办副主任陈宽宏、处长程正志、徐建军等一行领导到湖北省风机厂有限公司考察指导工作。参观期间，公司刘书鹏总经理汇报了公司积极推进企业壮大发展的措施，陈副主任对公司取得的成绩和产品创新工作给予了肯定。

17 日 由压缩机分会、全国压缩机标准化技术委员会、气体净化设备分会及《通用机械》杂志社共同主办，上海雷诺尔科技股份有限公司承办的“2014 压缩机节能技术交流会暨压缩机行业新标准宣贯培训会”在上海召开。相关政府部门领导、协会领导、行业专家、压缩机制造企业的高层管理人员、技术人员、各大用户、设计院及产品采购商等共 180 人参加会议。行业的 9 名专家就“一般用固定式往复活塞空气压缩机、一般用喷油螺杆空气压缩机、石油及天然气工业用往复压缩机等19项新标准进行了宣贯培训。中国通用机械工业协会副秘书长兼压缩机分会秘书长钱家祥向与会者介绍了通用机械行业总体节能情况。

25日 中核苏阀科技实业股份有限公司(以下简称中核科技)自主研发、设计、制造的DN800核二级主蒸汽隔离阀顺利通过中国机械工业联合会组织的样机鉴定。这意味着中核科技已全面掌握核二级主蒸汽隔离阀设计、制造、检测和功能试验技术,具备了自主研发制造主蒸汽隔离阀能力,可以进行批量化生产。此举实现了我国核电阀门国产化的重大突破,为我国核电设备制造完全国产化创造了有利条件。

DN800核二级主蒸汽隔离阀的顺利研制,确保了各项参数满足现有压水堆核电站以及三代核电技术主蒸汽隔离阀的要求。其中,样机抗震试验结果达到同类大型阀门研制技术的世界先进水平。

8月

4日 一场由国家能源局组织的成果鉴定会在上海鼓风机厂有限公司进行,叶其蓁院士、王玉明院士等业内专家对国家科技重大专项高温气冷堆核电站的心脏装备——主氦风机工程样机进行评审并最终通过鉴定。与会专家们一致认定世界首台套大功率电磁轴承主氦风机工程样机研制成功,并认为这是我国在核能先进核心装备技术上的重大突破。

国家能源局核电司司长刘宝华表示,该成果对于我国自主创新的高温气冷堆示范电站建设具有重大意义。该工程样机由清华大学核能与新能源技术研究院负责总体技术并提供电磁轴承,同时负责整机调试及试验,佳木斯电机股份有限公司负责电动机,上海鼓风机厂有限公司负责叶轮及整机总装和试验平台,中核能源公司负责项目管理和质量保证工作。它的研制成功是先进核能技术协同创新的重大成果。

21日 在长春召开的“全国机械工业文化建设暨机械政研会30年成果展示会”上,沈鼓集团荣获2011—2013年度“全国机械行业文明单位”“全国机械行业十大企业文化特色单位”,沈鼓集团党委常务副书记邓长辉荣获“全国机械行业十大企业文化建设领军人物”。

23日 内蒙古包头市政协副主席邱小菊到包头市新爱科风机制造有限责任公司现场调研,了解中小型企业改革创新机制的问题。

月内 沈鼓集团“姜妍班组”荣获中央组织部、宣传部、国家人力资源和社会保障部、科技部授予的“全国杰出专业技术人才先进集体”称号。

月内 山东宏烨环境科技有限公司被山东省工信厅认定为“山东省节能环保示范企业”。

9月

2日 沈鼓集团与中国海洋石油总公司惠州炼化有限责任公司共同主办的“120万t/a乙烯裂解装置三机组签约仪式”在沈鼓集团培训中心2楼报告厅举行。惠州炼化二期项目乙烯裂解装置三机组,其中100万t/a乙烯装置按照120万t/a乙烯制造能力设计,是目前国内最大的乙烯三机成套国产化项目。此次签约,标志着我国在大型乙烯领域装备能力跃上了新高度。

2—3日 沈鼓集团代表团亮相“中国国际液化天然气大会”,充分利用这一亚太地区最大的LNG展示与交流平台,为抢占液化天然气市场做准备。

3日 由济南市科技局组织的鉴定委员会对山东章鼓自主研发的“ZW型三叶罗茨鼓风机”“大型焊接离心鼓风机”“ZR型旋转供料器(旋转阀)”3项新产品进行成果鉴定。鉴定委员会认为,3项产品采用具有自主知识产权的新技术,提出并优化了多种产品结构设计,使产品效率更高,性能更好。3项成果的主要技术性能指标达到了同类产品的国际先进水平。

11日 湖北省委常委、统战部部长张岱梨到湖北省风机厂有限公司考察指导工作,并参观了各车间生产情况。张部长对该公司开启地铁行业新领域表示大力肯定，并鼓励公司不断创新，继续进取，将百年产业发展壮大。

16日　日本国株式会社吉川公司吉川社长、小岛雄大、刘宇一行3人到山东章鼓拜访，与山东章鼓气力输送公司签署了其在国内代理吉川公司的圆盘给料机的代理协议，并向其颁发了圆盘给料机中国总代理授权证明书。

26日　山东章鼓与拉法基（北京）建材技术服务有限公司正式签署了面向LAFARGE全球水泥工厂采购和推荐山东章鼓罗茨鼓风机产品的战略合作协议。

月内　沈鼓集团提供的国内首台中石油山东泰安60万t/a天然气液化（LNG）制冷机组开车成功，产出大批量合格产品。这一成果填补了国内空白，使沈鼓集团跻身具有研制高端LNG冷剂离心压缩机组成套能力的企业行列。

月内　由上海电力修造总厂有限公司独立开发，拥有自主知识产权的第三代核电站常规岛给水泵组（SEN2101）荣获中华人民共和国科学技术部、环境保护部、商务部、国家质量监督检验检疫总局4部委联合颁发的“2014年度国家重点新产品证书”。

10月

10日　湖北省副省长曹广晶到湖北省风机厂有限公司考察指导工作。总经理刘书鹏接待并介绍了公司生产经营情况及产品创新情况，曹副省长参观了车间、试车控制中心等，对公司取得的成绩和产品创新工作给予了肯定。

14日　第六届国际压缩机、风机高峰论坛于“2014第七届中国（上海）国际流体机械展览会”期间在上海艾福敦酒店召开。本次论坛由中国通用机械工业协会主办，中国通用机械工业协会压缩机分会、中国通用机械工业协会风机分会、《通用机械》杂志社、通用机械网联合承办，以“活力通机，绿色智造”为主题，来自国内外知名压缩机、风机制造企业，石油、化工、冶金、电力、煤化工等用户单位，设计院、工程公司及大专院校等科研院所的专家200余人参加。

15—17日　“2014第七届中国（上海）国际流体机械展览会”在上海世博展览馆成功举办。压缩机行业近30家企业特装亮相，更好地展示压缩机行业新技术新产品。

展会期间，柳工（柳州）压缩机有限公司举办了“新产品发布会”，国家能源局能源节约与科技司副司长黄鹂，中国机械工业联合会特别顾问、中国通用机械工业协会名誉会长隋永滨，沈鼓集团董事长、中国通用机械工业协会会长苏永强和中国通用机械工业协会执行副会长兼秘书长张雨豹亲临现场，给予了发布会极大地支持和关注。

月内　山东宏烨环境科技有限公司被山东省建设厅批准为“建筑业机电设备专业承包三级安装资质”企业。

11月

11日　沈鼓集团总经理孔跃龙代表集团领导班子亲切接见参加第十届“振兴杯”焊工决赛凯旋归来的沈鼓集团青年选手——容器公司苏凯、孙文浩及结构车间刘跃臣，并举行了庆祝座谈会。本届大赛，沈鼓集团选手在全国102名焊工高手云集的赛场上脱颖而出：苏凯荣获全国亚军，刘跃臣、孙文浩分别获得全国第六名和第十五名，取得了历史性的突破。

★　中海油惠州炼化100万t/a乙烯及炼油改扩建工程项目启动会在沈鼓集团召开。

20日　章丘市科技局组织鉴定委员会对山东章鼓“YZ型氧化铝工艺渣浆泵”产品进行了成果鉴定。鉴定委员会认为，该产品的主要技术性能指标达到了国内同类产品的领先水平。

21日　在上海鼓风机厂有限公司试车车间，主氦风机工程样机500小时热态满功率耐久性试验取得成功。在此次试验中，各项性能指标完全满足了国家科技重大专项20万kW高温气冷堆核电站示范工程的技术要求，标志着世界首套大功率主氦风机工程样机的研制成功。

26—27日　沈鼓集团分别与神华宁煤、伊泰新疆成功签订了70万t乙烯项目、200万t煤制油项目的重要合同,进一步巩固了国内优势项目市场的地位。

27日 中国航空工业空气动力研究院2.4m连续式跨声速风洞建设项目签约仪式在沈鼓集团举行。该项目是目前亚洲最大、具有国际先进水平的大型空气动力研究设施,建成后将大幅提高我国风洞试验水平及动力研究水平,为我国未来先进的军民用航空型号研制提供必要的技术支撑。

月内 沈鼓集团齿轮公司研制成功填补国内空白的单级悬臂高压比组装式鼓风机。

12月

8日 国家能源局委托中国机械工业联合会和中国石油天然气集团公司组织的"20MW级高速直联变频调速电驱压缩机组新产品暨工业性应用鉴定会"在西安召开。中国石油西气东输管道公司与沈鼓集团、上电集团、哈电公司、上广电(集团)、荣信电力等共同研制的20MW级高速直联变频调速电驱压缩机组,通过了国家级技术鉴定。该机组具有自主知识产权、填补了国内空白,主要技术指标达到国外同类产品先进水平,部分指标居国际领先水平,是我国民族工业在高端装备制造领域里程碑式的突破。

10日 由中国工业报社主办的"2013中国工业行业排头兵企业"评选活动揭晓,沈鼓集团再次荣获排头兵企业称号,并被评为"风机、风扇制造"行业第一名。

11日 由济南市经济和信息化委员会组织的鉴定委员会,对山东章鼓承担的山东省技术创新项目"铸造结构多级离心鼓风机"进行了验收。鉴定委员会一致认为,该产品主要技术性能达到了同类产品的国内先进水平。

12日 江苏金通灵流体机械科技股份有限公司举办了"磁悬浮单极高速鼓风机产品推荐会",中国通用机械工业协会名誉会长隋永滨、副秘书长兼风机分会秘书长陈凤义、副秘书长兼压缩机分会秘书长钱家祥应邀参加了推荐会并参观考察了江苏金通灵流体机械科技股份有限公司。该公司与SKF集团旗下的法国S2M公司合作开发的首台(套)磁悬浮单级高速鼓风机,经过在法国单机试验后,在金通灵公司完成整机试车。试车显现设备运行平稳,综合效率达到设计要求,效率较齿轮传动式单级高速鼓风机提高8%以上。至此,江苏金通灵流体机械科技股份有限公司成为国际上少数几家能够设计、制造磁悬浮单级高速鼓风机的厂商之一。

14日 以李晓峰为团长的中国通用机械工业协会压缩机分会一行5人考察团赴中国台湾考察,先后考察了台港铨盛科技有限公司、台湾中鼎工程公司和台湾大同集团。考察团成员与3家企业进行了业务交流。李晓峰理事长、钱家祥秘书长向3家企业介绍了中国通用机械行业及压缩机行业的发展状况、优势、技术创新成果、标准、专利等情况。

16—18日 风机分会在沈阳召开了第20批新会员会议。根据企业申请,风机分会秘书处委托陕鼓动力等副理事长单位进行考察,并提交理事会全体理事审议,同意吸收北京康吉森自动化设备技术有限责任公司、北京晟泽科技有限公司、邯郸市东锐风机制造有限公司、上海永利空调风机有限公司、卓尔能机电设备(上海)有限公司、艾森博格轴承(上海)有限公司、上海辛克试验机有限公司、江苏精彩风机制造有限公司、中达电机股份有限公司、淄博金河风机有限公司、烟台禹成机械有限公司11家单位为风机分会第20批新会员。

18日 山东章鼓为了使公司重机产品和工业泵产品得到更好的发展,决定将重型机械厂和工业泵厂合并,成立矿山机械厂。

31日 随着深圳证券交易所创业板钟声的响起,浙江金盾风机股份有限公司正式挂牌上市。

月内 沈鼓集团申报的发明专利《百万吨乙烯压缩机机壳的焊接工艺》获得由国家知识产权局和世界知识产权组织联合授予的"第十六届中国专利奖优秀奖"。本届中国专利奖在全国范围内评选,沈鼓集团是首次获此殊荣。

附录

介绍2014第七届中国（上海）国际流体机械展览会（IFME）情况，公布工业和信息化部节能机电设备（产品）推荐目录（第五批）、2014年度“中国通用机械行业科技进步贡献奖”获奖名单

附录

2014第七届中国(上海)国际流体机械展览会(IFME)概况

2014年10月15—17日,由中国通用机械工业协会主办的2014第七届中国(上海)国际流体机械展览会(IFME)在上海世博展览馆隆重举办。本届展览会的展出规模、专业化层次、展出水平、现场参观和商贸效果、专题技术交流等活动以及各项组织工作,再创通用机械之流体机械在我国专业展会之最,展览会获得圆满成功。

一、展览会规模

中国国际流体机械展览会由中国通用机械工业协会于2001年在上海首创,2004年在上海举办了第二届。之后确定为两年一届的例展,分别于2006年、2008年和2010年在北京连续举办了3届,2012年10月在上海世博展览馆一号馆举办了2012第六届中国(上海)国际流体机械展览会(IFME)。2014年10月15—17日,在上海世博展览馆举办了2014第七届中国(上海)国际流体机械展览会(IFME),本届展览会展出面积超过25 000m^2,国内外参展商共300多家,净展出面积折合1 200多个标准展位。

本届展览会特装展参展企业140多家,特装面积占净展出面积的87.64%,占全部展出面积的近40%,其中最大的参展面积到达到576m^2。参展面积120m^2以上的参展商有15家,有2家参展商搭起了二层展台。特装展台在展出企业先进产品和技术、企业经营理念、企业文化、企业管理和企业竞争实力等的同时,也提升了展会参观视觉效果、展出水平及展会品牌。

二、参展商情况

在本届展览会上,40余家国际著名、知名企业直接或以其在中国的合资、独资企业参加了本届展会,如:德国的凯士比、里瓦、海密梯克、耐驰、艾森博格等公司;日本的荏原、日立、东芝、久保田、神户制钢、新明和、百事德、巴蝶、工装、斯频德、樱密封/清佑等公司;美国的都福、库柯、福斯、莱恩、斯必克、锐技、巴尔的摩等公司;法国的威兰、安特耐等公司;丹麦的丹佛斯、埃维柯等公司;英国的罗托克、阿普达等公司;瑞士的贺尔碧格等公司;意大利的简诺等公司;中国台湾地区的恒驰集团、铁王、金日等公司。这些企业大面积特装参展,展出了具有国际先进水平的产品和技术。

国内流体机械制造业大中型骨干企业基本都参加了本届展会,囊括了泵、阀门、风机、压缩机、气体分离设备及冷却设备等专业的领军企业,如沈阳鼓风机集团股份有限公司、陕西鼓风机(集团)有限公司、沈鼓集团核电泵业有限公司、石家庄强大泵业集团有限责任公司、上海东方泵业(集团)有限公司、上海凯泉泵业(集团)有限公司、上海阿波罗机械股份有限公司、上海水泵制造有限公司、上海连成(集团)有限公司、上海电力修造总厂有限公司、大耐泵业有限公司、耐驰泵业有限公司、大连深蓝泵业有限公司、襄樊五二五泵业有限公司、山东华成集团有限公司、山东双轮股份有限公司、石家庄工业泵厂有限公司、安徽三联泵业股份有限公司、湖南湘电长沙水泵有限公司、浙江利欧股份有限公司、广东省佛山水泵厂有限公司、浙江佳力科技股份有限公司、上海鼓风机厂有限公司、江苏金通灵流体机械科技股份有限公司、重庆通用工业(集团)有限责任公司、四平鼓风机股份有限公司、山东省章丘鼓风机股份有限公司、北京新安特风机有限公司、鞍山风机集团有限责任公司、宁波风机有限公司、浙江亿利达风机股份有限公司、湖北省风机厂有限公司、浙江上风实业股份有限公司、上海通用风机股份有限公司、河北同心风机配件有限公司、沈阳透平机械股份有限公司、柳工(柳州)压缩机有限公司、安瑞科（蚌埠）压缩机有限公司、上海大隆机器厂有限公司、上海佳力士机械有限公司、无锡压缩机股份有限公司、上海飞和实业集团有限公司、沈阳远大压缩机股份有限公司、北京京城压缩机有限公司、北京南口机车车辆有限公司、大连大高阀门股份有限公司、中阀科技股份有限公司、中核苏阀科技实业股份有限公司、北京市阀门总厂（集团）有限公司、苏州纽威阀门股份有限公司、五洲阀门有限公司、哈电集团哈尔滨电站阀门有限公司、宣达实业集团有限公司、成都乘风阀门控股集团有限公司、上海科科阀门集团有限公司、沈阳盛世高中压阀门有限公司、上海开维喜集团股份有限公司、良精集团有限公司、杭州杭氧股份有限公司、四川空分设备（集团）有限责任公司、开封空分集团有限公司、新菱空调（佛冈）有限公司、巴尔的摩冷却系统（苏州）有限公司、浙江金菱制冷工程有限公司、江苏海鸥冷却塔股份有限公司、山东格瑞德集团有限公司、中化工程沧州冷却技术有限公司、斯必克（广州）冷却技术有限公司、大连斯频德冷却塔有限公司、南京大洋冷却塔股份有限公司等，多数企业以实物设备展出，有的企业展出了大型、超大型实物设备，充分展示了国内流体机械制造业的先进技术产品和品质。

在本届展览会上，一些地方产业园，如辽宁省葫芦岛打渔山泵业产业园、安徽省和县泵阀产业园、辽宁鞍山高端阀门产业园、淄博市泵类高新技术产业创新联盟、河北省迁安泵阀产业园等，展示已建成的产业集群成果，同时为继续做大做强招商引资。

三、主要参展产品介绍

本届展览会设立了泵展区、风机展区、压缩机展区、阀门展区、气体分离设备展区和冷却设备展区，国内外知名企业展出了当今最先进的流体机械产品和技术。

在泵展区，主要展出的有大型石油长输管线用输油泵、大型火电机组和核电机组用泵、大型石油化工和煤化工用泵、大型水利工程用泵以及矿用泵、环保用泵等。其中：上海电力修造总厂有限公司的 FK6A40 型 1 000MW 超（超）临界火电机组锅炉给水泵样机、FK6B37M 型 600MW 超（超）临界火电机组锅炉给水泵、ACP1000 前置泵；上海凯泉泵业（集团）有限公司的 KQDP/KQDQ 系列不锈钢多级离心泵；上海东方泵业（集团）有限公司的 DFSS 型双吸泵；上海连成（集团）有限公司的 QZ 大型高效潜水轴流泵；上海阿波罗机械股份有限公司的 CVP 型混凝土蜗壳海水循环泵；湖南湘电长沙水泵有限公司的 TKX（S）、LKX（S）、LBX（S）型立式海水长轴泵，SG 型单级、双吸水平中开式高效离心泵，A、B、C 型凝结水泵；大耐泵业有限公司的 PCL 系列小流量泵、PCX 系列旋流泵；上海凯士比泵有限公司的 HG 型锅炉给水泵、HPK－L 型热水/热油循环泵；日立泵制造（无锡）有限公司的 2200CSP－CV 型混流泵、1200DV－CV 型离心泵；上海水泵制造有限公司的 NWNC80－315 电站用超低汽蚀余量热力疏水泵；上海工业泵制造有限公司的 HGB－50－250 型石油化工流程泵、RSX－Z65－250 型热水循环泵、6TF－11 型环保节能污水泵；大连利欧华能泵业有限公司的 MA180－100×7D　BB3 系列原油输送泵；辽宁恒星泵业有限公司的 KND 管道输油泵；蓝深集团股份有限公司的 WQS100－120－115 型深水高扬程潜水排污泵、700ZQB－50 型轴流泵；新明和工业株式会社的 BTR750T 便携型工地用泥水泵、CR501S 复合材料高性能潜污泵；石家庄强大泵业集团有限责任公司的 SXK900－1200 单级双吸中开泵、1200WN 挖泥泵；广东省佛山水泵厂有限公司的 KPS70－400 单级双吸离心泵；广州白云泵业集团有限公司的 BWG－25－30－2F 罐式叠压（无负压）给水设备、BZK－WB/2－4－Z－Ⅳ 无负压变频给水控制箱柜；山东硕博泵业有限公司的 DAS360－200 型双壳体多级中开离心泵、ZH150－150－315 低比转数高可靠性化工流程泵、600SN55 高效单级中开离心泵；襄阳五二五泵业有限公司的 CLB250－250－500 新型大功率大流量磁力驱动离心泵；淄博水环真空泵厂有限公司的智能型煤矿井下移动式瓦斯抽放泵；淄博华成泵业有限公司的 250ZJG－Ⅰ－A70 型专用压滤机喂料泵；山东华成中德传动设备有限公司的 ML 系列模块化大型减速器；辽宁长志泵业有限公司的 CP－BB3（D）型轴向剖分两端支撑甲醇泵、CP－BB3（D）型轴向剖分两端支撑除氧水泵、TD 型加氢进料泵、CP－OHA 型高温高压耐磨离心泵、ZCB 型高效转子泵、CZGS 型长输管线泵；沈阳第一水泵有限责任公司的 ACP－TL700－22 陶瓷衬里脱硫泵；石家庄工业泵厂有限公司的 800DT－A90 脱硫循环泵；兰州海兰德泵业有限公司的 DGC46－50×12 型磁力驱动多级离心泵、CQB65－50－160 型磁力驱动离心泵等产品倍受瞩目。

在风机展区，沈阳鼓风机集团股份有限公司展出了百万吨乙烯装置用裂解气压缩机、天然气长输管线压缩机、大型 PTA 装置用压缩机、大型甲醇制烯烃装置用压缩机等模型；西安陕鼓动力股份有限公司展出了 NAP27 硝酸流程蒸汽及尾气循环利用能量回收机组、EBZS45 焦炉煤气制甲醇合成气压缩机组等模型；上海鼓风机厂有限公司展出了 TA12.8－9.1－3 型高温空气循环再热轴流式风机和 MCS902 蒸汽压缩机等产品；重庆通用工业（集团）有限责任公司展出了 KLDAQH－C 离心式氨压缩机、BCD300－3.00/1.00 单级高速离心式鼓风机组、CTXKBS750－A5G 离心式冷水机组、CHP800－P 余热回收离心式热泵机组和全氢罩式退火炉循环风机等；江苏金通灵流体机械科技股份有限公司展出了 JEV2.3 蒸汽压缩机、YF250－1.83 磁悬浮单级高速鼓风机和 RT500－1.3/0.7/220－1 型向心透平发电机组等；南通大通宝富风机有限公司展出了 DPCB32 单级高速离心鼓风机等。

在压缩机展区，沈阳鼓风机集团股份有限公司推出了其最新研制的 4M150 大型活塞式压缩机（模型），成为压缩机展区的最大亮点之一。4M150 大型活塞式压缩机是沈阳鼓风机集团股份有限公司自主研发的国际最大机组，最大可承受气体力 1 500kN，可以满足当前石化行业所有加氢装置的需要，广泛应用于石油化工、煤化工等行业。该产品适用于 150 万～200 万 t/a 重油加氢、240 万～330 万 t/a 加氢裂化、150 万～400 万 t/a 渣油加氢等装置，最大轴功率达 15 000kW。上海大隆机器厂有限公司、沈阳远大压缩机有限公司、上海佳力士机械有限公司、无锡压缩机有限公司、温州固耐化机有限公司、北京南口机车车辆有限公司、柳工（柳州）压缩机有限公司、上海东方压缩机制造有限公司、北京京城压缩机有限公司、安瑞科（蚌埠）压缩机有限公司、北京金凯威通用机械有限公司、上海飞和实业集团有限公司、江苏恒久机械有限公司等主机企业以图片、文字资料、录像片及实物的形式作了展示。作为通用机械的关键基础件和配套企业，台州环天机械有限公司、长春天航特种材料技术有限责任公司、贺尔碧格（上海）有限公司、库柯压缩机配件有限公司、扬州宝华气阀有限公司、泰州华宇轴瓦有限公司、无锡锡安达防爆股份有限公司、上海雷诺尔科技股份有限公司、上海超滤设备有限公司等企业将新产品、新技术进行展示，取得了良好的效果。

在阀门展区，国际展商法国威兰公司展出了核电阀门，日本工装株式会社和丹麦丹佛斯集团展出了高端调节阀和仪表阀等。国内的阀门骨干企业几乎全部参展，例如：大连大高阀门股份有限公司除了展出超（超）临界火电阀门国产化的产品外，还展出锻造自压密封闸阀、锻造低温上装球阀等。中阀科技集团携下属的河南开封高压阀门有限公司、郑州市郑蝶阀门有限公司、中阀科技（长沙）阀门有限公司、上海浦东汉威阀门有限公司、天津祥嘉流体控制系统有限公司 5 家企业联合参展，河南开封高压阀门有限公司展出了应用于 1 000MW 超（超）临界火电机组主蒸汽系统暖管管道的主蒸汽暖管 F92 整体锻钢闸阀以及核二级电动楔式闸阀、核二级旋启式止回阀，天津祥嘉流体控制系统有限公司展出了超低温三偏心蝶阀、耐磨球阀、超低温顶装式球阀等，上海浦东汉威阀门有限公司展出了 DBB 水下球阀、LNG 超低温球阀。中核苏阀科技实业股份有限公司展示参与国产化项目的成果，除了超（超）临界火电用各类阀门、核电阀门，还有 LNG 产品的国产化成果。宣达实业集团有限公司参展产品有耐海水蝶阀、全金属双向压硬密封蝶阀、钛及钛合金蝶阀等。上海开维喜集团股份有限公司展出了专为中石化天津LNG项目研制的超低温上装式球阀,专门针对煤化工严苛工况系统中黑水、渣水的控制与调节而设计的气动调节阀。上海开维喜集团下属公司纽托克流体控制有限公司展出了新一代气动抗气蚀多级高压阀、气动先导式高压套筒调节阀、气动偏心旋转调节阀和气动高性能蝶阀等。上海阀门厂有限公司展出了再热器安全阀、过热器安全阀、电磁泄放阀及动力泄放阀等。江苏神通阀门股份有限公司展出了适用于LNG接受站、LNG液化厂、液氮厂、液化乙烯、液氧装置等深冷工况用上装式固定球阀。盾安阀门集团协同南通市电站阀门有限公司、天津百利展发集团有限公司及安徽红星阀门有限公司等企业共同参展,南通市电站阀门有限公司展出了超(超)临界参数给水泵旁路调节阀和超(超)临界参数给水最小流量阀,天津百利展发集团有限公司展出了高抗硫平板闸阀,安徽红星阀门有限公司展出了节能型密封蝶阀。北京市阀门总厂(集团)有限公司展出了全焊接管线球阀、气动上装式球阀、加氢裂解装置专用直流式截止阀、井口装置和采油树设备用平板闸阀等。沈阳盛世高中压阀门有限公司展出了超(超)临界火电阀门国产化项目产品,如高排逆止阀、抽汽逆止阀、主蒸汽电动闸阀等。哈电集团哈尔滨电站阀门有限公司展出了超(超)临界火电阀门国产化产品——抽汽逆止阀、电磁泄放阀(PCV)、主蒸汽安全阀。山东益都阀门集团股份有限公司展出了DZ540Y－100P不锈钢低温闸阀、Z543F－900LB导流孔平板闸阀、GQFY34轨道式双向硬密封球阀、DJ41Y－100P DN50不锈钢低温截止阀、DQ41Y－100P DN50不锈钢低温球阀和三偏心低温蝶阀等。五洲阀门有限公司展出了撑开式双平板闸阀、全焊接球阀和低温上装式球阀。此外,上海科科阀门集团有限公司展出了锁渣阀,慎江阀门有限公司展出了液控角式节流阀,兰州高压阀门有限公司展示了多种“以国代进”新产品,乘风阀门集团重点展出了管线阀门,安徽省屯溪高压阀门有限公司展出了波纹管阀、低温阀、氧气阀、加氧阀等,北京航天石化技术装备工程公司展出了HTSJ系列先导式水击泄压阀和ARC1000型回流阀。

在气体分离设备展区,杭州杭氧股份有限公司展出了特大型(8万m^3/h、10万m^3/h、12万m^3/h)空分设备设计、制造技术成果和业绩,并展示了6万m^3/h等级冶金型空分设备模型以及杭氧透平公司生产的6 000等级氮压机模型。四川空分设备(集团)有限责任公司着重展示了内蒙古新圣LNG成套设备及公司在深冷空分、低温储运设备方面的最新成果;开封空分集团有限公司展示了公司在大型煤化工配套设备等方面的优势和实力;开封黄河空分集团有限公司展出了沼气回收利用设备、高纯氮设备等特色产品。

在冷却设备展区,主要参展产品有商业用冷却塔、工业冷却塔、闭式冷却塔、蒸发式冷凝器、空冷器、冷却设备核心部件实物、模型及典型工程案例等。其中,洛阳隆华传热节能股份有限公司展出了新型换热设备,新菱空调(佛冈)有限公司展出了冷却塔、智能风机盘管机组、不锈钢盘管等一系列新型节能产品,北京天澄景洁科技环保有限公司展出了SMC模压风筒。

四、专题活动

在本届展览会期间,组织了多场内容丰富且高水平的专题技术论坛等活动,如2014外商外资企业座谈会、2014能量回收技术与装备论坛、第六届国际风机/压缩机高峰论坛、《2014中国通用机械工业年鉴》新书首发暨赠书活动以及压缩机和阀门的专题技术交流会等。每场专题活动均有来自国内外的制造企业、科研设计院所、工程公司、大专院校及用户(主要包括石油化工、化工、煤化工、电力、冶金等领域)的业界代表参加交流、研讨,与展会相结合,交流效果显著,特别是有50多名外商高层代表参加的“2014外商外资企业座谈会”备受瞩目,使得与会者受益匪浅。

五、展览会筹备情况及效果

本届展览会从筹备起就注重宣传，除通过中国通用机械工业协会及其各分会的会刊、网站、各项行业活动进行广泛宣传外，还指定了多家社会专业媒体作为指定和支持媒体。利用协会与众多社会专业媒体的密切互动关系，不定期对展会筹备工作情况、专题采访以及参展企业和展出的先进产品和技术进行宣传报道。主办单位印发了20多万份门票、邀请函和请柬，制作展览会《会刊》和展览会的宣传资料并在展会上发放。

本届展览会利用现代化媒体和信息工具（微信、短信及邮件等）广泛宣传本届展览会，邀请流体机械专业用户代表参观展会，进行技术和贸易洽谈。本届展览会还专门组织了上海交通大学及上海理工大学的部分学生及教师参观。

展览会期间，包括日本及荷兰等国外采购商、中石油和中石化及科研院所等大量国内用户专程前来进行贸易洽谈和采购，专题论坛吸引了众多专业人士参观展会。两天半的展出，参观者络绎不绝。据不完全统计，约有4万多人次参观了展览会，创同期展馆展会参观观众之最。

〔撰稿人：中国通用机械工业协会李勇　审稿人：中国通用机械工业协会宋银立〕

工业和信息化部节能机电设备（产品）推荐目录（第五批）（摘选）

序号	设备名称	型号	主要技术参数	执行标准	申报单位
通风机					
1	离心式通风机	5-29-9.5D	风量：18 412m³/h，全压：8 669.64Pa，效率：82.5%，压力系数：0.5，比转速：29，叶轮直径：950mm，转速：2 900r/min	GB 19761—2009《通风机能效限定值及能效等级》，标准指标：1级能效，效率≥81%	西安陕鼓通风设备有限公司
2	离心式通风机	4-65No10D	风量：47 428m³/h，全压：2 944Pa，效率：86.6%，压力系数：0.42，比转速：73.5，叶轮直径：1 000mm，转速：1 450r/min	GB 19761—2009《通风机能效限定值及能效等级》，标准指标：1级能效，效率≥86%	重庆通用工业（集团）有限责任公司
3	离心式通风机	5-48No10D	风量：29 424m³/h，全压：3 678Pa，效率：84.2%，压力系数：0.53，比转速：49.1，叶轮直径：1 000mm，转速：1 450r/min	GB 19761—2009《通风机能效限定值及能效等级》，标准指标：1级能效，效率≥84%	重庆通用工业（集团）有限责任公司
4	离心式通风机	5-55No10D	风量：37 110m³/h，全压：3 774.9Pa，效率：86.1%，压力系数：0.54，比转速：54.1，叶轮直径：1 000mm，转速：1 450r/min	GB 19761—2009《通风机能效限定值及能效等级》，标准指标：1级能效，效率≥84%	重庆通用工业（集团）有限责任公司

（续）

序号	设备名称	型号	主要技术参数	执行标准	申报单位
5	离心式通风机	6－29No10D	风量：11 873m³/h，全压：4 258Pa，效率：85.6%，压力系数：0.58，比转速：28.5，叶轮直径：1 000mm，转速：1 480r/min	GB 19761—2009《通风机能效限定值及能效等级》，标准指标：1级能效，效率≥83%	重庆通用工业（集团）有限责任公司
6	离心式通风机	4－73No10D	风量：46 760m³/h，全压：2 871Pa，效率：86.2%，压力系数：0.41，比转速：74.3，叶轮直径：1 000mm，转速：1 450r/min	GB 19761—2009《通风机能效限定值及能效等级》，标准指标：2级能效，效率≥86%	重庆通用工业（集团）有限责任公司
7	离心式通风机	SYD400	风量：9 332m³/h，全压：519Pa，叶轮直径：402mm，转速：850r/min，效率：63%，压力系数：1.4，比转速：49	GB 19761－2009《通风机能效限定值及能效等级》，标准指标：2级能效，效率≥61%	浙江亿利达风机股份有限公司
8	离心式通风机	SYQ710	风量：33 330m³/h，全压：1 602Pa，叶轮直径：719mm，转速：1 300r/min，效率：79%，压力系数：0.6，比转速：62	GB 19761—2009《通风机能效限定值及能效等级》，标准指标：2级能效，效率≥77%	浙江亿利达风机股份有限公司
9	离心式通风机	SYQ1000	风量：71 235m³/h，全压：1 835Pa，叶轮直径：1 001mm，转速：910r/min，效率：80%，压力系数：0.6，比转速：63	GB 19761—2009《通风机能效限定值及能效等级》，标准指标：2级能效，效率≥80%	浙江亿利达风机股份有限公司
10	离心式通风机	SYT18－18	风量：9 638m³/h，全压：559Pa，叶轮直径：452mm，转速：800r/min，效率：66%，压力系数：1.3，比转速：45	GB 19761—2009《通风机能效限定值及能效等级》，标准指标：2级能效，效率≥65%	浙江亿利达风机股份有限公司
离心鼓风机					
1	磁悬浮离心式鼓风机	CG/B75－50A	流量：50m³/min，升压：87.9kPa，多变效率：84.4%，噪声：82.1dB，轴振动：25μm	GB 28381—2012《离心鼓风机能效限定值及节能评价值》，标准指标：节能评价值，效率≥78%	南京磁谷科技有限公司
2	磁悬浮离心式鼓风机	CG/B105－70A	流量：70m³/min，升压：72.1kPa，多变效率：80.5%，噪声：82.6dB，轴振动：26μm	GB 28381—2012《离心鼓风机能效限定值及节能评价值》，标准指标：节能评价值，效率≥76%	南京磁谷科技有限公司
3	磁悬浮离心式鼓风机	CG/B140－100A	流量：100m³/min，升压：74.4kPa，多变效率：83.6%，噪声：82.7dB，轴振动：27μm	GB 28381—2012《离心鼓风机能效限定值及节能评价值》，标准指标：节能评价值，效率≥78%	南京磁谷科技有限公司

（续）

序号	设备名称	型号	主要技术参数	执行标准	申报单位
压缩机					
1	一般用喷油螺杆空气压缩机	SCR30D－8/SKR/380/5/AW	容积流量：3.4m^3/min，排气压力：0.8MPa，额定功率：22kW，机组输入比功率：7.70kW/（m^3/min）	GB 19153—2009《容积式空气压缩机能效限定值及能效等级》，标准指标：机组输入比功率，2级能效≤8.1kW/（m^3/min）	上海斯可络压缩机有限公司
2	一般用喷油螺杆空气压缩机	SCR30M－8/SKR/380/5/AW	容积流量：3.24m^3/min，排气压力：0.8MPa，额定功率：22kW，机组输入比功率：7.98kW/（m^3/min）	GB 19153—2009《容积式空气压缩机能效限定值及能效等级》，标准指标：机组输入比功率，2级能效≤8.1kW/（m^3/min）	上海斯可络压缩机有限公司
3	一般用喷油螺杆空气压缩机	SCR40M－8/SKR/380/5/AW	容积流量：4.54m^3/min，排气压力：0.8MPa，额定功率：30kW，机组输入比功率：8.06kW/（m^3/min）	GB 19153—2009《容积式空气压缩机能效限定值及能效等级》，标准指标：机组输入比功率，2级能效≤8.1kW/（m^3/min）	上海斯可络压缩机有限公司
4	一般用喷油螺杆空气压缩机	SCR50D－8	容积流量：6.34m^3/min，排气压力：0.8MPa，额定功率：37kW，机组输入比功率：7.72kW/（m^3/min）	GB 19153—2009《容积式空气压缩机能效限定值及能效等级》，标准指标：机组输入比功率，2级能效≤8.1kW/（m^3/min）	上海斯可络压缩机有限公司
5	一般用喷油螺杆空气压缩机	SCR50M－8/SKR/380/5/AW	容积流量：5.72m^3/min，排气压力：0.8MPa，额定功率：37kW，机组输入比功率：7.92kW/（m^3/min）	GB 19153—2009《容积式空气压缩机能效限定值及能效等级》，标准指标：机组输入比功率，2级能效≤8.1kW/（m^3/min）	上海斯可络压缩机有限公司
6	一般用喷油螺杆空气压缩机	SCR60M－8/SKR/380/5/AW	容积流量：6.46m^3/min，排气压力：0.8MPa，额定功率：45kW，机组输入比功率：8.08kW/（m^3/min）	GB 19153—2009《容积式空气压缩机能效限定值及能效等级》，标准指标：机组输入比功率，2级能效≤8.1kW/（m^3/min）	上海斯可络压缩机有限公司
7	一般用喷油螺杆空气压缩机	SCR75D－8	容积流量：9.31m^3/min，排气压力：0.8MPa，额定功率：55kW，机组输入比功率：7.2kW/（m^3/min）	GB 19153—2009《容积式空气压缩机能效限定值及能效等级》，标准指标：机组输入比功率，2级能效≤7.3kW/（m^3/min）	上海斯可络压缩机有限公司
8	一般用喷油螺杆空气压缩机	SCR100D－8	容积流量：12.7m^3/min，排气压力：0.8MPa，额定功率：75kW，机组输入比功率：7.29kW/（m^3/min）	GB 19153—2009《容积式空气压缩机能效限定值及能效等级》，标准指标：机组输入比功率，2级能效≤7.3kW/（m^3/min）	上海斯可络压缩机有限公司

（续）

序号	设备名称	型号	主要技术参数	执行标准	申报单位
9	一般用喷油螺杆空气压缩机	SCR150II－8	容积流量：18.8m^3/min，排气压力：0.8MPa，额定功率：110kW，机组输入比功率：7.07kW/（m^3/min）	GB 19153—2009《容积式空气压缩机能效限定值及能效等级》，标准指标：机组输入比功率，2级能效≤7.1kW/（m^3/min）	上海斯可络压缩机有限公司
10	一般用喷油螺杆空气压缩机	SCR180II－8	容积流量：22.4m^3/min，排气压力：0.8MPa，额定功率：132kW，机组输入比功率：6.71kW/（m^3/min）	GB 19153—2009《容积式空气压缩机能效限定值及能效等级》，标准指标：机组输入比功率，2级能效≤7.1kW/（m^3/min）	上海斯可络压缩机有限公司
11	一般用喷油螺杆空气压缩机	SCR220II－8	容积流量：27.3m^3/min，排气压力：0.8MPa，额定功率：160kW，机组输入比功率：6.70kW/（m^3/min）	GB 19153—2009《容积式空气压缩机能效限定值及能效等级》，标准指标：机组输入比功率，2级能效≤7.1kW/（m^3/min）	上海斯可络压缩机有限公司
12	一般用喷油螺杆空气压缩机	QFLS132－7	容积流量：19m^3/min，排气压力：0.7MPa，额定功率：132kW，机组输入比功率：6.57kW/（m^3/min）	GB 19153—2009《容积式空气压缩机能效限定值及能效等级》，标准指标：机组输入比功率，2级能效≤6.7kW/（m^3/min）	陕西关中压缩机制造有限公司
13	一般用喷油螺杆空气压缩机	OSP－37VAN	容积流量：6.72m^3/min，排气压力：0.7MPa，额定功率：37kW，机组输入比功率：6.76kW/（m^3/min）	GB 19153—2009《容积式空气压缩机能效限定值及能效等级》，标准指标：机组输入比功率，1级能效≤6.8kW/（m^3/min）	南京日立产机有限公司
14	一般用喷油单螺杆压缩机	PDLC 18.5/8	容积流量：3.0m^3/min，排气压力：0.8MPa，额定功率：18.5kW，机组输入比功率：7.28kW/（m^3/min）	GB 19153—2009《容积式空气压缩机能效限定值及能效等级》，标准指标：机组输入比功率，1级能效≤7.4kW/（m^3/min）	苏州普度压缩机有限公司
15	一般用喷油单螺杆压缩机	PDLG22	容积流量：3.4m^3/min，排气压力：0.8MPa，额定功率：22kW，机组输入比功率：7.19kW/（m^3/min）	GB 19153—2009《容积式空气压缩机能效限定值及能效等级》，标准指标：机组输入比功率，1级能效≤7.2kW/（m^3/min）	苏州普度压缩机有限公司
16	一般用喷油单螺杆压缩机	PDLG－37/8	容积流量：6.1m^3/min，排气压力：0.8MPa，额定功率：37kW，机组输入比功率：6.88kW/（m^3/min）	GB 19153—2009《容积式空气压缩机能效限定值及能效等级》，标准指标：机组输入比功率，1级能效≤7.2kW/（m^3/min）	苏州普度压缩机有限公司

（续）

序号	设备名称	型号	主要技术参数	执行标准	申报单位
17	一般用喷油单螺杆压缩机	PDLG45	容积流量：7.2m^3/min，排气压力：0.8MPa，额定功率：45kW，机组输入比功率：6.97kW/(m^3/min)	GB 19153—2009《容积式空气压缩机能效限定值及能效等级》，标准指标：机组输入比功率，1级能效≤7.2kW/(m^3/min)	苏州普度压缩机有限公司
18	一般用喷油单螺杆压缩机	PDLG55	容积流量：9.6m^3/min，排气压力：0.8MPa，额定功率：55kW，机组输入比功率：6.87kW/(m^3/min)	GB 19153—2009《容积式空气压缩机能效限定值及能效等级》，标准指标：机组输入比功率，2级能效≤7.3kW/(m^3/min)	苏州普度压缩机有限公司
19	一般用喷油单螺杆压缩机	PDLG75	容积流量：11.6m^3/min，排气压力：0.8MPa，额定功率：75kW，机组输入比功率：7.26kW/(m^3/min)	GB 19153—2009《容积式空气压缩机能效限定值及能效等级》，标准指标：机组输入比功率，2级能效≤7.3kW/(m^3/min)	苏州普度压缩机有限公司
20	一般用喷油单螺杆压缩机	PDLG110	容积流量：19.8m^3/min，排气压力：0.8MPa，额定功率：110kW，机组输入比功率：7.0kW/(m^3/min)	GB 19153—2009《容积式空气压缩机能效限定值及能效等级》，标准指标：机组输入比功率，2级能效≤7.1kW/(m^3/min)	苏州普度压缩机有限公司
21	一般用喷油单螺杆压缩机	PDLG132	容积流量：21m^3/min，排气压力：0.8MPa，额定功率：132kW，机组输入比功率：6.84kW/(m^3/min)	GB 19153—2009《容积式空气压缩机能效限定值及能效等级》，标准指标：机组输入比功率，2级能效≤7.1kW/(m^3/min)	苏州普度压缩机有限公司
22	一般用喷油单螺杆压缩机	PDLG250	容积流量：39m^3/min，排气压力：1.0MPa，额定功率：250kW，机组输入比功率：7.77kW/(m^3/min)	GB 19153—2009《容积式空气压缩机能效限定值及能效等级》，标准指标：机组输入比功率，2级能效≤8.1kW/(m^3/min)	苏州普度压缩机有限公司
23	一般用喷油滑片式空气压缩机	A7.5/7	容积流量：1.3m^3/min，排气压力：0.7MPa，额定功率：7.5kW，机组输入比功率：7.44kW/(m^3/min)	GB 19153—2009《容积式空气压缩机能效限定值及能效等级》，标准指标：机组输入比功率，1级能效≤7.9kW/(m^3/min)	耐力股份有限公司
24	一般用喷油滑片式空气压缩机	A11/7	容积流量：1.97m^3/min，排气压力：0.7MPa，额定功率：11kW，机组输入比功率：7.49kW/(m^3/min)	GB 19153—2009《容积式空气压缩机能效限定值及能效等级》，标准指标：机组输入比功率，1级能效≤7.6kW/(m^3/min)	耐力股份有限公司

（续）

序号	设备名称	型号	主要技术参数	执行标准	申报单位
25	一般用喷油滑片式空气压缩机	A15/7	容积流量：2.7m^3/min，排气压力：0.7MPa，额定功率：15kW，机组输入比功率：7.2kW/(m^3/min)	GB 19153—2009《容积式空气压缩机能效限定值及能效等级》，标准指标：机组输入比功率，1级能效≤7.5kW/(m^3/min)	耐力股份有限公司
26	一般用喷油滑片式空气压缩机	A18.5/7	容积流量：3.27m^3/min，排气压力：0.7MPa，额定功率：18.5kW，机组输入比功率：7.44kW/(m^3/min)	GB 19153—2009《容积式空气压缩机能效限定值及能效等级》，标准指标：机组输入比功率，1级能效≤7.5kW/(m^3/min)	耐力股份有限公司
27	一般用喷油滑片式空气压缩机	A22/7	容积流量：3.75m^3/min，排气压力：0.7MPa，额定功率：22kW，机组输入比功率：6.93kW/(m^3/min)	GB 19153—2009《容积式空气压缩机能效限定值及能效等级》，标准指标：机组输入比功率，1级能效≤7.1kW/(m^3/min)	耐力股份有限公司

〔文章来源于工业和信息化部网站〕

2014年度“中国通用机械行业科技进步贡献奖”获奖名单

“科技创新突出贡献奖”获奖名单

序号	姓名	性别	职务/职称	所属单位
1	周　慧	女	产品开发室主任	沈阳鼓风机集团股份有限公司
2	符　伟	男	高级工程师	沈阳鼓风机集团股份有限公司
3	张　璞	男	高级工程师	陕西鼓风机(集团)有限公司
4	任江涛	男	工程师	陕西鼓风机(集团)有限公司
5	毛央平	女	设计院副院长	杭州制氧机集团有限公司
6	胡　赟	女	工装泵阀公司总工程师	杭州制氧机集团有限公司
7	任　伦	男	副总经理	四川空分设备(集团)有限责任公司
8	黄震宇	男	工程师	四川空分设备(集团)有限责任公司
9	孙记章	男	设计院副院长	开封黄河空分集团有限公司
10	康相江	男	技术部部长	开封黄河空分集团有限公司
11	杨天帆	男	副总工艺师	重庆通用工业(集团)有限公司
12	毛伟红	男	工程部副部长	重庆通用工业(集团)有限公司
13	游敦泉	男	总裁	四川金星压缩机制造有限公司

（续）

序号	姓名	性别	职务/职称	所属单位
14	俞　建	男	董事长	上海启元空分技术发展股份有限公司
15	陈志诚	男	工程师	上海启元空分技术发展股份有限公司
16	寇玉芬	女	副总工程师	石家庄强大泵业集团有限责任公司
17	蒋　斌	男	高级工程师	山东天力干燥股份有限公司
18	范炳洪	男	总经理	常州范群干燥设备有限公司
19	张继军	男	总经理	石家庄工大化工设备有限公司
20	杜克镛	男	董事长	钱江干燥设备有限公司
21	马雪明	男	总经理	苏州自力化工设备有限公司
22	楼　唯	男	副总经理	上海千山远东制药机械有限公司
23	刘志强	男	技术总监	上海千山远东制药机械有限公司

“能工巧匠突出贡献奖”获奖名单

序号	姓名	性别	职务/职称	所属单位
1	鞠伟栋	男	高级技师	沈阳鼓风机集团股份有限公司
2	刘兴仁	男	高级技师	沈阳鼓风机集团股份有限公司
3	李亚军	男	高级技师	陕西鼓风机（集团）有限公司
4	吴红卫	男	国际焊接师	陕西鼓风机（集团）有限公司
5	邓圣鑫	男	技师	重庆通用工业（集团）有限公司
6	宁代川	男	高级车工	重庆通用工业（集团）有限公司
7	赵文河	男	技师	山东天力干燥股份有限公司
8	褚保良	男	技师	东台市食品机械厂有限公司
9	郭元刚	男	技师	莱芜天元气体有限公司
10	周柱国	男	技师	四川空分设备（集团）有限责任公司

〔供稿单位：中国通用机械工业协会〕